高等院校财经类规划教材

高级财务会计学

GAOJI CAIWU KUAIJIXUE

主 编 李 倩

副主编 赵 娜 魏延博

西南师范大学出版社
国家一级出版社 全国百佳图书出版单位

图书在版编目(CIP)数据

高级财务会计学 / 李倩主编. —重庆 ：西南师范
大学出版社，2016.7
ISBN 978-7-5621-8046-3

Ⅰ. ①高… Ⅱ. ①李… Ⅲ. ①财务会计 Ⅳ.
①F234.4

中国版本图书馆 CIP 数据核字(2016)第 148320 号

高级财务会计学

主　编 李　倩

副主编 赵　娜　魏延博

责任编辑：秦　路　李　炎

封面设计：岚品视觉 CASTALY 周　娟　廖明媛

排　　版：重庆大雅数码印刷有限公司 · 王兴

出版发行：西南师范大学出版社

地址：重庆市北碚区天生路 2 号　邮政编码：400715

市场营销部：023-68253705　68254350(传真)

http://www.xscbs.com

印　　刷：重庆大雅数码印刷有限公司

开　　本：787mm×1092mm　1/16

印　　张：20

字　　数：474 千字

版　　次：2016 年 8 月　第 1 版

印　　次：2019 年 8 月　第 2 次印刷

书　　号：ISBN 978-7-5621-8046-3

定　　价：48.00 元

前　言

高级财务会计作为中级财务会计的延伸,是会计学、审计学、财务管理等专业的一门主干课程。基础会计、中级财务会计和高级财务会计共同构成了财务会计学科的完整体系。但是不论是国外还是国内的高等教育,对高级财务会计和中级财务会计的内容并没有一个十分明确的区分界限,国内高级财务会计教材的内容也是编者自己进行选定,存在较大的差异。本教材的内容是根据目前高等教育教学的需要进行的选择。本教材对内容的选择主要基于以下的考虑:

1.实务操作的可能性

会计是一门实务性非常强的学科,课程内容应强调实际应用。因此,本教材在内容的选择方面非常注重该业务实际发生的可能性。也就是说,本教材选择的内容基本上在实务中都会发生,以达到学以致用的目的。

2.基于教学安排的需要

教学中一般对高级财务会计课程教学课时数的设置都不太多,因此,本教材安排的章节不多。同时考虑到初学者对高级财务会计内容的理解难度较大,因此,每一章节内容的编写都尽可能详尽,以方便学生自学。

3.与会计准则的协调

本教材在内容的选择上非常注重与会计准则的协调,尽可能以我国《企业会计准则》为主要依据。在内容方面,既注重各专题相关理论的讲解,也注意具体准则的阐述与发展。这不仅有利于学生掌握相关的会计理论,而且也能满足学生参加相关会计考试的需要。

本教材包括绪论、所得税、外币折算、企业合并、合并财务报表、租赁、非货币性资产交换、债务重组、或有事项、借款费用、资产负债表日后事项以及会计政策、会计估计变更与会计差错更正等共十二章。每章除了思考题以外，还附有案例分析，以帮助学生理解本章内容。

本教材由李倩担任主编，赵娜、魏延博担任副主编。其中，李倩编写第一章、第八章、第十章和第十一章和第十二章；魏延博编写第二章、第三章和第四章；赵娜编写第五章、第六章、第七章和第九章。

本教材作为重庆工商大学融智学院重点课程建设项目，在编写中得到了课程组、重庆工商大学融智学院教务处及相关部门的大力支持，在此深表感谢！

本教材的不足之处，敬请读者批评指正。

编者

2016 年 5 月

目　录

第一章 绪 论

学习目标◎

通过本章的学习,应掌握高级财务会计的性质与特征;了解高级财务会计产生的社会经济环境以及高级财务会计产生与发展的历程;掌握高级财务会计形成的基础;了解高级财务会计研究的内容。

导入案例🔍

环球公司是一家注册地在中国大陆境内的股份有限公司,以人民币作为记账本位币。2×16年,环球公司为了获得稳定的原材料供应,收购了一家非洲原料生产企业RZ公司60%的股权。并购RZ公司以后,环球公司所需原材料的80%来自RZ公司,材料款均以美元结算。

思考:

1.该业务对环球公司会计核算的前提(或称假设)会产生什么影响?

2.环球公司用美元支付RZ公司材料款,如何进行会计核算?

3.环球公司并购RZ公司以后,两者属于什么关联关系?是否需要编制合并财务报表?

第一节　高级财务会计概述

一、高级财务会计的性质与特征

高级财务会计源于英文的"Advanced Accounting"，在国外的会计教材中，有关这一概念的内容既有专门的论著，也可见于一般的财务会计之中，但很难找到对高级财务会计的定义性描述，国内的教材也很少论及高级财务会计的定义。从高级财务会计的产生与发展来看，高级财务会计是指随着社会经济的发展，对原有财务会计内容的补充、延伸和发展，是专门研究财务会计中特定领域的一门学科。高级财务会计之所以"高级"，是因为它是对特殊事项的会计处理，无论在假设和原则方面，还是在程序和方法方面，都是对中级财务会计的突破，它与基础会计、中级财务会计共同构成了财务会计的内容。其中，基础会计主要讲述会计核算的基本理论和方法；中级财务会计主要涉及企业（一般以制造业企业为例）一般业务的会计核算；而高级财务会计主要是对企业特殊的交易和事项进行处理。因此，只有在掌握基础会计、中级财务会计和高级财务会计的内容之后，才能对财务会计学科有一个比较系统的了解。

高级财务会计是财务会计中的一个独立分支，与中级财务会计相比，它具有以下特征：

第一，研究的内容复杂。高级财务会计所研究的内容主要涉及随着会计领域的拓宽而出现的更新、更复杂的会计事项，属于财务会计领域中的特殊复杂问题。它不仅涉及会计核算方法，而且在理论探讨方面还处在不断发展之中，如合并财务报表的理论与实务问题、物价变动会计的理论与实务问题、外币业务的理论与实务问题等。

第二，涉及的领域宽广。高级财务会计研究的内容，不囿于特定假设条件和规定的原则，只要是使用者需要的会计信息，原则上都应该提供。从报告主体看，不仅包括反映几个单一公司形成企业集团情况的合并财务报表，还包括反映一个公司不同分部情况的分部报表。从报告的地域看，不仅包括同一境内、同一币种的合并财务报表，还包括跨国、不同币种外币报表的折算。从报告时间的持续性来看，不仅包括持续经营主体的财务报告，还包括非持续经营主体的财务报告等。

第三，探讨的问题新颖。高级财务会计研究的内容主要与客观经济环境中出现的新动向、新问题有关，有一定超前性。高级财务会计不论运用的方法，还是遵循的理论，都不再局限于传统财务会计中的会计假设和会计核算原则，并随经济环境与经济业务的变化有所调整。

二、高级财务会计在财务会计学科中的地位

高级财务会计是财务会计的有机组成部分,是对在客观经济环境变化时产生的一些特殊业务进行账务处理的会计。它与基础会计、中级财务会计共同构成了财务会计学科的完整体系。

从现有相关教材的内容来看,高级财务会计与中级财务会计核算内容的区别主要表现在业务范围方面,即高级财务会计核算的事项主要表现为一些特殊的经济业务和特殊经营方式企业的特殊会计事项,这些业务可能只发生于某一特定时期,也有可能只发生于部分企业,而中级财务会计主要核算企业(一般以制造业企业为例)经常、普遍发生的业务。与中级财务会计不同,高级财务会计还处于不断发展和完善之中,它弥补了中级财务会计的不足,与中级财务会计互为补充、相得益彰,共同促进了财务会计学科的发展。

第二节　高级财务会计的产生与发展

一、高级财务会计的产生

(一)会计所属的经济环境的变化

会计具有适应性。经济环境的变化导致新会计事项的不断出现是高级财务会计产生的根本原因。第二次世界大战以后,世界范围内的科技革命推动了西方社会经济的迅猛发展,整个西方国家的经济环境发生了巨大变化。这些变化导致了以前没有的经济业务与事项的出现,从而促进了高级财务会计的产生和发展。这些经济环境的变化主要表现为以下几个方面:

1.世界各国经济不断发展壮大,市场竞争越来越激烈。企业为了生存不断扩大公司规模,公司之间的股权投资越来越普遍,公司间股权相互渗透,形成了庞大的企业集团,母子公司成为一种普遍的社会现象,企业间的横向和纵向经济联系更加紧密,依赖性更强,社会对会计信息的要求和依赖性越来越高,会计在企业中的地位越来越重要。

2.经济发展不均衡,通货膨胀严重。西方主要国家在 20 世纪 60 至 70 年代通货膨胀普遍加剧。1972 年至 1973 年,西方国家初级产品的价格猛涨,工资也随之相应提高,消费品价格猛涨。1973 年至 1975 年,经济合作与发展组织全体成员平均消费品价格上涨率为 26％,1979 年第二次石油危机又对早已恶化的通货膨胀起到推波助澜的作用,而且使其波及亚洲及拉丁美洲。通货膨胀在 20 世纪 70 年代已成为西方国家乃至全世界共同面临的难题。在会计领域,通货膨胀使货币计量假设受到严重冲击,极大地影响了会计信息的可靠性。

3.贸易投资自由化,跨国经营普遍化。西方发达国家不仅推行产品的国际化,拓展国际市场,而且大规模地推行资本的国际化,推动国际贸易和国际投资的扩大,从而导致跨国公司大量出现。

4.金融国际化,经济一体化。由于国际金融市场得以完善,各种衍生金融工具应运而生,并得到快速发展,国际资金的流动加强,流量增多,期货交易、融资租赁等行业蓬勃发展,金融呈现出国际化。同时,产品的国际化和资本的国际化使得国际交流不断增加,世界经济趋于一体化。

5.企业合并兼并、破产浪潮席卷全球。各国企业为了增强竞争实力,占有更大的市场份额,都在积极寻求合作伙伴,建立联盟,对资产进行重组、合并。同时,由于市场竞争激烈,导致大量的企业进行破产清算。

(二)会计随着经济环境而发生的变化

由于上述经济环境的变化导致了许多新的会计事项出现,而这些新的会计事项又都突破了传统财务会计的范围,其程序与方法并不能处理这些新事项。经济环境的变化导致大量新的会计事项的出现主要表现在以下几个方面:

1.企业集团内部存在着母公司与子公司、子公司与子公司之间以内部价格转移财产或劳务的业务往来,为了全面综合反映集团公司整体财务状况,会计期末应编制集团公司的合并财务报表。如果是跨国性的集团公司,且其所属国外子公司会计报表中使用的货币种类与母公司不同,还应首先进行外币报表的折算,再编制合并财务报表。

2.在进行国际贸易和国际投资及劳务输出过程中,必然发生外币兑换、外币交易与折算,以及外币远期合同、套期保值和融资互换交易等事项。

3.通货膨胀的存在与发展,严重地冲击了财务会计的币值稳定假设和历史成本原则,如果不采取一定的措施消除物价变动对会计信息的影响,会计信息将难以有效地满足企业经营者和外部与企业有经济利害关系各方的需要;同时,企业所耗资产的弥补也会受到损害。通货膨胀直接影响会计信息的质量、影响会计信息价值的实现和企业的资本保全。

4.随着国际金融市场的形成,各种衍生金融工具的创新,期货市场和融资租赁业务的发展,必然会出现风险及规避风险、远期汇率与即期汇率、租赁契约、残值担保等一系列特殊问题。这些新的业务和问题均需具有相应的会计理论进行指导,并采用一定的方法进行核算和监督。

5.企业的兼并与合并、清算与破产严重冲击会计主体假设与持续经营假设。企业的兼并与合并不仅需要编制合并财务报表,而且在会计处理过程中涉及若干会计主体,会计要扮演多种角色,站在不同的立场上,为不同的主体服务;企业的清算与破产,宣告企业经济活动的终结,原有的企业不复存在,这必然与企业持续经营假设相矛盾。如何进行破产清算的会计处理,是会计领域的一个新问题。

此外,独资企业、合伙企业等企业的业务内容与股份公司差异较大,它们的会计处理又有自己独特的方法。面对会计领域诸多的新问题,原有的财务会计框架难以容纳,而这些又是财务会计必须解决的问题。因此,必须在原有的财务会计学的基础上,谋求建立一门新的学科来解决这些会计领域的新问题,于是高级财务会计学在20世纪60年代就应运而生了。

二、高级财务会计的发展

为处理反映上述新的经济业务,在原有财务会计学的基础上逐步演变形成了高级财务会计学。从高级财务会计学所涵盖的内容来看,其发展过程大致可划分为三个阶段。

(一)高级财务会计的萌芽期

现代会计在其产生之时就孕育了高级财务会计的胚芽。西方国家工业革命和产业革命的成功,有力地推动了社会生产力的发展,企业由自由竞争逐步走向垄断,市场竞争更加激烈,于是出现了第一次企业兼并、合并的浪潮。企业的兼并、合并必然产生母子公司,因而在会计上必然要求编制合并财务报表,以完整地反映企业集团的财务状况、营运能力。第一次世界大战后,美国的经济得到了快速发展,又产生了第二次企业兼并浪潮,本次兼并把一部门的各个生产环节兼并在一个企业,各种工序相互结合,连续作业,形成一个统一运行的联合体。企业兼并的第二次浪潮使股份公司得到进一步的发展与完善,推动了合并财务报表的广泛使用,从而产生了一些重要思想,包括经济实体的概念、合并所产生的商誉问题等。在这一时期,西方主要工业国家出现了轻度、持续通货膨胀的局面。通货膨胀必然影响财务信息的准确性,这种现象引起了会计学界的高度重视。美国早期会计学家亨利·W.斯威尼(Henry W. Sweeney)早在1936年就出版了《稳定币值会计》一书,提出了对通货膨胀进行会计处理的方法,被会计界誉为英文文献中物价变动会计的首创模式。通货膨胀会计思想的出现,标志着高级财务会计进入了萌芽期。

(二)高级财务会计的发展期

第二次世界大战后,西方主要工业国家开始由军事工业向民用工业转变,这就需要更新设备和扩大投资。而传统的信贷方式已无法满足这种旺盛的资金需要,在银行和企业的共同参与下,在20世纪50年代就产生了以融资租赁为主的现代租赁业务,以解决各国各行业资金不足的问题。融资租赁业务的出现促进了租赁会计的产生。1953年美国会计程序委员会(CAP)发表了会计研究公告第43号《重述和修订的会计研究公报》,就融资租赁会计处理方法提出了若干意见。

20世纪60年代末,世界经济出现了迅猛发展,科学技术获得突破,新兴工业部门如计算机、激光、宇航、核能、海洋开发、合成材料等部门相继兴起,必然出现拥有巨额资金的强大垄断企业,因而出现了第三次企业兼并浪潮,这次企业兼并是以混合兼并占主导地位,把互无关联的各类企业,通过兼并,凑合成一个混合体,这个混合体在一个主企业的统一指挥、统一管理、统一经营下进行运转。美国会计程序委员会(CAP)于1959年发表了会计研究公告第51号《合并财务报表》,对合并财务报表的编制提出了若干指导意见。

20世纪60年代,西方国家发生了持续的通货膨胀,对会计信息的真实性和有用性产生了较大的冲击,会计理论界和实务界开始对此关注,并进行了研究,逐步形成了不同的学术观点,如古典学派、新古典新派和激进学派等。这些不同的学派,构成了物价变动会计的雏形。针对物价变动对财务会计的影响,美国注册会计师协会(AICPA)1963年发表了其第6号会计研究论文集《呈报物价水准变动的财务影响》。美国会计原则委员会

(APB)于 1960 年发表了第 3 号公告《重编一般物价水准变动的财务报表》,以指导会计人员处理物价变动对财务信息质量的影响。在这一时期,西方国家对企业加强了对所得税的征管,允许应税收益与会计收益有一定的区别,如何重新计算应税收益将直接影响到企业缴纳所得税的多少,影响企业的净收益,因此,所得税会计应运而生。

20 世纪 50 至 60 年代是高级财务会计发展的时期,其主要内容已基本形成,并已具有一定的会计处理规则,所以在西方国家已出现了高级财务会计教程,并步入了西方国家的大学课堂。但高级财务会计的内容尚不完善,有待于进一步发展。

(三)高级财务会计的成熟期

进入 20 世纪 70 年代,在 20 世纪 60 年代企业兼并的基础上形成了庞大的跨国集团公司。跨国集团公司的出现,必然引起会计计量单位的多元化,即外币和本位币的双重计量单位,于是就产生了大量的外币业务和汇兑业务。跨国集团公司编制合并报表还涉及外币折算等问题,这些都是以前的财务会计无法解决的问题。为了指导处理这些新的会计事项,美国财务会计准则委员会(FASB)于 1973 年颁发了第 1 号财务会计准则公告《外币业务的揭示》,1975 年颁布了第 8 号财务会计准则公告《外币交易和外币财务报表换算的会计处理》,20 世纪 70 年代以后就形成了较为成熟的外币业务会计。在这一时期,西方国家已健全了期货交易市场,尤其是金融期货交易和期权交易得到了较大的发展,如 1972 年美国芝加哥商业交易所(CME)首先推出英镑、加拿大元、联邦德国马克、法国法郎、日元和瑞士法郎期货合约交易,以回避汇率风险。1975 年芝加哥期货交易所率先推出第一张抵押证券期货合约(GNNA)回避利率风险。1982 年美国堪萨斯期货交易所推出第一个股价指数期货合约——价值线指数期货,以回避股市风险。1973 年美国芝加哥成立了期权交易所,1982 年荷兰的阿姆斯特丹交易所进行了世界上第一笔外汇期权交易,芝加哥期货交易所引进了美国国库券期货期权。大批的期货交易,必然引起大量的期货交易的会计事项。为了指导这些期货交易事项的会计处理,美国财务会计准则委员会(FASB)于 1984 年颁布了第 80 号财务会计准则公告《期货合同的会计处理》,建立了较为完善的期货会计处理方法,形成了期货会计。

20 世纪 70 年代以后,西方国家通货膨胀加剧,形成了许多物价变动会计理论与模式:一是一般物价水平会计,这表现为美国著名会计学家亨利·W.斯威尼(Henry W. Sweeney)在 1936 年提出的等值美元会计思想在 20 世纪 70 年代以后得到了广泛的支持与发展。国际会计准则委员会(IASC)于 1977 年发布了其第 8 号准则公告《会计对物价变动的反映》,1981 年发布了第 15 号准则公告《反映物价变动影响的资料》,1989 年发布了第 29 号准则公告《恶性通货膨胀经济中的财务报告》,形成了系统的一般物价水平会计的理论与方法。二是现行成本会计模式。这种模式主张以现行成本来代替历史成本,以消除各个企业所承受的个别物价变动影响。其理论创始人为美国著名会计学家爱德华兹。他于 1961 年出版了《企业收益的理论和计量》一书,提出了采用现行成本计量的理论,该理论在 20 世纪 70 年代以后得到较快的发展,并获得了会计职业团体的支持,例如,美国证券交易委员会(SEC)于 1978 年发布第 190 号《会计文告集》,要求证券上市的公营大公司必须编报现行重置成本报表,美国财务会计准则委员会(FASB)在上述公告中也予以支持,要求各大公司不仅编报一般物价水平会计补充报表,而且还同时要求编制现行成本会计补充报表。英国、澳大利亚、加拿大和新西兰等国家的会计界,也追随美国,陆续发布了现行成本会计征求意见稿,并试行现行成本会计。三是变现价值会计。这种模式主张以资产的现时价值或变现价值为计价标准。其代表性人物为美国会计学家麦克尼尔(K.Macneal),他于 1939 年出版《会计中的真实性》(*Truth in Accounting*)一书,主张按资产的现时价值计价。20 世纪 60 年代,澳大利亚的会计学家钱伯斯(R. Chambers)在《算盘》杂志上发表《通货膨胀会计:方法的问题》丰富与发展了麦克尼尔的学说。美国另一位会计学家罗伯特·斯特林于 1970 年后相继发表了他的《企业收益计量理论》(*Theory of the Measurement of Enterprise Income*)和《计量收益和财富的相关标准的应用》(*Measuring Income and Wealth : an Application of the Relevance Criterion*),进一步丰富和发展了变现价值会计理论。

20 世纪 80 年代以来,世界经济进入了一个产业结构大调整时期。在这种形势下,西方发达国家掀起了第四次企业兼并浪潮。在第四次企业兼并浪潮中,企业的经济业务又发生了许多变化,例如,国家和地区间相互投资、母子公司的投资、为了逃避各种税收以及利用各国的税法和有关法律进行内部价格转移和财产转移等对原有的所得税会计处理、外币业务的处理以及合并财务报表的编制形成了较大的冲击,为此会计理论界也积极寻求对策,如美国财务会计准则委员会(FASB)于 1981 年颁布了第 52 号会计准则《外币折算》,1982 年颁布了第 57 号会计准则《关联方披露》和第 70 号会计准则《财务报表与物价变动:外币核算》,1987 年颁布了第 96 号会计准则《所得税会计》,1988 年发布了第 100 号财务会计准则《所得税法》,1989 年颁布第 103 号财务会计准则公报,1991 年、1992 年又分别颁布了《所得税会计》,以期指导处理第四次兼并浪潮所产生的新的会计业务。

20 世纪 80 年代以来,随着社会经济环境的变化以及新的会计业务的不断出现,高级财务会计的基本内容、指导思想和处理方法都已基本形成,并得到了会计实务界的广泛认可与接受,成为一种会计惯例。这说明高级财务会计已经形成了不同于中级财务会计的理论基础和方法体系,它对中级财务会计中尚未包括的内容进行了补充,从而使财务会计体系更加完整。这些不同于中级财务会计的理论基础和方法体系标志着高级财务会计学的成熟。

我国于 2006 年 2 月 15 日颁布了《企业会计准则——基本准则》和 38 项具体准则,2014 年 7 月修订为 41 项具体准则,其中《企业会计准则第 18 号——所得税》《企业会计准则第 19 号——外币折算》《企业会计准则第 20 号——企业合并》《企业会计准则第 21 号——租赁》《企业会计准则第 22 号——金融工具确认和计量》《企业会计准则第 24 号——套期保值》《企业会计准则第 33 号——合并财务报表》等准则的制定和颁布,说明高级财务会计在我国已初具规模,并形成了相应的会计理论和实务处理方法。

第三节　高级财务会计形成的理论基础

高级财务会计的产生源于会计所处客观经济环境的变化。根据社会经济发展的客观内在规律,会计对所处的经济环境做了基本假设,以保证会计能在相对稳定的会计环境中对企业发生的经济业务进行会计处理。但企业所面临的经济环境是不断发展变化的,客观经济环境的变化会使得会计环境发生重大变化,进而使得传统经济环境下形成的会计基本假设和会计处理原则受到严重冲击。客观经济环境的变化或改变使得有些会计假设被突破,有些会计假设被否定。客观经济环境发生变化所引起会计假设的松动是高级财务会计形成的基础。在客观经济环境变化下产生的新的会计业务尽管不符合传统会计假设的要求,但根据财务会计的目标以及会计信息的质量要求,这些会计业务也需要进行监督和反映,也需要在会计中进行处理并在财务报告中得到反映。因此,财务会计目标以及会计信息的质量要求是高级财务会计产生的理论基础。

一、会计假设的松动

(一)会计主体假设的松动

会计主体是会计为之服务的特定单位。会计主体界定了会计服务的空间范围。典型的会计主体是一个独立核算的企业,会计以此为服务对象进行会计事项的处理,并通过编制会计报表系统反映该主体的财务状况和经营成果。但是,随着构成母子关系的企业集团的出现,会计主体显然突破了某一企业的概念。因为,母公司本身是一个独立核算的企业,这一会计主体下的每一个子公司及其他分支机构也是一个会计主体。在这种情况下,站在集团的角度,会计服务对象的空间范围显然是由母公司及其下属单位构成的整体。也就是说,会计不仅要以每一独立的企业为单位进行核算,编制财务报表,还要站在整个企业集团的角度,以企业集团为会计服务对象,编制合并财务报表。此外,随着客观经济环境的变化,会计主体假设还有了新的更丰富的内容,如公司下设的分支机构、分部、事业部以及快速发展的企业年金基金等,在此基础上产生了超越会计主体假设前提条件的分支机构会计、分部报告、基金会计等新的会计业务。

(二)持续经营假设和会计分期假设的松动

持续经营假设指会计主体的经营活动将会持续不断地下去,在可预见的将来不会出现因破产等原因导致的清算。但是,对于一个持续经营的企业,会计不能在企业结束其全部业务活动后才进行财务状况和经营成果的列报,因此,需要将持续经营的企业划分为相等时间跨度的会计分期,以此为基础编制财务报表。这两个假设为解决会计核算中资产计价和收益确定问题提供了基础。例如,正是基于持续经营假设和会计分期假设,对资产的计价采用历史成本而不用变现价值,以等同的时间间隔编制会计报表。如果企业面临清算,投资者和债权人关心的将是资产的变现价值和偿债能力,按变现价值计价才能提供决策有用的信息。也正是在这两个假设前提下,会计确认和计量的原则与方法才具有稳定性和可比性。一旦有迹象表明企业由于某种原因而面临破产或被兼并、收购等,这两个假设就丧失了前提,以这两个假设为基础的会计确认、计量的原则和方法将会无法采用。因此,持续经营假设为财务会计限定了前提条件。但是,市场经济是充满风险和机遇的竞争经济,随着全球经济一体化的加快,市场竞争不断加剧,企业合并、重组以及破产清算等事项经常发生,此时持续经营假设就不再合理。例如,当企业清算时,就应采用破产清算会计程序,资产以清算价格计价,并编制清算开始日和结束日会计报表。由于现代经济生活中有许多不确定因素可能导致企业破产、重组,使企业面临破产清算和重组等特殊会计事项。高级财务会计中的破产清算会计和重组会计正是持续经营假设和会计分期假设松动的结果。

(三)货币计量假设的松动

以货币为计量单位是会计核算区别于其他核算的显著特征。货币计量假设指会计对企业资产、负债、所有者权益、收入、费用以及利润的核算以货币为统一的计量单位,财务报表所反映的内容只限于能够用货币来计量的经济活动。货币计量假设有两层含义:一是以货币作为主要的计量单位,其中包括记账本位币的确定问题;二是该货币币值稳定,能充分反映企业经营中的价值运动。也就是说,如果以货币为计量单位的会计报表要能够为投资者、债权人以及财务报表的其他使用者提供有用的信息,那么会计计量所使用的货币本身的价值必须是稳定的,至少其价值波动必须限定在不足以使财务报表对经济业务产生歪曲反映的范围内。

目前,在全球经济一体化的环境中,国家间的经济活动日益频繁,资本的跨国流动和国际贸易在不断扩大。这导致企业与国际市场的业务往来不断增多,在会计处理中有多种货币可供选择。企业可以根据自己经营的需要,选择企业所处地域通行的货币作为记账本位币,也可以选择企业所处主要经济环境中的货币作为记账本位币。这样就形成了外币交易会计和外币报表折算。另外,货币币值不变假设在货币币值变动幅度较小时是合理的,但币值的变动幅度较大时,就会直接影响会计信息的可靠性和相关性。例如,第二次世界大战以后,西方国家出现了普遍的、持续性的通货膨胀,货币购买力不断下降,货币计量假设中隐含的币值稳定的假定已严重脱离现实,仍以币值稳定为假设前提的以历史成本为基础的传统会计模式所提供的会计报表必然会严重失实,引起报表使用者的误解。因此,物价变动会计就应运而生了。

除此之外,还有一些与上述事项交错并生的会计业务,如会计主体和货币计量假设变化形成的外币报表折算。企业合并和企业集团的建立突破了原来的会计主体观念,出现了合并财务报表。但是,报表合并的范围并不限于国内的子公司。跨国集团为了对遍及其他国家的子公司进行管理,为了向报表使用者提供决策所需的有关跨国集团整体财务状况和经营情况的信息,同样需要编制跨国集团合并财务报表。比国内企业集团合并财务报表更为复杂的是,跨国集团合并财务报表之前,必须将子公司按所在国外币编制的财务报表折算成以母公司本国货币表述的报表。货币计量概念还延伸至将某一国外子公司以外币表述的财务报表转化成以母公司本国货币表述的财务报表。如果各种货币之间的汇率一直是固定不变的,外币报表的折算就不是一个困难的问题,只需将某一子公司按所在国或地区的货币编制的财务报表按固定汇率折合成本国货币即可。但在汇率变动的情况下,就会出现折算汇率选择和折算差异的处理问题。

二、财务会计目标和会计信息的质量要求

一般认为,财务会计的目标包括反映管理层的受托责任和向投资者提供决策有用的信息。为完成这一目标,会计信息需要满足一定的质量要求,否则财务会计的目标将无从实现以至于失去意义。因此,应根据财务会计的目标和会计信息的质量要求,对满足会计确认和计量条件的所有会计业务进行会计处理。

(一)可靠性要求

可靠性要求,要求企业应当以实际发生的交易或事项为依据进行确认、计量和报告,如实反映符合确认、计量要求的各项会计要素及其相关信息,保证会计信息的真实可靠、内容完整。这一原则要求会计对一些新出现的经济业务或事项进行反映,如物价变动。在物价大幅变动、但不考虑币值变动的情况下,会计信息虽然在金额上真实,但名义货币已经脱离了实际购买力,已经无法保证会计信息的可靠性。为了保障会计信息的可靠性和决策有用性,必须采用物价变动会计对会计信息进行修正。

(二)相关性要求

相关性要求,要求会计信息对信息使用者的决策有用,要求企业将有用的会计信息进行处理并对外报告。对信息使用者而言,下列会计信息是其需要关注和了解的,如企业合并和破产清算方面的信息;企业进行债务重组的信息;企业融资租赁中实际利益和风险的转移;企业集团整体的财务状况以及经营成果;衍生金融工具业务给企业带来的利益和风险等。所有这些业务都需要根据相关性原则的要求予以会计处理并适时对外报告。

(三)可比性要求

可比性要求,要求企业提供的会计信息相互可比,这种可比性一方面表现为同一企业在不同时期提供的会计信息相互可比,另一方面表现为不同企业在相同期间提供的会计信息也相互可比。为此,它需要企业之间、企业内部采用相对稳定的会计政策,并在会计政策变化时揭示出变化的原因和对当期会计信息的影响。例如,当企业处于物价变动期间时,同一企业在不同会计期间的会计信息就会因物价变动而不具可比性。所以在通货膨胀期间应当按照物价变动会计的专门方法对企业的会计信息进行修正,以保证会计信息质量的可比性。此外,如果发生了会计政策和会计方法的变更,为了保证会计信息的可比性,应采用什么样的会计处理方法来对此进行核算,也是基于此会计信息质量要求的考虑。

(四)重要性要求

重要性要求,要求企业提供的会计信息应当反映出与企业财务状况、经营成果和现金流量有关的所有重要的交易和事项。如果某项会计信息的省略或者发生错误会影响会计信息使用者进行正确的经济决策,那么,这种会计信息就是重要的。由此可知,企业集团的综合会计信息、融资租赁中的利益和风险转移的信息、衍生金融工具中的利益和风险信息、年度报告之外的中期信息、分部信息、企业合并的信息以及破产清算等方面的信息,都是信息使用者在进行决策时不可或缺的重要信息,需要企业采取积极的措施来处理并在对外报告中反映上述信息。

(五)实质重于形式要求

实质重于形式要求,要求企业应当按照交易或事项的经济实质进行会计核算,而不应当仅仅按照它们的法律形式作为会计核算的依据。也就是说,如果经济实质性的内容超过了外在法律形式的限制,那么会计应以经济实质性内容为依据进行记录和报告。例如,融资租赁中承租人虽然不拥有租赁资产的所有权,但是能够控制与租赁资产所有权有关的主要风险和报酬。因此,在租赁期间,按照实质重于形式的要求,租赁资产应该作为承租企业的固定资产予以确认。此外,企业控股合并后的各法人主体与企业集团合并财务报表的会计主体之间存在巨大差异,由此形成的财务报表内容的不一致以及合并财务报表报出的销售收入额与法律上认可的集团各企业的销售收入汇总额不一致等,在会计处理上均反映出实质重于形式的要求。

(六)谨慎性要求

谨慎性要求,要求企业对交易或事项进行确认、计量和报告时需保持应有的谨慎,不应高估资产或收益、低估费用或负债。在新的经济环境下,对谨慎性要求提出了新的挑战,不仅要合理核算可能形成的费用和损失,也要合理估计可能形成的利得和收益。例如,对外币业务的未实现汇兑损益的确认,又如在或有事项中对于或有负债和或有资产不同的确认和披露条件,均是反映出谨慎性的要求。

需要强调的是,上述会计信息的质量要求是高级财务会计产生的理论基础,但同时高级财务会计的产生也强化和延伸了上述会计信息质量要求。而且会计信息质量要求的强化和延伸弥补了会计假设松动产生的理论空缺,形成了一种新的理论环境。高级财务会计就是建立在这种理论基础之上,与一般的财务会计共同构成了财务会计学科的完整体系。

第四节　高级财务会计的研究内容

一、确定高级财务会计内容的基本原则

(一)以经济事项与四项会计假设关系为理论基础确定高级财务会计的范围

如前所述,客观经济环境的变化造成会计假设的松动是高级财务会计产生的基础。也就是说,划分中级财务会计与高级财务会计的最基本标志在于它们所涉及的经济业务是否在四项基本会计假设的限定范围之内。一般而言,属于四项假设限定范围内的会计事项属于中级财务会计的研究范围,而背离四项假设的会计事项则归属于高级财务会计的研究范围。这是因为,处理背离基本假设的会计事项所运用的会计原则、程序与方法是中级财务会计所无法提供的。高级财务会计之所以将外币会计、物价变动会计、合并会计、破产会计等内容包括在内正是基于这一点考虑的。

(二)考虑与中级财务会计的衔接

以上从理论上论述了高级财务会计产生的基础。根据这一划分原则,划分中级财务会计与高级财务会计的理论标准应该是:限定在四个基本假设之内的会计事项属于中级

财务会计的内容,超出四个假设的会计事项归属于高级财务会计。但是,中级财务会计阐述的是基于四个假设基础之上的一般会计事项,尽管有些会计事项未背离四个基本假设,但并不具有普遍性,而且有些业务会计处理的难度也较大,如商品期货、衍生金融工具、非货币性资产交换、债务重组、或有事项、租赁业务等,这些会计处理较为复杂的业务一般也包括在高级财务会计之内。

二、高级财务会计的研究内容

根据高级财务会计形成的基础以及高级财务会计研究内容的确定原则,高级财务会计的研究内容一般包括以下五个方面:

(一)一般企业的特殊业务

实务中有些业务,如金融工具、养老金、非货币性资产交换、债务重组、租赁业务等,仅在某些企业发生,不具有普遍性。这些业务与企业一般生产经营活动中的业务有着很大的区别,在会计处理上也有着不同的会计理论和方法。因此,一般将这些业务纳入高级财务会计的研究内容。

(二)特殊经营行业的业务

这里讲的特殊经营行业是指与工业、商业企业经营存在较大差异的行业,如租赁公司、期货公司以及与之相似的经纪公司等在业务经营中有独特之处的行业,其会计处理涉及租赁会计、期货交易会计等。如融资租赁业务是专业租赁公司的一项重要经济业务,从事租赁业务的行业是工业资本和金融资本相结合的新型产业。融资租赁企业拥有租赁资产的所有权,但将租赁资产的使用权有偿转让给他人,以获取经济利益。所以,租赁业务在会计处理上与一般业务不同,需要采用新的会计理论和方法。因此,也需要纳入高级财务会计的研究范围。

(三)企业在某一特定时期的业务

这里所说的某一特定时期的业务,是指诸如企业重组、破产清算、企业合并、改组或者物价变动较大时产生的会计业务。这些业务在进行会计处理时均突破了传统的会计假设,因此,也应纳入高级财务会计的研究范围。

(四)特殊主体的业务

这部分业务主要包括企业合并和合并财务报表。随着经济发展变化,企业作为会计核算的主体也在发生变化。中级财务会计的会计主体假设一般指单一企业和组织。随着社会经济的不断发展,会计主体假设不断向外延展,形成了一个多层次、多方位、跨越企业法人界限的会计主体。例如,由母子公司组成的企业集团所形成的财务报告主体,要求母公司编制反映企业集团整体财务信息的财务报告,即合并财务报表。合并财务报表所采用的理论以及编制程序和方法等均与一般的财务报告不同,也应属于高级财务会计的内容。

(五)特殊组织形式的业务

特殊组织形式的业务主要包括个人独资和合伙企业会计业务,这类企业和公司制企业不同,它们承担的是无限责任,在会计处理上也存在特殊性,一般也将其纳入高级财务会计的研究内容。

思考题

1.高级财务会计与中级财务会计有何区别?
2.简要阐述高级财务会计产生的社会经济背景。
3.简要阐述高级财务会计的发展历史和形成基础。

第二章 外币折算

学习目标◎

通过对本章的学习，了解外币会计的基本原理；理解汇兑损益的成因及其对企业经营成果的影响；掌握外币会计核算的基本方法、外币财务报表的折算方法、企业日常外币业务的会计处理和汇兑损益的确认与计量；能够独立编制外币折算财务报表。

导入案例🔍

国内某进出口公司是一家拥有多家国内外分支机构和子公司的大型进出口贸易集团，其国外分支机构和子公司分布于世界各地，有的专门从事进出口贸易活动，有的则是在国外建设生产基地进行生产和销售活动。华美公司是该集团投资设立于美国纽约的生产和贸易型公司，其主要商品从中国进口并销售于美国市场，其购货主要以人民币计价。华德公司是该集团在德国的子公司，其主要商品从中国进口并销售于德国和欧洲市场，购货主要以人民币计价。每年末编制合并报表时，对华美公司和华德公司及其他国外分支机构的财务报表以何种方法进行折算是公司会计政策和会计方法选择的重要问题。20×7年末该集团要开始编制包括国外子公司在内的合并报表，集团总会计师召集负责编制合并财务报表的会计人员讨论外币报表的折算方法，其间将海外企业部报送的国外各企业的经营活动情况、业务类型、交易计价币种和外币报表等资料发给相关负责人员，要求每人将负责的企业加以分析，并提出初步的外币报表的折算和合并方案。

思考：

假设你是负责合并会计报表的工作人员之一，总会计师希望听取每一位工作人员的意见，那么你会提出何种意见呢？

第一节　外币交易会计概述

一、外币及外汇

外币是外国货币的简称，亦指非记账本位币，是企业记账本位币以外的货币，包括各种纸币和铸币，它常用于企业间交易、投资等经济活动引起的对外结算业务。广义的外币概念是指所有以外国货币表示的，能够用于国际结算的支付凭证，除外国的纸币和铸币以外，还包括企业拥有的外国有价证券，如以外币表示的政府债券、公司债券、金融债权、股票和息票等；也包括外币的支付凭证，如外币性的各种票据、银行存款、信用证、邮政储蓄等各种凭证；还包括其他外币资金，如各种外币汇款和各种可在国外兑换或流通的凭证等。

外汇则可以从动态和静态两个方面来理解。动态的外汇是国际汇兑的简称，是把一个国家的货币兑换成另外一个国家的货币，借以清偿国际债权债务关系的一种专门性的经营活动或行动。静态的外汇，是指一种以外币表示的支付手段，用于国际结算。国际货币基金组织曾对外汇做过明确说明："外汇是货币行政当局（中央银行、货币管理机构、外汇平准基金组织及财政部）以银行存款、国库券、长短期政府债券等形式所保有的在国际支付逆差时可以使用的债权。"

在会计上，对外币核算有广义的理解。除了直接涉及的外国货币以外，只要以外国货币形式进行结算的业务都可以纳入外币核算会计中。

二、记账本位币及其确定

(一)记账本位币

记账本位币是指企业经营所处的主要经济环境中的货币。通常这一货币是企业主要收支现金的经济环境中的货币。例如，我国企业一般以人民币作为记账本位币。我国《会计法》规定，业务收支以人民币以外的货币为主的单位，可以选定其中一种货币作为记账本位币，但是编报的财务会计报告应当折算为人民币。

(二)记账本位币的确定

1.境内企业记账本位币的确定

《会计法》允许企业选择非人民币作为记账本位币，但是，究竟如何选择，《会计法》没有给出详细的说明。而《企业会计准则第 19 号——外币折算》对如何选择记账本位币进行了规范，并规定了确定记账本位币需要考虑的因素。企业选定记账本位币，应当考虑下列因素。

(1)该货币主要影响商品和劳务销售价格,通常以该货币进行商品和劳务销售的计价和结算。

(2)该货币主要影响商品和劳务所需人工、材料和其他费用,通常以该货币进行上述费用的计价和结算。

(3)融资活动获得的货币以及保存从经营活动中收取款项所使用的货币。

企业在选定记账本位币时,上述三项因素应综合考虑,不能仅考虑其中一项。

【例2-1】国内甲公司为外贸自营出口企业,其超过70%的营业收入来自向欧盟各国的出口业务,其商品销售价格主要受欧元汇率的影响,且以欧元计价,因此,从影响商品和劳务销售价格的角度看,甲公司应选择欧元作为记账本位币。如果甲公司除厂房设施、30%的人工成本在国内以人民币采购外,其他生产所需原材料、机器设备都以欧元在欧盟市场采购,则可确定甲公司的记账本位币是欧元。但是,如果甲公司的人工成本、原材料及相应的厂房设施、机器设备等95%以上在国内采购并以人民币计价,则难以判定甲公司的记账本位币应选择欧元还是人民币,还需要兼顾考虑以下因素,以确定甲公司的记账本位币,即融资活动获得的资金以及保存从经营活动中收取款项时所使用的货币。

如果甲公司取得的欧元营业收入在汇回国内时直接换成了人民币存款,且甲公司对欧元汇率波动产生的外币风险进行了套期保值,则甲公司可以确定其记账本位币为人民币。

2.境外经营记账本位币的确定

境外经营是指企业在境外的子公司、合营企业、联营企业、分支机构等。当企业在境内的子公司、联营企业、合营企业或者分支机构选定的记账本位币不同于企业的记账本位币时,也应当视同境外经营。企业选定境外经营的记账本位币,除考虑前面所讲的因素外,还应考虑下列因素:

(1)境外经营对其所从事的活动是否拥有很强的自主性。

(2)境外经营活动中与企业的交易是否在境外经营活动中占有较大比重。

(3)境外经营活动产生的现金流量是否直接影响企业的现金流量、是否可以随时汇回。

(4)境外经营活动产生的现金流量是否足以偿还其现有债务和可预期的债务。

(三)记账本位币的变更

企业选择的记账本位币一经确定,不得改变,除非与确定记账本位币相关的企业经营所处的主要经济环境发生了重大变化。主要经济环境发生重大变化,通常是指企业主要产生和支出现金的环境发生重大变化时,使用该环境中的货币最能反映企业的主要交易业务的经济结果。

企业因经营所处的主要经济环境发生重大变化,确需变更记账本位币时,应当采用变更当日的即期汇率将所有项目折算为变更后的记账本位币,并将折算后的金额作为新的记账本位币的历史成本。由于采用同一即期汇率进行折算,因此,不会产生汇兑差额。

企业需要提供确凿的证据证明企业经营所处的主要经济环境确实发生了重大变化,并应当在财务报表附注中披露变更的理由。企业记账本位币发生变更的,其比较财务报表应当以可比当日的即期汇率来折算所有资产负债表和利润表项目。

三、外币交易

(一)外币交易及外币交易内容

外币交易是指以外币计价或者结算的交易。《企业会计准则第 19 号——外币折算》规范的外币交易内容主要包括以下几个方面。

1.买入或者卖出以外币计价的商品或者劳务。通常情况下指以外币买卖商品,或者以外币结算劳务合同。

【例 2-2】以人民币为记账本位币的国内甲公司向国外乙公司出口商品,并以美元结算货款;再如,甲企业购买境内某公司发行的 B 股股票,或者购买海外某公司发行的欧元债券等,上述交易均属于甲公司的外币交易。

2.企业与银行发生货币兑换业务,包括与银行进行结汇或售汇,也属于外币交易。

3.借入或者借出外币资金。指企业向银行或非银行金融机构借入以外币表示的资金,或者银行或非银行金融机构向中国人民银行、其他银行或非银行金融机构借贷以外币表示的资金,以及发行以外币计价或结算的债券等。

4.其他以外币计价或者结算的交易。指以记账本位币以外的货币计价或结算的其他交易。例如,接受外币现金捐赠等。

应当注意的是,本国企业同外国企业购入商品,或本国企业将商品销售给外国企业,并不一定就会发生外币交易。例如,当中国企业购入美国企业商品,并约定以美元结算时,对中国企业来说是外币交易(因其记账本位币为人民币),而对美国企业来说则不是外币交易(因其记账本位币为美元)。此外,即便是本国企业间发生的商品交易,若双方约定以某一外币进行结算,就会发生外币交易。由此看来,确定是否为外币交易,应视其是否用外币(非记账本位币)进行结算。

(二)外币交易核算的基本程序

1.将外币金额采用交易发生日的即期汇率或即期汇率近似的汇率折算为记账本位币金额。

2.期末,将所有外币货币性项目的外币余额,按照期末即期汇率折算为记账本位币金额,并与原记账本位币金额相比较,其差额记入"财务费用——汇兑差额"科目。

3.结算外币货币性项目时,将其外币计算金额按照当日即期汇率折算为记账本位币金额,并与原记账本位币金额相比较,其差额记入"财务费用——汇兑差额"科目。

四、汇率及汇兑损益

(一)汇率概念及类型

1.汇率及标价

汇率是指用一国货币兑换成另一国货币时的比价或比率。汇率的标价方法有两种:直接标价法和间接标价法。

直接标价法是指以一定单位的外币为标准折算成一定的数额的本国货币。直接标价法的特点:外币数固定不变;本国货币数随汇率高低发生变化;本国货币币值大小与汇率的高低成反比。目前,世界上大多数国家汇率的标记采用直接标价法,我国也采用这一方法。

按照国际惯例,在汇率标价中,其数量会发生变化的货币成为"价格货币",数量固定不变的货币称为"基准货币"。在直接标价法下,外币是基准货币,而本国货币是标价货币。例如,1美元=6.30人民币元,就是直接标价法。

间接标价法是指以一定的本国货币作为标准,折算成一定数额的外币。间接标价法的特点是:本国货币数固定不变;外币数随汇率高低发生变化;本国货币币值大小与汇率高低成正比。通常英镑、美元采用间接标价方法,例如,1人民币元=0.159美元就是间接标价法。但美元对英镑采用直接标价法。

2.汇率分类

汇率按不同的标准分类,可以分为多种:

(1)根据表示方式的不同分类

直接汇率,是指一定单位数量的其他货币单位折算为本国货币的金额。间接汇率,是指一定数量的本国货币折算为其他货币的金额。

(2)按汇率记入账中的时间分类

现行汇率,是指企业将外币款项记入账中或当前编制会计报表时采用的汇率。历史汇率,是指经济业务最初发生时的汇率,即最初取得外币资产或最初承担外币负债时的汇率。现行汇率和历史汇率是相对的,目前的现行汇率经过一段时间之后,也就成了历史汇率。

(3)按从事外汇经营的银行角度分类

买入汇率,是指银行买入其他货币的价格,即银行收取外汇时愿意支付的价格,也称买入价。卖出汇率,是指银行出售其他货币的价格,即银行出让某种外币时愿意接受的价格,也称卖出价。

在我国人民币与外币汇率采用直接标价法下,银行的买入汇率总要低于银行的卖出汇率。买入汇率与卖出汇率的差额即为银行买卖外汇的收益。

中间汇率,是指银行买入价和卖出价之间的平均数,也称中间价。在实际业务中,外币的计价常采用中间汇率,银行公布外汇牌价时也常用中间汇率表示。

(4)按汇率交易的交割期限分类

即期汇率,是指外汇买卖的双方成交后立即或最迟不超过两个营业日进行交割的汇率,即现汇交易中即期交割的汇率。远期汇率,是指外汇买卖双方订立外汇买卖契约,事先约定在将来的一定时日据以交割的外汇汇率,即期汇交易中采用的汇率。约定后,不论到期时日的即期汇率涨跌如何,均按原定的约定汇率交割。

同一时日的远期汇率与即期汇率之间的差额,被称之为升水或贴水。在直接标价法下,远期汇率高于即期汇率时为升水;反之则为贴水。在间接标价法下,远期汇率低于即期汇率时为升水;反之则为贴水。

即期汇率的近似汇率:即期汇率的近似汇率是"按照系统合理的方法确定的、与交易发生日即期汇率近似的汇率",通常是指当期平均汇率或加权平均汇率。

加权平均汇率需要采用外币交易的外币金额作为权重进行计算。在汇率变动不大时,为简化核算,企业也可以选择即期汇率的近似汇率折算。

(二)汇兑损益

汇兑损益是指企业发生的外币业务在折合为记账本位币时,由于汇率的变动而产生的记账本位币的折算差额和不同外币兑换发生的收付差额,给企业带来的收益或损失。对此又称"汇兑差额"。汇兑差额有以下几种类型:

1.交易过程中产生的汇兑差额,即在以外币计价的商品赊销业务中因收回或偿付外币债权债务而产生的汇兑差额。

2.不同外币兑换过程中产生的汇兑差额。

3.期末外币调整时产生的汇兑差额,期末将有关外币账户按期末市场汇率进行调整,调整时历史汇率与现行汇率(期末汇率)不同而产生的差额。

4.外币报表折算时产生的汇兑损益。

第二节　外币交易会计处理

一、会计准则对外币交易会计处理的原则

1.汇率的选用

应在初始确认时按照交易发生日记账本位币与外币之间的即期汇率将外币交易金额折算为记账本位币金额入账。汇率变动不大的,也可以采用即期汇率的近似值进行折算。主要采用即期汇率。

2.外币货币性项目

应采用资产负债表日的即期汇率折算,汇兑差额计入当期损益,同时调增或调减外币货币性项目的记账本位币金额。

3.外币非货币性项目

以历史成本计量的外币非货币性项目:由于已在交易发生日按当期即期汇率折算,资产负债表日不应改变其原记账本位币金额,不产生汇兑差额。以公允价值计量的外币非货币性项目:如投资性房地产,折算后的记账本位币金额与原记账本位币的差额,作为公允价值变动(含汇率变动)处理,计入当期损益。

4.外币投入资本

采用交易发生日即期汇率折算,与相应的货币性项目的记账本位币不产生折算差额。

5.实质上构成对境外经营投资的外币货币性项目

因汇率变动而产生的汇兑差额,应列入外币报表"折算差额",处置境外经营时,计入当期损益。

二、外币业务会计处理的基本方法

企业发生的以外币计价的业务,通常对外方的权利和义务结算要以原币为准,而在企业会计主体账务体系中,又必须按记账本位币记录入账和编制会计报表。由于原币与记账本位币大多不一致,国际上对此有两种记账方法,就是外币统账制记账方法与外币分账制记账方法。

(一)外币统账制记账方法

外币统账制是指企业在发生外币交易时,折算为记账本位币入账。外币统账制记账方法是一种以本国货币为记账本位币的记账方法,在这种方法下,企业发生的外币业务都要折算为记账本位币加以反映,同时还要记录外币的金额。所以这种方法又称为复币记账法。在这种方法下,根据《企业会计准则第 19 号——外币折算》的规定,外币交易应当在初始确认时,采用交易发生日的即期汇率将外币金额折算为记账本位币金额;也可以采用按照系统合理的方法确定的、与交易发生日即期汇率近似的汇率折算。到期末,企业所有外币账户余额都必须按期末汇率折算为记账本位币,而这一金额与原来账面上记账本位币金额之间的差异,作为汇兑差额计入当期损益。

(二)外币分账制记账方法

外币分账制是指企业在日常核算时分别币种记账。企业发生外币业务时,直接按各种原币金额记账,不再折算为记账本位币金额,也称原币记账法。对于外币交易频繁、外币币种较多的金融企业,可以采用分账制记账方法进行日常核算。在这种方法下,企业的本币业务与外币业务分设不同的账户体系来反映,即按币种各设总账和明细账。资产负债表日,应当按规定分货币性项目和非货币性项目进行调整,货币性项目按资产负债表日即期汇率折算,非货币性项目按交易日即期汇率折算;产生的汇兑差额计入当期损益。

从我国目前的情况看,绝大多数企业采用外币统账制,只有银行等少数金融企业由于外币交易频繁,涉及外币币种较多,可以采用分账制记账方法进行日常核算。

无论是采用分账制记账方法还是采用统账制记账方法,只是账务处理程序不同,但产生的结果应当相同,即计算出的汇兑差额相同;相应的会计处理也相同,即均计入当期损益。

三、外币业务的会计处理

外币交易的会计处理主要涉及两个环节,一是在交易日对外币交易进行初始确认,将外币金额折算为记账本位币金额;二是在资产负债表日对相关项目进行折算,因汇率变动产生的差额计入当期损益。

(一)初始确认(交易日的会计处理)

企业发生外币交易时,应当在初始确认时采用交易日的即期汇率或即期汇率的近似汇率,将外币金额折算为记账本位币金额。

【例2—3】国内甲公司的记账本位币为人民币。20×7年12月4日,向国外乙公司出口商品一批,货款共计80 000美元,当日尚未收到,假定当日汇率为1美元＝7.8人民币元,且不考虑增值税等相关税费。

甲公司应进行以下账务处理:

借:应收账款 624 000
　　贷:主营业务收入 624 000

【例2—4】国内某公司的记账本位币为人民币,属于增值税一般纳税人。20×7年5月12日,从国外购入某原材料,共计50 000美元,假定当日的即期汇率为1美元＝7.8人民币元,按照规定计算应缴纳的进口关税为39 000人民币元,支付的进口增值税为72 930人民币元,货款尚未支付,进口关税及增值税已由银行存款支付。则相关会计分录如下:

借:原材料 429 000
　　应交税费——应交增值税(进项税额) 72 930
　　贷:应付账款 390 000
　　　　银行存款 111 930

【例2—5】国内某企业选定的记账本位币是人民币。20×7年7月18日从银行借入12 000欧元,期限为6个月,年利率为6%,假定当日的即期汇率为1欧元＝10人民币元,且借入的欧元暂存银行,相关会计分录如下:

借:银行存款——欧元 120 000
　　贷:短期借款——欧元 120 000

企业收到投资者以外币投入的资本,无论是否有合同约定汇率,均不得采用合同约定汇率和即期汇率的近似汇率折算,而是采用交易日即期汇率折算,这样,外币投入资本就与相应的货币性项目的记账本位币金额相等,不会产生外币资本折算差额。

【例2—6】国内甲公司的记账本位币为人民币。20×7年12月12日,与某外商签订投资合同,当日收到外商投入资本20 000美元,假定当日汇率为1美元＝7.8人民币元,且投资合同约定汇率为1美元＝8.2人民币元。甲公司应进行以下账务处理:

借:银行存款 156 000
　　贷:实收资本 156 000

(二)会计期末的调整与结算

资产负债表日,企业应当区分外币货币性项目和外币非货币性项目进行处理。

1.货币性项目的处理

货币性项目是企业持有的货币和将以固定或可确定金额的货币收取的资产或者偿付的负债。货币性项目分为货币性资产和货币性负债,货币性资产包括现金、银行存款、应收账款和应收票据以及准备持有至到期的债券投资等;货币性负债包括应付账款、其他应付款、短期借款、应付债券、长期借款、长期应付款等。对于外币货币性项目,应采用资产负债表日即期汇率折算,将因汇率波动而产生的汇兑差额作为财务费用处理,同时调增或调减外币货币性项目的记账本位币金额。汇兑差额指的是对同样数量的外币金额采用不同的汇率折算为记账本位币金额所产生的差额。例如,资产负债表日或结算日,以不同于交易日即期汇率或前一资产负债表日即期汇率的汇率,折算同一外币金额产生的差额即为汇兑差额。

【例2-7】国内甲公司的记账本位币为人民币。20×7年12月4日,其向国外乙公司出口商品一批,货款共计80 000美元,货款尚未收到,假定当日即期汇率为1美元=7.8人民币元,20×7年12月31的即期汇率为1美元=7.9人民币元,且不考虑增值税等相关税费,则对该笔交易产生的外币货币性项目"应收账款",采用20×7年12月31的即期汇率1美元=7.9人民币元折算为记账本位币为632 000人民币元,即80 000×7.9=632 000(元),与其交易日折算为记账本位币的金额624 000人民币元的差额为8 000人民币元,故应当计入当期损益,同时调整货币性项目的原记账本位币金额。相应的会计分录为:

借:应收账款   8 000

    贷:财务费用——汇兑差额   8 000

假定20×8年1月31日收到上述货款(即结算日),且当日的即期汇率为1美元=7.85人民币元,甲公司实际收到的货款80 000美元折算为人民币应当是628 000人民币元,即80 000×7.85=628 000(元),与当日应收账款中该笔货币资金的账面金额632 000人民币元的差额为-4 000人民币元。则当日甲公司应进行以下账务处理:

借:银行存款   628 000

    财务费用——汇兑差额   4 000

    贷:应收账款   632 000

【例2-8】国内A公司的记账本位币为人民币。20×7年8月24日,其向国外B供货商购入商品一批,商品已经验收入库。根据双方供货合同,货款共计100 000美元,货到后10日内A公司付清所有货款。假定当日即期汇率为1美元=7.8人民币元,20×7年8月31日的即期汇率为1美元=7.9人民币元,且不考虑增值税等相关税费,则对该笔交易产生的外币货币性项目"应付账款",采用8月31日即期汇率1美元=7.9人民币元折算为记账本位币为790 000人民币元,即100 000×7.9=790 000(元),与其交易日折算为记账本位币的金额780 000人民币元,即100 000×7.8=780 000(元)的差额为10 000人民币元,应计入当期损益,相应的会计分录为:

借:财务费用——汇兑差额   10 000

    贷:应付账款   10 000

9月3日,A公司根据供货合同,以自有美元存款付清所有货款(即结算日)。假定当日的即期汇率为1美元=7.85人民币元。A公司应编制会计分录如下:

借:应付账款   790 000

    贷:银行存款   785 000

        财务费用——汇兑差额   5 000

【例2-9】承【例2-5】假定20×7年7月31日的即期汇率为1欧元=10.5人民币元,则"银行存款——欧元"产生的汇兑差额为6 000人民币元,即12 000×(10.5-10)=6 000(元),"短期借款——欧元"产生的汇兑差额为6 000人民币元,即12 000×(10.5-10)=6 000(元),由于借贷双方均为货币性项目,产生的汇兑差额相互抵销,相应会计分录为:

借:银行存款——欧元   6 000

    贷:短期借款——欧元   6 000

20×8 年 1 月 18 日以人民币归还所借欧元,假定当日银行的欧元卖出价为 1 欧元＝11 人民币元,借款利息在到期归还本金时一并支付,则当日应归还银行借款利息 360 欧元,即 12 000×6％÷12×6＝360(欧元),按当日欧元卖出价折算人民币为 3 960 元,即 360×11＝3 960(元)。

相关会计分录如下：

借：短期借款——欧元　　　　　　　　　　　　　　　　　126 000
　　财务费用　　　　　　　　　　　　　　　　　　　　　 6 000
　　　贷：银行存款——人民币　　　　　　　　　　　　　　　　　132 000
借：财务费用　　　　　　　　　　　　　　　　　　　　　 3 960
　　　贷：银行存款——人民币　　　　　　　　　　　　　　　　　　3 960

2.非货币性项目的处理

非货币性项目是货币性项目以外的项目,如：存货、长期股权投资、交易性金融资产(股票、基金)、固定资产、无形资产等。

(1)对于以历史成本计量的外币非货币性项目,已在交易发生日按当日即期汇率折算,则资产负债表日不应改变其原记账本位币金额,不产生汇兑差额。

【例 2—10】某外商投资企业的记账本位币是人民币。20×7 年 8 月 15 日,进口一台机器设备,设备价款 500 000 美元,尚未支付,假定当日的即期汇率为 1 美元＝7.8 人民币元,20×7 年 8 月 31 日的即期汇率为 1 美元＝7.9 人民币元,且不考虑其他相关税费,该项设备属于企业的固定资产,在购入时已按当日即期汇率折算为人民币 3 900 000 元。由于"固定资产"属于非货币性项目,因此,20×7 年 8 月 31 日,不需要按当日即期汇率进行调整。但是,由于存货在资产负债表日采用成本与可变现净值孰低计量,因此,在以外币购入存货并且该存货在资产负债表日的可变现净值以外币反映的情况下,在计提存货跌价准备时应当考虑汇率变动的影响。

【例 2—11】甲公司以人民币为记账本位币。20×7 年 11 月 20 日以每台 2 000 美元的价格从美国某供货商手中购入国际最新型号 H 商品 10 台,并于当日支付了相应货款(假定甲公司有美元存款)。20×7 年 12 月 31 日,已售出 H 商品 2 台,国内市场仍无 H 商品供应,但 H 商品在国际市场的价格已降至每台为 1 950 美元。

假定 11 月 20 日的即期汇率是 1 美元＝7.8 人民币元,12 月 31 日的汇率是 1 美元＝7.9 人民币元,且不考虑增值税等相关税费,甲公司应编制如下会计分录。

11 月 20 日,购入 H 商品：

借：库存商品——H　　　　　　　　　　　　　　　　　　156 000
　　　贷：银行存款　　　　　　　　　　　　　　　　　　　　　156 000

12 月 31 日,由于库存 8 台 H 商品市场价格下跌,表明其可变现净值低于成本,应计提存货跌价准备 1 560 人民币元,即 2 000×8×7.8－1 950×8×7.9＝1 560(元)：

借：资产减值损失　　　　　　　　　　　　　　　　　　　 1 560
　　　贷：存货跌价准备　　　　　　　　　　　　　　　　　　　　1 560

本例中,期末,在计算库存商品 H 商品的可变现净值时,在国内没有相应产品的价格,因此,只能依据 H 商品的国际市场价格为基础确定其可变现净值,但需要考虑汇率变动的影响。期末,以国际市场价格为基础确定的可变现净值应按照期末汇率折算,再与库存 H 商品的记账本位币成本相比较,确定其应计提的跌价准备。

(2)对于以公允价值计量的股票、基金等非货币性项目,如果期末的公允价值以外币反映,则应当先将该外币按照公允价值确定当日的即期汇率折算为记账本位币金额,再与原记账本位币金额进行比较,其差额作为公允价值变动损益,计入当期损益。

【例 2—12】国内甲公司的记账本位币为人民币。20×7 年 12 月 5 日以每股 1.5 美元的价格购入乙公司 B 股 10 000 股作为交易性金融资产,假定当日即期汇率为 1 美元＝7.8 人民币元,款项已付。20×7 年 12 月 31 日,由于市价变动,当月购入的乙公司 B 股的市价变为每股 2 美元,假定当日即期汇率为 1 美元＝7.6 人民币元,且不考虑相关税费的影响。

20×7 年 12 月 5 日,该公司对上述交易应编制如下会计分录:

借:交易性金融资产　　　　　　　　　　　　　　　　　　　117 000
　贷:银行存款　　　　　　　　　　　　　　　　　　　　　　　117 000

根据《企业会计准则第 22 号——金融工具确认和计量》规定,交易性金融资产应以公允价值计量。由于该项交易性金融资产是以外币计价,所以在资产负债表日,不仅应考虑美元市价的变动,还应一并考虑美元与人民币之间汇率变动的影响,上述交易性金融资产在资产负债表日的人民币金额为 152 000 元,即 2×10 000×7.6＝152 000(元),与原账面价值 117 000 元,即 1.5×10 000×7.8＝117 000(元)的差额为 35 000 人民币元,应计入公允价值变动损益。相应的会计分录为:

借:交易性金融资产　　　　　　　　　　　　　　　　　　　　35 000
　贷:公允价值变动损益　　　　　　　　　　　　　　　　　　　35 000

该公允价值变动损益 35 000 人民币元既包含甲公司所购乙公司 B 股股票公允价值变动的影响,又包含人民币与美元之间汇率变动的影响。

20×8 年 2 月 27 日,甲公司将所购乙公司 B 股股票按当日市价每股 2.2 美元全部售出(即结算日),所得价款为 22 000 美元,假定按当日汇率 1 美元＝7.4 人民币元折算为人民币金额为 162 800 元,与其原账面价值人民币金额 152 000 元的差额为 10 800 人民币元。对于汇率的变动和股票市价的变动不进行区分,均作为投资收益进行处理,因此,售出当日,甲公司应编制的会计分录为:

借:银行存款　　　　　　　　　　　　　　　　　　　　　162 800
　贷:交易性金融资产　　　　　　　　　　　　　　　　　　　152 000
　　投资收益　　　　　　　　　　　　　　　　　　　　　　　10 800

(3)货币兑换的折算。企业发生的外币兑换业务或涉及外币兑换的交易事项,应当以交易实际采用的汇率,即银行买入价或卖出价折算。由于汇率变动产生的折算差额应计入当期损益。

【例 2—13】甲公司的记账本位币为人民币,20×7 年 6 月 18 日以人民币向银行买入 5 000 美元,甲公司以中国人民银行公布的人民币汇率中间价作为即期汇率,假定当日的即期汇率为 1 美元＝7.8 人民币元,银行当日美元卖出价为 1 美元＝7.85 人民币元。甲公司当日应编制以下会计分录:

借:银行存款——美元　　　　　　　　　　　　　　　　　　39 000
　　财务费用——汇兑差额　　　　　　　　　　　　　　　　　　250
　贷:银行存款——人民币　　　　　　　　　　　　　　　　　　39 250

第三节 外币财务报表的折算

一、外币财务报表折算的一般原则

（一）境外经营财务报表的折算

企业将境外经营通过合并财务报表或权益法核算等纳入本企业财务报表中时，如果境外经营的记账本位币不同于本企业的记账本位币，且境外经营处于非恶性通货膨胀经济情况下，需要将境外经营的财务报表折算为以企业记账本位币反映的财务报表，这一过程就是外币财务报表的折算。如果境外经营采用与企业相同的记账本位币，则其财务报表不存在折算问题。

在对企业境外经营财务报表进行折算前，应当调整境外经营的会计期间和会计政策，使之与企业会计期间和会计政策相一致，根据调整后的会计政策及会计期间编制相应货币（记账本位币以外的货币）的财务报表，然后再按照以下规定进行折算。

1.资产负债表中的资产和负债项目，采用资产负债表日的即期汇率折算，所有者权益项目除"未分配利润"项目外，其他项目采用发生时的即期汇率折算。

2.利润表中的收入和费用项目，采用交易发生日的即期汇率折算；也可以采用按照系统合理的方法确定的、与交易发生日即期汇率近似的汇率折算。

3.产生的外币财务报表折算差额，在资产负债表中所有者权益项目下单独列示。

比较财务报表的折算比照上述规定处理。

【例2—14】甲公司的记账本位币为人民币，该公司在英国有一家子公司——乙公司，乙公司确定的记账本位币为英镑。甲公司拥有乙公司70%的股权，并能够对乙公司的财务和经营政策实施控制。甲公司采用当期平均汇率折算乙公司利润表项目。乙公司有关资料如下：

假定20×8年12月31日的汇率为1英镑＝9.88人民币元，20×8年的平均汇率为1英镑＝12.87人民币元，实收资本、资本公积发生日的即期汇率为1英镑＝14.27人民币元。20×7年12月31日的股本为6 000 000英镑，折算为人民币85 620 000元；盈余公积为600 000英镑，折算为人民币9 000 000元；未分配利润为1 400 000英镑，折算为人民币21 000 000元，甲、乙两公司均在年末提取盈余公积，乙公司20×8年提取的盈余公积为700 000英镑。

表 2—1　利润表(简表)

编制单位:乙公司　　　　　　　　　　20×8 年度　　　　　　　　　　单位:万元

项　目	本年金额(英镑)	折算汇率	折算为人民币金额
一、营业收入	2 400	12.87	30 888
减:营业成本	1 800	12.87	23 166
营业税金及附加	50	12.87	643.5
管理费用	120	12.87	1 544.4
财务费用	10	12.87	128.7
加:投资收益	30	12.87	386.1
二、营业利润	450	——	5 791.5
加:营业外收入	50	12.87	643.5
减:营业外支出	20	12.87	257.4
三、利润总额	480	——	6 177.6
减:所得税费用	130	12.87	1 673.1
四、净利润	350	——	4 504.5
五、每股收益		——	

注:本章报表中统一以"万元"为单位,在实务中,财务报表应当以"元"为单位列报。

表 2—2　所有者权益变动表(简表)

编制单位:乙公司　　　　　　　　　　20×8 年度　　　　　　　　　　单位:万元

项目	实收资本			盈余公积			未分配利润		外币报表折算差额	所有者权益合计
	英镑	折算汇率	人民币	英镑	折算汇率	人民币	英镑	人民币		人民币
一、本年年初余额	600	14.27	8 562	60		900	140	2 100		11 562
二、本年增减变动金额								4 504.5		
(一)净利润							350			4 504.5
(二)直接计入所有者权益的利得和损失										−4 704.5
其中:外币报表折算差额									−4 704.5	−4 704.5

续表

项目	实收资本			盈余公积			未分配利润		外币报表折算差额	所有者权益合计
	英镑	折算汇率	人民币	英镑	折算汇率	人民币	英镑	人民币		人民币
(三) 利润分配										
提取盈余公积				70	12.87	900.9	-70	-900.9		
三、本年年末余额	600	14.27	8 562	130		1 800.9	420	5 703.6	-4 704.5	11 362

表 2-3 资产负债表(简表)

编制单位:乙公司　　　　　　　　20×8 年 12 月 31 日　　　　　　　　单位:万元

资产	期末数(英镑)	折算汇率	折算为人民币金额	负债和所有者权益	期末数(英镑)	折算汇率	折算为人民币金额
流动资产:				流动负债:			
货币资金	230	9.88	2 272.4	短期借款	50	9.88	494
应收账款	230	9.88	2 272.4	应付账款	340	9.88	3 359.2
存货	280	9.88	2 766.4	其他流动负债	130	9.88	1 284.4
其他流动资产	240	9.88	2 371.2	流动负债合计	520	——	5 137.6
流动资产合计	980	——	9 682.4	非流动负债:			
非流动资产:				长期借款	170	9.88	1 679.6
长期应收款	140	9.88	1 383.2	应付债券	100	9.88	988
固定资产	660	9.88	6 520.8	其他非流动负债	90	9.88	889.2
在建工程	90	9.88	889.2	非流动负债合计	360	——	3 556.8
无形资产	120	9.88	1 185.6	负债合计	880		8 694.4
其他非流动资产	40	9.88	395.2	所有者权益:			
非流动资产合计	1 050	——	10 374	实收资本	600	14.27	8 562
				盈余公积	130		1 800.9
				未分配利润	420		5 703.6
				外币报表折算差额			-4 704.5
				所有者权益合计	1 150		11 362
资产合计	2 030		20 056.4	负债和所有者权益合计	2 030		20 056.4

当期计提的盈余公积采用当期平均汇率折算,期初盈余公积为以前年度计提的盈余公积按相应年度平均汇率折算后金额的累计,期初未分配利润记账本位币金额为以前年度未分配利润记账本位币金额的累计。

外币报表折算差额为以记账本位币反映的净资产减去以记账本位币反映的实收资本、资本公积、盈余公积及未分配利润后的余额。

企业选定的记账本位币不是人民币的,应当按照境外经营财务报表折算原则将其财务报表折算为人民币财务报表。

(二) 包含境外经营的合并财务报表编制的特别处理

企业境外经营为子公司的情况下,企业在编制合并财务报表时,对于境外经营财务报表折算差额,需要在母公司与子公司少数股东之间按照各自在境外经营所有者权益中所享有的份额进行分摊,其中归属于母公司应分担的部分在合并资产负债表和合并所有者权益变动表中所有者权益项目下单独作为"外币报表折算差额"项目列示,属于子公司少数股东应分担的部分应并入"少数股东权益"项目列示。

企业存在实质上构成对子公司(境外经营)净投资的外币货币性项目的情况下,在编制合并财务报表时,应分以下两种情况编制抵销分录:

1.实质上构成对子公司净投资的外币货币性项目以母公司或子公司的记账本位币反映,则应在抵销长期应收应付项目的同时,将其产生的汇兑差额转入"外币报表折算差额"项目。即,借记或贷记"财务费用——汇兑差额"科目,贷记或借记"外币报表折算差额"。

2.实质上构成对子公司净投资的外币货币性项目以母、子公司的记账本位币以外的货币反映,则应将母、子公司此项外币货币性项目产生的汇兑差额相互抵销,差额转入"外币报表折算差额"。

如果合并财务报表中各子公司之间也存在实质上构成对另一子公司(境外经营)净投资的外币货币性项目,在编制合并财务报表时应比照上述原则编制相应的抵销分录。

二、境外经营的处置

企业可能通过出售、清算、返还股本或放弃全部或部分权益等方式处置其在境外经营中的权益。企业在处置境外经营时,应当将资产负债表中所有者权益项目下列示的、与该境外经营相关的外币财务报表折算差额,自所有者权益项目转入处置当期损益;部分处置境外经营的,应当按处置的比例计算处置部分的外币财务报表折算差额,转入处置当期损益。

思考题💡

1.我国企业会计准则对汇兑损益的处理有哪些规定?

2.会计期末对外币货币性项目和非货币性项目应如何折算?

3.对外币财务报表折算差额应如何处理?

第三章　租　赁

学习目标◎

了解租赁及其特征；掌握融资租赁下承租人与出租人的会计处理；掌握经营租赁下承租人与出租人的会计处理；掌握售后租回交易承租人与出租人的会计处理。

导入案例🔍

合肥市 K 公司是一家以印刷为主要业务的民营股份制企业，其生产、销售一直保持着良好的发展态势，但最近因原材料价格上涨，导致资金出现暂时困难，后来通过与安徽兴泰租赁有限公司业务部洽谈，将其最主要的一台生产设备（四开四色胶印机 SM74－4－H），采用售后租回的方式，出售给租赁公司，按期支付一定租金，这样既解决了流动资金不足的状况，也没有影响到自身的生产。对资产大量固化、沉淀的企业，租赁还可优化其资产结构。在具体操作上可以通过出售回租的方法来实现：即由企业首先将自己的设备或固定资产按双方约定的价格出售给租赁公司，然后再从租赁公司将设备租回来使用，并可与租赁公司共同分享税收优惠带来的好处。企业通过这种"租回"，将物化资本转变为货币资本，将不良资产变为优质资产，不仅释放了流动资金，保持了资金的流动性，改善了企业的现金流，盘活了存量资产，还不影响企业对财产的继续使用。

思考：

1.售后回租在会计处理上应如何处理？

2.K 公司的处理是否合理？

第一节　租赁概述

一、租赁的定义

(一)租赁的定义及相关概念

1.租赁的定义

在市场经济条件下,租赁业务作为企业融资的重要形式,需求日益增长,越来越多的企业通过租赁的形式获取相关资产的使用权。租赁是指在约定的期间内,出租人将资产使用权让与承租人,以获取租金的协议。租赁的主要特征是在租赁期内转移资产的使用权,而不是转移资产的所有权,这种转移是有偿的,其取得使用权是以支付租金为代价的。

2.租赁的相关概念

(1)租赁期是指租赁协议规定的不可撤销的租赁期间。租赁合同签订后一般不可撤销,但下列情况除外:

① 经出租人同意;

② 承租人与原出租人就同一资产或同类资产签订了新的租赁合同;

③ 承租人支付一笔足够大的额外款项;

④ 发生某些很少会出现的或有事项。

如果承租人有权选择续租该资产,并且在租赁开始日就可以合理确定承租人将会行使这种选择权,则不论是否再支付租金,续租期也包括在租赁期之内。

(2)租赁开始日是指租赁协议日与租赁各方就主要条款做出承诺日中的较早者。在租赁开始日,承租人和出租人应当将租赁认定为融资租赁或经营租赁,并确定在租赁期开始日应确认的金额。

(3)租赁期开始日是指承租人有权行使其使用租赁资产权利的日期,表明了租赁行为的开始。在租赁期开始日,承租人应当对租入资产、最低租赁付款额和未确认融资费用进行初始确认;出租人应当对应收融资租赁款、未担保余值和未实现融资收益进行初始确认。

(4)担保余值,就承租人而言,是指由承租人或与其有关的第三方担保的资产余值;就出租人而言,是指就承租人而言的担保余值加上与承租人和出租人均无关,但在财务上有能力担保的第三方担保的资产余值。其中,资产余值是指在租赁开始日估计的租赁期届满时租赁资产的公允价值。为了促使承租人谨慎地使用租赁资产,尽量减少出租人自身的风险和损失,租赁协议有时要求承租人或与其有关的第三方对租赁资产的余值进行担保,此时的担保余值是针对承租人而言的。除此以外,担保人还可能是与承租人和出租人均无关,但在财务上有能力担保的第三方,如担保公司等,此时的担保余值是针对出租人而言的。

(5)未担保余值指租赁资产余值中扣除就出租人而言的担保余值以后的资产余值。对出租人而言,如果租赁资产余值中包含未担保余值,则表明这部分余值的风险和报酬并没有转移,其风险应由出租人承担,因此,未担保余值不能作为应收融资租赁款的一部分。

(6)最低租赁付款额是指在租赁期内,承租人应支付或可能被要求支付的款项(不包括或有租金和履约成本),加上由承租人或与其有关的第三方担保的资产余值。承租人有购买租赁资产的选择权,且所订立的购买价款预计将远低于行使选择权时租赁资产的公允价值,因而在租赁开始日就可以合理确定承租人将会行使这种选择权时,购买价款应当计入最低租赁付款额。

(7)最低租赁收款额是指最低租赁付款额加上独立于承租人和出租人的第三方对出租人担保的资产余值。

二、租赁的分类

承租人和出租人应当在租赁开始日将租赁分为融资租赁和经营租赁。

(一)融资租赁

融资租赁是指实质上转移了与资产所有权有关的全部风险和报酬的租赁,其所有权最终可能转移,也可能不转移。满足下列标准之一的,即应认定为融资租赁。

1.当租赁期届满时,资产的所有权转移给承租人。即如果在租赁协议中已经约定,或者根据其他条件在租赁开始日就可以合理地判断,租赁期届满时出租人会将资产的所有权转移给承租人,那么该项租赁应当为融资租赁。

2.承租人有购买租赁资产的选择权,且所订立的购价预计远低于行使选择权时租赁资产的公允价值,因而在租赁开始日就可合理地确定承租人将会行使这种选择权。

【例3—1】出租人和承租人签订了一项租赁协议,租赁期限为3年,租赁期届满时承租人有权以10 000元的价格购买租赁的资产,而在签订租赁协议时估计该租赁资产租赁期届满时的公允价值为40 000元,由于购买价格仅为公允价值的25%(远低于公允价值40 000元),如果没有特殊情况,承租人在租赁期届满时将会购买该项资产。那么在这种情况下,在租赁开始日即可判断该项租赁为融资租赁。

3.租赁期占租赁资产使用寿命的大部分。这里的"大部分"掌握在租赁期占租赁开始日租赁资产使用寿命的75%以上(含75%,下同)。这条标准强调的是租赁期占租赁资产使用寿命的比例,而非租赁期占该项资产全部可使用年限的比例。如果租赁资产是旧资产,在租赁前已使用年限超过资产自全新时起算可使用年限的75%以上时,则这条判断标准不适用,即不能使用这条标准确定租赁的分类。

【例3—2】某项租赁设备全新时可使用年限为10年,已经使用了3年,从第4年开始租出,租赁期为6年,由于租赁开始时该设备使用寿命为7年,租赁期占使用寿命85.7%

（6 年÷7 年×100％），符合第 3 条标准，因此，该项租赁应当归类为融资租赁；如果从第 4 年开始，租赁期为 3 年，租赁期占使用寿命的 42.9％，则不符合第 3 条标准，因此该项租赁不应认定为融资租赁（假定也不符合其他判断标准）。假如该项设备已经使用了 8 年，从第 9 年开始租赁，租赁期为 2 年，此时，该设备使用寿命为 2 年，虽然租赁期为使用寿命的 100％（2 年÷2 年×100％），但由于在租赁前该设备的已使用年限超过了可使用年限 10 年的 75％（8 年÷10 年×100％＝80％＞75％），因此，也不能采用第 3 条标准来判断租赁的分类。

4.就承租人而言，租赁开始日最低租赁付款额的现值几乎相当于租赁开始日租赁资产的公允价值；就出租人而言，租赁开始日最低租赁收款额的现值几乎相当于租赁开始日租赁资产的公允价值。这里的"几乎相当于"是指在 90％以上。

5.租赁资产性质特殊，如果不做较大修整，只有承租人才能使用。这条标准是指租赁资产是由出租人根据承租人对资产型号、规格等方面的特殊要求专门购买或建造的，具有专购、专用性质。这些租赁资产如果不做较大的重新改制，其他企业通常难以使用。在这种情况下，该项租赁也应当认定为融资租赁。融资租赁又可分为直接租赁、销售式租赁、售后租回、杠杆租赁、转租赁及委托租赁等。

（1）直接租赁。直接租赁是指出租人垫付全部资金购入资产，租与承租人并收取租金的租赁业务。出租人垫付的资金可以是自有资金，也可以是借入资金。由于这种租赁实质上是出租人直接为承租人提供了购置财产的全部资金，因此，称为直接租赁或直接融资租赁。

（2）销售式租赁。销售式租赁是指具有销售性质的租赁，出租人通过这种租赁方式既可赚取销售财产的收益，也可赚取融资收益。从事销售式租赁的一般是资产的制造厂家或经销商，他们将所生产或经销的商品以融资租赁的方式租出，同时实现销售的目的。

（3）售后租回。售后租回是指资产的所有者将自己拥有的资产先卖给租赁公司，然后再从租赁公司租回的租赁活动。从事售后租回的承租人，主要是在企业资金短缺时，为了筹集经营活动所需的资金，先将所拥有的资产变现，但为继续使用该资产而再从租赁公司将其租回。这种租赁活动对承租人来讲，并没有改变资产的使用权，改变的只是资产的所有权；通过让渡资产的所有权，获得了资金，但通过租赁又取得了资产的使用权。

（4）杠杆租赁。杠杆租赁又称为举债融资租赁，是指租赁公司在购置大型的资产时，自己承担资产购置成本的小部分，然后以租赁资产作为抵押，大部分资产的购置成本则通过银行等金融机构的贷款来融通。杠杆租赁涉及三方当事人：承租人、出租人和贷款人。在这种租赁活动中出租人具有双重身份，既是出租人又是借款人。

（5）转租赁。转租赁又称租进租出式租赁，是指出租人从一家租赁公司或制造厂商租进一项资产后转租给承租人的租赁业务。在转租赁业务中，出租人在资产的原始出租人和最终承租人之间主要起中介作用。

（6）委托租赁。委托租赁是出租人在直接租赁的基础上，因承租人在异地而委托他人或其他租赁公司代办有关租赁手续的一种租赁。与委托租赁相反的是代理租赁，它是一种由租赁公司接受其他租赁公司或制造厂商的委托，代办租赁手续的一种租赁方式。

(二)经营租赁

经营租赁是指除融资租赁以外的其他租赁,是承租人为了经营活动中的短期性、临时性及季节性需要而向出租人租用某种资产的行为。经营租赁具有如下几个特点。

1.经营性租赁是承租人单纯为了满足生产经营上短期性临时性需要而租入资产的方式,承租人只需要某种资产的使用权而不是所有权。

2.租赁的期限比较短。经营性租赁只是为了满足企业季节性、临时性的需要而租入资产,因而资产的使用期将远远短于其有效使用年限。

3.出租人承担与资产所有权有关的风险和报酬。经营性租赁是与资产所有权有关的风险和报酬在实质上并未从出租方转移到承租方的租赁。由于资产的所有权不转移给承租人,因此,与资产所有权有关的风险和报酬应由出租人承担。相应地,出租人还要承担租出资产的保险、维修等费用。

第二节 承租人的会计处理

一、承租人对融资租赁的处理

(一)租赁期开始日的处理

在租赁期开始日,承租人应当将租赁开始日租赁资产公允价值与最低租赁付款额现值两者中较低者作为租入资产的入账价值,将最低租赁付款额作为长期应付款的入账价值,其差额作为未确认融资费用。

承租人在计算最低租赁付款额的现值时,如果知悉出租人的租赁内含利率,则应当采用出租人的租赁内含利率作为折现率;否则,应当采用租赁合同规定的利率作为折现率。如果出租人的租赁内含利率和租赁合同规定的利率均无法知悉,则应当采用同期银行贷款利率作为折现率。其中,租赁内含利率是指在租赁开始日,使最低租赁收款额的现值与未担保余值的现值之和等于租赁资产公允价值与出租人初始直接费用之和的折现率。

【例3-3】20×5年12月1日,甲公司与乙公司签订了一份租赁合同。合同主要条款如下所示:

(1)租赁物:塑钢机。

(2)起租日:20×6年1月1日。

(3)租赁期:20×6年1月1日至20×8年12月31日,共36个月。

(4)租金支付:自20×6年1月1日起,每隔6个月于月末支付租金150 000元。

(5)该机器的保险、维护等费用均由甲公司负担,估计每年约10 000元。

(6)该机器在 20×5 年 12 月 1 日的公允价值为 700 000 元。

(7)租赁合同规定的利率为 7%(6 个月利率)(乙公司租赁内含利率未知)。

(8)甲公司在租赁谈判和签订租赁合同过程中发生可归属于租赁项目的手续费、差旅费为 1 000 元。

(9)该机器的估计使用年限为 8 年,已使用 3 年,期满无残值。承租人采用年限平均法计提折旧。

(10)租赁期届满时,甲公司享有优惠购买该机器的选择权,购买价为 100 元,估计该日租赁资产的公允价值为 80 000 元。

(11) 20×7 年和 20×8 年两年,甲公司每年按该机器所生产的产品——塑钢窗户的年销售收入的 5%向乙公司支付经营分享收入。

承租人(甲公司)的会计处理如下:

①判断租赁类型

本例存在优惠购买选择权,且优惠购买价 100 元远低于行使选择权日租赁资产的公允价值 80 000 元,所以在租赁开始日,即 20×5 年 12 月 1 日就可合理确定甲公司将会行使这种选择权,符合第 2 条判断标准;另外,最低租赁付款额的现值为 715 116.6 元(计算过程见后),大于租赁资产公允价值 630 000 元的 90%,符合第 4 条判断标准。所以这项租赁应当认定为融资租赁。

②计算租赁开始日最低租赁付款额的现值

租赁资产入账价值(最低租赁付款额)=各期租金之和+行使优惠购买选择权支付的金额=150 000×6+100=900 100(元)。

计算现值的过程如下:

每期租金 150 000 元的年金现值=150 000×(P/A,7%,6)

优惠购买选择权行使价 100 元的复利现值=100×(P/F,7%,6)

查表得知(P/A,7%,6)=4.767,(P/F,7%,6)=0.666

现值合计=150 000×4.767+100×0.666=715 116.6(元)>700 000(元)

根据公允价值与最低租赁付款额现值孰低原则,租赁资产的入账价值应为其公允价值 700 000 元。

③计算未确认融资费用

未确认融资费用=最低租赁付款额-租赁开始日租赁资产的公允价值=900 100-700 000=200 100(元)

④将初始直接费用计入资产价值

初始直接费用是指在租赁谈判和签订租赁合同的过程中发生的,可直接归属于租赁项目的费用。承租人发生的初始直接费用,通常有印花税、佣金、律师费、差旅费、谈判费等。承租人发生的初始直接费用,应当计入租入资产价值。

⑤ 20×6 年 1 月 1 日的会计分录

借:固定资产——融资租入固定资产	701 000	
未确认融资费用	200 100	
贷:长期应付款——应付融资租赁款		900 100
银行存款		1 000

（二）未确认融资费用的分摊

在融资租赁下，承租人向出租人支付的租金中，包含了本金和利息两部分。承租人支付租金时，一方面应减少长期应付款，另一方面应同时将未确认的融资费用按一定的方法确认为当期融资费用。在先付租金（即每期期初等额支付租金）的情况下，租赁期第一期支付的租金不含利息，只需减少长期应付款，而不必确认当期融资费用。当在分摊未确认的融资费用时，按照租赁准则的规定，承租人应当采用实际利率法。在采用实际利率法的情况下，根据租赁开始日租赁资产和负债的入账价值基础不同，融资费用分摊率的选择也不同，未确认融资费用分摊率的确定具体分为下列几种情况：

1.以出租人的租赁内含利率为折现率将最低租赁付款额折现，且以该现值作为租赁资产入账价值的，应当将租赁内含利率作为未确认融资费用的分摊率。

2.以合同规定利率为折现率将最低租赁付款额折现，且以该现值作为租赁资产入账价值的，应当将合同规定利率作为未确认融资费用的分摊率。

3.以银行同期贷款利率为折现率将最低租赁付款额折现，且以该现值作为租赁资产入账价值的，应当将银行同期贷款利率作为未确认融资费用的分摊率。

4.以租赁资产公允价值为入账价值的，应重新计算分摊率，该分摊率是使最低租赁付款额的现值等于租赁资产公允价值的折现率。存在优惠购买选择权的，在租赁期届满时，未确认融资费用应全部摊销完毕，并且租赁负债也应当减少为优惠购买金额。在承租人或与其有关的第三方对租赁资产提供了担保或由于在租赁期届满时没有续租而支付违约金的情况下，在租赁期届满时，未确认融资费用应当全部摊销完毕，并且租赁负债应减少至担保余值或该日应支付的违约金。

【例3—4】承【例3—3】以下列示未确认融资费用分摊的处理过程。

（1）确定融资费用分摊率

由于租赁资产入账价值为其公允价值，因此，应重新计算融资费用分摊率。计算过程如下所示。

由租赁开始日最低租赁付款额的现值＝租赁开始日租赁资产公允价值

可以得出：$150\ 000×(P/A,r,6)+100×(P/F,r,6)＝700\ 000$（元）

可在多次测试的基础上，用插值法计算融资费用分摊率。

当$r＝7\%$时，$150\ 000×4.767+100×0.666＝715\ 050+66.6＝715\ 116.6＞700\ 000$（元）

当$r＝8\%$时，$150\ 000×4.623+100×0.630＝693\ 450+63＝693\ 513＜700\ 000$（元）

因此，$7\%＜r＜8\%$。用插值法计算如下：

现值	利率
715 116.6	7％
700 000	r
693 513	8％

即有：$(715\ 116.6-700\ 000)÷(715\ 116.6-693\ 513)＝(7\%-r)÷(7\%-8\%)$

则：$r＝(21\ 603.6×7\%+15\ 116.6×1\%)÷21\ 603.6＝7.7\%$。因此，融资费用分摊率为$7.7\%$。

（2）在租赁期内采用实际利率法分摊未确认融资费用（见表3—1）

（3）编制如下会计分录

① 20×6 年 6 月 30 日，支付第一期租金

借：长期应付款——应付融资租赁款 　　　　　　　　　　　　　　　150 000
　　贷：银行存款 　　　　　　　　　　　　　　　　　　　　　　　　　　　150 000
借：财务费用 　　　　　　　　　　　　　　　　　　　　　　　　　　53 900
　　贷：未确认融资费用 　　　　　　　　　　　　　　　　　　　　　　　53 900

② 20×6 年 12 月 31 日，支付第二期租金

借：长期应付款——应付融资租赁款 　　　　　　　　　　　　　　　150 000
　　贷：银行存款 　　　　　　　　　　　　　　　　　　　　　　　　　　　150 000
借：财务费用 　　　　　　　　　　　　　　　　　　　　　　　　　　46 500.3
　　贷：未确认融资费用 　　　　　　　　　　　　　　　　　　　　　　　46 500.3

③ 20×7 年 6 月 30 日，支付第三期租金

借：长期应付款——应付融资租赁款 　　　　　　　　　　　　　　　150 000
　　贷：银行存款 　　　　　　　　　　　　　　　　　　　　　　　　　　　150 000
借：财务费用 　　　　　　　　　　　　　　　　　　　　　　　　　　38 530.82
　　贷：未确认融资费用 　　　　　　　　　　　　　　　　　　　　　　　38 530.82

表 3—1　未确认融资费用分摊表（实际利率法）

20×5 年 12 月 31 日 　　　　　　　　　　　　　　　　　　　单位：元

日期①	租金②	确认的融资费用 ③＝期初⑤×7.7%	应付本金减少额 ④＝②－③	应付本金余额 期末＝期初⑤－④
20×5-12-31				700 000
20×6-06-30	150 000	53 900	96 100	603 900
20×6-12-31	150 000	46 500.3	103 499.7	500 400.3
20×7-06-30	150 000	38 530.82	111 469.18	388 931.12
20×7-12-31	150 000	29 947.70	120 052.3	268 878.82
20×8-06-30	150 000	20 703.67	129 296.33	139 582.49
20×8-12-31	150 000	10 517.51 *	139 482.49 *	100
20×8-12-31	100		100	0
合计	900 100	200 100	700 000	

* 尾数调整：10 517.51＝150 000－139 482.49，139 482.49＝139 582.49－100

④ 20×7 年 12 月 31 日，支付第四期租金

借：长期应付款——应付融资租赁款 　　　　　　　　　　　　　　　150 000
　　贷：银行存款 　　　　　　　　　　　　　　　　　　　　　　　　　　　150 000
借：财务费用 　　　　　　　　　　　　　　　　　　　　　　　　　　29 947.70
　　贷：未确认融资费用 　　　　　　　　　　　　　　　　　　　　　　　29 947.70

⑤ 20×8 年 6 月 30 日，支付第五期租金

借：长期应付款——应付融资租赁款 　　　　　　　　　　　　　　　150 000
　　贷：银行存款 　　　　　　　　　　　　　　　　　　　　　　　　　　　150 000

借:财务费用   20 703.67

  贷:未确认融资费用   20 703.67

⑥ 20×8 年 12 月 31 日,支付第六期租金

借:长期应付款——应付融资租赁款   150 000

  贷:银行存款   150 000

借:财务费用   10 517.51

  贷:未确认融资费用   10 517.51

(三)租赁资产折旧的计提

承租人应对融资租入的固定资产计提折旧。对于融资租入资产,计提租赁资产折旧时,承租人应采用与自有应折旧资产相一致的折旧政策。同自有应折旧资产一样,租赁资产的折旧方法一般有年限平均法、工作量法、双倍余额递减法、年数总和法等。如果承租人或与其有关的第三方对租赁资产余值提供了担保,则应计提的折旧总额为租赁期开始日固定资产的入账价值扣除担保余值后的价值。确定租赁资产的折旧期间应视租赁合同的规定而论,如果能够合理确定租赁期届满时承租人将会取得租赁资产的所有权,即可认为承租人拥有该项资产的全部使用寿命,因此应以租赁期开始日租赁资产的寿命作为折旧期间;如果无法合理确定租赁期届满后承租人是否能够取得租赁资产的所有权,应以租赁期与租赁资产寿命两者中较短者作为折旧期间。

【例 3-5】承【例 3-3】下面列示融资租入固定资产折旧的处理,融资租入固定资产折旧计算见表 3-2。编制的会计分录如下。

20×6 年 12 月 31 日,计提本年折旧(假定按年计提折旧):

借:制造费用——折旧费   140 200

  贷:累计折旧   140 200

折旧期间各年分录同上。

表 3-2 融资租入固定资产折旧计算表(年限平均法)

20×6 年 1 月 1 日   单位:元

日期	固定资产原价	折旧率	当年折旧	固定资产净值
20×6-01-01	701 000			701 000
20×6-12-31		20%	140 200	560 800
20×7-12-31		20%	140 200	420 600
20×8-12-31		20%	140 200	280 400
20×9-12-31		20%	140 200	140 200
2×10-12-31		20%	140 200	0
合计	701 000	100%	701 000	

由于租赁期届满后承租人能够取得该项资产的所有权,因此,在采用年限平均法计提折旧时,应按租赁期开始日租赁资产寿命 5 年(估计使用年限 8 年减去已使用年限 3 年)计提折旧。本例中租赁资产不存在担保余值,应全额计提折旧。

(四)履约成本的处理

履约成本是指租赁期内为租赁资产支付的各种使用费用,如技术咨询和服务费、人员培训费、维修费、保险费等。承租人发生的履约成本通常应计入当期损益。

【例3-6】承【例3-3】假设20×6年12月31日,甲公司支付该机器发生的保险费、维护费为10 000元。

其会计分录如下:

借:制造费用   10 000

    贷:银行存款   10 000

(五)或有租金的处理

或有租金是指金额不固定、以时间长短以外的其他因素(如销售量、使用量、物价指数等)为依据计算的租金。由于或有租金的金额不固定,无法采用系统合理的方法对其进行分摊,因此,或有租金在实际发生时应计入当期损益。

【例3-7】承【例3-3】假设20×7年、20×8年甲公司分别实现塑钢窗户销售收入为100 000元和150 000元,根据租赁合同规定,这两年应支付给乙公司经营分享收入分别为5 000元和7 500元。

相应的会计分录如下所示:

(1) 20×7年12月31日

借:销售费用   5 000

    贷:其他应付款——乙公司   5 000

(2) 20×8年12月31日

借:销售费用   7 500

    贷:其他应付款——乙公司   7 500

(六) 租赁期届满时的处理

租赁期届满时,承租人对租赁资产的处理通常有 3 种情况:返还、优惠续租和留购。

1.返还租赁资产

租赁期届满,承租人向出租人返还租赁资产时,通常借记"长期应付款——应付融资租赁款""累计折旧"科目,贷记"固定资产——融资租入固定资产"科目。

2.优惠续租租赁资产

承租人行使优惠续租选择权时,应视同该项租赁一直存在并作出相应的账务处理。如果租赁期届满时没有续租,根据租赁合同规定须向出租人支付违约金时,借记"营业外支出"科目,贷记"银行存款"等科目。

3.留购租赁资产

在承租人享有优惠购买选择权的情况下,支付购买价款时,借记"长期应付款——应付融资租赁款"科目,贷记"银行存款"等科目;同时,将固定资产从"融资租入固定资产"明细科目转入有关明细科目。

【例 3—8】承【例 3—3】假设 20×8 年 12 月 31 日,甲公司向乙公司支付购买价款 100 元,会计分录如下:

借:长期应付款——应付融资租赁款   100

    贷:银行存款   100

借:固定资产——塑钢机   701 000

    贷:固定资产——融资租入固定资产   701 000

二、承租人对经营租赁的处理

(一) 租金的处理

在经营租赁下,承租人不必将租赁资产资本化,只需将支付或应付的租金按一定的方法计入相关资产成本或当期损益中。

承租人应当将经营租赁的租金在租赁期内各个期间,按照年限平均法计入相关资产成本或当期损益;若其他方法更为系统合理的,也可以采用其他方法。一般情况,采用年限平均法将承租人支付的经营租赁租金确认为费用较为合理,但在某些特殊情况下,则应采用比年限平均法更系统合理的方法,比如根据租赁资产的使用量来确认租金费用。例如,某企业租入一台起重机,根据起重机的工时数来确认当期应分摊的租金费用就比按年限平均法确认更为合理。

承租人在确认各期租金费用时,借记"长期待摊费用"等科目,贷记"其他应付款"等科目。实际支付租金时,借记"其他应付款"等科目,贷记"银行存款""库存现金"等科目。此外,为了保证租赁资产的安全和有效使用,承租人应设置"经营租赁资产"备查簿备查登记,以反映和监督经营租赁资产的使用、归还和结存情况。承租人还应在财务报告中披露与经营租赁有关的下列事项。

(1)资产负债表日后连续 3 个会计年度每年将支付的不可撤销经营租赁的最低租赁付款额。

(2)以后年度将支付的不可撤销经营租赁的最低租赁付款额总额。

(二) 初始直接费用的处理

对于承租人在经营租赁中发生的初始直接费用,应计入当期损益,其账务处理为:借记"管理费用"等科目,贷记"银行存款"等科目。

(三) 或有租金的处理

在经营租赁下,承租人对或有租金的处理与融资租赁下相同,即在实际发生时计入当期损益,借记"财务费用""销售费用"等科目,贷记"银行存款"等科目。

【例 3—9】假设甲公司于 20×5 年 1 月 1 日向乙公司租用办公楼中的一套办公室,租期为 2 年,每年租金为 180 000 元,共计支付租金为 360 000 元。乙公司要求承租日支付租金总额的 50%,余下的分别在 20×5 年末和 20×6 年末各支付 25%。租赁期满,乙公司收回出租的办公室。

甲公司(承租人)的会计处理如下所示:

(1) 20×5 年 1 月 1 日,支付租金总额 50%

借:其他应付款   180 000

  贷:银行存款   180 000

(2) 20×5 年 12 月 31 日,确认当年租金费用及支付租金总额 25%

借:管理费用   180 000

  贷:其他应付款   180 000

借:其他应付款   90 000

  贷:银行存款   90 000

(3) 20×6 年 12 月 31 日,确认当年租金费用及支付租金总额 25%

借:管理费用   180 000

  贷:其他应付款   180 000

借:其他应付款   90 000

  贷:银行存款   90 000

按权责发生制原则,管理费用应计入当月费用,而在租赁期内按年限平均法分摊每月的租金费用为 15 000 元,即 360 000÷24=15 000(元)。每月确认租金费用时,其会计分录为:

借:管理费用   15 000

  贷:其他应付款   15 000

第三节　出租人的会计处理

一、出租人对融资租赁的处理

(一) 租赁期开始日的处理

在租赁期开始日,将应收融资租赁款、未担保余值之和与其现值的差额确认为未实现融资收益,在将来收到租金的各期内确认为租赁收入。出租人发生的初始直接费用,应包括在应收融资租赁款的初始计量中,并减少租赁期内确认的收益金额。

【例 3—10】承【例 3—3】假设融资租赁固定资产账面价值为 700 000 元。出租人(乙公司)为签订该项租赁合同发生初始直接费用为 10 000 元,已用银行存款支付。以下说明乙公司的会计处理。

(1)判断租赁类型

本例存在优惠购买选择权,优惠购买价 100 元远小于行使选择权日租赁资产的公允价值 700 000 元,因此在 20×5 年 12 月 1 日就可合理确定甲公司将会行使这种选择权,符合第 2 条判断标准;另外,在本例中,最低租赁收款额的现值为 710 000 元,大于租赁开始日租赁资产公允价值的 90%,即 700 000×90%=630 000(元),符合第 4 条判断标准,因此这项租赁应认定为融资租赁。

（2）计算租赁内含利率

最低租赁收款额＝租金×期数＋优惠购买价格＝150 000×6＋100＝900 100（元），因此，有 150 000×(P/A,r,6)＋100×(P/F,r,6)＝710 000（元）（租赁资产的公允价值＋初始直接费用）。根据这一等式，可在多次测试的基础上，用插值法计算租赁内含利率。

当 r＝7％时,150 000×4.767＋100×0.666＝715 050＋66.6＝715 116.6（元）＞710 000（元）

当 r＝8％时,150 000×4.623＋100×0.630＝693 450＋63＝693 513（元）＜710 000（元）

因此,7％＜ r ＜8％。用插值法计算如下：

现值	利率
715 116.6	7％
710 000	r
693 513	8％

即：715 116.6－710 000＝7％－r

715 116.6－693 513＝7％－8％

r＝(21 603.6×7％＋5 116.6×1％)÷21 603.6＝7.24％

因此，租赁内含利率为7.24％。

（3）计算租赁开始日最低租赁收款额及其现值和未实现融资收益

最低租赁收款额＝最低租赁付款额＝150 000×6＋100＝900 100（元），

应收融资租赁款入账价值＝900 100＋10 000＝910 100（元），

最低租赁收款额现值＝租赁开始日租赁资产公允价值＝700 000（元），

未实现融资收益＝900 100－700 000＝200 100（元）。

（4）20×6 年 1 月 1 日应编制如下会计分录

借:长期应收款——应收融资租赁款　　　　　　　　　　910 100

　　贷:银行存款　　　　　　　　　　　　　　　　　　　　10 000

　　　融资租赁固定资产　　　　　　　　　　　　　　　　700 000

　　　未实现融资收益　　　　　　　　　　　　　　　　　200 100

在本例中，融资租赁固定资产在租赁期开始日的账面价值恰好与公允价值一致。如果账面价值高于或者低于公允价值，其差额应当计入当期损益，通过"营业外收入"或"营业外支出"科目核算。

（二）未实现融资收益的分配

根据租赁准则的规定，未实现融资收益应当在租赁期内各个期间进行分配，并确认为各期的租赁收入。分配时，出租人应当采用实际利率法计算当期应当确认的租赁收入。出租人每期收到租金时，按收到的租金金额，借记"银行存款"科目，贷记"应收融资租赁款"科目。同时，每期确认租赁收入时，借记"未实现融资收益"科目，贷记"租赁收入"科目。

【例 3—11】承【例 3—3】以下说明出租人对未实现融资租赁收益的处理。

（1）计算租赁期内各期应分摊的融资收益（见表 3—3）

（2）会计分录

① 20×6 年 6 月 30 日收到第一期租金

借:银行存款   150 000

  贷:长期应收款——应收融资租赁款   150 000

借:未实现融资收益   50 680

  贷:租赁收入   50 680

② 20×6 年 12 月 31 日收到第二期租金

借:银行存款   150 000

  贷:长期应收款——应收融资租赁款   150 000

借:未实现融资收益   43 489.23

  贷:租赁收入   43 489.23

③ 20×7 年 6 月 30 日收到第三期租金

借:银行存款   150 000

  贷:长期应收款——应收融资租赁款   150 000

借:未实现融资收益   35 777.85

  贷:租赁收入   35 777.85

表 3—3 未实现融资收益分配表(实际利率法)

20×5 年 12 月 31 日   单位:元

日期	租金	确认的融资收入	租赁净额减少额	净额余额
①	②	③=期初⑤×7.24%	④=②-③	期末⑤=期初⑤-④
20×5-12-31				700 000
20×6-06-30	150 000	50 680	99 320	600 680
20×6-12-31	150 000	43 489.23	106 510.77	494 169.23
20×7-06-30	150 000	35 777.85	114 222.15	379 947.08
20×7-12-31	150 000	27 508.17	122 491.83	257 455.25
20×8-06-30	150 000	18 639.76	131 360.24	126 095.01
20×8-12-31	150 000	24 004.99 *	125 995.01 *	100
20×8-12-31	100		100	0
合计	900 100	200 100	700 000	

* 尾数调整:24004.99=150 000-125 995.01,125 995.01=126 095.01-100

④ 20×7 年 12 月 31 日收到第四期租金

借:银行存款   150 000

  贷:长期应收款——应收融资租赁款   150 000

借:未实现融资收益   27 508.17

  贷:租赁收入   27 508.17

⑤ 20×8 年 6 月 30 日收到第五期租金

借:银行存款   150 000

  贷:长期应收款——应收融资租赁款   150 000

借:未实现融资收益   18 639.76

  贷:租赁收入   18 639.76

⑥ 20×8 年 12 月 31 日收到第六期租金

借:银行存款   150 000

   贷:长期应收款——应收融资租赁款   150 000

借:未实现融资收益   24 004.99

   贷:租赁收入   24 004.99

(三)初始直接费用的处理

根据租赁准则规定,在融资租赁下,出租人发生的初始直接费用应当资本化。出租人在租赁期内确认各期租赁收入时,应当按照各期确认的收入与未实现融资收益的比例,对初始直接费用进行分摊,冲减租赁期内各期确认的租赁收入。

【例 3-12】承【例 3-3】在每期分配未实现融资收益的同时,分摊初始直接费用,会计分录如下所示。

(1) 20×6 年 6 月 30 日收到第一期租金时,初始直接费用摊销额为:

$50\ 680 \div 200\ 100 \times 10\ 000 = 2\ 532.73$(元)

借:租赁收入   2 532.73

   贷:长期应收款——应收融资租赁款   2 532.73

(2) 20×6 年 12 月 31 日收到第二期租金时,初始直接费用摊销额为:

$43\ 489.23 \div 200\ 100 \times 10\ 000 = 2\ 173.37$(元)

借:租赁收入   2 173.37

   贷:长期应收款——应收融资租赁款   2 173.37

(3) 20×7 年 6 月 30 日收到第三期租金时,初始直接费用摊销额为:

$35\ 777.85 \div 200\ 100 \times 10\ 000 = 1\ 788$(元)

借:租赁收入   1 788

   贷:长期应收款——应收融资租赁款   1 788

(4) 20×7 年 12 月 31 日收到第四期租金时,初始直接费用摊销额为:

$27\ 508.17 \div 200\ 100 \times 10\ 000 = 1\ 374.72$(元)

借:租赁收入   1 374.72

   贷:长期应收款——应收融资租赁款   1 374.72

(5) 20×8 年 6 月 30 日收到第五期租金时,初始直接费用摊销额为:

$18\ 639.76 \div 200\ 100 \times 10\ 000 = 931.52$(元)

借:租赁收入   931.52

   贷:长期应收款——应收融资租赁款   931.52

(6) 20×8 年 12 月 31 日收到第六期租金时,初始直接费用摊销额为:

$10\ 000 - 2\ 532.73 - 2\ 173.37 - 1\ 788 - 1\ 374.72 - 931.52 = 1\ 199.66$(元)

借:租赁收入   1 199.66

   贷:长期应收款——应收融资租赁款   1 199.66

(四)未担保余值发生变动时的处理

由于未担保余值的金额决定了租赁内含利率的大小,从而决定着未实现融资收益的分配,因此,为了真实地反映企业的资产和经营业绩,根据谨慎性原则的要求,在未担保余值发生减少和已确认损失的未担保余值得以恢复的情况下,均应当重新计算租赁内含利率,以后各期根据修正后的租赁投资净额和重新计算的租赁内含利率确定应确认的租赁收入。在未担保余值增加时,不做任何调整。其账务处理如下:

1.期末,出租人的未担保余值的预计可收回金额低于其账面价值的差额,借记"资产减值损失"科目,贷记"未担保余值减值准备"科目。同时,将未担保余值减少额与由此所产生的租赁投资净额的减少额的差额,借记"未实现融资收益"科目,贷记"资产减值损失"科目。

2.如果已确认损失的未担保余值得以恢复,应在原已确认的损失金额内转回,借记"未担保余值减值准备"科目,贷记"资产减值损失"科目。同时,将未担保余值恢复额与由此所产生的租赁投资净额增加额的差额,借记"资产减值损失"科目,贷记"未实现融资收益"科目。出租人在融资租赁下收到的或有租金应计入当期损益。

【例3—13】承【例3—3】假设20×7年和20×8年,甲公司分别实现塑钢窗户年销售收入为100 000元和150 000元。根据租赁合同的规定,乙公司两年应向甲公司收取的经营分享收入分别为5 000元和7 500元。

(1)乙公司20×7年应编制以下会计分录:

借:银行存款(或应收账款)   5 000
  贷:租赁收入   5 000

(2)乙公司20×8年应编制以下会计分录:

借:银行存款(或应收账款)   7 500
  贷:租赁收入   7 500

(六)租赁期届满时的处理

租赁期届满时出租人应区别以下情况进行会计处理。

1.返还租赁资产

租赁期届满时,承租人将租赁资产交还出租人,这时有可能出现以下三种情况:

对资产余值全部担保的。出租人收到承租人交还的租赁资产时,应当借记"融资租赁资产"科目,贷记"长期应收款——应收融资租赁款"科目;如果收回租赁资产的价值低于担保余值,则应向承租人收取价值损失补偿金,借记"其他应收款"科目,贷记"营业外收入"科目。

对资产余值部分担保的。出租人收到承租人交还的租赁资产时,借记"融资租赁资产"科目,贷记"长期应收款——应收融资租赁款""未担保余值"等科目;如果收回租赁资产的价值扣除未担保余值后的余额低于担保余值,则应向承租人收取价值损失补偿金,借记"其他应收款"科目,贷记"营业外收入"科目。

对资产余值全部未担保的。出租人收到承租人交还的租赁资产时,借记"融资租赁资产"科目,贷记"未担保余值"科目。

2.优惠续租租赁资产

如果承租人行使优惠续租选择权,则出租人应视同该项租赁一直存在并做出相应的账务处理,如继续分配未实现融资收益等。

如果租赁期届满时承租人没有续租,则根据租赁合同规定应向承租人收取违约金,并将其确认为营业外收入。同时,将收回的租赁资产按上述规定进行处理。

3.留购租赁资产

租赁期届满时,承租人行使了优惠购买选择权。出租人应按收到的承租人支付的购买资产的价款,借记"银行存款"等科目,贷记"长期应收款——应收融资租赁款"科目。

【例3—14】承【例3—3】假设20×9年1月1日,乙公司收到甲公司支付的购买资产的价款100元。

应编制的会计分录为:

借:银行存款 100

  贷:长期应收款——应收融资租赁款 100

二、出租人对经营租赁的处理

(一)经营租赁资产在会计报表中的处理

在经营租赁下,与资产所有权有关的主要风险和报酬仍然留在出租人一方,因此,出租人应当将出租资产作为自身拥有的资产在资产负债表中列示。如果出租资产属于固定资产,则列在资产负债表固定资产项下,如果出租资产属于流动资产,则列在资产负债表流动资产项下。

(二)租金的处理

在一般情况下,出租人应采用年限平均法将收到的租金在租赁期内确认为收益,但在某些特殊情况下,则应采用比年限平均法更系统合理的方法,比如根据租赁资产的使用量来确认租赁收益的方法等。例如,出租一台起重机,根据起重机的工时数来确认当期租赁收益就比按年限平均法确认更为合理。

(三)初始直接费用的处理

出租人发生的初始直接费用,应当计入当期损益。

(四)租赁资产折旧的处理

租赁资产折旧的计提对于经营租赁资产中的固定资产,应当采用出租人对类似折旧资产通常所采用的折旧政策计提折旧;对于其他经营租赁资产如周转材料等,应当采用合理的方法进行摊销。

(五)或有租金的处理

在经营租赁下,出租人对或有租金的处理与在融资租赁下相同,即在实际发生时计入当期收益。

【例3—15】承【例3—9】以下说明乙公司(出租人)的账务处理方法。

(1)20×5年1月1日,收到租金总额50%

借:银行存款 180 000

  贷:其他应收款 180 000

(2) 20×5 年 12 月 31 日,确认当年租金收入及收到租金总额 25％

借:其他应收款   180 000

   贷:租赁收入   180 000

借:银行存款   90 000

   贷:其他应收款   90 000

(3) 20×6 年 12 月 31 日,确认当年租金收入及收到租金总额 25％

借:其他应收款   180 000

   贷:租赁收入   180 000

借:银行存款   90 000

   贷:其他应收款   90 000

按权责发生制的原则,租金收入应计入当月的收入,在租赁期内按年限平均法分摊每月的租金收入为 15 000 元,即 360 000÷24＝15 000(元)。每月确认租金收入时,应编制的会计分录为:

借:其他应收款   15 000

   贷:租赁收入   15 000

第四节　售后租回的会计处理

售后租回交易,无论是承租人还是出租人,均应按照租赁准则的规定,将售后租回交易认定为融资租赁或经营租赁。对于出租人来讲,售后租回交易(无论是融资租赁还是经营租赁的售后租回交易)同其他租赁业务的会计处理没有什么区别。对于承租人来讲,由于其既是资产的承租人同时又是资产的出售者,因此售后租回交易同其他租赁业务的会计处理有所不同。

一、售后租回交易形成融资租赁

在形成融资租赁的售后租回交易方式下,对卖主(承租人)而言,与资产所有权有关的全部报酬和风险并未转移,并且售后租回交易的租金和资产的售价往往是以一揽子方式进行谈判的,应视为一项交易,且出售资产的损益应与资产的金额相联系。因此,无论卖主(承租人)所发生的销售收入高于还是低于出售前资产的账面价值,所发生的收益或损失都不应立即确认为当期损益,而应将其作为融资费用递延并按资产的折旧进度进行分摊,作为折旧费用的调整。

承租人对售后租回交易中售价与资产账面价值的差额应通过"递延收益——未实现售后租回损益(融资租赁)"科目进行核算,分摊时,按既定比例减少未实现售后租回损益,同时相应增加或减少折旧费用。

【例 3-16】假设 20×6 年 1 月 1 日,甲公司将一台塑钢机按 700 000 元的价格销售给乙公司。该机器的公允价值为 700 000 元,账面原价为 1 000 000 元,已提折旧 400 000 元。同时,甲公司又签订了一份融资租赁协议将机器租回。甲公司对售后租回交易中售价与

资产账面价值的差额账务处理如下(计算过程见表 3—4):

(1) 20×6 年 1 月 1 日,结转出售固定资产的成本

借:固定资产清理   600 000

  累计折旧   400 000

   贷:固定资产——塑钢机   1 000 000

(2) 20×6 年 1 月 1 日,向乙公司出售塑钢机

借:银行存款   700 000

   贷:固定资产清理   600 000

    递延收益——未实现售后租回损益   100 000

表 3—4 未实现售后租回收益分摊表(年限平均法)

20×6 年 1 月 1 日   单位:元

日期	售价	固定资产账面价值	摊销期	分摊率	摊销额	未实现售后租回损益
20×6-01-01	700 000	600 000	5 年			100 000
20×6-12-31				20%	20 000	80 000
20×7-12-31				20%	20 000	60 000
20×8-12-31				20%	20 000	40 000
20×9-12-31				20%	20 000	20 000
2×10-12-31				20%	20 000	0
合计	700 000	600 000		100%	100 000	

(3) 20×6 年 12 月 31 日,确认本年度应分摊的未实现售后租回损益

借:递延收益——未实现售后租回损益(融资租赁)   20 000

   贷:制造费用——折旧费   20 000

二、售后租回交易形成经营租赁

如果售后租回交易认定为经营租赁的,则售价与资产账面价值之间的差额(无论是售价高于资产账面价值还是售价低于资产账面价值)予以递延,并按照该项租赁资产的折旧进度进行分摊,作为折旧费用的调整。承租人应设置"递延收益——未实现售后租回损益(经营租赁)"科目,以核算在售后租回交易中售价与资产账面价值的差额(无论是售价高于资产账面价值还是售价低于资产账面价值)。分摊时,按上述比例减少未实现售后租回损益,同时相应地增加或减少租金费用。

【例 3—17】假设 20×6 年 1 月 1 日,甲公司将全新办公用房一套,按照 30 000 000 元的价格售给乙公司,并立即签订了一份租赁合同,从乙公司租回该办公用房,租期为 3 年。办公用房原账面价值为 29 000 000 元,预计使用年限为 25 年。租赁合同规定,第一年末支付租金 500 000 元,第二年末支付租金 750 000 元,第三年末支付租金 750 000 元。租赁期满后预付租金不退回,乙公司收回办公用房使用权。假设甲公司和乙公司均在年末确认租金费用和经营租赁收入,并且不存在租金逾期支付的情况。

甲公司的账务处理如下：

(1)判断租赁类型

根据资料分析,该项租赁属于经营租赁。

(2)计算未实现售后租回损益

未实现售后租回损益＝售价－资产的账面价值＝30 000 000－29 000 000＝1 000 000(元)

(3)在租赁期内按租金支付比例分摊未实现售后租回损益(见表3-5)

表3-5　未实现售后租回收益分摊表

20×6年1月1日　　　　　　　　　　　　　　　　　　　　　单位:元

日期	售价	固定资产账面价值	支付的租金	租金支付比例	摊销额	未实现售后租回损益
20×6-01-01	30 000 000	29 000 000				10 000 00
20×6-12-31			500 000	25%	250 000	750 000
20×7-12-31			750 000	37.5%	375 000	375 000
20×8-12-31			750 000	37.5%	375 000	0
合计	30 000 000	29 000 000	2 000 000	100%	1 000 000	

(4)会计分录

① 20×6年1月1日,向乙公司出售办公用房

借:银行存款　　　　　　　　　　　　　　　　　　　　　　　　30 000 000

　　贷:固定资产清理　　　　　　　　　　　　　　　　　　　　　　　29 000 000

　　　　递延收益——未实现售后租回损益(经营租赁)　　　　　　　　　1 000 000

② 20×6年1月1日,结转出售固定资产的成本

借:固定资产清理　　　　　　　　　　　　　　　　　　　　　　29 000 000

　　贷:固定资产——办公用房　　　　　　　　　　　　　　　　　　　29 000 000

③ 20×6年12月31日,分摊未实现售后租回损益

借:递延收益——未实现售后租回损益(经营租赁)　　　　　　　　　250 000

　　贷:管理费用——租赁费　　　　　　　　　　　　　　　　　　　　　250 000

在有确凿证据表明售后租回交易是按照公允价值达成的情况下,实质上相当于一项正常的销售,售价与资产账面价值的差额,应当计入当期损益。

【例3-18】承【例3-17】假定有确凿证据表明该办公房产目前公允价值为30 000 000元,则甲公司应当将售价与资产账面价值的差额计入当期损益,账务处理如下:

借:银行存款　　　　　　　　　　　　　　　　　　　　　　　　30 000 000

　　贷:固定资产清理　　　　　　　　　　　　　　　　　　　　　　　29 000 000

　　　　营业外收入　　　　　　　　　　　　　　　　　　　　　　　　1 000 000

思考题

1.如何划分经营租赁和融资租赁?

2.经营租赁中,承租人和出租人在会计处理原则上有什么不同?

3.融资租赁中如何进行承租人和出租人的会计处理?

第四章 或有事项

学习目标◎

通过本章的学习,熟悉或有事项的概念、特征及种类,明确或有事项、或有资产的特征;掌握或有负债的确认标准以及预计负债的计量方法;了解或有事项披露的基本内容;掌握各种或有事项的会计处理方法;能正确运用有关或有事项的确认和计量原则。

导入案例🔍

20×7年4月,珠海格力电器股份有限公司(以下简称格力)研发了用户可以根据自己的睡眠习惯控制房间温度变化,从而提高睡眠质量的技术,即"控制空调器按照自己定义曲线运行的方法"。同年4月,格力向国家知识产权局申请发明专利,并于20×8年9月获得专利证书。20×7年8月至11月期间,格力先后向市场推出应用了该技术发明专利的卧室空调"睡梦宝"、"睡美人"等系列产品。

20×8年,格力发现在珠海市泰锋电器有限公司、国美电器北京朝外店等商场,正在销售广东美的制冷设备有限公司(以下简称美的)生产的"梦静星"系列空调产品。格力认为,美的该系列产品侵犯了格力所拥有的"控制空调器按照自己定义曲线运行的方法"的技术发明专利。20×8年12月,格力以美的涉嫌侵犯发明专利权为由将美的告上法庭,要求美的立即停止对格力的侵权行为并赔偿相关经济损失200万元。珠海市中级人民法院受理此案并于2×11年4月做出一审判决,认定美的在其生产的KFR—26GW/DY—V2(E2)等4款空调产品中擅自使用涉案发明专利方法,侵犯了格力的发明专利权,并责令美的赔偿格力200万元。

美的不服一审判决,向广东省高级人民法院提起上诉。广东省高级人民法院对此案做出终审判决,认为美的的上诉理由和上诉请求均不成立,依法予以驳回,认定美的侵权行为成立,应立即停止销售、许诺销售。其间,美的曾请求国家知识产权局专利复审委员会宣告格力"控制空调器按照自己定义曲线运行的方法"发明专利无效。20×9年9月,专利复审委员会做出决定,维持格力该项发明专利权有效。

思考:

1.20×8年12月31日,格力申诉事件属于什么事项?

2.20×8年12月31日,格力申诉事件是否要在报告中披露?

第一节　或有事项的特征

一、或有事项及特征

(一)或有事项的概念

企业在经营活动中有时会面临诉讼、仲裁、债务担保、产品质量保证、重组等具有较大不确定性的经济事项,这些不确定事项对企业的财务状况和经营成果可能会产生较大的影响,其最终结果须由某些未来事项的发生或不发生加以决定。比如,企业对商品提供售后担保,承诺在商品发生质量问题时由企业无偿提供修理服务,从而会发生一些费用。至于这笔费用是否发生以及如果发生金额是多少,取决于未来是否发生修理请求以及修理工作量的大小等。按照权责发生制的要求,企业不能等到客户提出修理请求时,才确认因提供产品质量保证而发生的义务,而应当在资产负债表日对这一不确定事项做出判断,以决定是否在当期确认可能承担的修理义务。会计上将这种不确定事项称为或有事项。

或有事项,是指过去的交易或者事项形成的,其结果须由某些未来事项的发生或不发生才能决定的不确定事项。常见的或有事项包括:未决诉讼或未决仲裁、债务担保、产品质量保证(含产品安全保证)、亏损合同、重组义务、承诺、环境污染整治等。

(二)或有事项的特征

或有事项具有以下特征:

1.或有事项是由过去的交易或者事项形成的

或有事项作为一种不确定事项,是由企业过去的交易或者事项形成的。由过去的交易或者事项形成,是指或有事项的现存状况是过去交易或者事项引起的客观存在。

例如,未决诉讼是企业因过去的经济行为导致起诉其他单位或被其他单位起诉,是现存的一种状况,而不是未来将要发生的事项。又如,产品质量保证是企业对已售商品或已提供劳务的质量提供的保证,不是为尚未出售商品或尚未提供劳务的质量提供的保证。基于这一特征,未来可能发生的自然灾害、交通事故、经营亏损等事项,都不属于或有事项。

2.或有事项的结果具有不确定性

或有事项的结果具有不确定性,是指或有事项的结果是否发生具有不确定性或者或有事项的结果预计将会发生,但发生的具体时间或金额具有不确定性。

首先,或有事项的结果是否发生具有不确定性。例如,债务的担保方在债务到期时是否承担和履行连带责任,需要根据被担保方能否按时还款决定,其结果在担保协议达成时具有不确定性。又如,有些未决诉讼,被起诉的一方是否会败诉,在案件审理过程中是难以确定的,需要根据人民法院判决情况加以确定。

其次,或有事项的结果预计将会发生,但发生的具体时间或金额具有不确定性。例如,某企业因生产过程中排污治理不力并对周围环境造成污染而被起诉,如无特殊情况,该企业很可能败诉。但是,在诉讼成立时,该企业因败诉将支出多少金额,或者何时将发生这些支出,可能是难以确定的。

3.或有事项的结果须由未来事项决定

由未来事项决定,是指或有事项的结果只能由未来不确定事项的发生或不发生才能决定。

或有事项的结果,由未来事项发生或不发生予以确定。例如,或有事项发生时,将会对企业产生有利影响还是不利影响,或虽已知是有利影响或不利影响,但影响有多大,在或有事项发生时是难以确定的。这种不确定性的消失,只能由未来不确定事项的发生或不发生才能证实。例如,未决诉讼只能等到人民法院判决才能决定其结果。

或有事项与不确定性联系在一起,但会计处理过程中存在不确定性的事项并不都是或有事项,企业应当按照或有事项的定义和特征进行判断。例如,对固定资产计提折旧虽然也涉及对固定资产预计净残值和使用寿命进行分析和判断,带有一定的不确定性,但是,固定资产折旧是已经发生的损耗,固定资产的原值是确定的,其价值最终会转移到成本或费用中也是确定的,该事项的结果是确定的,因此,对固定资产计提折旧不属于或有事项。

二、或有负债和或有资产

或有资产和或有负债与或有事项密切相关。

(一)或有负债

或有负债,是指过去的交易或事项形成的潜在义务,其存在须通过未来不确定事项的发生或不发生予以证实;或过去的交易或事项形成的现时义务,履行该义务不是很可能导致经济利益流出企业或该义务的金额不能可靠计量。

或有负债涉及两类义务:一类是潜在义务;另一类是现时义务。

1.潜在义务,是指结果取决于不确定未来事项的可能义务。也就是说,潜在义务最终是否转变为现时义务,由某些未来不确定事项的发生或不发生才能决定。

2.现时义务,是指企业在现行条件下已承担的义务,该现时义务的履行不是很可能导致经济利益流出企业,或者该现时义务的金额不能可靠地计量。其中:(1)"不是很可能导致经济利益流出企业",是指该现时义务导致经济利益流出企业的可能性不超过50%(含50%),例如,甲企业和乙企业签订担保合同,承诺为乙企业的某项贷款提供担保。由于担保合同的签订,甲企业承担了一项现实义务,但承担现实义务不意味着经济利益很可能流出企业。如果乙企业的财务状况良好,说明甲企业履行连带责任的可能性不大,那么这项担保合同不是很可能导致经济利益流出甲企业。该现实义务属于甲企业的或有负债。(2)"金额不能可靠地计量",是指该现时义务导致经济利益流出企业的"金额"难以合理预计,现时义务履行的结果具有较大的不确定性。例如,甲公司涉及一桩诉讼案,根据以往的审判案例推断,甲公司很可能要败诉。但人民法院尚未判决,甲公司无法根据经验判断未来将要承担多少赔偿金额,因此该现时义务的金额不能可靠地计量,该诉讼案件即形成一项甲公司的或有负债。

或有负债无论是潜在义务还是现实义务,均不符合负债的确认条件,因而不能在报表中予以确认,但应按相关规定在财务报表附注中披露。

【例4-1】20×7年5月10日,A公司的子公司B公司从银行贷款人民币80 000 000元,期限2年,由A公司全额担保;20×9年6月1日C公司从银行贷款人民币50 000 000元,期限为3年,由A公司全额担保;20×9年7月1日D公司从银行贷款20 000 000美元,期限5年,由A公司担保60%。

截至20×9年12月31日的情况如下:B公司贷款逾期未还,银行已起诉A公司和B公司,C公司经营状况良好,预期不存在还款困难。D公司受政策不利影响,可能不能偿还到期美元债务。

在本例中,就B公司而言,A公司很可能履行连带责任,造成损失,但损失金额是多少,目前还难以预计。就C公司而言,要求A公司履行连带责任的可能性极小。就D公司而言,A公司可能履行连带责任。根据企业会计准则的规定,A公司应在20×9年12月31日的财务报表附注中进行如下披露:

表4-1　A公司20×9年12月31日对或有事项的披露

被担保单位	担保金额	财务影响
B公司	担保金额人民币80 000 000元,20×9年5月9日到期	B公司的银行借款已逾期。贷款银行已起诉B公司和本公司,由于对B公司该笔银行贷款提供全额担保,预期诉讼结果将给本公司的财务造成重大不利影响,损失金额目前难以估计
C公司	担保金额人民币50 000 000元,2×12年5月31日到期	C公司目前经营良好,预期对银行贷款不存在还款困难,因此对C公司的担保极小可能会给本公司造成不利影响,损失金额目前难以估计
D公司	担保金额20 000 000美元,2×14年6月30日到期	D公司受政策影响本年度效益不如以往,可能不能偿还到期美元贷款,本公司可能因此承担相应的连带责任而发生损失,损失金额目前难以估计

(二)或有资产

或有资产,是指过去的交易或者事项形成的潜在资产,其存在须通过未来不确定事项的发生或不发生予以证实。

或有资产作为一种潜在资产,其结果具有较大的不确定性,只有随着经济情况的变化,通过某些未来不确定事项的发生或不发生才能证实其是否会形成企业真正的资产。

正如或有负债不符合负债确认条件一样,或有资产也不符合资产确认条件,因而也不能在报表中确认。然而,需要指出的是,影响或有负债和或有资产的多种因素处于不断变化之中,企业应当持续地对这些因素予以关注。随着时间的推移和事态的进展,或有负债对应的潜在义务可能转化为现实义务,原来不是很可能导致经济利益流出的现实义务也可能被证实将很可能导致企业流出经济利益,并且现实义务的金额也能够可靠计量。企业应当对或有负债相关义务进行评估、分析判断其是否符合预计负债确认条件。如符合预计负债确认条件,应将其确认为负债。类似地,或有资产对应的潜在权利也可能随着相关因素的改变而发生变化,如基本确定可以收到,应将其予以确认。

例如,未决诉讼对于预期会胜诉的一方而言,因未决诉讼形成了一项或有资产,该或有资产最终是否转化为企业的资产,要根据诉讼的最终判决而定。最终判决胜诉的一方,这项或有资产就转化为企业真正的资产。对于预期会败诉的一方而言,因未决诉讼形成了一项或有负债或预计负债:如为或有负债,该或有负债最终是否转化为企业的预计负债,只能根据诉讼的进展而定。企业根据法律规定、律师建议等因素判断自己很可能败诉且赔偿金额能够合理估计的,这项或有负债就转化为企业的预计负债。

第二节　或有事项的确认和计量

一、或有事项的确认

或有事项的确认是指与或有事项相关义务的确认。根据《企业会计准则第 13 号——或有事项》的规定,与或有事项有关的义务应当在同时符合以下三个条件时,确认为预计负债进行确认和计量:(1) 该义务是企业承担的现时义务;(2) 履行该义务很可能导致经济利益流出企业;(3) 该义务的金额能够可靠地计量。

(一) 该义务是企业承担的现实义务

该义务是企业承担的现时义务,是指与或有事项相关的义务是在企业当前条件下已承担的义务,企业没有其他现实的选择,只能履行该现时义务。这里所指的义务包括法定义务和推定义务。

其中,法定义务,是指因合同、法规或其他司法解释等产生的义务,通常即企业在经济管理和经济协调中,依照经济法律、法规的规定必须履行的责任。比如,企业与其他企业签订购货合同产生的义务就属于法定义务。

推定义务,是指因企业的特定行为而产生的义务。企业的“特定行为”,泛指企业以往的习惯做法、已公开的承诺或已公开宣布的经营政策。并且,由于以往的习惯做法,或通过这些承诺或公开的声明,企业向外界表明了它将承担特定的责任,从而使受影响的各方形成了其将履行那些责任的合理预期。例如,甲公司是一家化工企业,因扩大经营规模,到 A 国创办了一家分公司。假定 A 国尚未针对甲公司这类企业的生产经营可能产生的环境污染制定相关法律,因而甲公司的分公司对在 A 国生产经营可能产生的环境污染不承担法定义务。但是,甲公司为在 A 国树立良好的形象,自行向社会公告,宣称将对生产经营可能产生的环境污染进行治理,甲公司的分公司为此承担的义务就属于推定义务。

(二)履行该义务很可能导致经济利益流出企业

履行该义务很可能导致经济利益流出企业,是指履行与或有事项相关的现时义务时,导致经济利益流出企业的可能性超过50%,但尚未达到基本确定的程度。企业通常可以结合下列情况判断经济利益流出的可能性:

结果的可能性	对应的概率区间
基本确定	大于95%但小于100%
很可能	大于50%但小于或等于95%
可能	大于5%但小于或等于50%
极小可能	大于0但小于或等于5%

企业因或有事项承担了现时义务,并不说明该现时义务很可能导致经济利益流出企业。例如,20×9年5月1日,甲企业与乙企业签订协议,承诺为乙企业的2年期银行借款提供全额担保。对于甲企业而言,由于该担保事项而承担了一项现时义务,但这项义务的履行是否很可能导致经济利益流出企业,需依据乙企业的经营情况和财务状况等因素加以确定。假定20×9年末,乙企业的财务状况恶化,且没有迹象表明可能发生好转。此种情况出现,表明乙企业很可能违约,从而甲企业履行承担的现时义务将很可能导致经济利益流出企业。反之,如果乙企业财务状况良好,一般可以认定乙企业不会违约,从而甲企业履行承担的现时义务不是很可能导致经济利益流出。

(三)该义务的金额能够可靠地计量

该义务的金额能够可靠地计量,是指该义务的金额能够可靠地计量,即与或有事项相关的现时义务的金额能够合理地估计。

由于或有事项具有不确定性,因或有事项产生的现时义务的金额也具有不确定性,需要估计。要对或有事项确认一项预计负债,相关现时义务的金额应当能够可靠估计。只有在其金额能够可靠地估计,并同时满足其他两个条件时,企业才能加以确认。

例如,乙公司涉及一起诉讼案。根据以往的审判结果判断,公司很可能败诉,相关的赔偿金额也可以估算出一个区间。在这种情况下,就可以认为该公司因未决诉讼承担的现时义务的金额能够可靠地估计,从而对未决诉讼确认一项因或有事项形成的预计负债。但是如果没有以往的审判结果作为比照,而相关的法律条文没有明确解释,那么即使该公司预计可能败诉,在判决以前也很可能无法合理估计其须承担的现实义务的金额,这种情况下不应确认为预计负债。

二、或有事项的计量

或有事项的计量是指与或有事项相关义务的预计负债的计量,主要涉及两个方面:一是最佳估计数的确定;二是预期可获得补偿的处理。

(一)最佳估计数的确定

预计负债应当按照履行相关现时义务所需支出的最佳估计数进行初始计量。最佳估计数的确定应当分两种情况处理:

1.所需支出存在一个连续范围,且该范围内各种结果发生的可能性相同,则最佳估计数应当按照该范围内的中间值,即上下限金额的平均数确定。

【例4-2】20×9年12月1日,甲公司因合同违约而被乙公司起诉。20×9年12月31日,甲公司尚未接到人民法院的判决。甲公司预计,最终的法律判决很可能对公司不利。假定预计将要支付的赔偿金额为1 000 000~1 600 000元之间的某一金额,而且这个区间内每个金额的可能性都大致相同。

在这种情况下,甲公司应在20×9年12月31日的资产负债表中确认一项预计负债,金额为(1 000 000+1 600 000)÷2=1 300 000(元)

有关账务处理如下:

借:营业外支出——赔偿支出——乙公司　　　　　　　　　　　　　　1 300 000

　　贷:预计负债——未决诉讼——乙公司　　　　　　　　　　　　　　　　1 300 000

2.所需支出不存在一个连续范围,或者虽然存在一个连续范围,但该范围内各种结果发生的可能性不相同。在这种情况下,最佳估计数按照如下方法确定:

(1)如果或有事项涉及单个项目,最佳估计数按照最可能发生金额确定。"涉及单个项目"指或有事项涉及的项目只有一个,如一项未决诉讼、一项未决仲裁或一项债务担保等。

【例4-3】20×9年10月2日,乙公司涉及一起诉讼案。20×9年12月31日,乙公司尚未接到人民法院的判决。在咨询了公司的法律顾问后,乙公司认为:胜诉的可能性为40%,败诉的可能性为60%;如果败诉,需要赔偿1 000 000元。

在这种情况下,乙公司在20×9年12月31日资产负债表中应确认的预计负债金额应为最可能发生的金额,即1 000 000元。

有关账务处理如下:

借:营业外支出——赔偿支出　　　　　　　　　　　　　　　　　　　1 000 000

　　贷:预计负债——未决诉讼　　　　　　　　　　　　　　　　　　　　1 000 000

(2)如果或有事项涉及多个项目,最佳估计数按照各种可能结果及相关概率加权计算确定。"涉及多个项目"指或有事项涉及的项目不止一个,如产品质量保证。在产品质量保证中,提出产品保修要求的可能有许多客户,相应地,企业对这些客户负有保修义务。

【例4-4】丙公司是生产并销售A产品的企业,20×9年度第一季度共销售A产品30 000件,销售收入为180 000 000元。根据公司的产品质量保证条款,该产品售出后一年内,如发生正常质量问题,公司将负责免费维修。根据以前年度的维修记录,如果发生较小的质量问题,发生的维修费用为销售收入的1%;如果发生较大的质量问题,发生的维修费用为销售收入的2%。根据公司质量部门的预测,本季度销售的产品中,80%不会发生质量问题;15%可能发生较小质量问题;5%可能发生较大质量问题。

根据上述资料,20×9年第一季度末丙公司应确认的预计负债金额为:

180 000 000×(0×80%+1%×15%+2%×5%)=450 000(元)

有关账务处理如下:

借:销售费用——产品质量保证——A产品　　　　　　　　　　　　　　450 000

　　贷:预计负债——产品质量保证——A产品　　　　　　　　　　　　　　450 000

(二)预期可获得补偿的处理

如果企业清偿因或有事项而确认的负债所需支出全部或部分预期由第三方或其他方补偿,则此补偿金额只有在基本确定能收到时,才能作为资产单独确认,确认的补偿金额不能超过所确认负债的账面价值。

预期可能获得补偿的情况通常有:发生交通事故等情况时,企业通常可从保险公司获得合理的赔偿;在某些索赔诉讼中,企业可对索赔人或第三方另行提出赔偿要求;在债务担保业务中,企业在履行担保义务的同时,通常可向被担保企业提出追偿要求。

企业预期从第三方获得的补偿,是一种潜在资产,其最终是否会转化为企业真正的资产(即企业是否能够收到这项补偿)具有较大的不确定性,企业只有在基本确定能够收到补偿时才能对其进行确认。根据资产和负债不能随意抵销的原则,预期可获得的补偿在基本确定能够收到时应当确认为一项资产,而不能作为预计负债金额的扣减。

补偿金额的确认涉及两个方面问题:一是确认时间,补偿只有在"基本确定"能够收到时才予以确认;二是确认金额,确认的金额是基本确定能够收到的金额,而且不能超过相关预计负债的金额。

【例4—5】20×9年12月31日,乙公司因或有事项而确认了一笔金额为500 000元的预计负债;同时,乙公司因该或有事项基本确定可从甲保险公司获得200 000元的赔偿。

本例中,乙公司应分别确认一项金额为500 000元的预计负债和一项金额为200 000元的资产,而不能只确认一项金额为300 000元,即500 000—200 000=300 000的预计负债。同时,乙公司所确认的补偿金额200 000元不能超过所确认的负债的账面价值500 000元。

(三)预计负债的计量需要考虑的其他因素

1.风险和不确定性

企业在确定最佳估计数时应当综合考虑与或有事项有关的风险、不确定性、货币时间价值和未来事项等因素。风险是对交易或者事项结果的变化可能性的一种描述。风险的变动可能增加负债计量的金额。企业在不确定的情况下进行判断需要谨慎,使得收入或资产不会被高估,费用或负债不会被低估。但是,不确定性并不说明应当确认过多的预计负债和故意夸大支出或费用。

企业应当充分考虑与或有事项有关的风险和不确定性,既不能忽略风险和不确定性对或有事项计量的影响,也要避免反复对风险和不确定性进行调整,从而在低估和高估预计负债金额之间寻找平衡点。

2.货币时间价值

预计负债的金额通常应当等于未来应支付的金额。但是,因货币时间价值的影响,资产负债表日后不久发生的现金流出,要比一段时间之后发生的同样金额的现金流出负有更大的义务。所以,如果预计负债的确认时点距离实际清偿有较长的时间跨度,货币时间价值的影响重大,那么在确定预计负债的确认金额时,应考虑采用现值计量,即通过对相关未来现金流出进行折现后确认最佳估计数。例如,油气井或核电站的弃置费用等,应按照未来应支付金额的现值确定。确定预计负债的金额不应考虑预期处置相关资产形成的利得。

将未来现金流出折算为现值时,需要注意以下三点:(1)用来计算现值的折现率应当是反映货币时间价值的当前市场估计和相关负债特有风险的税前利率。(2)风险和不确定性既可以在计量未来现金流出时作为调整因素,也可以在确定折现率时予以考虑,但不能重复反映。(3)随着时间的推移,即使在未来现金流出和折现率均不改变的情况下,预计负债的现值将逐渐增加。企业应当在资产负债表日对预计负债的现值进行重新计量。

3.未来事项

企业应当考虑可能影响履行现时义务所需金额的相关未来事项。也就是说,对于这些未来事项,如果有足够的客观证据表明它们将发生,如未来技术进步、相关法规出台等,则应当在预计负债计量中予以考虑。

预期的未来事项可能对预计负债的计量较为重要。例如,某核电企业预计在生产结束时处理核废料的费用将因未来技术的变化而显著降低,那么,该企业因此确认的预计负债金额应当反映有关专家对技术发展以及处理费用减少做出的合理预测。但是,这种预计需要取得确凿的证据予以支持。

4.资产负债表日对预计负债账面价值的复核

企业应当在资产负债表日对预计负债的账面价值进行复核。有确凿证据表明该账面价值不能真实反映当前最佳估计数的,应当按照当前最佳估计数对该账面价值进行调整。例如,某化工企业对环境造成了污染,按照当时的法律规定,只需要对污染进行清理。随着国家对环境保护越来越重视,按照现在的法律规定,该企业不但需要对污染进行清理,还很可能要对居民进行赔偿。这种法律要求的变化,会对企业预计负债的计量产生影响。企业应当在资产负债表日对为此确认的预计负债金额进行复核,相关因素发生变化表明预计负债金额不再能反映真实情况时,需要按照当前情况下企业清理和赔偿支出的最佳估计数对预计负债的账面价值进行相应的调整。

企业对已经确认的预计负债在实际支出发生时,应当仅限于最初确定该预计负债的支出。也就是说,只有与该预计负债有关的支出才能冲减预计负债,否则将会混淆不同预计负债确认事项的影响。

第三节 或有事项会计处理原则的应用

一、未决诉讼或未决仲裁

诉讼,是指当事人不能通过协商解决争议,因而在人民法院起诉、应诉,请求人民法院通过审判程序解决纠纷的活动。诉讼尚未判决之前,对于被告者来说,可能形成一项或有负债或者预计负债;对于原告来说,则可能形成一项或有资产。

仲裁,是指经济法的各方当事人依照事先约定或事后达成的书面仲裁协议,共同选定仲裁机构并由其对争议依法做出具有约束力裁决的一种活动。作为当事人一方,仲裁的结果在仲裁决定公布以前是不确定的,会构成一项潜在义务或现时义务,或者潜在资产。

【例4—6】A公司20×9年度发生的有关交易或事项如下:

20×9年10月1日有一笔已到期的银行贷款本金10 000 000元,利息1 500 000元,A公司具有还款能力,但因与B银行存在其他经济纠纷,而未按时归还B银行的贷款,20×9年12月1日,B银行向人民法院提起诉讼。截至20×9年12月31日人民法院尚未对案件进行审理。A公司法律顾问人为败诉的可能性60%,预计将要支付的罚息、诉讼费用在1 000 000~1 200 000元之间,其中诉讼费50 000元。

20×7年10月6日,A公司委托银行向K公司贷款60 000 000元,由于经营困难,20×9年10月5日到期时K公司无力偿还贷款,A公司依法起诉K公司,20×9年12月6日,人民法院一审判决A公司胜诉,责成K公司向A公司偿付贷款本息70 000 000元,并支付罚息及其他费用6 000 000元,两项合计76 000 000元,但由于种种原因,K公司未履行判决,直到20×9年12月31日,A公司尚未采取进一步的行动。

在本例中,A公司的会计处理如下:

(1)A公司败诉的可能性60%,即很可能败诉,则A公司应在20×9年12月31日确认一项预计负债:(1 000 000+1 200 000)÷2=1 100 000(元)

有关账务处理如下:

借:管理费用——诉讼费	50 000
营业外支出——罚息支出	1 050 000
贷:预计负债——未决诉讼——B银行	1 100 000

A公司应在20×9年12月31日的财务报表附注中作如下披露:

本公司欠B银行贷款于20×9年10月1日到期,到期本金和额利息合计11 500 000元,由于与B银行存在其他经济纠纷,故本公司尚未偿还上述借款本金和利息,为此,B银行起诉本公司,除要求本公司偿还本金和利息外,还要求支付罚息等费用。由于以上情况,本公司在20×9年12月31日确认了一项预计负债1 100 000元。目前,此案正在审理中。

(2)虽然一审判决A公司胜诉,将很可能从K公司收回委托贷款本金、利息及罚息,但是由于K公司本身经营困难,该款项是否能全额收回存在较大的不确定性,因此A公司20×9年12月31日不应确认资产,但应考虑该项委托贷款的减值问题。

A公司应在20×9年12月31日的财务报表附注中作如下披露:

本公司于20×7年10月6日委托银行向K公司贷款60 000 000元,K公司逾期未还,为此本公司依法向人民法院起诉K公司。20×9年12月6日,一审判决本公司胜诉,并可从K公司索偿款项76 000 000元,其中贷款本金60 000 000元、利息10 000 000元以及罚息等其他费用6 000 000元。截至20×9年12月31日,K公司未履行判决,本公司也未采取进一步的措施。

二、债务担保

债务担保在企业中是较为普遍的现象。作为提供担保的一方,在被担保方无法履行合同的情况下,常常承担连带责任。从保护投资者、债权人的利益出发,客观、充分地反映企业因担保义务而承担的潜在风险是十分必要的。

企业对外提供债务担保常常会涉及未决诉讼,这时可以分别以下情况进行处理:(1)企业已被判决败诉,则应当按照人民法院判决的应承担的损失金额,确认为负债,并计入当期营业外支出;(2)已判决败诉,但企业正在上诉,或者经上一级人民法院裁定暂缓执行,或者由上一级人民法院发回重审等,企业应当在资产负债表日,根据已有判决结果合理估计可能产生的损失金额,确认为预计负债,并计入当期营业外支出;(3)人民法院尚未判决的,企业应向其律师或法律顾问等咨询,估计败诉的可能性,以及败诉后可能发生的损失金额,并取得有关书面意见。如果败诉的可能性大于胜诉的可能性,并且损失金额能够合理估计的,应当在资产负债表日将预计担保损失金额,确认为预计负债,并计入当期营业外支出。

【例4-7】20×8年10月,A公司为B公司人民币20 000 000元,期限2年的银行贷款提供全额担保;20×9年4月,A公司为C公司美元1 000 000元,期限1年的银行贷款提供50%的担保。

截至20×9年12月31日,各贷款单位的情况如下:B公司贷款逾期未还,银行已起诉B公司和A公司,A公司因连带责任后续赔偿多少金额尚无法确定;C公司由于受政策影响和内部管理不善等原因,经营效益不如以往,可能不能偿还到期美元债务。

本例中,对B公司而言,A公司很可能需履行连带责任,但损失金额是多少,目前还难以预计;就C公司而言,A公司可能需履行连带责任。这两项债务担保形成A公司的或有负债,但不符合预计负债的确认条件,A公司应在20×9年12月31日的财务报表附注中披露相关债务担保的被担保单位、担保金额以及财务影响等。

三、产品质量保证

产品质量保证,通常指销售商或制造商在销售产品或提供劳务后,对客户提供服务的一种承诺。在约定期内(或终身保修),若产品或劳务在正常使用过程中出现质量或与之相关的其他属于正常范围的问题,企业负有更换产品、免费或只收成本价进行修理等责任。按照权责发生制的要求,上述相关支出符合确认条件就应在收入实现时确认相关预计负债。

【例4-8】A公司为机床生产和销售企业。A公司对购买其机床的消费者做出承诺:机床售出后3年内如出现非意外事件造成的机床故障和质量问题,A公司免费负责保修(含零配件更换)。A公司20×9年第一季度、第二季度、第三季度、第四季度分别销售机床400台、600台、800台和700台,每台售价为5万元。根据以往的经验,机床发生的保修费一般为销售额的1%～1.5%之间。A公司20×9年四个季度实际发生的维修费用分别为40 000元、400 000元、360 000元和700 000元(假定用银行存款支付50%,另50%为耗用的原材料)。假定20×8年12月31日,"预计负债——产品质量保证——机床"科目年末余额为240 000元。

本例中,A公司因销售机床而承担了现实义务,该现实义务的履行很可能导致经济利益流出A公司,且该义务的金额能够可靠计量。A公司应在每季度末确认一次预计负债。

（1）第一季度发生产品质量保证费用（维修费）

借：预计负债——产品质量保证——机床   40 000

    贷：银行存款   20 000

        原材料   20 000

应确认的产品质量保证负债金额＝400×50 000×（1‰＋1.5‰）÷2＝250 000（元）

借：销售费用——产品质量保证——机床   250 000

    贷：预计负债——产品质量保证——机床   250 000

第一季度末，"预计负债——产品质量保证——机床"科目余额＝240 000＋250 000－40 000＝450 000（元）

（2）第二季度发生产品质量保证费用（维修费）

借：预计负债——产品质量保证——机床   400 000

    贷：银行存款   200 000

        原材料   200 000

应确认的产品质量保证负债金额＝600×50 000×（1‰＋1.5‰）÷2＝375 000（元）

借：销售费用——产品质量保证——机床   375 000

    贷：预计负债——产品质量保证——机床   375 000

第二季度末，"预计负债——产品质量保证——机床"科目余额＝450 000＋375 000－400 000＝425 000（元）

（3）第三季度：发生产品质量保证费用（维修费）

借：预计负债——产品质量保证——机床   360 000

    贷：银行存款   180 000

        原材料   180 000

应确认的产品质量保证负债金额＝800×50 000×（1‰＋1.5‰）÷2＝500 000（元）

借：销售费用——产品质量保证——机床   500 000

    贷：预计负债——产品质量保证——机床   500 000

第三季度末，"预计负债——产品质量保证——机床"科目余额＝425 000＋500 000－360 000＝565 000（元）

（4）第四季度：发生产品质量保证费用（维修费）

借：预计负债——产品质量保证——机床   700 000

    贷：银行存款   350 000

        原材料   350 000

应确认的产品质量保证负债金额＝700×50 000×（1‰＋1.5‰）÷2＝437 500（元）

借：销售费用——产品质量保证——机床   437 500

    贷：预计负债——产品质量保证——机床   437 500

第四季度末，"预计负债——产品质量保证——机床"科目余额＝565 000＋437 500－700 000＝302 500（元）

在对产品质量保证确认预计负债时,需要注意的是:

第一,如果发现保证费用的实际发生额与预计数相差较大,应及时对预计比例进行调整;

第二,如果企业针对特定批次产品确认预计负债,则在保修期结束时,应将"预计负债——产品质量保证"余额冲销,同时冲销销售费用;

第三,已对其确认预计负债的产品,如企业不再生产了,那么应在相应的产品质量保证期满后,将"预计负债——产品质量保证"余额冲销,同时冲销销售费用。

四、亏损合同

亏损合同产生的义务满足预计负债的确认条件,应当确认为预计负债。亏损合同,是指履行合同义务不可避免会发生的成本超过预期经济利益的合同。预计负债的计量应当反映了退出该合同的最低净成本,即履行该合同的成本与未能履行该合同而发生的补偿或处罚两者之中的较低者。企业与其他企业签订的商品销售合同、劳务合同、租赁合同等,均可能变为亏损合同。

企业对亏损合同进行会计处理,需要遵循以下两点原则:

1. 如果与亏损合同相关的义务不需支付任何补偿即可撤销,企业通常就不存在现时义务,不应确认为预计负债;如果与亏损合同相关的义务不可撤销,企业就存在了现时义务,同时满足该义务很可能导致经济利益流出企业且金额能够可靠地计量的,应当确认为预计负债。

2. 待执行合同变为亏损合同时,合同存在标的资产的,应当对标的资产进行减值测试并按规定确认减值损失,在这种情况下,企业通常不需确认预计负债,如果预计亏损超过该减值损失,应将超过部分确认为预计负债;合同不存在标的资产的,亏损合同相关义务满足预计负债确认条件时,应当确认预计负债。

【例4—9】甲公司20×8年12月10日与丙公司签订不可撤销合同,约定在20×9年3月1日以每件200元的价格向丙公司提供A产品1 000件,若不能按期交货,将对甲公司处以总价款20%的违约金。签订合同时A产品尚未开始生产,甲公司准备生产A产品时,原材料价格突然上涨,预计生产A产品的单位成本将超过合同单价。假设不考虑相关税费。

(1)若生产A产品的单位成本为210元

履行合同发生的损失=1 000×(210-200)=10 000(元)

不履行合同支付的违约金=1 000×200×20%=40 000(元)

本例中,甲公司与丙公司签订了不可撤销合同,但是执行合同不可避免发生的费用超过了预期获得的经济利益,属于亏损合同。由于该合同变为亏损合同时不存在标的资产,甲公司应当按照履行合同造成的损失与违约金两者中的较低者确认一项预计负债,即应确认预计负债10 000元。

借:营业外支出——亏损合同损失——A产品　　　　　　　　　　　　10 000
　　贷:预计负债——亏损合同损失——A产品　　　　　　　　　　　　　　　10 000
待产品完工后,将已确认的预计负债冲减产品成本
借:预计负债——亏损合同损失——A产品　　　　　　　　　　　　　　10 000
　　贷:库存商品——A产品　　　　　　　　　　　　　　　　　　　　　　　10 000

（2）若生产 A 产品的单位成本为 270 元

履行合同发生的损失＝1 000×(270－200)＝70 000(元)

不履行合同支付的违约金＝1 000×200×20％＝40 000(元)

应确认预计负债 40 000 元

借:营业外支出——亏损合同损失——A 产品　　　　　　　　　　　40 000

　　贷:预计负债——亏损合同损失——A 产品　　　　　　　　　　　　　　40 000

支付违约金时:

借:预计负债——亏损合同损失——A 产品　　　　　　　　　　　40 000

　　贷:银行存款　　　　　　　　　　　　　　　　　　　　　　　　　　40 000

【例 4－10】甲公司与乙公司于 20×8 年 11 月签订不可撤销合同,甲公司向乙公司销售 A 设备 50 台,合同价格每台 1 000 000 元(不含增值税)。该批设备在 20×9 年 1 月 25 日交货。至 20×8 年末甲公司已生产 40 台 A 设备,由于原材料价格上涨,单位成本达到 1 020 000 元,每销售一台 A 设备亏损 20 000 元,因此这项合同已成为亏损合同。预计其余未生产的 10 台 A 设备的单位成本与已生产的 A 设备的单位成本相同。则甲公司应对有标的的 40 台 A 设备计提存货跌价准备,对没有标的的 10 台 A 设备确认预计负债。假定不考虑相关税费。

有关账务处理如下:

（1）有标的的部分,合同为亏损合同,确认减值损失

借:资产减值损失——存货跌价准备——A 设备　　　　　　　　800 000

　　贷:存货跌价准备——A 设备　　　　　　　　　　　　　　　　　800 000

（2）无标的的部分,合同为亏损合同,确认预计负债

借:营业外支出——亏损合同损失——A 设备　　　　　　　　200 000

　　贷:预计负债——亏损合同损失——A 设备　　　　　　　　　　200 000

（3）在产品生产出来后,将预计负债冲减成本

借:预计负债——亏损合同损失——A 设备　　　　　　　　200 000

　　贷:库存商品——A 设备　　　　　　　　　　　　　　　　　　200 000

五、重组义务

重组,是指企业制定和控制的,将显著改变企业组织形式、经营范围或经营方式的计划实施行为。属于重组的事项主要包括:(1)出售或终止企业的部分业务;(2)对企业的组织结构进行较大调整;(3)关闭企业的部分营业场所,或将营业活动由一个国家或地区迁移到其他国家或地区。

企业应当将重组与企业合并、债务重组区别开。因为重组通常是企业内部资源的调整和组合,谋求现有资产效能的最大化;企业合并是在不同企业之间的资本重组和规模扩张;而债务重组是债权人对债务人做出让步,债务人减轻债务负担,债权人尽可能减少损失。

（一）重组义务的确认

企业因重组而承担了重组义务,并且同时满足预计负债确认条件时,才能确认预计负债。

首先,同时存在下列情况的,表明企业承担了重组义务:(1)有详细的、正式的重组计划,包括重组涉及的业务、主要地点、需要补偿的职工人数、预计重组支出、计划实施时间等;(2)该重组计划已对外公告。

企业制定了详细、正式的重组计划,并已经对外公告,使那些受其影响的其他单位或个人可以合理预期企业将实施重组,这构成了企业的一项推定义务。而管理层或董事会在资产负债表日前做出的重组决定,在资产负债表日并不形成一项推定义务,除非企业在资产负债表日前已经对外进行了公告,将重组计划传达给受其影响的各方,使他们形成了对企业实施重组的合理预期。

其次,需要判断重组义务是否同时满足预计负债的三个确认条件,即判断其承担的重组义务是否是现时义务、履行重组义务是否很可能导致经济利益流出企业、重组义务的金额是否能够可靠计量。只有同时满足这三个确认条件,才能将重组义务确认为预计负债。

【例4—11】20×9年12月31日,甲上市公司董事会决定关闭一个事业部。20×9年度财务报告报出前,甲上市公司董事会尚未将有关决定传达到受影响的各方,也未采取任何措施实施该项决定,在20×9年12月31日,甲上市公司不应对此项决定确认预计负债。

【例4—12】20×9年12月16日,乙上市公司董事会决定关闭A产品事业部,有关计划已获批准。至20×9年12月31日,关闭该事业部的决定已经向社会公告,受影响的公司职工、客户及供应商均收到了通知。如果该义务很可能导致经济利益流出乙上市公司,且金额能够可靠计量,则在20×9年12月31日,乙上市公司应对此项决定确认预计负债。

(二)重组义务的计量

企业应当按照与重组有关的直接支出确认预计负债金额。其中,直接支出是企业重组必须承担的直接支出,并且与主体继续进行的活动无关的支出,不包括留用职工岗前培训、市场推广、新系统和营销网络投入等支出。因为这些支出与未来经营活动有关,在资产负债表日不是重组义务。

由于企业在计量预计负债时不应当考虑预期处置相关资产的利得,在计量与重组义务相关的预计负债时,也不考虑处置相关资产(如厂房、店面,有时是一个事业部整体)可能形成的利得或损失,即使资产的出售构成重组的一部分也是如此。

企业可以参照表4—1判断该项支出是否属于与重组有关的直接支出。

表4—1　与重组有关的支出判断表

支出项目	包括	不包括	不包括的原因
自愿遣散	√		
强制遣散(如果自愿遣散目标未满足)	√		
将不再使用的厂房的租赁撤销	√		
将职工和设备从拟关闭的工厂转移到继续使用的工厂		√	支出与继续进行的活动相关
剩余职工的再培训		√	支出与继续进行的活动相关
新经理的招聘成本		√	支出与继续进行的活动相关
推广公司新形象的营销成本		√	支出与继续进行的活动相关
对新营销网络的投资		√	支出与继续进行的活动相关

续表

支出项目	包括	不包括	不包括的原因
重组的未来可辨认 经营损失（最新预计值）		√	支出与继续进行的活动相关
特定固定资产的减值损失		√	资产减值准备应当按照 《企业会计准则第 8 号—— 资产减值》进行计提

思考题

1.什么是或有事项？或有事项包含哪些内容？

2.预计负债如何确认？

3.如何进行债务担保、产品质量保证和亏损合同的会计处理？

第五章　债务重组

学习目标⊙

通过本章学习,应了解债务重组的定义;熟悉债务重组方式;掌握债权人与债务人对几种常见债务重组方式的会计处理。

导入案例🔍

广东雷伊(集团)股份有限公司与中国建设银行股份有限公司深圳市分行(以下简称"深圳建行")于 2010 年 4 月 20 日签订了《减免利息协议》,就本公司所欠深圳建行债务 96 800 055.36 元本金及相应利息达成重组协议。本次债务重组交易对方是深圳建行,与公司没有任何关联关系。为此,本次债务重组事宜不构成关联交易。公司与深圳建行于 20×5 年签订了借款合同,该笔借款已经全部到期。截至 2010 年 4 月 20 日,本公司尚欠深圳建行借款本金 96 800 055.36 元及相应利息。累计利息为 4 919 585.47。公司分两年六笔偿还借款本金,即:(1)2010 年 11 月末归还 9 385 055.36 元;(2)2010 年 12 月末归还 9 415 000 元;(3)2×11 年 3 月末归还 19 500 000 元;(4)2×11 年 6 月月末归还 19 500 000元;(5)2×11 年 9 月末归还 19 500 000 元;(6)2×11 年 12 月末归还 19 500 000元。如本公司按上述还款方案还款,则深圳建行免除本公司尚欠深圳建行至本金全部清偿完毕之日止的所有贷款利息。但如出现本公司未按照约定按期足额偿还债务本金的情形,则之前减免利息无效,深圳建行有权向本公司追收自贷款发放之日起应还未还的所有利息。

思考:

1.上述债务重组属于何种方式?

2.债务重组会对资产负债表和利润表的哪些项目产生影响?

3.上述债务重组如何进行会计处理?

第一节　债务重组概述

一、债务重组的定义

在市场经济条件下,竞争日趋激烈,企业为此应根据环境的变化,调整经营策略,防范和控制经营及财务风险。但有时由于各种因素(包括内部和外部)的影响,企业可能出现一些暂时性或严重的财务困难,致使资金周转不灵,难以按期偿还债务。在此情况下,作为债权人,一种方式是可以通过法律程序,要求债务人破产,以清偿债务;另一种方式,可以通过互相协商,以债务重组的方式,债权人做出某些让步,使债务人减轻负担,渡过难关。

债务重组,是指在债务人发生财务困难的情况下,债权人按照其与债务人达成的协议或法院的裁定做出让步的事项。债务重组定义中的"债务人发生财务困难",是指债务人出现资金周转困难或经营陷入困境,导致其无法或者没有能力按原定条件偿还债务;"债权人做出让步",是指债权人同意发生财务困难的债务人现在或者将来以低于重组债务账面价值的金额或者价值偿还债务。"债权人做出让步"的情形主要包括:债权人减免债务人部分债务本金或利息、降低债务人应付债务的利率等。债务人发生财务困难,是债务重组的前提条件,而债权人做出让步是债务重组的必要条件。

二、债务重组方式

债务重组主要有以下几种方式:

1.以资产清偿债务,是指债务人转让其资产给债权人以清偿债务的债务重组方式。债务人通常用于偿债的资产主要有:现金、存货、金融资产、固定资产、无形资产等。这里的现金,是指货币资金,即库存现金、银行存款和其他货币资金,在债务重组的情况下,以现金清偿债务,通常是指以低于债务的账面价值的现金清偿债务,如果以等量的现金偿还所欠债务,则不属于本章所指的债务重组。

2.债务转为资本,是指债务人将债务转为资本,同时债权人将债权转为股权的债务重组方式。但债务人根据转换协议,将应付可转换公司债券转为资本的,则属于正常情况下的债务转资本,不能作为债务重组处理。

债务转为资本时,对股份有限公司而言为将债务转为股本;对其他企业而言,是将债务转为实收资本。债务转为资本的结果是,债务人因此而增加股本(或实收资本),债权人因此而增加股权。

3.修改其他债务条件,是指修改不包括上述第一、第二种情形在内的债务条件进行债务重组的方式,如减少债务本金、降低利率、免去应付未付的利息等。

4.以上三种方式的组合,是指采用以上三种方法共同清偿债务的债务重组形式。例如,以转让资产清偿某项债务的一部分,另一部分债务通过修改其他债务条件进行债务重组。主要包括以下可能的方式:(1)债务的一部分以资产清偿,另一部分则转为资本;(2)债务的一部分以资产清偿,另一部分则修改其他债务条件;(3)债务的一部分转为资本,另一部分则修改其他债务条件;(4)债务的一部分以资产清偿,一部分转为资本,另一部分则修改其他债务条件。

三、债务重组会计处理的一般原则

在债务重组中,有两个重要的概念,即"账面价值"与"账面余额"。在企业会计制度中,这两个名词的含义是有很大区别的。账面余额是指某账户的账面实际余额,不扣除与该账户相关的备抵项目(如累计折旧、资产的减值准备等)。账面价值是指某账户的账面余额减去相关备抵项目后的净额,如应收账款账面余额减去相应的坏账准备后的净额为账面价值。

第二节　债务重组的会计处理

一、以资产清偿债务

在债务重组中,企业以资产清偿债务的,通常包括以现金清偿债务和以非现金资产清偿债务等方式。

(一)以现金清偿债务

1.债务人的会计处理

债务人以现金清偿债务的,债务人应当将重组债务的账面价值与支付的现金之间的差额确认为债务重组利得,作为营业外收入,计入当期损益,其中,相关重组债务应当在满足金融负债终止确认条件时予以终止确认。

2.债权人的会计处理

债权人应当将重组债权的账面余额与收到的现金之间的差额确认为债务重组损失,作为营业外支出,计入当期损益,其中,相关重组债权应当在满足金融资产终止确认条件时予以终止确认。重组债权已经计提减值准备的,应当先将上述差额冲减已计提的减值准备,冲减后仍有损失的,计入营业外支出(债务重组损失);冲减后减值准备仍有余额的,应予转回并抵减当期资产值损失。

【例5—1】甲公司欠乙公司购货款351 000元。由于甲公司财务发生困难,短期内不能支付已于20×7年5月1日到期的货款。20×7年7月1日,经双方协商,乙公司同意减免甲公司50 000元债务,余额用现金立即清偿。乙公司于20×7年7月8日收到甲公司通过银行转账偿还剩余款项。乙公司为该项应收账款计提了30 000元坏账准备。

（1）甲公司的账务处理

①计算债务重组利得

债务重组利得＝应付账款的账面余额－支付的现金－坏账准备＝351 000－301 000＝50 000（元）

②应编制以下会计分录：

借：应付账款	351 000	
贷：银行存款		301 000
营业外收入——债务重组利得		50 000

（2）乙公司的账务处理

①计算债务重组损失

债务重组损失＝应收账款账面余额－收到的现金－坏账准备＝351 000－301 000－30 000＝20 000（元）

②应编制以下会计分录：

借：银行存款	301 000	
坏账准备	30 000	
营业外支出——债务重组损失	20 000	
贷：应收账款		351 000

（二）以非现金资产清偿某项债务

1.债务人的会计处理

债务人以非现金资产清偿某项债务的，债务人应将重组债务的账面价值与转让的非现金资产的公允价值之间的差额确认为债务重组利得，作为营业外收入，计入当期损益，其中，相关重组债务应当在满足金融负债终止确认条件时予以终止确认。转让的非现金资产的公允价值与其账面价值的差额作为转让资产损益，计入当期损益。

债务人在转让非现金资产的过程中发生的一些税费，如资产评估费、运杂费等，直接计入转让资产损益。对于增值税应税项目，如债权人不向债务人另行支付增值税，则债务重组利得应为转让非现金资产的公允价值和该非现金资产的增值税销项税额与重组债务账面价值的差额；如债权人向债务人另行支付增值税，则债务重组利得应为转让非现金资产的公允价值与重组债务账面价值的差额。

2.债权人的会计处理

债务人以非现金资产清偿某项债务的，债权人应当在满足金融资产终止确认条件时予以终止确认，并将重组债权的账面余额与受让的非现金资产的公允价值之间的差额，确认为债务重组损失，作为营业外支出，计入当期损益。重组债权已经计提减值准备的，应当先将上述差额冲减已计提的减值准备，冲减后仍有损失的，计入营业外支出（债务重组损失）；冲减后减值准备仍有余额的，应予转回并抵减当期资产减值损失。对于增值税应税项目，如债权人不向债务人另行支付增值税，则增值税进项税额可以作为冲减重组债权的账面余额处理；如债权人向债务人另行支付增值税，则增值税进项税额不能作为冲减重组债权的账面余额处理。

债权人收到非现金资产时发生的有关运杂费等，应当计入相关资产的价值。

3.以非现金资产清偿债务的具体会计处理

(1)以库存材料、商品产品抵偿债务

债务人以库存材料、商品产品抵偿债务,应视同销售进行核算。企业可将该项业务分为两部分,一是将库存材料、商品产品出售给债权人,取得货款。出售库存材料、商品产品业务与企业正常的销售业务处理相同,其发生的损益计入当期损益。二是以取得的货币清偿债务。当然在这项业务中实际上并没有发生相应的货币流入与流出。

【例5-2】甲公司欠乙公司购货款350 000元。由于甲公司财务发生困难,短期内不能支付已于20×7年5月1日到期的货款。20×7年7月1日,经双方协商,乙公司同意甲公司以其生产的产品偿还债务。该产品的公允价值为200 000元,实际成本为120 000元。甲公司为增值税一般纳税人,适用的增值税税率为17%。乙公司于20×7年8月1日收到甲公司抵债的产品,并作为库存商品入库;乙公司对该项应收账款计提了50 000元的坏账准备。

甲公司的账务处理:

① 计算债务重组利得

债务重组利得=应付账款账面余额-所转让产品的公允价值-增值税销项税额=350 000-200 000-(200 000×17%)=116 000(元)

② 会计分录如下:

借:应付账款	350 000
贷:主营业务收入	200 000
应交税费——应交增值税(销项税额)	34 000
营业外收入——债务重组利得	116 000
借:主营业务成本	120 000
贷:库存商品	120 000

在本例中,甲公司销售产品取得的利润体现在营业利润中,债务重组利得作为营业外收入处理。

乙公司的账务处理:

①计算债务重组损失

债务重组损失=应收账款账面余额-受让资产的公允价值-增值税进项税额-已计提坏账准备=350 000-200 000-34 000-50 000=66 000(元)

②会计分录如下:

借:库存商品	200 000
应交税费——应交增值税(进项税额)	34 000
坏账准备	50 000
营业外支出——债务重组损失	66 000
贷:应收账款	350 000

(2)以固定资产抵偿债务

债务人以固定资产抵偿债务,应将固定资产的公允价值与该项固定资产账面价值和清理费用的差额作为转让固定资产的损益处理。同时,将固定资产的公允价值与应付债务的账面价值的差额,作为债务重组利得,计入营业外收入。债权人收到的固定资产应按公允价值计量。

【例5－3】20×9年4月5日,乙公司销售一批材料给甲公司,价款1 100 000(含应收取的增值税税额),按购销合同约定,甲公司应于20×9年7月5日前支付价款,但至20×9年9月30日甲公司尚未支付。由于甲公司发生财务困难,短期内无法偿还债务。经过协商,乙公司同意甲公司用其一台机器设备抵偿债务。该项设备的账面原价为1 200 000元,累计折旧为330 000元,公允价值为850 000元。抵债设备已于20×9年10月10日运抵乙公司,乙公司将其用于本企业产品的生产。

甲公司的账务处理:

债务重组利得=1 100 000－(850 000＋850 000×17%)=105 500(元)

固定资产清理损益=850 000－(1 200 000－330 000)=－20 000(元)

①将固定资产净值转入固定资产清理

借:固定资产清理——××设备　　　　　　　　　　　　　　　　870 000

　　累计折旧　　　　　　　　　　　　　　　　　　　　　　330 000

　　　贷:固定资产——××设备　　　　　　　　　　　　　　　　1 200 000

②结转债务重组利得

借:应付账款——乙公司　　　　　　　　　　　　　　　　1 100 000

　　贷:固定资产清理——××设备　　　　　　　　　　　　　　850 000

　　　应交税费——应交增值税(销项税额)　　　　　　　　　　144 500

　　　营业外收入——债务重组利得　　　　　　　　　　　　　105 500

③结转转让固定资产损失

借:营业外支出——处置非流动资产损失　　　　　　　　　　20 000

　　贷:固定资产清理——××设备　　　　　　　　　　　　　　20 000

乙公司的账务处理:

债务重组损失=1 100 000－(850 000＋850 000×17%)=105 500(元)

借:固定资产——××设备　　　　　　　　　　　　　　　850 000

　　应交税费——应交增值税(进项税额)　　　　　　　　　　144 500

　　营业外支出——债务重组损失　　　　　　　　　　　　105 500

　　贷:应收账款——甲公司　　　　　　　　　　　　　　　1 100 000

(3)以股票、债券等金融资产抵偿债务

债务人以股票、债券等金融资产清偿债务,应按相关金融资产的公允价值与其账面价值的差额,作为转让金融资产的利得或损失处理;相关金融资产的公允价值与重组债务的账面价值的差额,作为债务重组利得。债权人收到的相关金融资产应按公允价值计量。

【例5－4】乙公司于20×9年7月1日销售给甲公司一批产品,价款500 000元,按购销合同约定,甲公司应于20×9年10月1日前支付价款。至20×9年10月20日,甲公司尚未支付。由于甲公司发生财务困难,短期内无法偿还债务。经过协商,乙公司同意甲公司以其所持有作为可供出售金融资产核算的某公司股票抵偿债务。该股票账面价值440 000元,公允价值变动计入其他综合收益的金额为0,债务重组日的公允价值为450 000元。乙公司为该项应收账款提取了坏账准备25 000元。用于抵债的股票已于20×9年10月25日办理了相关转让手续;乙公司将取得的股票作为可供出售金融资产核算。假定不考虑相关税费和其他因素。

甲公司的账务处理：

债务重组利得＝500 000－450 000＝50 000（元）

转让股票收益＝450 000－440 000＝10 000（元）

借：应付账款——乙公司　　　　　　　　　　　　　　500 000

　　贷：可供出售金融资产——××股票——成本　　　　　　　　440 000

　　　　营业外收入——债务重组利得　　　　　　　　　　　　50 000

　　　　投资收益　　　　　　　　　　　　　　　　　　　　10 000

乙公司的账务处理：

计算债务重组损失＝500 000－450 000－25 000＝25 000（元）

借：可供出售金融资产　　　　　　　　　　　　　　450 000

　　坏账准备　　　　　　　　　　　　　　　　　　25 000

　　营业外支出——债务重组损失　　　　　　　　　25 000

　　贷：应收账款——甲公司　　　　　　　　　　　　　　　500 000

假定债务重组日可供出售金融资产的账面价值 440 000 元，即 400 000＋40 000＝440 000（元），其他条件不变。

甲公司的账务处理如下：

借：应付账款——乙公司　　　　　　　　　　　　　　500 000

　　贷：可供出售金融资产——成本　　　　　　　　　　　　400 000

　　　　　　　　　　　　——公允价值变动　　　　　　　　40 000

　　　　营业外收入——债务重组利得　　　　　　　　　　　50 000

　　　　投资收益　　　　　　　　　　　　　　　　　　　　10 000

借：其他综合收益　　　　　　　　　　　　　　　　40 000

　　贷：投资收益　　　　　　　　　　　　　　　　　　　　40 000

二、债务转为资本

以债务转为资本方式进行债务重组的，应分别以下情况处理：

1.债务人为股份有限公司时，应当在满足金融负债终止确认条件时，终止确认重组债务，并将债权人放弃债权而享有股份的面值总额确认为股本；股份的公允价值总额与股本之间的差额确认为股本溢价计入资本公积。重组债务的账面价值与股份的公允价值总额之间的差额确认为债务重组利得，作为营业外收入计入当期损益。债务人为其他企业时，债务人应将债权人因放弃债权而享有的股权份额确认为实收资本；股权的公允价值与实收资本之间的差额确认为资本公积。重组债务的账面价值与股权的公允价值之间的差额作为债务重组利得，计入当期损益。

2.债权人应当在满足金融资产终止确认条件时，终止确认重组债权。并将债权转为股权。在这种方式下，债权人应将重组债权的账面余额与因放弃债权而享有的股权的公允价值之间的差额，先冲减已提取的减值准备，减值准备不足冲减的部分，或未提取减值，将该差额确认为债务重组损失。同时，债权人应将因放弃债权而享有的股权按公允价值计量。发生的相关税费，分别按照长期股权投资或者金融工具确认和计量等准则的规定进行处理。

【例5—5】20×9年2月10日,乙公司销售一批材料给甲公司,价款200 000元(包括应收取的增值税税额),合同约定6个月后结清款项。6个月后,由于甲公司发生财务困难,无法支付该价款,与乙公司协商进行债务重组。经双方协议,乙公司同意甲公司将该债务转为甲公司的股份。乙公司对该项应收账款计提了坏账准备10 000元。转股后甲公司注册资本为5 000 000元,抵债股权占甲公司注册资本的2%。债务重组日,抵债股权的公允价值为152 000元。20×9年11月1日,相关手续办理完毕。假定不考虑其他相关税费。

(1)甲公司的账务处理

应计入资本公积的金额=152 000—5 000 000×2%=52 000(元)

计算债务重组利得=200 000—152 000=48 000(元)

借:应付账款——乙公司	200 000	
贷:实收资本——乙公司		100 000
资本公积——资本溢价		52 000
营业外收入——债务重组利得		48 000

(2)乙公司的账务处理

债务重组损失=200 000—152 000—10 000=38 000(元)

借:长期股权投资——甲公司	152 000	
坏账准备	10 000	
营业外支出——债务重组损失	38 000	
贷:应收账款——甲公司		200 000

三、修改其他债务条件

以修改其他债务条件进行债务重组的,债务人和债权人应分以下情况处理:

1.不附或有条件的债务重组

不附或有条件的债务重组,是指在债务重组中不存在或有应付(或应收)金额,该或有条件需要根据未来某种事项出现而发生的应付(或应收)金额,并且该未来事项的出现具有不确定性。

不附或有条件的债务重组,债务人应将修改其他债务条件后债务的公允价值作为重组后债务的入账价值。重组债务的账面价值与重组后债务的入账价值之间的差额计入当期损益。

以修改其他债务条件进行债务重组,如修改后的债务条款不涉及或有应收金额,则债权人应当将修改其他债务条件后的债权的公允价值作为重组后债权的账面价值,重组债权的账面余额与重组后债权账面价值之间的差额确认为债务重组损失,计入当期损益。如果债权人已对该项债权计提了减值准备,应当首先冲减已计提的减值准备,减值准备不足以冲减的部分,作为债务重组损失,计入营业外支出。

【例5—6】甲公司20×7年12月31日应收乙公司票据的账面余额为65 400元,其中,5 400元为累计未付的利息,票面年利率4%。由于乙公司连年亏损,资金周转困难,不能偿付应于20×7年12月31日前支付的应付票据。经双方协商,于20×8年1月5日进行债务重组。甲公司同意将债务本金减至 50 000 元;免去债务人所欠的全部利息;将利率从 4% 降低到 2%(等于实际利率),并将债务到期日延至 20×9 年 12 月 31 日,利息按年支付。该项债务重组协议从协议签订日起开始实施。甲、乙公司已将应收、应付票据转入应收、应付账款。甲公司已为该应收款项计提了 5 000 元坏账准备。

(1)乙公司的账务处理

①20×8 年 1 月 5 日,计算债务重组利得

债务重组利得 = 应付账款账面余额 − 重组后债务公允价值 = 65 400 − 50 000 = 15 400(元)

②债务重组时的会计分录

借:应付账款　　　　　　　　　　　　　　　　　　　　　65 400
　　贷:应付账款——债务重组　　　　　　　　　　　　　　　　　　50 000
　　　　营业外收入——债务重组利得　　　　　　　　　　　　　　　15 400

③20×8 年 12 月 31 日支付利息

借:财务费用　　　　　　　　　　　　　　　　　　　　　　1 000
　　贷:银行存款　　　　　　　　　　　　　　　　(50 000×2%)　1 000

④20×9 年 12 月 31 日偿还本金和最后一年利息

借:应付账款——债务重组　　　　　　　　　　　　　　　　50 000
　　财务费用　　　　　　　　　　　　　　　　　　　　　　1 000
　　贷:银行存款　　　　　　　　　　　　　　　　　　　　　　　51 000

(2)甲公司的账务处理

①20×8 年 1 月 5 日,计算债务重组损失

债务重组损失 = 应收账款账面余额 − 重组后债权公允价值 − 已计提坏账准备 = 65 400 − 50 000 − 5 000 = 10 400(元)

②债务重组日的会计分录

借:应收账款——债务重组　　　　　　　　　　　　　　　　50 000
　　营业外支出——债务重组损失　　　　　　　　　　　　　　10 400
　　坏账准备　　　　　　　　　　　　　　　　　　　　　　5 000
　　贷:应收账款　　　　　　　　　　　　　　　　　　　　　　　65 400

③20×8 年 12 月 31 日收到利息

借:银行存款　　　　　　　　　　　　　　　　　　　　　　1000
　　贷:财务费用　　　　　　　　　　　　　　　　　(50 000×2%)　1 000

④20×9 年 12 月 31 日收到本金和最后一年利息

借:银行存款　　　　　　　　　　　　　　　　　　　　　　51 000
　　贷:财务费用　　　　　　　　　　　　　　　　　　　　　　　1 000
　　　　应收账款　　　　　　　　　　　　　　　　　　　　　　　50 000

2.附或有条件的债务重组

附或有条件的债务重组,是指在债务重组协议中附或有应付条件的重组。或有应付金额,是指依未来某种事项出现而发生的支出。未来事项的出现具有不确定性。如债务重组协议规定,"将 X 公司债务 1 000 000 元免除 200 000 元,剩余债务展期两年,并按

2%的年利率计收利息。如该公司一年后盈利,则自第二年起将按5%的利率计收利息"。根据此项债务重组协议,债务人依未来是否盈利而发生的24 000元,即800 000×3%=24 000(元)支出,即为或有应付金额。但债务人是否盈利,在债务重组时不能确定,即具有不确定性。

附或有条件的债务重组,对于债务人而言,以修改其他债务条件进行的债务重组,修改后的债务条款如涉及或有应付金额,且该或有应付金额符合或有事项中有关预计负债确认条件的,债务人应当将该或有应付金额确认为预计负债。重组债务的账面价值与重组后债务的入账价值和预计负债金额之和的差额,作为债务重组利得,计入营业外收入。需要说明的是,在附或有支出的债务重组方式下,债务人应当在每期末,按照或有事项确认和计量要求,确定其最佳估计数,期末所确定的最佳估计数与原预计数的差额,计入当期损益。

对债权人而言,以修改其他债务条件进行债务重组,修改后的债务条款中涉及或有应收金额的,不应当确认或有应收金额,不得将其计入重组后债权的账面价值。或有应收金额属于或有资产,或有资产不予确认。只有在或有应收金额实际发生时,才计入当期损益。

【例5-7】A公司2×16年1月1日与B公司进行债务重组,A公司应收B公司账款1 200 000元,已提坏账准备300 000元。协议规定,豁免200 000元,剩余债务在2×16年12月31日支付。但附有一条件,若B公司在2×16年度获利,则需另付100 000元。B公司认为2×16年很可能获利。

(1)B公司的账务处理

①2×16年1月1日

借:应付账款	1 200 000	
贷:应付账款——债务重组		1 000 000
预计负债		100 000
营业外收入——债务重组利得		100 000

②2×16年12月31日

若B公司2×16年获利:

借:应付账款——债务重组	1000 000	
预计负债	100 000	
贷:银行存款		1 100 000

若B公司2×16年未获利:

借:应付账款——债务重组	1 000 000	
贷:银行存款		1 000 000
借:预计负债	100 000	
贷:营业外收入——债务重组利得		100 000

(2)A公司的账务处理

①2×16年1月1日

借:应收账款——债务重组	1 000 000	
坏账准备	300 000	
贷:应收账款		1 200 000
资产减值损失		100 000

②2×16 年 12 月 31 日

若 B 公司 2×16 年获利：

借:银行存款	1 100 000	
贷:应收账款——债务重组		1 000 000
营业外收入		100 000

若 B 公司 2×16 年未获利：

借:银行存款	1 000 000	
贷:应收账款——债务重组		1 000 000

四、混合重组

以上三种方式的组合方式进行债务重组，主要有以下几种情况：

1.以现金、非现金资产两种方式的组合清偿某项债务的，重组债务的账面价值与支付的现金、转让的非现金资产的公允价值的差额作为债务重组利得。非现金资产的公允价值与其账面价值的差额作为转让资产损益。债权人重组债权的账面价值与收到的现金、受让的非现金资产的公允价值，以及已提减值准备的差额作为债务重组损失。

2.以现金、债务转为资本两种方式的组合清偿某项债务的，重组债务的账面价值与支付的现金、债权人因放弃债权而享有的股权的公允价值的差额作为债务重组利得。股权的公允价值与股本（或实收资本）的差额作为资本公积。债权人重组债权的账面价值与收到的现金、因放弃债权而享有的公允价值，以及已提减值准备的差额作为债务重组损失。

3.以非现金资产、债务转为资本两种方式的组合清偿某项债务的，重组债务的账面价值与转让的非现金资产的公允价值、债权人因放弃债权而享有的股权的公允价值的差额为债务重组利得。非现金资产的公允价值与账面价值的差额作为转让资产损益；股权的公允价值与股本（或实收资本）的差额作为资本公积。债权人重组债权的账面价值与受让的非现金资产的公允价值、因放弃债权而享有的股权的公允价值，以及已提减值准备的差额作为债权重组损失。

4.以现金、非现金资产、债务转为资本三种方式的组合清偿某项债务的，重组债务的账面价值与支付的现金、转让的非现金资产的公允价值、债权人因放弃债权而享有股权的公允价值的差额作为债务重组利得；非现金资产的公允价值与其账面价值的差额作为转让资产损益；股权的公允价值与股本（或实收资本）的差额作为资本公积。债权人重组债权的账面价值与收到的现金、受让的非现金资产的公允价值、因放弃债权而享有的股权的公允价值，以及已提减值准备的差额作为债权重组损失。

5.以资产、债务转为资本等方式清偿某项债务的一部分，并对该项债务的另一部分以修改其他债务条件进行债务重组。在这种方式下，债务人应先以支付的现金、转让的非现金资产的公允价值、债权人因放弃债权而享有的股权的公允价值冲减重组债务的账面价值，余额与重组后债务的公允价值进行比较，据此计算债务重组利得。债权人因放弃债权而享有的股权的公允价值与股本（或实收资本）的差额作为资本公积；非现金资产的公允价值与其账面价值的差额作为转让资产损益，于当期确认。债权人应先以收到的现金、受让非现金资产的公允价值、因放弃债权而享有的股权的公允价值冲减重组债权的账面价值，差额与重组后债务的公允价值进行比较，据此计算债务重组损失。

【例 5—8】20×9 年 1 月 10 日,乙公司销售一批产品给甲公司,价款 1 300 000 元(包括应收取的增值税税额)。至 20×9 年 12 月 31 日,乙公司对该应收账款计提的坏账准备为 18 000 元。由于甲公司发生财务困难,无法偿还债务,与乙公司协商进行债务重组。2×10 年 1 月 1 日,甲公司与乙公司达成债务重组协议如下:

甲公司以材料一批偿还部分债务。该批材料的账面价值为 280 000 元(未提取跌价准备),公允价值为 300 000 元,适用的增值税税率为 17%。假定材料同日送抵乙公司,甲公司开出增值税专用发票,乙公司将该批材料作为原材料验收入库。

乙公司将 250 000 元的债务转为甲公司的股份,其中 50 000 元为股份面值。假定股份转让手续同日办理完毕,乙公司将其作为长期股权投资核算。

乙公司同意减免甲公司所负全部债务扣除实物抵债和股权抵债后剩余债务的 40%,其余债务的偿还期延长至 2×10 年 6 月 30 日。

(1)甲公司账务处理

债务重组后债务的公允价值=[1 300 000−300 000×(1+17%)−50 000×5]×(1−40%)=699 000×60%=419 400(元)

债务重组利得=1 300 000−351 000−250 000−419 400=279 600(元)

借:应付账款——乙公司		1 300 000
贷:其他业务收入——销售××材料		300 000
应交税费——应交增值税(销项税额)		51 000
股本		50 000
资本公积——股本溢价		200 000
应付账款——债务重组——乙公司		419 400
营业外收入——债务重组利得		279 600

同时,

借:其他业务成本——销售××材料		280 000
贷:原材料——××材料		280 000

(2)乙公司的账务处理

债务重组损失=1 300 000−351 000−250 000−419 400−18 000=261 600(元)

借:原材料——××材料		300 000
应交税费——应交增值税(进项税额)		51 000
长期股权投资——甲公司		250 000
应收账款——债务重组——甲公司		419 400
坏账准备		18 000
营业外支出——债务重组损失		261 600
贷:应收账款——甲公司		1 300 000

思考题💡

1.债务重组有哪些方式?

2.债务重组利得和损失应该如何进行确认?

3.债务重组中债权人能确认债务重组利得吗?

4.债务重组中债权人的损失全部计入营业外支出吗?

第六章 非货币性资产交换

学习目标🎯

通过本章的学习,应掌握非货币性资产交换的概念与特征;熟悉非货币性资产交换的认定;掌握非货币性资产交换的确认与计量;能运用所学知识对具体非货币性资产交换业务进行会计处理。

导入案例🔍

甲公司用 A 建筑物与乙公司 B 商标权进行交换。A 建筑物账面原价为 100 万元,累计折旧为 30 万元,公允价值为 80 万元;B 商标权的账面价值为 60 万元,公允价值为 80 万元。

思考:

1.该交易与一般交易相比,有何特点?

2.换入资产如何计价?

3.换出资产账面价值与公允价值的差额如何处理?

第一节　非货币性资产交换的认定

　　企业在生产经营过程中,有时会出现这样的情况,A 企业需要 B 企业拥有的某项设备,而 B 企业又恰好需要 A 企业的产品作为原材料,双方可能通过相互交换上述设备和原材料达成交易,这就是一种非货币性资产交换行为。通过非货币性资产交换行为,企业一方面满足了各自生产经营的需要;另一方面也在一定程度上减少了货币性资产的流出。

一、非货币性资产交换的概念

　　非货币性资产交换,是指交易双方主要通过存货、固定资产、无形资产和长期股权投资等非货币性资产进行的交换。非货币性资产是相对于货币性资产而言的。货币性资产,是指企业持有的货币资金和将以固定或可确定的金额收取的资产,包括现金、银行存款、应收账款和应收票据以及准备持有至到期的债券投资等。非货币性资产是指货币性资产以外的资产,包括存货、固定资产、无形资产、长期股权投资、不准备持有至到期的债券投资等。非货币性资产有别于货币性资产的最基本特征是其在将来为企业带来的经济利益,即货币金额是不固定的或不可确定的。例如,企业持有固定资产的主要目的是用于生产经营,通过折旧方式将其磨损价值转移到产品成本中,然后通过产品销售获利,固定资产在将来为企业带来的经济利益,即货币金额是不固定的或不可确定的。因此,固定资产属于非货币性资产。资产负债表列示的项目中属于非货币性资产的项目通常包括存货(原材料、包装物、低值易耗品、库存商品、委托加工物资、委托代销商品等)、长期股权投资、投资性房地产、固定资产、在建工程、工程物资、无形资产等。

　　本章所说的非货币性资产交换,仅包括企业之间主要以非货币资产形式进行的一种互惠转让,即企业取得一项非货币性资产,必须以付出自己拥有的非货币性资产为代价。不包括:(1)与所有者或所有者以外方面的非货币性资产非互惠转让;(2)在企业合并、债务重组中和发行股票取得的非货币性资产。

二、非货币性资产交换的认定

　　非货币性资产交换一般不涉及货币性资产,或只涉及少量货币性资产即补价。《企业会计准则第 7 号——非货币性资产交换》规定,认定涉及少量货币性资产的交换为非货币性资产交换,通常以补价占整个资产交换金额的比例是否低于 25% 作为参考比例,也就是说,支付的货币性资产占换入资产公允价值(或占换出资产公允价值与支付的货币性资产之和)的比例,或者收到的货币性资产占换出资产公允价值(或占换入资产公允价值和收到的货币性资产之和)的比例低于 25% 的,视为非货币性资产交换;高于 25%(含 25%)的,视为货币性资产交换,适用《企业会计准则第 14 号——收入》等相关准则的规定。

第二节　非货币性资产交换的确认和计量

一、确认和计量原则

在非货币性资产交换的情况下,不论是一项资产换入一项资产、一项资产换入多项资产、多项资产换入一项资产,还是多项资产换入多项资产,换入资产的成本都有两种计量基础。

(一)公允价值

非货币性资产交换同时满足下列两个条件的,应当以公允价值和应支付的相关税费作为换入资产的成本,公允价值与换出资产账面价值的差额计入当期损益:(1)该项交换具有商业实质;(2)换入资产或换出资产的公允价值能够可靠地计量。

换入资产和换出资产公允价值均能够可靠计量的,应当以换出资产公允价值作为确定换入资产成本的基础,一般来说,取得资产的成本应当按照所放弃资产的对价来确定,在非货币性资产交换中,换出资产就是放弃的对价,如果其公允价值能够可靠确定,应当优先考虑按照换出资产的公允价值作为确定换入资产成本的基础;如果有确凿证据表明换入资产的公允价值更加可靠的,应当以换入资产公允价值为基础确定换入资产的成本,这种情况多发生在非货币性资产交换存在补价的情况,因为存在补价,表明换入资产和换出资产公允价值不相等,一般不能直接以换出资产的公允价值作为换入资产的成本。

(二)账面价值

不具有商业实质或交换涉及资产的公允价值均不能可靠计量的非货币性资产交换,应按照换出资产的账面价值和应支付的相关税费,作为换入资产的成本,无论是否支付补价,均不确认损益;收到或支付的补价作为确定换入资产成本的调整因素,其中,收到补价方,应当以换出资产的账面价值减去补价作为换入资产的成本;支付补价方应当以换出资产的账面价值加上补价作为换入资产的成本。

二、商业实质的判断

非货币性资产交换具有商业实质,是换入资产能够采用公允价值计量的重要条件之一。在确定非货币性资产交换是否具有商业实质时,企业应当重点考虑由于发生了该项资产交换预期使企业未来现金流量发生变动的程度,通过比较换出资产和换入资产预计产生的未来现金流量或其现值,确定非货币性资产交换是否具有商业实质。只有当换出资产和换入资产预计未来现金流量或其现值两者之间的差额较大时,才能表明交易的发生使企业经济状况发生了明显改变时,非货币性资产交换因而具有商业实质。

(一)判断条件

企业发生的非货币性资产交换,符合下列条件之一的,视为具有商业实质:

1.换入资产的未来现金流量在风险、时间和金额方面与换出资产显著不同

换入资产的未来现金流量在风险、时间和金额方面与换出资产显著不同,通常包括但不仅限于以下几种情况:

(1)未来现金流量的风险、金额相同,时间不同。比如,某企业以一批存货换入一项设备,因存货流动性强,能够在较短的时间内产生现金流量,设备作为固定资产要在较长的时间内为企业带来现金流量,两者产生现金流量的时间相差较大,则可以判断上述存货与固定资产的未来现金流量显著不同,因而该两项资产的交换具有商业实质。

(2)未来现金流量的时间、金额相同,风险不同。比如,A 企业以其用于经营出租的一幢公寓楼,与 B 企业同样用于经营出租的一幢公寓楼进行交换,两幢公寓楼的租期、每期租金总额均相同,但是 A 企业出租给一家财务及信用状况良好的企业(该企业租用该公寓是给其单身职工居住),B 企业的客户则都是单个租户,相比较而言,A 企业取得租金的风险较小,B 企业由于租给散户,租金的取得依赖于各单个租户的财务和信用状况。因此,两者现金流量流入的风险或不确定性程度存在明显差异,则两幢公寓楼的未来现金流量显著不同,进而可判断该两项资产的交换具有商业实质。

(3)未来现金流量的风险、时间相同,金额不同。比如,某企业以一项商标权换入另一企业的一项专利技术,预计两项无形资产的使用寿命相同,在使用寿命内预计为企业带来的现金流量总额相同,但是换入的专利技术是新开发的,预计开始阶段产生的未来现金流量明显少于后期,而该企业拥有的商标每年产生的现金流量比较均衡,两者产生的现金流量金额差异明显,则上述商标权与专利技术的未来现金流量显著不同,因而该两项资产的交换具有商业实质。

2.换入资产与换出资产的预计未来现金流量现值不同,且其差额与换入资产和换出资产的公允价值相比是重大的

企业如按照上述第一个条件难以判断某项非货币性资产交换是否具有商业实质,即可根据第二个条件,通过计算换入资产和换出资产的预计未来现金流量现值进行比较后判断。资产预计未来现金流量现值,应当按照资产在持续使用过程和最终处置时预计产生的税后未来现金流量,选择恰当的折现率对预计未来现金流量折现后的金额加以确定,即《国际财务报告准则》所称的"主体特定价值"。

从市场参与者的角度分析,换入资产和换出资产预计未来现金流量在风险、时间和金额方面可能相同或相似,但是,鉴于换入资产的性质和换入企业经营活动的特征等因素,换入资产与换入企业其他现有资产相结合,能够比换出资产产生更大的作用,使换入企业受该换入资产影响的经营活动部分产生的现金流量,与换出资产明显不同,即投入资产对换入企业的使用价值与换出资产对该企业的使用价值明显不同,使换入资产预计未来现金流量现值与换出资产发生明显差异,因而表明该两项资产的交换具有商业实质。

某企业以专利权换入另一企业拥有的长期股权投资,假定从市场参与者来看,该项专利权与该项长期股权投资的公允价值相同,两项资产未来现金流量的风险、时间和金

额亦相同,但是,对换入企业来讲,换入该项长期股权投资使该企业对被投资方由重大影响变为控制关系,从而对换入企业产生的预计未来现金流量现值与换出的专利权有较大的差异;另一企业换入的专利权能够解决生产中的技术难题,从而对换入企业产生的预计未来现金流量现值与换出的长期股权投资有明显差异,因而该两项资产的交换具有商业实质。

(二)关联方之间交换资产与商业实质的关系

在确定非货币性资产交换是否具有商业实质时,企业应当关注交易各方之间是否存在关联方关系。关联方关系的存在可能导致发生的非货币性资产交换不具有商业实质。

三、换入资产或换出资产的公允价值能否可靠计量的判断

资产存在活跃市场,是资产公允价值能够可靠计量的明显证据,但不是唯一要求。属于以下三种情形之一的,公允价值视为能够可靠计量:

1.换入资产或换出资产存在活跃市场;

2.换入资产或换出资产不存在活跃市场、但同类或类似资产存在活跃市场;

3.换入资产或换出资产不存在同类或类似资产可比市场交易,采用估值技术确定的公允价值满足一定的条件。采用估值技术确定的公允价值必须符合以下条件之一,视为能够可靠计量:

(1)采用估值技术确定的公允价值估计数的变动区间很小。这种情况是指虽然企业通过估值技术确定的资产的公允价值不是单一的数据,但是介于一个变动范围很小的区间内,可以认为资产的公允价值能够可靠计量。

(2)在公允价值估计数变动区间内,各种用于确定公允价值估计数的概率能够合理确定。这种情况是指采用估值技术确定的资产公允价值在一个变动区间内,区间内出现各种情况的概率或可能性能够合理确定,企业可以采用类似《企业会计准则第 13 号——或有事项》计算最佳估计数的方法,确定资产的公允价值,这种情况视为公允价值能够可靠计量。

第三节　非货币性资产交换的会计处理

一、单项非货币性资产交换会计处理

(一)以公允价值计量的会计处理

非货币性资产交换具有商业实质且公允价值能够可靠计量的,应当以换出资产的公允价值和应支付的相关税费作为换入资产的成本,除非有确凿证据表明换入资产的公允价值比换出资产公允价值更加可靠。

在以公允价值计量的情况下,不论是否涉及补价,只要换出资产的公允价值与其账面价值不相同,就一定会涉及损益的确认,因为非货币性资产交换损益通常是换出资产公允价值与换出资产账面价值的差额,通过非货币性资产交换予以实现。

非货币性资产交换的会计处理,视换出资产的类别不同而有所区别:(1)换出资产为存货的,应当视同销售处理,根据《企业会计准则第 14 号——收入》按照公允价值确认销售收入,同时结转销售成本,相当于按照公允价值确认的收入和按账面价值结转的成本之间的差额,也即换出资产公允价值和换出资产账面价值的差额,在利润表中作为营业利润的构成部分予以列示;(2)换出资产为固定资产、无形资产的,应视同固定资产、无形资产处置,换出资产公允价值和换出资产账面价值的差额,计入营业外收入或营业外支出;(3)换出资产为长期股权投资的,换出资产公允价值和换出资产账面价值的差额,计入投资收益。

换入资产与换出资产涉及相关税费的,如换出存货视同销售计算的销项税额,换入资产作为存货应当确认的可抵扣增值税进项税额,以及换出固定资产、无形资产视同转让应缴纳的税费等,按照相关税收规定计算确定。

1.不涉及补价的情况

【例 6—1】2×15 年 9 月,甲公司以 2×12 年购入的生产经营用设备一台交换乙公司打印机一批,换入的打印机作为甲公司固定资产管理。甲、乙公司均为增值税一般纳税人,适用的增值税税率为 17%。设备的账面原价为 1 500 000 元,在交换日的累计折旧为 525 000 元,公允价值为 1 404 000 元。打印机的账面价值为 1 200 000 元,在交换日的市场价格为 1 404 000 元,计税价格等于市场价格。乙公司换入甲公司的设备是生产打印机过程中需要使用的设备。

假设甲公司此前没有为该项设备计提资产减值准备,整个交易过程中,除支付清理费 1 500 元外,没有发生其他相关税费。假设乙公司此前也没有为库存打印机计提存货跌价准备,其在整个交易过程中没有发生除增值税以外的其他税费。

整个资产交换过程没有涉及收付货币性资产,因此,该项交换属于非货币性资产交换。本例是以存货换入固定资产,对甲公司来讲,换入的打印机是经营过程中必需的资产,对乙公司来讲,换入的设备是生产打印机过程中必须使用的机器,两项资产交换后对换入企业的特定价值显著不同,两项资产的交换具有商业实质;同时,两项资产的公允价值都能够可靠地计量,符合以公允价值计量的两个条件,因此,甲公司和乙公司均应当以换出资产的公允价值为基础,确定换入资产的成本,并确认产生的损益。

(1)甲公司的账务处理

换入资产的增值税进项税额=1 404 000×17% = 238 680(元)

换出设备的增值税销项税额=1 404 000×17% = 238 680(元)

借:固定资产清理	975 000	
累计折旧	525 000	
贷:固定资产——设备		1 500 000
借:固定资产清理	1 500	
贷:银行存款		1 500

借:固定资产清理 238 680

 贷:应交税费——应交增值税(销项税额) 238 680

借:固定资产——打印机 1 404 000

 应交税费——应交增值税(进项税额) 238 680

 贷:固定资产清理 1 642 680

借:固定资产清理 427 500

 贷:营业外收入——处置非流动资产利得 427 500

(2)乙公司的账务处理

根据增值税的有关规定,企业以库存商品换入其他资产,视同销售行为发生,应计算增值税销项税额,缴纳增值税。

换出打印机的增值税销项税额 = 1 404 000×17% = 238 680(元)

换入设备的增值税进项税额 = 1 404 000×17% = 238 680(元)

借:固定资产——设备 1 404 000

 应交税费——应交增值税(进项税额) 238 680

 贷:主营业务收入 1 404 000

  应交税费——应交增值税(销项税额) 238 680

借:主营业务成本 1 200 000

 贷:库存商品——打印机 1 200 000

2.涉及补价的情况

在以公允价值确定换入资产成本的情况下,发生补价的,支付补价的一方和收到补价的一方应当分别情况处理:

(1)支付补价方:应当以换出资产的公允价值加上支付的补价(或换入资产的公允价值)和应支付的相关税费,作为换入资产的成本;换入资产成本与换出资产账面价值加上支付的补价、应支付的相关税费之和的差额,应当计入当期损益。

(2)收到补价方:应当以换入资产的公允价值(或换出资产的公允价值减去补价)和应支付的相关税费,作为换入资产的成本;换入资产成本加收到的补价之和与换出资产账面价值加应支付的相关税费之和的差额,应当计入当期损益。

在涉及补价的情况下,对于支付补价的一方而言,作为补价的货币性资产构成换入资产所放弃对价的一部分;对于收到补价的一方而言,作为补价的货币性资产构成换出资产的一部分。

【例6-2】甲公司经协商以其拥有的一栋自用写字楼与乙公司持有的对联营企业丙公司长期股权投资交换。在交换日,该幢写字楼的账面原价为 6 000 000 元,已提折旧 1 200 000 元,未计提减值准备,在交换日的不含税公允价值为 6 081 081 元;乙公司持有的对丙公司长期股权投资账面价值为 4 500 000 元,没有计提减值准备,在交换日的公允价值为 6 000 000 元,乙公司支付 750 000 元给甲公司。乙公司换入写字楼后用于经营出租目的,并拟采用成本计量模式。

甲公司换入丙公司投资仍然作为长期股权投资,并采用权益法核算。甲公司因转让写字楼向乙公司开具的增值税专用发票上注明的销售额为 6 081 081 元,销项税额为 668 919 元。假定除增值税外,该项交易过程中不涉及其他相关税费。

本例中,该项资产交换涉及收付货币性资产,即甲公司收到的 750 000 元,其中包括由于换出和换入资产公允价值不同收到的补价 81 081 元,以及转出资产销项税额与换入资产进项税额(本例中为 0)的差额 668 919 元。对甲公司而言,收到的补价 81 081÷换出资产的公允价值(或换入长期股权投资公允价值+收到的补价)=81 084÷6 081 081=1.3%<25%属于非货币性资产交换。

对于乙公司而言,支付的补价÷换入资产的公允价值(或换出长期股权投资公允价值+支付的补价)=81 084÷6 081 081=1.3%<25%,属于非货币性资产交换。

本例属于以固定资产交换长期股权投资。由于两项资产的交换具有商业实质,且长期股权投资和固定资产公允价值均能够可靠估计,因此,甲、乙公司均应当以公允价值为基础确认换入资产的成本,并确认产生的损益。

(1)甲公司的账务处理

借:固定资产清理　　　　　　　　　　　　　　　4 800 000
　　累计折旧　　　　　　　　　　　　　　　　　1 200 000
　　　贷:固定资产——办公楼　　　　　　　　　　　　　　　6 000 000
借:固定资产清理　　　　　　　　　　　　　　　668 919
　　　贷:应交税费——应交增值税(销项税额)　　　　　　　　668 919
借:长期股权投资——丙公司　　　　　　　　　　6 000 000①
　　银行存款　　　　　　　　　　　　　　　　　750 000
　　　贷:固定资产清理　　　　　　　　　　　　　　　　　6 750 000
借:固定资产清理　　　　　　　　　　　　　　　1 281 081
　　　贷:营业外收入——处置非流动资产利得　　　　　　　　1 281 081

(2)乙公司的账务处理

借:投资性房地产　　　　　　　　　　　　　　　6 081 081
　　应交税费——应交增值税(进项税额)　　　　668 919
　　　贷:长期股权投资——丙公司　　　　　　　　　　　　　4 500 000
　　　　银行存款　　　　　　　　　　　　　　　　　　　　750 000
　　　　投资收益　　　　　　　　　　　　　　　　　　　　1 500 000

(二)以换出资产账面价值计量的会计处理

非货币性资产交换不具有商业实质,或者虽然具有商业实质但换入资产和换出资产的公允价值均不能可靠计量的,应当以换出资产账面价值为基础确定换入资产成本,无论是否支付补价,均不确认损益。

一般来讲,如果换入资产和换出资产的公允价能可靠计量时,该项非货币性资产交换通常不具有商业实质,因为在这种情况下,很难比较两项资产产生的未来现金流量在时间、风险和金额方面的差异,很难判断两项资产交换后对企业经济状况改变所起的不同效用。因而,此类资产交换通常不具有商业实质。

1.不涉及补价情况的会计处理

换入资产成本=换出资产账面价值+换出资产增值税销项税额-换入资产可抵扣

---

① 此处的账务处理只反映长期股权投资的初始计量,不考虑权益法核算调整。

的增值税进项税额＋支付的应计入换入资产成本的相关税费

注意:在计算增值税时要以资产的公允价值作为其计税基础。

【例6-3】甲公司以其持有的对联营企业丙公司的长期股权投资交换乙公司拥有的商标权。在交换日,甲公司持有的长期股权投资账面价值余额为5 000 000元,已计提长期股权投资减值准备余额为1 400 000元,该长期股权投资在市场上没有公开报价,公允价值也不能可靠计量;乙公司商标权的账面原价为4 200 000元,累计已摊销金额为600 000元,其公允价值也不能可靠计量,乙公司没有为该项商标权计提减值准备。乙公司将换入的对丙公司的投资仍作为长期股权投资,并采用权益法核算。乙公司因转让商标权向甲公司开具的增值税专用发票注明的销售额为3 600 000元,销项税额为216 000元。假设除增值税外,整个交易过程中没有发生其他相关税费。

本例中,该项资产交换没有涉及收付货币性资产,因此属于非货币性资产交换。本例中属于以长期股权投资交换无形资产。由于换出资产与换入资产的公允价值都无法可靠计量,因此,甲、乙公司换入资产的成本均应当按照换出资产的账面价值确认,不确认损益。

(1)甲公司账务处理

借:无形资产——商标权 3 384 000

 应交税费——应交增值税(进项税额) 216 000

 长期股权投资减值准备——丙公司股权投资 1 400 000

  贷:长期股权投资——丙公司 5 000 000

(2)乙公司账务处理

借:长期股权投资——丙公司 3 816 000

 累计摊销 600 000

  贷:无形资产——商标权 4 200 000

   应交税费——应交增值税(销项税额) 216 000

2.涉及补价情况下的会计处理

(1)支付补价

换入资产成本＝换出资产账面价值＋换出资产增值税销项税额－换入资产可抵扣的增值税进项税额＋支付的应计入换入资产成本的相关税费＋支付的补价

(2)收到补价

换入资产成本＝换出资产账面价值＋换出资产增值税销项税额－换入资产可抵扣的增值税进项税额＋支付的应计入换入资产成本的相关税费－收到的补价

【例6-4】丙公司拥有一台专有设备,该设备账面原价4 500 000元,已计提折旧3 300 000元,丁公司拥有一项长期股权投资,账面价值900 000元,两项资产均未计提减值准备。丙公司决定以其专有设备交换丁公司的长期股权投资,该专有设备是生产某种产品必需的设备。由于专有设备系当时专门制造、性质特殊,其公允价值不能可靠计量;丁公司拥有的长期股权投资在活跃市场中没有报价,其公允价值也不能可靠计量。经双方商定,丁支付了200 000元补价。假定交易不考虑相关税费。

该项资产交换涉及收付货币性资产,即补价200 000元。对丙公司而言,收到的补价÷换出资产账面价值＝200 000÷1 200 000＝16.7%＜25%。因此,该项交换属于非货币性资产交换,丁公司的情况也类似。由于两项资产的公允价值不能可靠计量,因此,丙、丁公司换入资产的成本均应当按照换出资产的账面价值确定。

(1)丙公司的账务处理

借:固定资产清理	1 200 000	
累计折旧	3 300 000	
贷:固定资产——专有设备		4 500 000
借:长期股权投资	1 000 000	
银行存款	200 000	
贷:固定资产清理		1 200 000

(2)丁公司的账务处理

借:固定资产——专有设备	1 100 000	
贷:长期股权投资		900 000
银行存款		200 000

从上例可以看出,尽管丁公司支付了 200 000 元补价,但由于整个非货币性资产交换是以账面价值为基础计量的,支付补价方和收到补价方均不确认损益。对丙公司而言,换入资产是长期股权投资和银行存款 200 000 元,换出资产专有设备的账面价值为 1 200 000 元,即 4 500 000－3 300 000＝1 200 000(元),因此,长期股权投资的成本就是换出设备的账面价值减去货币性补价的差额,即 1 000 000 元,即 1 200 000－200 000＝1 000 000(元);对丁公司而言,换出资产是长期股权投资和银行存款 200 000 元,换入资产专有设备的成本等于换出资产的账面价值,即 1 100 000 万元,900 000＋200 000＝1 100 000(元)。由此可见,在以账面价值计量的情况下,发生的补价是用来调整换入资产的成本,不涉及确认损益问题。

二、涉及多项非货币性资产交换的会计处理

企业以一项非货币性资产同时换入另一企业的多项非货币性资产,或同时以多项非货币性资产换入另一企业的一项非货币性资产,或以多项非货币性资产同时换入多项非货币性资产,也可能涉及补价。涉及多项资产的非货币性资产交换,企业无法将换出的某一资产与换入的某一特定资产相对应。与单项非货币性资产之间的交换一样,涉及多项资产的非货币性资产交换的计量,企业也应当首先判断是否符合以公允价值计量的两个条件,再分别情况确定各项换入资产的成本。

涉及多项资产的非货币性资产交换一般可以分为以下几种情况:

1.资产交换具有商业实质且各项换出资产和各项换入资产的公允价值均能够可靠计量。在这种情况下,换入资产的总成本应当按照换出资产的公允价值总额为基础确定,除非有确凿证据证明换入资产的公允价值总额更可靠。各项换入资产的成本,应当按照各项换入资产的公允价值占换入资产公允价值总额的比例,对换入资产总成本进行分配,确定各项换入资产的成本。

2.资产交换具有商业实质且换入资产的公允价值能够可靠计量,换出资产的公允价值不能可靠计量。在这种情况下,换入资产的总成本应当按照换入资产的公允价值总额为基础确定,各项换入资产的成本,应当按照各项换入资产的公允价值占换入资产公允

价值总额的比例,对换入资产总成本进行分配,确定各项换入资产的成本。

3.资产交换具有商业实质,换出资产的公允价值能够可靠计量、但换入资产的公允价值不能可靠计量。在这种情况下,换入资产的总成本应当按照换出资产的公允价值总额为基础确定,各项换入资产的成本,应当按照各项换入资产的原账面价值占换入资产原账面价值总额的比例,对按照换出资产公允价值总额确定的换入资产总成本进行分配,确定各项换入资产的成本。

4.资产交换不具有商业实质或换入资产和换出资产的公允价值均不能可靠计量。在这种情况下,换入资产的总成本应当按照换出资产的账面价值总额为基础确定,各项换入资产的成本,应当按照各项换入资产的原账面价值占换入资产的账面价值总额的比例,对按照换出资产账面价值总额为基础确定的换入资产总成本进行分配,确定各项换入资产的成本。

实际上,上述第1、2、3种情况,换入资产总成本都是按照公允价值计量的,但各单项换入资产成本的确定,视各单项换入资产的公允价值能否可靠计量而分别情况处理;第4种情况属于不符合公允价值计量的条件,换入资产总成本按照换出资产账面价值总额确定,各单项换入资产成本的确定,按照各单项换入资产的原账面价值占换入资产账面价值总额的比例确定。

(一)以公允价值计量的情况

【例6-5】为适应业务发展的需要,经与乙公司协商,甲公司决定以生产经营过程中使用的机器和库存商品换入乙公司生产经营过程中使用的10辆货运车、5台专用设备和15辆客运汽车。

甲公司机器设备账面原价为4 050 000元,在交换日的累计折旧为1 350 000元,不含税公允价值为2 800 000元;库存商品的账面余额为4 500 000元,不含税公允价值为5 250 000元。

乙公司货运车的账面原价为2 250 000元,在交换日的累计折旧为750 000元,不含税公允价值为2 250 000元;专用设备的账面原价为3 000 000元,在交换日的累计折旧为1 350 000元,不含税公允价值为2 500 000元;客运汽车的账面原价为4 500 000元,在交换日的累计折旧为1 200 000元,不含税公允价值为3 600 000元。

乙公司另外收取甲公司以银行存款支付的351 000元,其中包括由于换出和换入资产公允价值不同而支付的补价300 000元,以及换出资产销项税额与换入资产进项税额的差额51 000元。

假定甲公司和乙公司都没有为换出资产计提减值准备;甲公司换入乙公司的货运车、专用设备、客运汽车均作为固定资产使用和管理;乙公司换入甲公司的机器设备作为固定资产使用和管理,换入的库存商品作为原材料使用和管理。甲公司和乙公司均为增值税一般纳税人,适用的增值税税率均为17%,甲公司、乙公司均开具了增值税专用发票。

本例中,交换涉及收付货币性资产,应当计算甲公司支付的货币性资产占甲公司换出资产公允价值与支付的货币性资产之和的比例,即300 000÷(2 800 000+5 250 000+300 000)=3.59%<25%。可以认定这一涉及多项资产的交换行为属于非货币性资产交换。对于甲公司而言,为了拓展运输业务,需要客运汽车、专用设备、货运车等,乙公司为

了满足生产,需要机器设备、原材料等,换入资产对换入企业均能发挥更大的作用,因此,该项涉及多项资产的非货币性资产交换具有商业实质。

同时,各单项换入资产和换出资产的公允价值均能可靠计量,因此甲、乙公司均应当以公允价值为基础确定换入资产的总成本,确认产生的相关损益。同时,按照各单项换入资产的公允价值占换入资产公允价值总额的比例,确定各单项换入资产成本。

(1)甲公司的账务处理

①换出设备的增值税销项税额=2 800 000×17%=476 000(元)

换出库存商品的增值税销项税额=5 250 000×17%=892 500(元)

换入货运车、专用设备和客运汽车的增值税进项税额=(2 250 000+2 500 000+3 600 000)×17%=1 419 500(元)

②计算换入资产、换出资产公允价值总额

换出资产公允价值总额=2 800 000+5 250 000=8 050 000(元)

换入资产公允价值总额=2 250 000+2 500 000+3 600 000=8 350 000(元)

③计算换入资产总成本

换入资产总成本=换出资产公允价值+支付的补价+应支付的相关税费=8 050 000+300 000+0=8 350 000(元)

④计算确定换入各项资产的成本

货运车的成本=8 350 000×(2 250 000÷8 350 000×100%)=2 250 000(元)

专用设备的成本=8 350 000×(2 500 000÷8 350 000×100%)=2 500 000(元)

客运汽车的成本=8 350 000×(3 600 000÷8 350 000×100%)=3 600 000(元)

⑤应编制的会计分录

借:固定资产清理	2 700 000	
累计折旧	1 350 000	
贷:固定资产——机器设备		4 050 000
借:固定资产——货运车	2 250 000	
——专用设备	2 500 000	
——客运汽车	3 600 000	
应交税费——应交增值税(进项税额)	1 419 500	
贷:固定资产清理		2 700 000
主营业务收入		5 250 000
应交税费——应交增值税(销项税额)		1 368 500
银行存款		351 000
营业外收入——处置非流动资产利得		100 000
借:主营业务成本	4 500 000	
贷:库存商品		4 500 000

(2)乙公司的账务处理

①换入设备的增值税进项税额=2 800 000×17%=476 000(元)

换入库存商品的增值税进项税额=5 250 000×17%=892 500(元)

换出货运车、专用设备和客运汽车的增值税销项税额=(2 250 000+2 500 000+3 600 000)×17%=1 419 500(元)

②计算换入资产、换出资产公允价值总额

换出资产公允价值总额＝2 250 000＋2 500 000＋3 600 000＝8 350 000(元)

换入资产公允价值总额＝2 800 000＋5 250 000＝8 050 000(元)

③确定换入资产总成本

换入资产总成本＝换出资产公允价值－收取的补价＋应支付的相关税费＝8 350 000－300 000＋0＝8 050 000(元)

④计算确定换入各项资产的成本

机器设备的成本＝8 050 000×(2 800 000÷8 050 000×100％)＝2 800 000(元)

原材料的成本＝8 050 000×(5 250 000÷8 050 000×100％)＝5 250 000(元)

⑤应编制的会计分录

借:固定资产清理	6 450 000	
累计折旧	3 300 000	
贷:固定资产——货运车		2 250 000
——专用设备		3 000 000
——客运汽车		4 500 000
借:固定资产清理	1 419 500	
贷:应交税费——应交增值税(销项税额)		1 419 500
借:固定资产——机器设备	2 800 000	
原材料	5 250 000	
应交税费——应交增值税(进项税额)	1 368 500	
银行存款	351 000	
贷:固定资产清理		9 769 500
借:固定资产清理	1 900 000	
贷:营业外收入——处置非流动资产利得		1 900 000

(二)以账面价值计量的情况

【例6—6】甲公司因经营战略发生较大转变,产品结构发生较大调整,原生产厂房、专利技术等已不符合生产新产品的需要,经与乙公司协商,甲公司将其生产厂房连同专利技术与乙公司正在建造过程中的一幢建筑物、乙公司对联营企业丙公司的长期股权投资(采用权益法核算)进行交换。

甲公司换出生产厂房的账面原价为2 000 000元,已提折旧1 250 000元;专利技术账面原价为750 000元,已摊销为375 000元。

乙公司在建工程截至交换日的成本为875 000元,对丙公司的长期股权投资成本为250 000元。

甲公司的厂房公允价值难以取得,专利技术市场上并不多见,公允价值也不能可靠计量。乙公司的在建工程因完工程度难以合理确定,其公允价值不能可靠计量,由于丙公司不是上市公司,乙公司对丙公司长期股权投资的公允价值也不能可靠计量。假定甲、乙公司均未对上述资产计提减值准备。根据《关于全面推开营业税改征增值税试点的通知》(财税〔2016〕36 号),转让专利技术免征增值税。甲公司因转让厂房向乙公司开具的增值税专用发票上注明的销售额为 750 000 元,销项税额为 82 500 元;乙公司因转让在建工程向甲公司开具的增值税专用发票上注明的销售额为 875 000 元,销项税额为 96 250 元。

本例中,交换不涉及收付货币性资产,属于非货币性资产交换。由于换入资产、换出资产的公允价值均不能可靠计量,甲、乙公司均应当以换出资产账面价值总额作为换入资产的总成本,各项换入资产的成本,应当按各项换入资产的账面价值占换入资产账面价值总额的比例分配后确定。

(1)甲公司的账务处理

①计算换入资产、换出资产账面价值总额

换入资产账面价值总额=875 000+250 000=1 125 000(元)

换出资产账面价值总额=(2 000 000-1 250 000)+(750 000-375 000)=1 125 000(元)

②确定换入资产总成本

换入资产总成本=1 125 000+82 500-96 250=1 111 250(元)

③确定各项换入资产总成本

在建工程成本=1 111 250×(875 000÷1 125 000×100%)=864 306(元)

长期股权投资成本=1 111 250×(250 000÷1 125 000×100%)=246 944(元)

④应编制的会计分录

借:固定资产清理	750 000	
累计折旧	1 250 000	
贷:固定资产——厂房		2 000 000
借:固定资产清理	82 500	
贷:应交税费——应交增值税(销项税额)		82 500
借:在建工程——××工程	864 306	
应交税费——应交增值税(进项税额)	96 250	
长期股权投资	246 944	
累计摊销	375 000	
贷:固定资产清理		832 500
无形资产——专利技术		750 000

(2)乙公司的账务处理

①计算换入资产、换出资产账面价值总额

换入资产账面价值总额=(2 000 000-1 250 000)+(750 000-375 000)=1 125 000(元)

换出资产账面价值总额=875 000+250 000=1 125 000(元)

②确定换入资产总成本

换入资产总成本=1 125 000+96 250-82 500=1 138 750(元)

③确定各项换入资产成本

厂房成本＝1 138 750×(750 000÷1 125 000×100％)＝759 167(元)

专利技术成本＝1 138 750×(375 000÷1 125 000×100％)＝379 583(元)

④应编制的会计分录

借:固定资产清理	875 000	
贷:在建工程——××工程		875 000
借:固定资产清理	96 250	
贷:应交税费——应交增值税(销项税额)		96 250
借:固定资产——厂房	759 167	
应交税费——应交增值税(进项税额)	82 500	
无形资产——专利技术	379 583	
贷:固定资产清理		971 250
长期股权投资		250 000

思考题

1.什么是非货币性资产和货币性资产?

2.非货币性资产交换会计处理的原则是什么?

3.非货币性资产交换的计量模式有哪些?

4.非货币性资产交换中,损益该如何确认?

第七章　所得税

学习目标◎

通过本章学习,应了解资产、负债的计税基础及暂时性差异;掌握递延所得税负债及递延所得税资产的确认和计量;掌握所得税费用的确认和计量。

导入案例🔍

A公司2×15年度利润表中利润总额为3 000万元,该公司适用的所得税税率为25%,假设递延所得税资产及递延所得税负债不存在期初余额。与所得税核算有关的情况如下:

2×15年发生的有关交易和事项中,会计处理与税收处理存在差别的有:(1)2×15年1月开始计提折旧的一项固定资产,成本为1 500万元,使用年限为10年,净残值为0,会计处理按双倍余额递减法计提折旧,税收处理按年限平均法计提折旧。假定税法规定的使用年限及净残值与会计规定相同。(2)向关联企业捐赠现金500万元。假定按照税法规定,企业向关联方的捐赠不允许税前扣除。(3)当期取得作为交易性金融资产核算的股票投资成本为800万元,2×15年12月31日的公允价值为1 200万元。税法规定,以公允价值计量的金融资产持有期间市价变动不计入应纳税所得额。(4)违反环保法规定支付罚款250万元。(5)期末对持有的存货计提了75万元的存货跌价准备。

思考:

1.A公司会计利润与应纳税所得额有何区别?

2.A公司2×15年应缴纳多少企业所得税?

第一节　所得税会计概述

我国所得税会计采用了资产负债表债务法,要求企业从资产负债表出发,通过比较资产负债表上列示的资产、负债按照会计准则规定确定的账面价值与按照税法规定确定的计税基础,对于两者之间的差异分别应纳税暂时性差异与可抵扣暂时性差异,确认相关的递延所得税负债与递延所得税资产,并在此基础上确定每一会计期间利润表中的所得税费用。

一、资产负债表债务法的理论基础

资产负债表债务法在所得税的会计核算方面遵循了资产、负债的界定。从资产负债角度考虑,资产的账面价值代表的是某项资产在持续持有及最终处置的一定期间内为企业带来未来经济利益的总额,而其计税基础代表的是该期间内按照税法规定就该项资产可以税前扣除的总额。资产的账面价值小于其计税基础的,表明该项资产于未来期间产生的经济利益流入低于按照税法规定允许税前扣除的金额,产生可抵减未来期间应纳税所得额的因素,减少未来期间以所得税税款的方式流出企业的经济利益,应确认为递延所得税资产。反之,一项资产的账面价值大于其计税基础的,两者之间的差额会增加企业于未来期间的应纳税所得额及应交所得税,对企业形成经济利益流出的义务,应确认为递延所得税负债。

二、所得税会计的一般程序

在采用资产负债表债务法核算所得税的情况下,企业一般应于每一资产负债表日进行所得税的核算。企业合并等特殊交易或事项发生时,在确认因交易或事项取得的资产、负债时即应确认相关的所得税影响。企业进行所得税核算一般应遵循以下程序:

1.按照相关会计准则规定确定资产负债表中除递延所得税资产和递延所得税负债以外的其他资产和负债项目的账面价值。资产、负债的账面价值,是指企业按照相关会计准则的规定进行核算后在资产负债表中列示的金额。对于计提了减值准备的各项资产,是指其账面余额减去已计提的减值准备后的金额。例如,企业持有的应收账款账面余额为2 000万元,企业对该应收账款计提了150万元的坏账准备,其账面价值为1 850万元。

2.按照会计准则中对于资产和负债计税基础的确定方法,以适用的税收法规为基础,确定资产负债表中有关资产、负债项目的计税基础。

3.比较资产、负债的账面价值与其计税基础,对于两者之间存在差异的,分析其性质,除准则中规定的特殊情况外,分别应纳税暂时性差异与可抵扣暂时性差异,确定资产负债表日递延所得税负债和递延所得税资产的应有金额,并与期初递延所得税资产和递延所得税负债的余额相比,确定当期应予以进一步确认的递延所得税资产和递延所得税负债金额或应予转销的金额,作为递延所得税。

4.就企业当期发生的交易或事项,按照适用的税法规定计算确定当期应纳税所得额,将应纳税所得额与适用的所得税税率计算的结果确认为当期应交所得税,作为当期所得税。

5.确定利润表中的所得税费用。利润表中的所得税费用包括当期所得税(当期应交所得税)和递延所得税两个组成部分,企业在计算确定了当期所得税和递延所得税后,两者之和(或差),是利润表中的所得税费用。

第二节 资产、负债的计税基础及暂时性差异

所得税会计的关键在于确定资产、负债的计税基础。在确定资产、负债的计税基础时,应严格遵循税收法规中对于资产的税务处理以及可税前扣除的费用等的规定进行。

一、资产的计税基础

资产的计税基础,是指企业收回资产账面价值过程中,计算应纳税所得额时按照税法规定可以自应税经济利益中抵扣的金额,即某一项资产在未来期间计税时按照税法规定可以税前扣除的金额。从税收的角度考虑,资产的计税基础是假定企业按照税法规定进行核算所提供的资产负债表中资产的应有金额。

资产在初始确认时,其计税基础一般为取得成本,即企业为取得某项资产支付的成本在未来期间准予税前扣除。在资产持续持有的过程中,其计税基础是指资产的取得成本减去以前期间按照税法规定已经税前扣除的金额后的余额。如固定资产、无形资产等长期资产在某一资产负债表日的计税基础是指其成本扣除按照税法规定已在以前期间税前扣除的累计折旧额或累计摊销额后的金额。

现举例说明部分资产项目计税基础的确定。

(一)固定资产

以各种方式取得的固定资产,初始确认时按照会计准则规定确定的入账价值基本上是被税法认可的,即取得时其账面价值一般等于计税基础。固定资产在持有期间进行后续计量时,由于会计与税法规定就折旧方法、折旧年限以及固定资产减值准备的提取等处理的不同,可能造成固定资产的账面价值与计税基础的差异。

1.折旧方法、折旧年限的差异

会计准则规定,企业应当根据与固定资产有关的经济利益的预期实现方式合理选择折旧方法,如可以按年限平均法计提折旧,也可以按照双倍余额递减法、年数总和法等计提折旧。税法中除某些按照规定可以加速折旧的情况外,基本上可以税前扣除的是按照年限平均法计提的折旧;另外,税法还就每一类固定资产的最低折旧年限做出了规定,而会计准则规定折旧年限是由企业根据固定资产的性质和使用情况合理确定的。如企业进行会计处理时确定的折旧年限与税法规定不同,也会产生固定资产持有期间账面价值

与计税基础的差异。

2.因计提固定资产减值准备产生的差异

持有固定资产的期间内,在对固定资产计提了减值准备以后,因税法规定企业计提的资产减值准备在发生实质性损失前不允许税前扣除,也会造成固定资产的账面价值与计税基础的差异。

【例7-1】A企业于20×9年12月20日取得的某项固定资产,原价为900万元,使用年限为10年,会计上采用年限平均法计提折旧,净残值为0。税法规定该类(由于技术进步、产品更新换代较快的)固定资产采用加速折旧法计提的折旧可予税前扣除,该企业在计税时采用双倍余额递减法计提折旧,净残值为0。2×11年12月31日,企业估计该项固定资产的可收回金额为780万元。

分析:2×11年12月31日,该项固定资产的账面余额＝900－90×2＝720(万元),该账面余额小于其可收回金额780万元,不计提固定资产减值准备。2×11年12月31日,该项固定资产的账面价值＝900－90×2＝720(万元)

其计税基础＝900－900×20％－720×20％＝576(万元)

该项固定资产的账面价值720万元与其计税基576万元之间的144万元差额,将于未来期间计入企业的应纳税所得额。

(二)无形资产

除内部研究开发形成的无形资产以外,其他方式取得的无形资产,初始确认时按照会计准则规定确定的入账价值与按照税法规定确定的计税基础之间一般不存在差异。无形资产的差异主要产生于内部研究开发形成的无形资产以及使用寿命不确定的无形资产。

1.内部研究开发形成的无形资产,其成本为开发阶段符合资本化条件以后至达到预定用途前发生的支出,除此之外,研究开发过程中发生的其他支出应予以费用化,计入损益;税法规定,自行开发的无形资产,以开发过程中该资产符合资本化条件后至达到预定用途前发生的支出为计税基础。另外,对于研究开发费用的加计扣除,税法中规定企业为开发新技术、新产品、新工艺发生的研究开发费用,未形成无形资产计入当期损益的,在按照规定据实扣除的基础上,按照研究开发费用的50％加计扣除;形成无形资产的,按照无形资产成本的150％摊销。如该无形资产的确认不是产生于企业合并交易,同时在确认时既不影响会计利润也不影响应纳税所得额,按照所得税会计准则的规定,不确认该暂时性差异的所得税影响。

【例7-2】A企业当期为开发新技术发生研究开发支出计1 500万元,其中研究阶段支出300万元,开发阶段符合资本化条件前发生的支出为300万元,符合资本化条件后至达到预定用途前发生的支出为900万元。税法规定,企业为开发新技术、新产品、新工艺发生的研究开发费用,未形成无形资产计入当期损益的,按照研究开发费用的50％加计扣除;形成无形资产的,按照无形资产成本的150％摊销。假定开发形成的无形资产在当期期末已达到预定用途(尚未开始摊销)。A企业当期发生的研究开发支出中,按照会计准则规定应予费用化的金额为600万元,形成无形资产的成本为900万元,即期末所形成无形资产的账面价值为900万元。A企业当期发生的1 500万元研究开发支出,按照税法规定可在当期税前扣除的金额为 900 万元。所形成无形资产在未来期间可予税前扣除的金额为 1 350 万元,其计税基础为 1 350 万元,形成暂时性差异 450 万元。

2.无形资产在后续计量时,会计与税法的差异主要产生于是否需要摊销及无形资产减值准备的提取。会计准则规定,应根据无形资产的使用寿命情况,区分为使用寿命有限的无形资产与使用寿命不确定的无形资产。对于使用寿命不确定的无形资产,不要求摊销,但持有期间每年应进行减值测试。税法规定,企业取得的无形资产成本(外购商誉除外),应在一定期限内摊销。对于使用寿命不确定的无形资产,会计处理时不予摊销,但计税时按照税法规定确定的摊销额允许税前扣除,造成该类无形资产账面价值与计税基础的差异。在对无形资产计提减值准备的情况下,因税法规定计提的无形资产减值准备在转变为实质性损失前不允许税前扣除,即无形资产的计税基础不会随减值准备的提取发生变化,从而造成无形资产的账面价值与计税基础的差异。

【例 7-3】乙企业于 20×7 年 1 月 1 日取得的某项无形资产,取得成本为 1 500 万元,取得该项无形资产后,根据各方面情况判断,乙企业无法合理预计其使用期限,将其作为使用寿命不确定的无形资产。20×7 年 12 月 31 日,对该项无形资产进行减值测试表明其未发生减值。企业在计税时,对该项无形资产按照 10 年的期限采用直线法摊销,摊销金额允许税前扣除。

会计上将该项无形资产作为使用寿命不确定的无形资产,因未发生减值,其在 20×7 年 12 月 31 日的账面价值为取得成本 1 500 万元。该项无形资产在 20×7 年 12 月 31 日的计税基础为取得成本-按照税法规定可予税前扣除的摊销额,即 1 500-150=1 350(万元)。该项无形资产的账面价值 1 500 万元与其计税基础 1 350 万元之间的差额 150 万元,将计入未来期间企业的应纳税所得额。

(三)以公允价值计量且其变动计入当期损益的金融资产

按照《企业会计准则第 22 号——金融工具确认和计量》的规定,以公允价值计量且其变动计入当期损益的金融资产于某一会计期末的账面价值为其公允价值。税法规定,企业以公允价值计量的金融资产、金融负债以及投资性房地产等,持有期间公允价值的变动不计入应纳税所得额,在实际处置或结算时,处置取得的价款扣除其历史成本后的差额应计入处置或结算期间的应纳税所得额。按照该规定,以公允价值计量的金融资产在持有期间市价的波动在计税时不予考虑,有关金融资产在某一会计期末的计税基础为其取得成本,从而造成在公允价值变动的情况下,对以公允价值计量的金融资产账面价值与计税基础之间的差异。

企业持有的可供出售金融资产计税基础的确定,与以公允价值计量且其变动计入当期损益的金融资产类似,可比照处理。

【例 7-4】20×8 年 10 月 20 日,甲公司自公开市场取得一项权益性投资,支付价款 4 000 万元,作为交易性金融资产核算。20×8 年 12 月 31 日,该投资的市价为 4 300 万元。

该项交易性金融资产的期末市价为 4 300 万元,其按照会计准则规定进行核算的,在 20×8 年资产负债表日的账面价值为 4 300 万元。因税法规定以公允价值计量的金融资产在持有期间公允价值的变动不计入应纳税所得额,其在 20×8 年资产负债表日的计税基础应维持原取得成本不变,为 4 000 万元。该交易性金融资产的账面价值 4 300 万元与其计税基础 4 000 万元之间产生了 300 万元的暂时性差异,该暂时性差异在未来期间转回时会增加未来期间的应纳税所得额。

【例7-5】20×8年11月13日,甲公司自公开的市场上取得一项基金投资,作为可供出售金融资产核算。该投资的成本为2 500万元。20×8年12月31日,其市价为2 600万元。

按照会计准则规定,该项金融资产在会计期末应以公允价值计量,其账面价值应为期末公允价值2 600万元。因税法规定资产在持有期间公允价值变动不计入应纳税所得额,则该项可供出售金融资产的期末计税基础应维持其原取得成本不变,为2 500万元。该金融资产在20×8年资产负债表日的账面价值1 575万元与其计税基础2 500万元之间产生的100万元暂时性差异,将会增加未来该资产处置当期的应纳税所得额。

(四)其他资产

因会计准则规定与税法规定不同,企业持有的其他资产,可能造成其账面价值与计税基础之间存在差异的,如以下资产:

1.投资性房地产

企业持有的投资性房地产进行后续计量时,会计准则规定可以采用两种模式:一种是成本模式,采用该种模式计量的投资性房地产,其账面价值与计税基础的确定与固定资产、无形资产相同;另一种是在符合规定条件的情况下,可以采用公允价值模式对投资性房地产进行后续计量。对于采用公允价值模式进行后续计量的投资性房地产,其计税基础的确定类似于固定资产或无形资产计税基础的确定。

【例7-6】A公司于20×8年1月1日将其某自用房屋用于对外出租,该房屋的成本为750万元,预计使用年限为20年。转为投资性房地产之前,已使用4年,企业按照年限平均法计提折旧,预计净残值为0。转为投资性房地产核算后,预计能够持续可靠取得该投资性房地产的公允价值,A公司采用公允价值对该投资性房地产进行后续计量。假定税法规定的折旧方法、折旧年限及净残值与会计规定相同。同时,税法规定资产在持有期间公允价值的变动不计入应纳税所得额,待处置时一并计算确定应计入应纳税所得额的金额。该项投资性房地产在20×8年12月31日的公允价值为900万元。

分析:该投资性房地产在20×8年12月31日的账面价值为其公允价值900万元,其计税基础为取得成本扣除按照税法规定允许税前扣除的折旧额后的金额,即其计税基础=750-750÷20×5=562.5(万元)。该项投资性房地产的账面价值900万元与其计税基础562.5万元之间产生了337.5万元的暂时性差异,会增加企业在未来期间的应纳税所得额。

2.其他计提了资产减值准备的各项资产

有关资产计提了减值准备后,其账面价值会随之下降,而税法规定资产在发生实质性损失之前,不允许税前扣除,即其计税基础不会因减值准备的提取而变化,造成在计提资产减值准备以后,资产的账面价值与计税基础之间的差异。

【例7-7】A公司20×8年购入原材料成本为3 000万元,因部分生产线停工,当年未领用任何原材料,20×8年资产负债表日估计该原材料的可变现净值为2 000万元。假定该原材料在20×8年的期初余额为0。

该项原材料因期末可变现净值低于成本,应计提的存货跌价准备=3 000-2 000=1 000(万元)。计提该存货跌价准备后,该项原材料的账面价值为2 000万元。该项原材料的计税基础不会因存货跌价准备的提取而发生变化,其计税基础为 3 000 万元不变。该存货的账面价值 2 000 万元与其计税基础 3 000 万元之间产生了 1 000 万元的暂时性差异,该差异会减少企业在未来期间的应纳税所得额。

【例 7-8】A 公司 20×8 年 12 月 31 日应收账款余额为 6 000 万元,该公司期末对应收账款计提了 600 万元的坏账准备。税法规定,不符合国务院财政、税务主管部门规定的各项资产减值准备不允许税前扣除。假定该公司应收账款及坏账准备的期初余额均为 0。该项应收账款在 20×8 年资产负债表日的账面价值为 5 400 万元,即 6 000-600=5 400(万元),因有关的坏账准备不允许税前扣除,其计税基础为 6 000 万元,该计税基础与其账面价值之间产生 600 万元暂时性差异,在应收账款发生实质性损失时,会减少未来期间的应纳税所得额和应交所得税。

二、负债的计税基础

负债的计税基础,是指负债的账面价值减去未来期间计算应纳税所得额时按照税法规定可予抵扣的金额。用公式表示为:

负债的计税基础=账面价值-未来期间按照税法规定可予税前扣除的金额

负债的确认与偿还一般不会影响企业的损益,也不会影响其应纳税所得额,未来期间计算应纳税所得额时按照税法规定可予抵扣的金额为 0,计税基础即为账面价值。但是,某些情况下,负债的确认可能会影响企业的损益,进而影响不同期间的应纳税所得额,使得其计税基础与账面价值之间产生差额,如按照会计规定确认的某些预计负债。

(一)企业因销售商品提供售后服务等原因确认的预计负债

按照或有事项准则规定,企业对于预计提供售后服务将发生的支出在满足有关确认条件时,销售当期即应确认为费用,同时确认预计负债。税法规定,与销售产品相关的支出应于发生时税前扣除。因该类事项产生的预计负债在期末的计税基础为其账面价值与未来期间可税前扣除的金额之间的差额,即为 0。其他交易或事项中确认的预计负债,应按照税法规定的计税原则确定其计税基础。某些情况下,因有些事项确认的预计负债,税法规定其支出无论是否实际发生均不允许税前扣除,即未来期间按照税法规定可予抵扣的金额为 0,账面价值等于计税基础。

【例 7-9】甲企业 20×8 年因销售产品承诺提供 2 年的保修服务,在当年度利润表中确认了 700 万元的销售费用,同时确认为预计负债,当年度未发生任何保修支出。假定按照税法规定,与产品售后服务相关的费用在实际发生时允许税前扣除。

分析:该项预计负债在甲企业 20×8 年 12 月 31 日资产负债表中的账面价值为 700 万元。该项预计负债的计税基础=账面价值-未来期间计算应纳税所得额时按照税法规定可予抵扣的金额=700-700=0。

(二)预收账款

企业在收到客户预付的款项时,因不符合收入确认条件,会计上将其确认为负债。税法中对于收入的确认原则一般与会计规定相同,即会计上未确认收入时,计税时一般亦不计入应纳税所得额,该部分经济利益在未来期间计税时可予税前扣除的金额为 0,

计税基础等于账面价值。某些情况下,因不符合会计准则规定的收入确认条件,未确认为收入的预收款项,按照税法规定应计入当期应纳税所得额时,有关预收账款的计税基础为0,即因其产生时已经计算交纳所得税,未来期间可全额税前扣除。

【例7—10】A公司于20×8年12月20日自客户处收到一笔合同预付款,金额为3 000万元,作为预收账款核算。按照适用税法规定,该款项应计入取得当期应纳税所得额计算缴纳所得税。

该预收账款在A公司20×8年12月31日资产负债表中的账面价值为3 000万元。该预收账款的计税基础=账面价值-未来期间计算应纳税所得额时按照税法规定可予抵扣的金额=3 000-3 000=0。该项负债的账面价值3 000万元与计税基础0之间产生的3 000万元暂时性差异,会减少企业于未来期间的应纳税所得额。

(三)应付职工薪酬

会计准则规定,企业为获得职工提供的服务给予的各种形式的报酬以及其他相关支出均应作为企业的成本费用,在未支付之前确认为负债。税法中对于合理的职工薪酬基本允许税前扣除,但税法中如果规定了税前扣除标准的,按照会计准则规定计入成本费用支出的金额超过规定标准部分,应进行纳税调整。因超过部分在发生当期不允许税前扣除,在以后期间也不允许税前扣除,即该部分差额对未来期间计税不产生影响,所产生应付职工薪酬负债的账面价值等于计税基础。

【例7—11】甲企业20×8年12月计入成本费用的职工工资总额为5 000万元,至20×8年12月31日尚未支付。按照适用税法规定,当期计入成本费用的5 000万元工资支出中,可予税前扣除的合理部分为4 000万元。

该项应付职工薪酬负债于20×8年12月31日的账面价值为5 000万元。该项应付职工薪酬负债于20×8年12月31日的计税基础=账面价值-未来期间计算应纳税所得额时按照税法规定可予抵扣的金额=5 000-0=5 000(万元)。该项负债的账面价值5 000万元与其计税基础5 000万元相同,不形成暂时性差异。

(四)其他负债

其他负债如企业应交的罚款和滞纳金等,在尚未支付之前按照会计规定确认为费用,同时作为负债反映。税法规定,罚款和滞纳金不能税前扣除,即该部分费用无论是在发生当期还是在以后期间均不允许税前扣除,其计税基础为账面价值减去未来期间计税时可予税前扣除的金额0之间的差额,即计税基础等于账面价值。其他交易或事项产生的负债,其计税基础的确定应当遵从适用税法的相关规定。

【例7—12】A公司20×8年12月因违反当地有关环保法规的规定,接到环保部门的处罚通知,要求其支付罚款200万元。税法规定,企业因违反国家有关法律法规支付的罚款和滞纳金,计算应纳税所得额时不允许税前扣除。至20×8年12月31日,该项罚款尚未支付。

A公司应支付罚款产生的负债账面价值为200万元。该项负债的计税基础=账面价值-未来期间计算应纳税所得额时按照税法规定可予抵扣的金额=200-0=200(万元)。该项负债的账面价值200万元与其计税基础200万元相同,不形成暂时性差异。

三、特殊交易或事项中产生资产、负债计税基础的确定

除企业在正常生产经营活动过程中取得的资产和负债以外,对于某些特殊交易中产生的资产、负债,其计税基础的确定应遵从税法规定,如企业合并过程中取得资产、负债计税基础的确定。

《企业会计准则第 20 号——企业合并》中,视参与合并各方在合并前后是否为同一方或相同的多方最终控制,分为同一控制下的企业合并与非同一控制下的企业合并两种类型。同一控制下的企业合并,合并中取得的有关资产、负债基本上维持其原账面价值不变,合并中不产生新的资产和负债;对于非同一控制下的企业合并,合并中取得的有关资产、负债应按其在购买日的公允价值计量,企业合并成本大于合并中取得可辨认净资产公允价值的份额部分确认为商誉,企业合并成本小于合并中取得可辨认净资产公允价值的份额部分计入合并当期损益。对于企业合并的税收处理,通常情况下被合并企业应视为按公允价值转让、处置全部资产,计算资产的转让所得,依法缴纳所得税。合并企业接受被合并企业的有关资产,计税时可以按经评估确认的价值确定计税基础。另外,在考虑有关企业合并是应税合并还是免税合并时,某些情况下还需要考虑在合并中涉及的获取资产或股权的比例、非股权支付额的比例,具体划分标准和条件应遵从税法规定。由于会计准则与税收法规对企业合并的划分标准不同,处理原则不同,某些情况下,会造成企业合并中取得的有关资产、负债的入账价值与其计税基础的差异。

四、暂时性差异

暂时性差异是指资产、负债的账面价值与其计税基础不同产生的差额。因资产、负债的账面价值与其计税基础不同,产生了在未来收回资产或清偿负债的期间内,应纳税所得额增加或减少并导致未来期间应交所得税增加或减少的情况,形成企业的资产或负债,在有关暂时性差异发生当期,符合确认条件的情况下,应当确认相关的递延所得税负债或递延所得税资产。根据暂时性差异对未来期间应纳税所得额的影响,分为应纳税暂时性差异和可抵扣暂时性差异。除因资产、负债的账面价值与其计税基础不同产生的暂时性差异以外,按照税法规定可以结转以后年度的未弥补亏损和税款抵减,也视同可抵扣暂时性差异处理。

(一)应纳税暂时性差异

应纳税暂时性差异,是指在确定未来收回资产或清偿负债期间的应纳税所得额时,将导致产生应税金额的暂时性差异,即在未来期间不考虑该事项影响的应纳税所得额的基础上,由于该暂时性差异的转回,会进一步增加转回期间的应纳税所得额和应交所得税金额,在其产生当期应当确认相关的递延所得税负债。

应纳税暂时性差异通常产生于以下情况:

1.资产的账面价值大于其计税基础

资产的账面价值代表的是企业在持续使用或最终出售该项资产时将取得的经济利益的总额,而计税基础代表的是资产在未来期间可予税前扣除的总金额。资产的账面价

值大于其计税基础,该项资产未来期间产生的经济利益不能全部税前抵扣,两者之间的差额需要交税,产生应纳税暂时性差异。例如,一项资产的账面价值为500万元,计税基础如为375万元,两者之间的差额会造成未来期间应纳税所得额和应交所得税的增加,在其产生当期,应确认相关的递延所得税负债。

2.负债的账面价值小于其计税基础

负债的账面价值为企业预计在未来期间清偿该项负债时的经济利益流出,而其计税基础代表的是账面价值在扣除税法规定未来期间允许税前扣除的金额之后的差额。负债的账面价值与其计税基础不同产生的暂时性差异,实质上是税法规定就该项负债在未来期间可以税前扣除的金额(即与该项负债相关的费用支出在未来期间可予税前扣除的金额)。负债的账面价值小于其计税基础,则意味着就该项负债在未来期间可以税前抵扣的金额为负数,即应在未来期间应纳税所得额的基础上调增,增加未来期间的应纳税所得额和应交所得税金额,产生应纳税暂时性差异,应确认相关的递延所得税负债。

(二)可抵扣暂时性差异

可抵扣暂时性差异是指在确定未来收回资产或清偿负债期间的应纳税所得额时,将导致产生可抵扣金额的暂时性差异。该差异在未来期间转回时会减少转回期间的应纳税所得额,减少未来期间的应交所得税。在可抵扣暂时性差异产生当期,符合确认条件时,应当确认相关的递延所得税资产。

可抵扣暂时性差异一般产生于以下情况:

1.资产的账面价值小于其计税基础,意味着资产在未来期间产生的经济利益少,按照税法规定允许税前扣除的金额多,两者之间的差额可以减少企业在未来期间的应纳税所得额并减少应交所得税,符合有关条件时,应当确认相关的递延所得税资产。例如,一项资产的账面价值为500万元,计税基础为650万元,则企业在未来期间就该项资产可以在其自身取得经济利益的基础上多扣除150万元,未来期间应纳税所得额会减少,应交所得税也会减少,形成可抵扣暂时性差异。

2.负债的账面价值大于其计税基础,负债产生的暂时性差异实质上是税法规定就该项负债可以在未来期间税前扣除的金额。即:

负债产生的暂时性差异=账面价值-计税基础=账面价值-(账面价值-未来期间计税时按照税法规定可予税前扣除的金额)=未来期间计税时按照税法规定可予税前扣除的金额

负债的账面价值大于其计税基础,意味着未来期间按照税法规定与负债相关的全部或部分支出可以从未来应税经济利益中扣除,减少未来期间的应纳税所得额和应交所得税。符合有关确认条件时,应确认相关的递延所得税资产。

(三)特殊项目产生的暂时性差异

1.未作为资产、负债确认的项目产生的暂时性差异

某些交易或事项发生以后,因为不符合资产、负债确认条件而未体现为资产负债表中的资产或负债,但按照税法规定能够确定其计税基础的,其账面价值0与计税基础之间的差异也构成暂时性差异。如企业发生的符合条件的广告费和业务宣传费支出,除另

有规定外,不超过当年销售收入 15％的部分准予扣除;超过部分准予在以后纳税年度结转扣除。该类费用在发生时按照会计准则规定即计入当期损益,不形成资产负债表中的资产,但按照税法规定可以确定其计税基础的,两者之间的差异也形成暂时性差异。

【例 7—13】A 公司 20×8 年发生了 2 000 万元广告费支出,发生时已作为销售费用计入当期损益。税法规定,该类支出不超过当年销售收入 15％的部分允许当期税前扣除,超过部分允许向以后年度结转税前扣除。A 公司 20×8 年实现销售收入 10 000 万元。该广告费支出因按照会计准则规定在发生时已计入当期损益,不体现为期末资产负债表中的资产,如果将其视为资产,其账面价值为 0。

因按照税法规定,该类支出税前列支有一定的标准限制,根据当期 A 公司销售收入的 15％计算,当期可予税前扣除 1 500 万元,即 10 000×15％＝1 500(万元),当期未予税前扣除的 500 万元可以向以后年度结转,其计税基础为 500 万元。该项资产的账面价值 0 与其计税基础 500 万元之间产生了 500 万元的暂时性差异,该暂时性差异在未来期间可减少企业的应纳税所得额,为可抵扣暂时性差异,符合确认条件时,应确认相关的递延所得税资产。

2.可抵扣亏损及税款抵减产生的暂时性差异

按照税法规定可以结转以后年度的未弥补亏损及税款抵减,虽不是因资产、负债的账面价值与计税基础不同产生的,但与可抵扣暂时性差异具有同样的作用,均能够减少未来期间的应纳税所得额,进而减少未来期间的应交所得税,会计处理上视同可抵扣暂时性差异,符合条件的情况下,应确认与其相关的递延所得税资产。

【例 7—14】甲公司于 20×8 年因政策性原因发生经营亏损 1 500 万元,按照税法规定,该亏损可用于抵减以后 5 个年度的应纳税所得额。该公司预计其于未来 5 年期间能够产生足够的应纳税所得额弥补该亏损。

该经营亏损不是资产、负债的账面价值与其计税基础不同产生的,但从性质上可以减少未来期间企业的应纳税所得额和应交所得税,属于可抵扣暂时性差异。企业预计未来期间能够产生足够的应纳税所得额利用该可抵扣亏损时,应确认相关的递延所得税资产。

第三节　递延所得税负债及递延所得税资产的确认

企业在计算确定了应纳税暂时性差异与可抵扣暂时性差异后,应当按照所得税会计准则规定的原则确认相关的递延所得税负债以及递延所得税资产。

一、递延所得税负债的确认和计量

应纳税暂时性差异在转回期间将增加未来期间的应纳税所得额和应交所得税,导致企业经济利益流出,从其发生当期看,构成企业应支付税金的义务,应作为负债确认。

确认应纳税暂时性差异产生的递延所得税负债时,交易或事项发生时影响到会计利润或应纳税所得额的,相关的所得税影响作为利润表中所得税费用的组成部分;与直接计入所有者权益的交易或事项相关的,其所得税影响应增加或减少所有者权益;企业合并产生的,相关的递延所得税影响应调整购买日应确认的商誉或是计入当期损益的金额。

(一)递延所得税负债的确认

企业在确认因应纳税暂时性差异产生的递延所得税负债时,应遵循以下原则:

1.除所得税准则中明确规定可不确认递延所得税负债的情况以外,企业对于所有的应纳税暂时性差异均应确认相关的递延所得税负债。除与直接计入所有者权益的交易或事项以及企业合并中取得资产、负债相关的以外,在确认递延所得税负债的同时,应增加利润表中的所得税费用。

【例7-15】A企业于20×7年12月6日购入某项设备,取得成本为500万元,会计上采用年限平均法计提折旧,使用年限为10年,净残值为0,因该资产常年处于强震动状态,计税时按双倍余额递减法计提折旧,使用年限及净残值与会计相同。A企业适用的所得税税率为25%。假定该企业不存在其他会计与税收处理的差异。

20×8年资产负债表日,该项固定资产按照会计规定计提的折旧额为50万元,计税时允许扣除的折旧额为100万元,则该固定资产的账面价值450万元与其计税基础400万元的差额构成应纳税暂时性差异,企业应确认相关的递延所得税负债。

【例7-16】甲公司于20×1年12月底购入一台机器设备,成本为525 000元,预计使用年限为6年,预计净残值为0。会计上按年限平均法计提折旧,因该设备符合税法规定的税收优惠条件,计税时可采用年数总和法计提折旧,假定税法规定的使用年限及净残值均与会计相同。本例中假定该公司各会计期间均未对固定资产计提减值准备,除该项固定资产产生的会计与税法之间的差异外,不存在其他会计与税收的差异。

甲公司每年因固定资产账面价值与计税基础不同应予确认的递延所得税情况如表7-1所示。

表7-1　　甲公司各年度应予确认的递延所得税　　　　　　　　　　单位:元

项目	20×2年	20×3年	20×4年	20×5年	20×6年	20×7年
实际成本	525 000	525 000	525 000	525 000	525 000	525 000
累计会计折旧	87 500	175 000	262 500	350 000	437 500	525 000
账面价值	437 500	350 000	262 500	175 000	87 500	0
累计计税折旧	150 000	275 000	375 000	450 000	500 000	525 000
计税基础	375 000	250 000	150 000	75 000	25 000	0
暂时性差异	62 500	100 000	112 500	100 000	62 500	
适用税率	25%	25%	25%	25%	25%	25%
递延所得税负债余额	15 625	25 000	28 125	25 000	15 625	0

该项固定资产各年度账面价值与计税基础确定如下:

(1)20×2年资产负债表日

因资产的账面价值437 500元大于其计税基础375 000元,两者之间产生的62 500元差异会增加未来期间的应纳税所得额和应交所得税,属于应纳税暂时性差异,应确认与其相关的递延所得税负债15 625元,即62 500×25%=15 625(元),账务处理如下:

借：所得税费用   15 625
    贷：递延所得税负债   15 625

（2）20×3 年资产负债表日

因资产的账面价值 350 000 元大于其计税基础 250 000 元，两者之间产生的 100 000 元差异为应纳税暂时性差异，应确认与其相关的递延所得税负债 25 000 元，但递延所得税负债的期初余额为 15 625 元，当期应进一步确认递延所得税负债 9 375 元，账务处理如下：

借：所得税费用   9 375
    贷：递延所得税负债   9 375

（3）20×4 年资产负债表日

因资产的账面价值 262 500 元大于其计税基础 150 000 元，两者之间产生的 112 500 元差异为应纳税暂时性差异，应确认与其相关的递延所得税负债 28 125 元，但递延所得税负债的期初余额为 25 000 元，当期应进一步确认递延所得税负债 3 125 元，账务处理如下：

借：所得税费用   3 125
    贷：递延所得税负债   3 125

（4）20×5 年资产负债表日

因资产的账面价值 175 000 元大于其计税基础 75 000 元，两者之间产生的 100 000 元差异为应纳税暂时性差异，应确认与其相关的递延所得税负债 25 000 元，但是递延所得税负债的期初余额为 28 125 元，当期应转回原已确认的递延所得税负债 3 125 元，账务处理如下：

借：递延所得税负债   3 125
    贷：所得税费用   3 125

（5）20×6 年资产负债表日

因资产的账面价值 87 500 元大于其计税基础 25 000 元，两者之间产生的 62 500 元差异为应纳税暂时性差异，应确认与其相关的递延所得税负债 15 625 元，但是递延所得税负债的期初余额为 25 000 元，当期应转回递延所得税负债 9 375 元，账务处理如下：

借：递延所得税负债   9 375
    贷：所得税费用   9 375

（6）20×7 年资产负债表日

该项固定资产的账面价值及计税基础均为 0，两者之间不存在暂时性差异，前期已确认的与该项资产相关的递延所得税负债应予全额转回，账务处理如下：

借：递延所得税负债   15 625
    贷：所得税费用   15 625

2.有些情况下，虽然资产、负债的账面价值与其计税基础不同，产生了应纳税暂时性差异，但出于各方面考虑，所得税准则中规定不确认相应的递延所得税负债，主要包括：

（1）商誉的初始确认。非同一控制下的企业合并中企业合并成本大于合并中取得的被购买方可辨认净资产公允价值份额的差额，按照会计准则规定应确认为商誉。因会计与税收的划分标准不同，会计上作为非同一控制下的企业合并，但如果按照税法规定计税时作为免税合并的情况下，商誉的计税基础为 0，其账面价值与计税基础形成应纳税暂时性差异,准则中规定不确认与其相关的递延所得税负债。

【例 7—17】A 企业以增发市场价值为 15 000 万元的自身普通股为对价购入 B 企业 100％的净资产,对 B 企业进行吸收合并,合并前 A 企业与 B 企业不存在任何关联方关系。假定该项合并符合税法规定的免税合并条件,交易各方选择进行免税处理,购买日 B 企业各项可辨认资产、负债的公允价值及其计税基础如表 7—2 所示。

表 7—2 购买日 B 企业各项可辨认资产、负债公允价值及其计税基础   单位:元

项目	公允价值	计税基础	暂时性差异
固定资产	67 500 000	38 750 000	28 750 000
应收账款	52 500 000	52 500 000	0
存货	43 500 000	31 000 000	12 500 000
其他应付款	7 500 000	0	7 500 000
应付账款	30 000 000	30 000 000	0
不包括递延所得税的可辨认资产、负债的公允价值	126 000 000	92 250 000	33 750 000

B 企业适用的所得税税率为 25％,预期在未来期间不会发生变化,该项交易中应确认递延所得税、资产负债及商誉的金额计算如下:

递延所得税资产＝7 500 000×25％＝1 875 000(元)

递延所得税负债＝41 250 000×25％＝10 312 500(元)

考虑递延所得税后:

商誉＝企业合并成本－可辨认资产、负债的公允价值＝150 000 000－[126 000 000－(10 312 500－1 875 000)]＝32 437 500(元)

因该项合并符合税法规定的免税合并条件,当事各方选择进行免税处理的情况下,购买方在免税合并中取得的被购买方有关资产、负债应维持其原计税基础不变。被购买方原账面上未确认商誉,即商誉的计税基础为 0。该项合并中所确认的商誉金额 32 437 500 万元与其计税基础 0 之间产生的应纳税暂时性差异,按照准则中规定,不再进一步确认相关的所得税影响。应予说明的是,按照会计准则规定在非同一控制下企业合并中确认了商誉,并且按照所得税法的规定商誉在初始确认时计税基础等于账面价值的,该商誉在后续计量过程中因会计准则与税法规定不同产生暂时性差异的,应当确认相关的所得税影响。

(2)除企业合并以外的其他交易或事项中,如果该项交易或事项发生时既不影响会计利润,也不影响应纳税所得额,则所产生的资产、负债的初始确认金额与其计税基础不同,形成应纳税暂时性差异的,交易或事项发生时不确认相应的递延所得税负债。该规定主要是考虑到由于交易发生时既不影响会计利润,也不影响应纳税所得额,确认递延所得税负债的直接结果是增加有关资产的账面价值或是降低所确认负债的账面价值,使得资产、负债在初始确认时,违背历史成本原则,影响会计信息的可靠性。

(3)与子公司、联营企业、合营企业投资等相关的应纳税暂时性差异,一般应确认相应的递延所得税负债,但同时满足以下两个条件的除外:一是投资企业能够控制暂时性差异转回的时间;二是该暂时性差异在可预见的未来很可能不会转回。满足上述条件时,投资企业可以运用自身的影响力决定暂时性差异的转回,如果不希望其转回,则在可

预见的未来该项暂时性差异即不会转回,对未来期间计税不产生影响,从而无须确认相应的递延所得税负债。

对于采用权益法核算的长期股权投资,其账面价值与计税基础产生的有关暂时性差异是否应确认相关的所得税影响,应当考虑该项投资的持有意图:

①对于采用权益法核算的长期股权投资,如果企业拟长期持有,则因初始投资成本的调整产生的暂时性差异预计未来期间不会转回,对未来期间没有所得税影响;因确认投资损益产生的暂时性差异,如果在未来期间逐期分回现金股利或利润时免税,也不存在对未来期间的所得税影响;因确认应享有被投资单位其他权益变动而产生的暂时性差异,在长期持有的情况下预计未来期间也不会转回。因此,在准备长期持有的情况下,对于采用权益法核算的长期股权投资账面价值与计税基础之间的差异,投资企业一般不确认相关的所得税影响。

②对于采用权益法核算的长期股权投资,如果投资企业改变持有意图拟对外出售的情况下,按照税法规定,企业在转让或者处置投资资产时,投资资产的成本准予扣除。在持有意图由长期持有转变为拟近期出售的情况下,因长期股权投资的账面价值与计税基础不同产生的有关暂时性差异,均应确认相关的所得税影响。

(二)递延所得税负债的计量

所得税准则规定,资产负债表日,对于递延所得税负债,应当根据适用税法规定,按照预期收回该资产或清偿该负债期间的适用税率计量。即递延所得税负债应以相关应纳税暂时性差异转回期间按照税法规定适用的所得税税率计量。无论应纳税暂时性差异的转回期间如何,相关的递延所得税负债不要求折现。

二、递延所得税资产的确认和计量

(一)递延所得税资产的确认

1.确认的一般原则

递延所得税资产产生于可抵扣暂时性差异。确认因可抵扣暂时性差异产生的递延所得税资产应以未来期间可能取得的应纳税所得额为限。在可抵扣暂时性差异转回的未来期间内,企业无法产生足够的应纳税所得额用以利用可抵扣暂时性差异的影响,使得与可抵扣暂时性差异相关的经济利益无法实现的,不应确认递延所得税资产;企业有明确的证据表明其于可抵扣暂时性差异转回的未来期间能够产生足够的应纳税所得额,进而利用可抵扣暂时性差异的,则应以可能取得的应纳税所得额为限,确认相关的递延所得税资产。

在判断企业于可抵扣暂时性差异转回的未来期间是否能够产生足够的应纳税所得额时,应考虑企业在未来期间通过正常的生产经营活动能够实现的应纳税所得额以及以前期间产生的应纳税暂时性差异在未来期间转回时将增加的应纳税所得额。

(1)对与子公司、联营企业、合营企业的投资相关的可抵扣暂时性差异,同时满足下列条件的,应当确认相关的递延所得税资产:一是暂时性差异在可预见的未来很可能转回;二是未来很可能获得用来抵扣可抵扣暂时性差异的应纳税所得额。

对联营企业和合营企业等的投资产生的可抵扣暂时性差异,主要产生于权益法下被投资单位发生亏损时,投资企业按照持股比例确认应予以承担的部分相应减少长期股权投资的账面价值,但税法规定长期股权投资的成本在持有期间不发生变化,造成长期股权投资的账面价值小于其计税基础,产生可抵扣暂时性差异。

投资企业对有关投资计提减值准备的情况下,也会产生可抵扣暂时性差异。

(2)对于按照税法规定可以结转以前年度的未弥补亏损和税款抵减,应视同可抵扣暂时性差异处理。在有关的亏损或税款抵减金额得到税务部门的认可或预计能够得到税务部门的认可且预计可利用未弥补亏损或税款抵减的未来期间内能够取得足够的应纳税所得额时,除准则中规定不予确认的情况外,应当以很可能取得的应纳税所得额为限,确认相应的递延所得税资产,同时减少确认当期的所得税费用。

2.不确认递延所得税资产的情况

某些情况下,企业发生的某项交易或事项不属于企业合并,并且交易发生时既不影响会计利润也不影响应纳税所得额,且该项交易中产生的资产、负债的初始确认金额与其计税基础不同,产生可抵扣暂时性差异的,所得税准则中规定在交易或事项发生时不确认相应的递延所得税资产。

【例7—18】A企业进行内部研究开发所形成的无形资产成本为900万元,因按照税法规定可于未来期间税前扣除的金额为1 350万元,其计税基础为1 350万元。该项无形资产并非产生于企业合并,同时在初始确认时既不影响会计利润也不影响应纳税所得额,确认其账面价值与计税基础之间产生暂时性差异的所得税影响需要调整该项资产的历史成本,准则规定该种情况下不确认相关的递延所得税资产。

(二)递延所得税资产的计量

同递延所得税负债的计量原则相一致,确认递延所得税资产时,应当以预期收回该资产期间的使用所得税税率为基础计算确定。无论相关的可抵扣暂时性差异转回期间如何,递延所得税资产均不要求折现。

企业在确认了递延所得税资产以后,资产负债表日,应当对递延所得税资产的账面价值进行复核。如果未来期间很可能无法取得足够的应纳税所得额用以利用可抵扣暂时性差异带来的利益,应当减计递延所得税资产的账面价值。减计的递延所得税资产,除原确认时计入所有者权益的,其减计金额亦应计入所有者权益外,其他的情况均应增加所得税费用。

因无法取得足够的应纳税所得额,利用可抵扣暂时性差异减计递延所得税资产账面价值的,以后期间根据新的环境和情况判断能够产生足够的应纳税所得额利用可抵扣暂时性差异,使得递延所得税资产包含的经济利益能够实现的,应相应恢复递延所得税资产的账面价值。

另外,无论是递延所得税资产还是递延所得税负债的计量,均应考虑资产负债表日企业预期收回资产或清偿负债方式的所得税影响,在计量递延所得税资产和递延所得税负债时,应当采用与收回资产或清偿债务的预期方式相一致的税率和计税基础。例如,企业持有的某项固定资产,一般情况下视为企业的正常生产经营活动提供必要的生产条件,但在某一时点上,企业决定将该固定资产对外出售,实现其为企业带来的未来经济利益,且假定税法规定长期资产处置时适用的所得税税率与一般情况不同的,则企业在计量因该资产产生的应纳税暂时性差异或可抵扣暂时性差异的所得税影响时应考虑该资产带来的经济利益与其实现方式的影响。

三、特殊交易或事项中涉及递延所得税的确认

(一)与直接计入所有者权益的交易或事项相关的所得税

与当期及以前期间直接计入所有者权益的交易或事项相关的当期所得税及递延所得税应当计入所有者权益,直接计入所有者权益的交易或事项主要有:会计政策变更采用追溯调整法或对前期差错更正采用追溯重述法调整期初留存收益、可供出售金融资产公允价值的变动计入其他综合收益、同时包含负债及权益成分的金融工具在初始确认时计入所有者权益等。

(二)与企业合并相关的递延所得税

在企业合并中,购买方取得的可抵扣暂时性差异,比如,购买日取得的被购买方在以前期间发生的未弥补亏损等可抵扣暂时性差异,按照税法规定可以用于抵减以后年度应纳税所得额,但在购买日不符合递延所得税资产确认条件而不予以确认。购买日后 12 个月内,如取得新的或进一步的信息表明购买日的相关情况已经存在,预期被购买方在购买日可抵扣暂时性差异带来的经济利益能够实现的,应当确认相关的递延所得税资产,同时减少商誉,商誉不足冲减的,差额部分确认为当期损益;除上述情况以外,确认与企业合并相关的递延所得税资产,应当计入当期损益。

【例 7—19】甲公司于 20×8 年 1 月 1 日购买乙公司 80％股权,形成非同一控制下企业合并。因会计准则规定与适用税法规定的处理方法不同,在购买日产生可抵扣暂时性差异 3 000 000 元。假定购买日及未来期间企业适用的所得税税率为 25％。购买日,因预计未来期间无法取得足够的应纳税所得额,未确认与可抵扣暂时性差异相关的递延所得税资产 750 000 元。购买日确认的商誉为 500 000 元。在购买日后 6 个月,甲公司预计能够产生足够的应纳税所得额用以抵扣企业合并时产生的可抵扣暂时性差异 3 000 000 元,且该事实于购买日已经存在,则甲公司应进行如下会计处理:

借:递延所得税资产 750 000
　贷:商誉 500 000
　　所得税费用 250 000

假定,在购买日后 6 个月,甲公司根据新的事实预计能够产生足够的应纳税所得额用以抵扣企业合并时产生的可抵扣暂时性差异 3 000 000 元,且该新的事实于购买日并不存在,则甲公司应进行如下会计处理:

借:递延所得税资产 750 000
　贷:所得税费用 750 000

(三)与股份支付相关的当期及递延所得税

与股份支付相关的支出在按照会计准则规定确认为成本费用时,其相关的所得税影响应区别于税法的规定进行处理:如果税法规定与股份支付相关的支出不允许税前扣除,则不形成暂时性差异;如果税法规定与股份支付相关的支出允许税前扣除,在按照会计准则规定确认成本费用的期间内,企业应当根据会计期末取得的信息估计可税前扣除的金额计算确定其计税基础及由此产生的暂时性差异,符合确认的条件情况下,应当确认相关的递延所得税。其中预计未来期间可税前扣除的金额超过按照会计准则规定确认的与股份支付相关的成本费用,超过部分的所得税影响应直接计入所有者权益。

四、适用税率变化对已确认递延所得税资产和递延所得税负债的影响

因税收法规的变化,导致企业在某一会计期间适用的所得税税率发生变化的,企业应对已确认的递延所得税资产和递延所得税负债按照新的税率进行重新计量。递延所得税资产和递延所得税负债的金额代表的是有关可抵扣暂时性差异或应纳税暂时性差异于未来期间转回时,导致企业应交所得税金额的减少或增加的情况。适用税率变动的情况下,应对原已确认的递延所得税资产及递延所得税负债的金额进行调整,反映税率变化带来的影响。除直接计入所有者权益的交易或事项产生的递延所得税资产及递延所得税负债,相关的调整金额应计入所有者权益以外,其他情况下因税率变化产生的调整金额应确认为税率变化当期的所得税费用(或收益)。

第四节 所得税费用的确认和计量

所得税会计的主要目的之一是为了确定当期应交所得税以及利润表中的所得税费用。在按照资产负债表债务法核算所得税的情况下,利润表中的所得税费用包括当期所得税和递延所得税两个部分。

一、当期所得税

当期所得税是指企业按照税法规定计算确定的针对当期发生的交易和事项,应向税务部门缴纳的所得税金额,即当期应交所得税。企业在确定当期应交所得税时,对于当期发生的交易或事项,会计处理与税法处理不同的,应在会计利润的基础上,按照适用税收法规的规定进行调整,计算出当期应纳税所得额,按照应纳税所得额与适用所得税税率计算确定当期应交所得税。一般情况下,应纳税所得额可在会计利润的基础上,考虑会计与税收法规之间的差异,按照以下公式计算确定:

应纳税所得额＝会计利润＋纳税调整增加额－纳税调整减少额＋境外应税所得弥补境内亏损－弥补以前年度亏损

当期所得税＝应纳税所得额×适用税率－减免税额－抵免税额

二、递延所得税

递延所得税是指按照所得税准则规定当期应予确认的递延所得税资产和递延所得税负债金额，即递延所得税资产及递延所得税负债当期发生额的综合结果，但不包括计入所有者权益的交易或事项的所得税影响。用公式表示即为：

递延所得税＝（递延所得税负债的期末余额－递延所得税负债的期初余额）－（递延所得税资产的期末余额－递延所得税资产的期初余额）

应予说明的是，企业因确认递延所得税资产和递延所得税负债产生的递延所得税，一般应当计入所得税费用，但以下两种情况除外：

一是某项交易或事项按照会计准则规定应计入所有者权益的，由该交易或事项产生的递延所得税资产或递延所得税负债及其变化亦应计入所有者权益，不构成利润表中的递延所得税费用（或收益）。

【例 7－20】甲企业持有的某项可供出售金融资产，成本为 5 000 000 元，会计期末，其公允价值为 6 000 000 元，该企业适用的所得税税率为 25％。除该事项外，该企业不存在其他会计与税收法规之间的差异，且递延所得税资产和递延所得税负债不存在期初余额。会计期末在确认 1 000 000 万元的公允价值变动时，会计处理为：

借：可供出售金融资产　　　　　　　　　　　　　　　　　1 000 000

　　贷：其他综合收益　　　　　　　　　　　　　　　　　　1 000 000

确认应纳税暂时性差异的所得税影响时，会计处理为：

借：其他综合收益　　　　　　　　　　　　　　　　　　　250 000

　　贷：递延所得税负债　　　　　　　　　　　　　　　　　250 000

二是企业合并中取得的资产、负债，其账面价值与计税基础不同，应确认相关递延所得税的，该递延所得税的确认影响合并中产生的商誉或是计入当期损益的金额，不影响所得税费用，有关举例见【例 7－17】。

三、所得税费用

计算确定了当期所得税及递延所得税以后，利润表中应予确认的所得税费用为两者之和，即：

所得税费用＝当期所得税＋递延所得税

【例 7－21】A 公司 20×7 年度利润表中利润总额为 3 000 万元，该公司适用的所得税税率为 25％。递延所得税资产及递延所得税负债不存在期初余额。与所得税核算有关的情况如下：20×7 年发生的有关交易和事项中，会计处理与税收处理存在差别的有：

（1）20×7 年 1 月开始计提折旧的一项固定资产，成本为 1 500 万元，使用年限为 10 年，净残值为 0，会计处理按双倍余额递减法计提折旧，税收处理按年限平均法计提折旧。假定税法规定的使用年限及净残值与会计规定相同。

（2）向关联企业捐赠现金 500 万元。假定按照税法规定，企业向关联方的捐赠不允许税前扣除。

（3）当期取得作为交易性金融资产核算的股票投资成本为 800 万元，20×7 年 12 月 31 日的公允价值为 1 200 万元。税法规定，以公允价值计量的金融资产持有期间市价变动不计入应纳税所得额。

（4）违反环保法规定应支付罚款 250 万元。

（5）期末对持有的存货计提了 75 万元的存货跌价准备。

①20×7 年度当期应交所得税

应纳税所得额＝3 000＋150＋500－400＋250＋75＝3 575（万元）

应交所得税＝3 575×25％＝893.75（万元）

②20×7 年度递延所得税

递延所得税资产＝225×25％＝56.25（万元）

递延所得税负债＝400×25％＝100（万元）

递延所得税＝100－56.25＝43.75（万元）

③利润表中应确认的所得税费用

所得税费用＝893.75 ＋43.75＝937.50（万元），确认所得税费用的账务处理如下：

借:所得税费用   9 375 000

    递延所得税资产   562 500

     贷:应交税费——应交所得税   8 937 500

       递延所得税负债   1 000 000

A 公司 20×7 年资产负债表相关项目金额及其计税基础如表 7-3 所示。

表 7-3 20×7 年 A 公司资产负债表相关项目账面价值及其计税基础 单位:万元

项目	账面价值	计税基础	差异	
			应纳税暂时性差异	可抵扣暂时性差异
存货	2 000	2 075		75
固定资产				
固定资产原价	1 500	1 500		
减:累计折旧	300	150		
减:固定资产减值准备				
固定资产账面价值	1 200	1 350		150
以公允价值计量且其变动计入当期损益的金融资产	1 200	800	400	
其他应付款	250	250		
总计			400	225

【例 7—22】承【例 7—21】假定 A 公司 20×8 年当期应交所得税为 1 155 万元。资产负债表中有关资产、负债的账面价值及其计税基础相关资料如表 7—4 所示,除所列项目外,其他资产、负债项目不存在会计和税收的差异。

表 7—4   20×8 年 A 公司资产负债表相关项目账面价值及其计税基础   单位:万元

项目	账面价值	计税基础	应纳税暂时性差异	可抵扣暂时性差异
存货	4 000	4 200		200
固定资产				
固定资产原价	1 500	1 500		
减:累计折旧	540	300		
减:固定资产减值准备	50	0		
固定资产账面价值	910	1 200		290
以公允价值计量且其变动计入当期损益的金融资产	1 675	1 000	675	
预计负债	250			250
总计			675	740

(1)当期所得税＝当期应交所得税＝1 155 万元

(2)递延所得税

递延所得税＝(递延所得税负债的期末余额－递延所得税负债的期初余额)－(递延所得税资产的期末余额－递延所得税资产的期初余额)＝(675×25%－100)－(740×25%－56.25)＝－60(万元)

(3)确认所得税费用

所得税费用＝1 155－60＝1 095(万元),确认所得税费用的账务处理如下:

借:所得税费用　　　　　　　　　　　　　　　　　　　　10 950 000

　　递延所得税资产　　　　　　　　　　　　　　　　　　 1 287 500

　　贷:递延所得税负债　　　　　　　　　　　　　　　　　　 687 500

　　　　应交税费——应交所得税　　　　　　　　　　　　　 11 550 000

【例 7—23】丁公司 20×9 年初的递延所得税资产借方余额为 1 900 000 元,递延所得税负债贷方余额为 100 000 元,具体构成项目如表 7—5 所示:

表 7—5   20×9 年丁公司资产负债表相关项目计税基础   单位:元

项目	可抵扣暂时性差异	递延所得税资产	应纳税暂时性差异	递延所得税负债
应收账款	600 000	150 000		
交易性金融资产			400 000	100 000
可供出售金融资产	2 000 000	500 000		
预计负债	800 000	200 000		
可税前抵扣的经营亏损	4 200 000	1 050 000		

丁公司 20×9 年度利润表中利润总额为 16 100 000 元,适用的所得税税率为 25%,预计未来期间适用的所得税税率不会发生变化,未来期间能够产生足够的应纳税所得额用于抵扣可抵扣暂时性差异。

丁公司 20×9 年发生的有关相关交易和事项中,会计处理与税收处理存在差别的有:

(1)年末转回应收账款坏账准备 200 000 元。根据税法规定,转回的坏账损失不计入应纳税所得额。

(2)年末根据交易性金融资产公允价值变动确认公允价值变动收益 200 000 元。根据税法规定,交易性金融资产公允价值变动收益不计入应纳税所得额。

(3)年末根据可供出售金融资产公允价值变动增加其他综合收益 400 000 元。根据税法规定,可供出售金融资产公允价值变动金额不计入应纳税所得额。

(4)当年实际支付产品保修费用 500 000 元,冲减前期确认的相关预计负债;当年又确认产品保修费用 100 000 元,增加相关预计负债。根据税法规定,实际支付的产品保修费用允许税前扣除。但预计的产品保修费用不允许税前扣除。

(5)当年发生业务宣传费 8 000 000 元,至年末尚未支付。该公司当年实现销售收入 50 000 000 元。税法规定,企业发生的业务宣传费支出,不超过当年销售收入 15%的部分,准予税前扣除;超过部分,准予结转以后年度税前扣除。

①丁公司 20×9 年度当期应交所得税

应纳税所得额＝16 100 000－4 200 000－200 000－200 000－500 000＋100 000＋(8 000 000－50 000 000×15%)＝11 600 000(元)

应交所得税＝11 600 000×25%＝2 900 000(元)

②丁公司 20×9 年度递延所得税

丁公司 20×9 年 12 月 31 日有关资产、负债的账面价值、计税基础及相应的暂时性差异如表 7－6 所示。

表 7－6　20×9 年丁公司资产负债表相关项目账面价值及其计税基础　　单位:元

项目	账面价值	计税基础	差异	
			应纳税暂时性差异	可抵扣暂时性差异
应收账款	3 600 000	4 000 000		400 000
交易性金融资产	4 200 000	3 600 000	600 000	
可供出售金融资产	4 000 000	5 600 000		1 600 000
预计负债	400 000	0		400 000
其他应付款	8 000 000	7 500 000		500 000

递延所得税费用＝(600 000×25%－100 000)－[(400 000＋400 000＋500 000)×25%－(150 000＋200 000＋1 050 000)]＝1 125 000(元)

③丁公司利润表中应确认的所得税费用

所得税费用＝2 900 000＋1 125 000＝4 025 000(元)

借:所得税费用	4 025 000
贷:应交税费——应交所得税	2 900 000
递延所得税资产	1 075 000
递延所得税负债	50 000
借:其他综合收益	100 000
贷:递延所得税资产	100 000

四、所得税的列报

企业对所得税的核算结果,除利润表中列示的所得税费用以外,在资产负债表中形成的应交税费(应交所得税)以及递延所得税资产和递延所得税负债应当遵循准则规定列报。其中,递延所得税资产和递延所得税负债一般应当分别作为非流动资产和非流动负债在资产负债表中列示,所得税费用应当在利润表中单独列示,同时还应在附注中披露与所得税有关的信息。一般情况下,在个别财务报表中,当期所得税资产与负债及递延所得税资产及递延所得税负债可以以抵销后的净额列示。在合并财务报表中,纳入合并范围的企业中,一方的当期所得税资产或递延所得税资产与另一方的当期所得税负债或递延所得税负债一般不能予以抵销,除非所涉及的企业具有以净额结算的法定权利并且意图以净额结算。

思考题

1.什么是资产负债表债务法? 其主要特点是什么?

2.所得税会计的核算程序包括哪些步骤?

3.什么是资产的计税基础? 什么是负债的计税基础?

4.什么是暂时性差异? 暂时性差异分为哪几类? 各自对未来应纳所得税额有何影响?

5.如何计算递延所得税资产和递延所得税负债? 它们对所得税费用有何影响?

6.对于不影响损益的递延所得税资产和递延所得税负债,应如何进行处理?

第八章 借款费用

通过本章的学习,应理解借款费用包含哪些内容;理解专门借款和一般借款的区别,掌握借款费用的确认和计量,掌握其具体的会计处理,包括资本化和费用化的两种方法,尤其需要注意借款费用资本化条件以及资本化金额的计量等问题。

导入案例🔍

攀钢集团重庆钛业股份有限公司(原渝钛白股份公司,简称"攀渝钛业"),公布了1997年度财务报告后,立即在证券市场引起轩然大波,成为万众瞩目的对象,因为负责审计该公司的重庆某会计师事务所对其年度财务报表发表了否定意见。这是中国证券市场上第一家被注册会计师出具否定意见审计报告的上市公司。在编制1997年度财务报表时,该公司将钛白粉工程建设项目建设期间的借款及应付债券利息8 064万元资本化为在建工程成本。会计师事务所的注册会计师审计时发现,钛白粉工程已于1995年下半年开始试产。1996年就已经生产出合格产品,按会计制度规定,该8 064万元应当计入1997年度的财务费用。注册会计师要求该公司更正这一违反会计规定的账务处理,将这8 064万元利息支出反映为期间费用,但遭到该公司的"严正拒绝"。经过多次徒劳无益的协商后,重庆某会计师事务所的注册会计师被迫出具否定意见的审计报告。上市公司被出具否定意见的审计报告,这在我国上市公司中还是第一次,在国际证券界也是十分罕见的。明知自己公司的财务报表要被发表否定意见,管理层竟欣然接受,可谓无知者无畏!针对该公司上述年度报告,《中国证券报》进行了连续两周的跟踪报道,引起证券监管部门的高度关注。1998年6月30日,该公司召开股东大会,经表决,一致同意按重庆某会计师事务所的审计报告调整1997年度财务报表,调整后,该公司1997年度的亏损额由原来的3 879万元增至11 943万元。

思考:

1.该公司借款及应付债券利息为什么不能资本化?

2.借款费用在什么条件下可以资本化?

第一节　借款费用概述

一、借款费用的范围

借款费用是企业因借入资金所付出的代价,它包括借款利息、折价或者溢价的摊销、辅助费用以及因外币借款而发生的汇兑差额等。对于企业发生的权益性融资费用,不应包括在借款费用中。但是,承租人根据《企业会计准则第 21 号——租赁》所确认的融资租赁发生的融资费用属于借款费用。

【例 8－1】甲企业 20×6 年发生了借款手续费 10 万元,发行公司债券的佣金 6 万元,发行公司债券产生的溢价摊销 50 万元,发行公司股票的佣金 80 万元,借款利息 200 万元;其中,除发行公司股票属于公司权益性融资性质,所发生的佣金 80 万元,不属于借款费用范畴,不应按照借款费用进行会计处理外,其余的均为借款费用。

(一)因借款而发生的利息

因借款而发生的利息,包括企业向银行或者其他金融机构等借入资金发生的利息、发行公司债券发生的利息,以及为购建或者生产符合资本化条件的资产而发生的带息债务所承担的利息等。

(二)因借款而发生的折价或溢价的摊销

因借款而发生的折价或者溢价主要是指发行债券等所发生的折价或者溢价,发行债券中的折价或者溢价摊销,其实质是对债券票面利息的调整(即将债券票面利率调整为实际利率),属于借款费用的范畴。折价或者溢价本身不属于借款费用,摊销时才属于借款费用。

(三)因外币借款而发生的汇兑差额

因外币借款而发生的汇兑差额,是指由于汇率变动导致市场汇率与账面汇率出现差异,从而对外币借款本金及其利息的记账本位币金额所产生的影响金额。由于汇率的变化往往和利率的变化相联动,它是企业外币借款所需承担的风险,因此,因外币借款相关汇率变化所导致的汇兑差额属于借款费用的有机组成部分。

(四)因借款而发生的辅助费用

因借款而发生的辅助费用是指企业在借款过程中发生的诸如手续费、佣金、印刷费等费用,由于这些费用是因安排借款而发生的,也属于借入资金所付出的代价,是借款费用的构成部分。

二、借款的范围

借款既包括专门借款,也包括一般借款。专门借款是指为购建或者生产符合资本化条件的资产而专门借入的款项。专门借款通常应当有明确的用途,即为购建或者生产某项符合资本化条件的资产而专门借入的,并通常应当具有标明该用途的借款合同。例如,某制造企业为了建造厂房向某银行专门贷款 2 亿元;某房地产开发企业为了开发某住宅小区向某银行专门贷款 3 亿元;某造船厂为生产大型轮船而向银行专门贷款 8 000 万元等,均属于专门借款,其使用目的明确,而且其使用受与银行签订的相关合同限制。

一般借款是指除专门借款之外的借款,相对于专门借款而言,一般借款在借入时,其用途通常没有特指用于符合资本化条件的资产的购建或者生产。

三、符合资本化条件的资产

企业发生的借款费用,可直接归属于符合资本化条件的资产的购建或者生产的,应当予以资本化,计入符合资本化条件的资产成本。其他借款费用,应当在发生时根据其发生额确认为财务费用,计入当期损益。

符合资本化条件的资产是指需要经过相当长时间(1 年或 1 年以上)的购建或者生产活动才能达到预定可使用或者可销售状态的固定资产、投资性房地产和存货等资产。符合资本化条件的存货,主要包括房地产开发企业开发的用于对外出售的房地产开发产品、企业制造的用于对外出售的大型机械设备等,这类存货通常需要经过相当长时间的建造或者生产过程才能达到预定可销售状态。

建造合同成本、确认为无形资产的开发支出等在符合条件的情况下,也可以认定为符合资本化条件的资产。在实务中,如果由于人为或者故意等非正常因素导致资产的购建或者生产时间相当长的,该资产不属于符合资本化条件的资产。购入即可使用的资产,或者购入后需要安装但所需安装时间较短的资产,或者需要建造或者生产但所需建造或者生产时间较短的资产,均不属于符合资本化条件的资产。

【例 8—2】某房地产开发企业于 20×9 年 1 月 1 日起,用银行借款开工建设一幢简易写字楼,该写字楼于当年 10 月 28 日完工,达到预定可使用状态。

在本例中,尽管企业借款用于固定资产的购建,但是由于该固定资产建造时间较短,不属于需要经过相当长时间的购建才能达到预定可使用状态的资产,因此,所发生的相关借款费用不应予以资本化计入在建工程成本,而应当根据发生额计入当期财务费用。

【例 8—3】甲企业向银行借入资金用于生产 A 产品,A 产品属于大型发电设备,生产时间较长,为 1 年零 5 个月。

为生产存货而借入的借款费用在符合资本化条件的情况下应当予以资本化,A 产品的生产时间比较长,属于需要经过相当长时间的生产才能达到预定可销售状态的资产,因此,符合资本化的条件,有关借款费用可以资本化,计入 A 产品的成本中。

第二节　借款费用的确认

一、借款费用的确认原则

借款费用的确认主要解决的是将每期发生的借款费用资本化、计入相关资产的成本，还是将有关借款费用费用化、计入当期损益的问题。

根据借款费用准则的规定，借款费用确认的基本原则是：企业发生的借款费用，可直接归属于符合资本化条件的资产的购建或者生产的，应当予以资本化，计入相关资产成本；其他借款费用，应当在发生时根据其发生额确认为费用，计入当期损益。每一会计期间的利息资本化金额，不应当超过当期相关借款实际发生的利息金额。

二、借款费用资本化期间的确定

企业只有发生在资本化期间内的有关借款费用，才允许资本化，资本化期间的确定是借款费用确认和计量的重要前提。借款费用资本化期间是指从借款费用开始资本化时点到停止资本化时点的期间，但不包括借款费用暂停资本化的期间。

(一)借款费用开始资本化时点的确定

借款费用允许开始资本化必须同时满足三个条件，即资产支出已经发生、借款费用已经发生、为使资产达到预定可使用或者可销售状态所必要的购建或者生产活动已经开始。

1.资产支出已经发生

资产支出已经发生是指企业已经发生了支付现金、转移非现金资产或者承担带息债务形式所发生的支出。其中：

(1)支付现金，是指用货币资金支付符合资本化条件的资产的购建或者生产支出。

(2)转移非现金资产，是指企业将自己的非现金资产直接用于符合资本化条件的资产的购建或者生产。

【例8—4】某企业将自己生产的产品，包括自己生产的水泥、钢材等，用于符合资本化条件的资产的建造或者生产，企业同时还将自己生产的产品向其他企业换取用于符合资本化条件的资产的建造或者生产所需工程物资的，这些产品成本均属于资产支出。

(3)承担带息债务，是指企业为了购建或者生产符合资本化条件的资产所需物资等而承担的带息应付款项(如带息应付票据)。企业以赊购方式购买这些物资所产生的债务可能带息，也可能不带息。如果企业赊购这些物资承担的是不带息债务，就不应当将购买价款计入资产支出，因为该债务在偿付前不需要承担利息，也没有占用借款资金，企业只有等到实际偿付债务，发生了资源流出时，才能将其作为资产支出。如果企业赊购物资承担的是带息债务,则企业要为这笔债务付出代价,支付利息,与企业向银行借入款项用于支付资产支出在性质上是一致的。所以,企业为购建或者生产符合资本化条件的资产而承担的带息债务应当作为资产支出,当该带息债务发生时,视同资产支出已经发生。

【例8—5】某企业因建设厂房所需,于20×9年6月1日购入一批钢材,开出一张100万元的带息商业承兑汇票,期限为3个月,票面年利率为8%。对于该事项,企业尽管没有为工程建设的目的直接支付现金,但承担了带息债务,所以应当将100万元的购买钢材款作为资产支出,自6月1日开出承兑汇票开始即表明资产支出已经发生。

2.借款费用已经发生

借款费用已经发生是指企业已经发生了因购建或者生产符合资本化条件的资产而专门借入款项的借款费用或者所占用的一般借款的借款费用。

3.为使资产达到预定可使用或者可销售状态所必要的购建或者生产活动已经开始

为使资产达到预定可使用或者可销售状态所必要的购建或者生产活动已经开始是指符合资本化条件的资产的实体建造或者生产工作已经开始,如主体设备的安装、厂房的实际开工建造等。它不包括仅仅持有资产、但没有发生为改变资产形态而进行的实质上建造或者生产活动。

企业只有在上述三个条件同时满足的情况下,有关借款费用才可开始资本化,只要其中的任何一个条件没有满足,借款费用都不能开始资本化。

【例8—6】甲上市公司股东大会于2×16年1月4日做出决议,决定建造厂房。为此,甲公司于3月5日向银行专门借款5 000万元,年利率为6%,款项于当日划入甲公司银行存款账户。3月15日,厂房正式动工兴建。3月16日,甲公司购入建造厂房用水泥和钢材一批,价款500万元,当日用银行存款支付。3月31日,计提当月专门借款利息。甲公司在3月份没有发生其他与厂房购建有关的支出,则甲公司专门借款利息应开始资本化的时间为3月16日。3月15日,该事项只满足借款费用开始资本化的第二个、第三个条件,但是没有满足第一个条件,到3月16日,专门借款利息开始资本化的三个条件都已具备。

(二)借款费用暂停资本化的时间

符合资本化条件的资产在购建或者生产过程中发生非正常中断,且中断时间连续超过3个月的,应当暂停借款费用的资本化。中断的原因必须是非正常中断,属于正常中断的,相关借款费用仍可资本化。

【例8—7】A公司为建造厂房于20×9年4月1日从银行借入2 000万元专门借款,借款期限为2年,年利率为6%,不考虑借款手续费;20×7年7月1日,A公司采取出包方式委托B公司为其建造该厂房,并预付了1 000万元工程款,厂房实体建造工作于当日开始。该工程因发生施工安全事故,在20×9年8月1日至11月30日中断施工,12月1日恢复正常施工,至年末工程尚未完工。

由于工程施工发生了安全事故,导致工程中断,该中断就属于非正常中断,因此,上述专门借款在20×9年8月1日至11月30日期间所发生的借款费用不应资本化,而应作为财务费用计入当期损益。

非正常中断通常是由于企业管理决策上的原因或者其他不可预见的原因等所导致的中断。比如，企业因与施工方发生了质量纠纷，或者工程、生产用料没有及时供应，或者资金周转发生了困难，或者施工、生产发生了安全事故，或者发生了与资产购建、生产有关的劳动纠纷等原因，导致资产购建或者生产活动发生中断，均属于非正常中断。

非正常中断与正常中断显著不同。正常中断通常仅限于因购建或者生产符合资本化条件的资产达到预定可使用或者可销售状态所必要的程序，或者事先可预见的不可抗力因素导致的中断。比如，某些工程建造到一定阶段必须暂停下来进行质量或者安全检查，检查通过后才可继续下一阶段的建造工作，这类中断是在施工前可以预见的，而且是工程建造必须经过的程序，属于正常中断。某些地区的工程在建造过程中，由于可预见的不可抗力因素（如雨季或冰冻季节等原因）导致施工出现停顿，也属于正常中断。

(三)借款费用停止资本化的时点

购建或者生产符合资本化条件的资产达到预定可使用或者可销售状态时，借款费用应当停止资本化。在符合资本化条件的资产达到预定可使用或者可销售状态之后所发生的借款费用，应当在发生时根据其发生额确认为费用，计入当期损益。购建或者生产符合资本化条件的资产达到预定可使用或者可销售状态，可从下列几个方面进行判断：

1.符合资本化条件的资产的实体建造（包括安装）或者生产工作已经全部完成或者实质上已经完成。

2.所购建或者生产的符合资本化条件的资产与设计要求、合同规定或者生产要求相符或者基本相符，即使有极个别与设计、合同或者生产要求不相符的地方，也不影响其正常使用或者销售。

3.继续发生在所购建或生产的符合资本化条件的资产上的支出金额很少或者几乎不再发生。

4.所购建或者生产的资产分别建造、分别完工的，企业应当区别情况界定借款费用停止资本化的时点。

所购建或者生产的符合资本化条件的资产的各部分分别完工，且每部分在其他部分继续建造或者生产过程中可供使用或者可对外销售，且为使该部分资产达到预定可使用或可销售状态所必要的购建或者生产活动实质上已经完成的，应当停止与该部分资产相关的借款费用的资本化，因为该部分资产已经达到了预定可使用或者可销售状态。

【例8-8】企业建设三个项目：第一个项目是电冰箱项目，第二个项目是洗衣机项目，第三个项目是电视机项目。假定第二个项目已经完工并达到预定可使用状态，但是第一、第三个项目还处于建造中，此时第二个项目应该停止资本化。

如果企业购建或者生产的资产的各部分分别完工，但必须等到整体完工后才可使用或者对外销售的，应当在该资产整体完工时停止借款费用的资本化。在这种情况下，即使各部分资产已经完工，也不能够认为该部分资产已经达到了预定可使用或者可销售状态，企业只能在所购建固定资产整体完工时，才能认为资产已经达到了预定可使用或者可销售状态，借款费用方可停止资本化。

【例8-9】企业建设钢铁冶炼项目，一共有五个车间，只有在每个车间都建造完毕后，整个冶炼项目才能正式运转，达到生产和设计要求，所以每一个单项工程完工后不应认为资产已经达到了预定可使用状态，企业只有等到整个冶炼项目全部完工，达到预定可使用状态时，才能停止借款费用的资本化。

第三节　借款费用的计量

一、借款利息资本化金额的确定

在借款费用资本化期间内，每一会计期间的利息（包括折价或溢价的摊销，下同）资本化金额，应当按专门借款和一般借款分别处理。

（一）专门借款

为购建或者生产符合资本化条件的资产而借入专门借款的，应当以专门借款当期实际发生的利息费用，减去将尚未动用的借款资金存入银行取得的利息收入或进行暂时性投资取得的投资收益后的金额确定。

专门借款利息资本化金额＝资本化期间借款利息－资本化期间存款利息或暂时性投资收益

【例8-10】某企业于20×9年7月1日为建造厂房，从银行取得3年期专门借款300万元，年利率为6%，按单利计算，到期一次归还本息，借入款项存入银行。工程于2×10年底达到预定可使用状态。20×9年10月1日，企业用银行存款支付工程价款150万元并开始厂房的建造。2×10年4月1日，企业用银行存款支付工程价款150万元。该项专门借款在20×9年第三季度的利息收入为3万元，第四季度的利息收入为1.5万元。

该企业借款利息开始资本化的时点是20×9年10月1日，则20×9年借款费用的资本化金额为3万元，即300×6%×3÷12－1.5＝3（万元）。

【例8-11】ABC公司于20×7年1月1日正式动工兴建一幢办公楼，工期预计为1年零6个月，工程采用出包方式，分别于20×7年1月1日、20×7年7月1日和20×8年1月1日支付工程进度款。公司为建造办公楼于20×7年1月1日专门借款2 000万元，借款期限为3年，年利率为6%。另外，公司在20×7年7月1日又专门借款4 000万元，借款期限为5年，年利率为7%。借款利息按年支付（如无特别说明，本章例题中名义利率与实际利率均相同）。闲置借款资金均用于固定收益债券短期投资，该短期投资月收益率为0.5%。办公楼于20×8年6月30日完工，达到预定可使用状态。

公司为建造该办公楼的支出金额见表8-1。

表 8-1　资产支出情况表　　　　　　　　单位:万元

日期	每期资产支出金额	累计资产支出金额	闲置借款资金用于短期投资金额
20×7 年 1 月 1 日	1 500	1 500	500
20×7 年 7 月 1 日	2 500	4 000	2 000
20×8 年 1 月 1 日	1 500	5 500	500
总计	5 500	——	3 000

由于 ABC 公司使用了专门借款建造办公楼,而且办公楼建造支出没有超过专门借款金额,因此公司在 20×7 年、20×8 年为建造办公楼应予资本化的利息金额计算如下:

确定借款费用资本化期间为 20×7 年 1 月 1 日至 20×8 年 6 月 30 日。

①20×7 年度

计算在资本化期间内专门借款实际发生的利息金额:

$20×7$ 年专门借款发生的利息金额 $=2\,000×6\%+4\,000×7\%×6÷12=260$(万元)

计算在资本化期间内利用闲置的专门借款资金进行短期投资的收益:

$20×7$ 年短期投资收益 $=500×0.5\%×6+2\,000×0.5\%×6=75$(万元)

由于在资本化期间内,专门借款利息费用的资本化金额应当以其实际发生的利息费用减去将闲置的借款资金进行短期投资取得的投资收益后的金额确定,因此:公司 20×7 年的利息资本化金额为 185 万元,即 $260-75=185$(万元)。

20×7 年 12 月 31 日有关账务处理如下:

借:在建工程　　　　　　　　　　　　　　　　　　　　　　1 850 000

　　应收利息(或银行存款)　　　　　　　　　　　　　　　　750 000

　　贷:应付利息　　　　　　　　　　　　　　　　　　　　　　　　2 600 000

②20×8 年度

计算在资本化期间内专门借款实际发生的利息金额:

$20×8$ 年 1 月 1 日至 6 月 30 日专门借款发生的利息金额 $=2\,000×6\%×6÷12+4\,000×7\%×6÷12=200$(万元)

计算在资本化期间内利用闲置的专门借款资金进行短期投资的收益:

$20×8$ 年 1 月 1 日至 6 月 30 日短期投资收益 $=500×0.5\%×6=15$(万元)

由于在资本化期间内,专门借款利息费用的资本化金额应当以其实际发生的利息费用减去将闲置的借款资金进行短期投资取得的投资收益后的金额确定,因此:

公司 20×8 年的利息资本化金额 $=200-15=185$(万元)

20×8 年 6 月 30 日有关账务处理如下:

借:在建工程　　　　　　　　　　　　　　　　　　　　　　1 850 000

　　应收利息(或银行存款)　　　　　　　　　　　　　　　　150 000

　　贷:应付利息　　　　　　　　　　　　　　　　　　　　　　　　2 000 000

（二）一般借款

为购建或者生产符合资本化条件的资产而占用了一般借款的，企业应当根据累计资产支出超过专门借款部分的资产支出加权平均数乘以所占用一般借款的资本化率，计算确定一般借款应予资本化的利息金额。资本化率应当根据一般借款加权平均利率计算确定。具体计算公式如下：

一般借款利息费用资本化金额＝累计资产支出超过专门借款部分的资产支出加权平均数×所占用一般借款的加权平均资本化率

具体核算方法为：

（1）先计算资本化期间总的一般借款的利息费用；

（2）计算资本化的金额；

（3）两者差额为计入财务费用的金额。

1.累计资产支出加权平均数的确定

具体计算公式如下：

累计资产支出加权平均数＝∑（每笔资产支出金额×每笔资产在当期所占用的天数÷当期天数）

这里的权数是指时间的权数。时间的权数中分母始终是整个资本化期间含有的天数或者是月数。假设按照季度资本化，则分母应该是 90 天或者是 3 个月；按照半年度资本化，则分母是 180 天或者 6 个月；按照年度资本化则分母是 360 天或者 12 个月，既可以用月数，也可以用天数。分子是每笔支出实际占用的天数，比如一个季度，1 月 1 日支出 100 万元，则权数就是 90/90；因为支出借款的金额是占用了整个季度。2 月 1 日又支出了 200 万元，则在本季度中该笔支出只占用了 60 天，所以权数就是 60/90；3 月 1 日又支出了 300 万元，则在本季度中该笔支出只占用了 30 天，所以权数就是 30/90。则本季度的累计资产支出加权平均数为 333.33 万元，即 $100×90÷90＋200×60÷90＋300×30÷90＝333.33$（万元）。

2.所占用一般借款的资本化率的确定

若只有一笔一般借款，则该笔借款的实际利率就是资本化率。当然计算的时候要注意题目条件告诉的是按季度资本化或者是按照半年度资本化还是按照年度进行资本化。

若存在多笔一般借款，则要计算加权平均资本化率。具体计算公式如下：

所占用一般借款的资本化率＝所占用一般借款加权平均利率＝所占用一般借款当期实际发生的利息之和÷所占用一般借款本金加权平均数×100％

所占用一般借款本金加权平均数＝∑（所占用每笔一般借款本金×每笔一般借款在当期所占用的天数÷当期天数）

存在多笔一般借款的情况下，各笔一般借款的时间和利率都是不尽相同的。但是一般借款本金加权平均数的分子就是本期间所占用一般借款当期实际发生的利息之和，比如一笔一般借款是 7 月 1 日借入的，则计算实际利息费用的时候则是计算 6 个月的利息;后在 9 月 1 日又借入一笔一般借款,则计算 4 个月的利息,计算本年度一般借款的资本化率的时候,分子就是上述两笔一般借款计提的利息之和,分母就是加权之后得出的本金即所占用一般借款本金加权平均数。

【例 8—12】甲公司为建造办公楼发生有关一般借款有两笔,分别为:

(1)20×9 年 3 月 1 日借款 2 000 万元,借款期限为 3 年,年利率为 6%,利息按年支付。

(2)20×9 年 9 月 1 日借款 5 000 万元,借款期限为 5 年,年利率为 8%,利息按年支付。

年资本化率 = (2 000×6%×10÷12 + 5 000×8%×4÷12) ÷ (2 000×10÷12 + 5 000×4÷12) × 100% = 7%

【例 8—13】承【例 8—11】假定 ABC 公司建造办公楼没有专门借款,占用的都是一般借款。

ABC 公司为建造办公楼占用的一般借款有两笔,具体如下:

(1)向 A 银行长期贷款 2 000 万元,期限为 20×6 年 12 月 1 日至 20×9 年 11 月 30 日,年利率为 6%,按年支付利息。

(2)发行公司债券 10 000 万元,于 20×6 年 1 月 1 日发行,期限为 5 年,年利率为 8%,按年支付利息。

假定这两笔一般借款除了用于办公楼建设外,没有用于其他符合资本化条件的资产的购建或者生产活动。假定全年按 360 天计算,其他资料见【例 8—11】。

该办公楼于 20×7 年 1 月 1 日正式动工兴建,工期预计为 1 年零 6 个月,工程采用出包方式,分别于 20×7 年 1 月 1 日、20×7 年 7 月 1 日和 20×8 年 1 月 1 日支付工程进度款。办公楼于 20×8 年 6 月 30 日完工,达到预定可使用状态。

鉴于 ABC 公司建造办公楼没有占用专门借款,而占用了一般借款,因此,公司应当首先计算所占用一般借款的加权平均利率作为资本化率,然后计算建造办公楼的累计资产支出加权平均数,将其与资本化率相乘,计算求得当期应予资本化的借款利息金额。具体如下:

首先,计算所占用一般借款资本化率:

一般借款资本化率(年) = (2 000×6% + 10 000×8%) ÷ (2 000 + 10 000) × 100% = 7.67%

其次,计算 20×7 年度的累计资产支出加权平均数和每期利息资本化金额:

20×7 年累计资产支出加权平均数 = (1 500×360 + 2 500×180) ÷ 360 = 2750(万元)

20×7 年为建造办公楼的利息资本化金额 = 2 750×7.67% = 210.93(万元)

20×7 年实际发生的一般借款利息费用 = 2 000×6% + 10 000×8% = 920(万元)

根据上述计算结果,20×7 年 12 月 31 日账务处理如下:

借:在建工程   2 109 300

    财务费用   7 090 700

    贷:应付利息   9 200 000

再次，计算20×8年度的累计资产支出加权平均数和每期利息资本化金额：

20×8年累计资产支出加权平均数＝（4 000＋1 500）×180÷360＝2 750（万元）

20×8年为建造办公楼的利息资本化金额＝2 750×7.67％＝210.93（万元）

20×8年1月1日至6月30日实际发生的一般借款利息费用＝（2 000×6％＋10 000×8％）×180÷360＝460（万元）

根据上述计算结果，20×8年6月30日账务处理如下：

借：在建工程	2 109 300
财务费用	2 490 700
贷：应付利息	4 600 000

二、借款辅助费用资本化金额的确定

辅助费用是企业为了安排借款而发生的必要费用，包括借款手续费（如发行债券手续费、佣金等）。如果企业不发生这些费用，就无法取得借款，因此辅助费用是企业借入款项所付出的一种代价，是借款费用的有机组成部分。

对于企业发生的专门借款辅助费用，在所购建或者生产的符合资本化条件的资产达到预定可使用或者可销售状态之前发生的，应当在发生时根据其发生额予以资本化；在所购建或者生产的符合资本化条件的资产达到预定可使用或者可销售状态之后发生的，应当在发生时根据其发生额确认为费用，计入当期损益。上述资本化或计入当期损益的辅助费用的发生额，是根据《企业会计准则第22号——金融工具确认和计量》规定，按照实际利率法所确定的金融负债交易费用对每期利息费用的调整额。借款实际利率与合同利率差异较小的，也可以采用合同利率计算确定利息费用。一般借款发生的辅助费用也应当按照上述原则确定其发生额并进行处理。

考虑到借款辅助费用与金融负债交易费用是一致的，其会计处理也应当保持一致。根据《企业会计准则第22号——金融工具确认和计量》的规定，除以公允价值计量且其变动计入当期损益的金融负债之外，其他金融负债相关的交易费用应当计入金融负债的初始确认金额。为购建或者生产符合资本化条件的资产的专门借款或者一般借款，通常都属于除以公允价值计量且其变动计入当期损益的金融负债之外的其他金融负债。因此对于这些金融负债所发生的辅助费用需要计入借款的初始确认金额，即抵减相关借款的初始金额，从而影响以后各期实际利息的计算。换句话说，由于辅助费用的发生将导致相关借款实际利率的上升，从而需要对各期利息费用作相应调整，在确定借款辅助费用资本化金额时可以结合借款利息资本化金额一起计算。

三、外币专门借款汇兑差额资本化金额的确定

当企业为购建或者生产符合资本化条件的资产所借入的专门借款为外币借款时，由于企业取得外币借款日、使用外币借款日和会计结算日往往并不一致，而外汇汇率又在

随时发生变化,因此,外币借款会产生汇兑差额。相应地,在借款费用资本化期间内,为购建固定资产而专门借入的外币借款所产生的汇兑差额,是购建固定资产的一项代价,应当予以资本化,计入固定资产成本。出于简化核算的考虑,在资本化期间内,外币专门借款本金及其利息的汇兑差额,应当予以资本化,计入符合资本化条件的资产的成本。而除外币专门借款之外的其他外币借款本金及其利息所产生的汇兑差额应当作为财务费用,计入当期损益。

思考题💡

1.借款费用的处理原则是什么?

2.如何确定借款费用资本化期间?

3.借款费用资本化金额怎样确定?

第九章 资产负债表日后事项

学习目标◎

通过本章学习,应当了解资产负债表日后事项定义和涵盖期间;熟悉调整事项与非调整事项的区别;掌握调整事项与非调整事项的内容及其会计处理方法。

导入案例🔍

黄山公司为一家创业板上市公司,该公司近年发生了以下事项:

(1)20×8年1月27日,法院一审判决黄山公司赔偿芬树公司损失200万元。2月1日,黄山公司向芬树公司支付上述赔偿款。该诉讼案系黄山公司20×7年9月销售给芬树公司的××电子设备,在使用过程中发生爆炸造成财产损失所引起的。20×7年12月31日,该诉讼案件尚未做出判决。黄山公司估计很可能赔偿芬树公司150万元的损失,并据此在20×7年12月31日确认150万元的预计负债。黄山公司将未确认的损失50万元,计入了20×8年2月的损益中。

(2)20×8年12月3日,黄山公司向全盛公司销售云端电子产品10台,销售价格为每台100万元,成本为每台80万元。黄山公司于当日发货10台,同时收到全盛公司支付的部分货款150万元。20×9年2月2日,黄山公司因云端电子产品的质量问题同意给予全盛公司每台2万元的销售折让。黄山公司于20×9年2月28日收到税务部门开具的索取折让证明单,并向全盛公司开具红字增值税专用发票。黄山公司通过销售折让调整了20×9年2月的销售收入20万元。

(3)20×8年12月3日,黄山公司与一家境外公司签订合同,向该境外公司销售2台大型电子设备,销售价格为每台60万美元,12月20日,黄山公司发运该电子设备,并取得铁路发运单和海运单。至12月31日,黄山公司尚未收到该境外公司汇来的货款。假定该电子设备出口时免征增值税,也不退回增值税。黄山公司该电子设备的成本为每台410万元。黄山公司对外币业务采用业务发生时的市场汇率进行折算。假定20×8年12月20日的市场汇率为1美元=7.8人民币元,12月31日的市场汇率为1美元=7.7人民币元。黄山公司对该笔销售产生的应收账款在年末资产负债表中列示了936万人民币元。

思考:

1.什么是资产负债表日后事项?

2.调整事项与非调整事项有何区别?

3.调整事项如何进行会计处理?

第一节　资产负债表日后事项概述

一、资产负债表日后事项的定义

资产负债表日后事项,是指资产负债表日至财务报告批准报出日之间发生的有利或不利事项。理解这一定义,需要注意以下方面。

(一)资产负债表日

资产负债表日是指会计年度末和会计中期期末。中期是指短于一个完整的会计年度的报告期间,包括半年度、季度和月度。按照《会计法》规定,我国会计年度采用公历年度,即 1 月 1 日至 12 月 31 日。因此,年度资产负债表日是指每年的 12 月 31 日,中期资产负债表日是指各会计中期期末。例如,提供第一季度财务报告时,资产负债表日是该年度的 3 月 31 日;提供半年度财务报告时,资产负债表日是该年度的 6 月 30 日。

如果母公司或者子公司在国外,无论该母公司或子公司如何确定会计年度和会计中期,其向国内提供的财务报告都应根据我国《会计法》和会计准则的要求确定资产负债表日。

(二)财务报告批准报出日

财务报告批准报出日是指董事会或类似机构批准财务报告报出的日期,通常是指对财务报告的内容负有法律责任的单位或个人批准财务报告对外公布的日期。

财务报告的批准者包括所有者、所有者中的多数、董事会或类似的管理单位、部门和个人。根据《公司法》规定,董事会有权拟定公司的年度财务预算方案、决算方案、利润分配方案和弥补亏损方案。因此,公司企业的财务报告批准报出日是指董事会批准财务报告报出的日期。对于非公司制企业,财务报告批准报出日是指经理(厂长)会议或类似机构批准财务报告报出的日期。

(三)有利事项和不利事项

资产负债表日后事项包括有利事项和不利事项。"有利或不利事项"是指,资产负债表日后对企业财务状况和经营成果具有一定影响(既包括有利影响也包括不利影响)的事项。如果某些事项的发生对企业并无任何影响,那么,这些事项既不是有利事项,也不是不利事项,也就不属于这里所说的资产负债表日后事项。

二、资产负债表日后事项涵盖的期间

资产负债表日后事项涵盖的期间是自资产负债表日次日起至财务报告批准报出日止的一段时间。对上市公司而言,这一期间内涉及几个日期,包括完成财务报告编制日、注册会计师出具审计报告日、董事会批准财务报告可以对外公布日、实际对外公布日等。具体而言,资产负债表日后事项涵盖的期间应当包括:

1.报告期间下一期间的第一天至董事会或类似机构批准财务报告对外公布的日期。

2.财务报告批准报出以后、实际报出之前又发生与资产负债表日后事项有关的事项,并由此影响财务报告对外公布日期的,应以董事会或类似机构再次批准财务报告对外公布的日期为截止日期。

【例9—1】某上市公司20×7年的年度财务报告于20×8年2月20日编制完成,注册会计师完成年度财务报表审计工作并签署审计报告的日期为20×8年4月17日,董事会批准财务报告对外公布的日期为20×8年4月17日,财务报告实际对外公布的日期为20×8年4月23日,股东大会召开日期为20×8年5月10日。

根据资产负债表日后事项涵盖期间的规定,本例中,该公司20×7年年报资产负债表日后事项涵盖的期间为20×8年1月1日至20×8年4月17日。如果在4月17日至23日之间发生了重大事项,需要调整财务报表相关项目的数据或需要在财务报表附注中披露,经调整或说明后的财务报告再经董事会批准报出的日期为20×8年4月25日,实际报出的日期为20×8年4月30日,则资产负债表日后事项涵盖的期间为20×8年1月1日至20×8年4月25日。

三、资产负债表日后事项的内容

资产负债表日后事项包括资产负债表日后调整事项(以下简称"调整事项")和资产负债表日后非调整事项(以下简称"非调整事项")。

(一)调整事项

资产负债表日后调整事项,是指对资产负债表日已存在的情况提供了新的或进一步证据的事项。

如果资产负债表日及所属会计期间已经存在某种情况,但当时并不知道其存在或者不能知道确切结果,资产负债表日后发生的事项能够证实该情况的存在或者确切结果,则该事项属于资产负债表日后事项中的调整事项。如果资产负债表日后事项对资产负债表日的情况提供了进一步的证据,证据表明的情况与原来的估计和判断不完全一致,则需要对原来的会计处理进行调整。

企业发生的调整事项,通常包括下列各项:(1)资产负债表日后诉讼案件结案,法院判决证实了企业在资产负债表日已经存在现时义务,需要调整原先确认的与该诉讼案件相关的预计负债,或确认一项新负债;(2)资产负债表日后取得确凿证据,表明某项资产在资产负债表日发生了减值或者需要调整该项资产原先确认的减值金额;(3)资产负债表日后进一步确定了资产负债表日前购入资产的成本或售出资产的收入;(4)资产负债表日后发现了财务报表舞弊或差错。

【例9—2】甲公司因产品质量问题被消费者起诉。20×5年12月31日法院尚未判决,考虑到消费者胜诉要求甲公司赔偿的可能性较大,甲公司为此确认了4 000 000元的预计负债。20×6年2月20日,在甲公司20×5年度财务报告对外报出之前,法院判决消费者胜诉,要求甲公司支付赔偿款6 000 000元。

本例中,甲公司在 20×5 年 12 月 31 日结账时已经知道消费者胜诉的可能性较大,但不能知道法院判决的确切结果,因此,确认了 4 000 000 元的预计负债。20×6 年 2 月 20 日法院判决结果为甲公司预计负债的存在提供了进一步的证据。此时,按照 20×5 年 12 月 31 日存在状况编制的财务报表所提供的信息已不能真实反映企业的实际情况,应据此对财务报表相关项目的数据进行调整。

(二)非调整事项

非调整事项,是指表明资产负债表日后发生的情况的事项。非调整事项的发生不影响资产负债表日企业的财务报表数据,只说明资产负债表日后发生了某些情况。对于财务报告使用者而言,非调整事项说明的情况有的重要,有的不重要。其中重要的非调整事项虽然不影响资产负债表日的财务报表数据,但可能影响资产负债表日以后的财务状况和经营成果,不加以说明将会影响财务报告使用者做出正确估计和决策。因此,需要适当披露。企业发生的非调整事项,通常包括下列资产负债表日后发生重大诉讼、仲裁、承诺;资产负债表日后资产价格、税收政策、外汇汇率发生重大变化等。

(三)调整事项与非调整事项的区别

资产负债表日后发生的某一事项究竟是调整事项还是非调整事项,取决于该事项表明的情况在资产负债表日或资产负债表日以前是否已经存在。若该情况在资产负债表日或之前已经存在,则属于调整事项;反之,则属于非调整事项。

【例 9-3】甲公司 20×8 年 10 月向乙公司出售一批原材料,价款为 1 500 万元,根据销售合同,乙公司应在收到原材料后 3 个月内付款。至 20×8 年 12 月 31 日,乙公司尚未付款。假定甲公司在编制 20×8 年度财务报告时有两种情况:(1)20×8 年 12 月 31 日甲公司根据掌握的资料判断,乙公司有可能破产清算,估计该应收账款将有 20% 无法收回,故按 20% 的比例计提坏账准备;20×9 年 1 月 22 日,甲公司收到通知,乙公司已被宣告破产清算,甲公司估计有 70% 的债权无法收回。(2)20×8 年 12 月 31 日乙公司的财务状况良好,甲公司预计应收账款可按时收回;20×9 年 1 月 22 日,乙公司发生重大火灾,导致甲公司 50% 的应收账款无法收回。

20×9 年 3 月 15 日,甲公司的财务报告经批准对外公布。

本例中第一种情况,导致甲公司应收账款无法收回的事实是乙公司财务状况恶化,该事实在资产负债表日已经存在,乙公司被宣告破产只是证实了资产负债表日乙公司财务状况恶化的情况。因此,乙公司破产导致甲公司应收款项无法收回的事项属于调整事项。第二种情况导致甲公司应收账款损失的因素是火灾,火灾是不可预计的,应收账款发生损失这一事实在资产负债表日以后才发生。因此,乙公司发生火灾导致甲公司应收款项发生坏账的事项属于非调整事项。

在理解资产负债表日后事项的会计处理时,还需要明确以下两个问题:

第一,如何确定资产负债表日后某一事项是调整事项还是非调整事项,是对资产负债表日后事项进行会计处理的关键。调整和非调整事项是一个广泛的概念,就事项本身而言,可以有各种各样的性质,只要符合企业会计准则中对这两类事项的判断原则即可。另外,同一性质的事项可能是调整事项,也可能是非调整事项,这取决于该事项表明的情况是在资产负债表日或资产负债表日以前已经存在或发生,还是在资产负债表日后才发生的。

第二,企业会计准则以列举的方式说明了资产负债表日后事项中,哪些属于调整事项,哪些属于非调整事项,但并没有列举详尽。实务中,会计人员应按照资产负债表日后事项的判断原则,确定资产负债表日后发生的事项中哪些属于调整事项,哪些属于非调整事项。

第二节　资产负债表日后调整事项

一、调整事项的处理原则

企业发生的调整事项,因当调整资产负债表日的财务报表。对于年度财务报告而言,由于资产负债表日后事项发生在每报告年度的次年,报告年度的有关账目已经结转,特别是损益类科目在结账后已无余额。因此,年度资产负债表日后发生的调整事项,应具体分别以下情况进行处理:

1.涉及损益的事项,通过"以前年度损益调整"科目核算。调整增加以前年度利润或调整减少以前年度亏损的事项,贷记"以前年度损益调整"科目;调整减少以前年度利润或调整增加以前年度亏损的事项,借记"以前年度损益调整"科目。

涉及损益的调整事项,如果发生在该企业资产负债表日所属年度(报告年度)所得税汇算清缴前的,应调整报告年度应纳税所得额、应纳所得税税额;发生在企业报告年度所得税汇算清缴后的,应调整本年度(即报告年度的次年)应纳所得税税额。

由于以前年度损益调整增加的所得税费用,借记"以前年度损益调整"科目,同时贷记"应交税费——应交所得税"科目;由于以前年度损益调整减少的所得税费用,贷记"以前年度损益调整"科目,同时借记"应交税费——应交所得税"科目。

调整完成后,将"以前年度损益调整"科目的贷方或借方余额,转入"利润分配——未分配利润"科目。

2.涉及利润分配调整的事项,直接在"利润分配——未分配利润"科目核算。

3.不涉及损益及利润分配的事项,调整相关科目。

4.通过上述账务处理后,还应同时调整财务报表相关项目的数据,包括:(1)资产负债表日编制的财务报表相关项目的期末数或本年发生数;(2)当期编制的财务报表相关项目的期初数或上年数;(3)经过上述调整后,如果涉及报表附注内容的,还应当做出相应调整。

二、资产负债表日后调整事项的具体会计处理方法

为简化处理,如无特殊说明,本章所有的案例均假定如下:财务报告批准报出日是次年 3 月 31 日,所得税税率为 25%,按净利润的 10% 提取法定盈余公积,提取法定盈余公积后不再进行其他分配;调整事项按税法规定均可调整应缴纳的所得税;涉及递延所得税资产的,均假定未来期间很可能取得用来抵扣暂时性差异的应纳税所得额;不考虑报表附注中有关现金流量表项目的数据。

1.资产负债表日后诉讼案件结案,法院判决证实了企业在资产负债表日已经存在现时义务,需要调整原先确认的与该诉讼案件相关的预计负债,或确认一项新负债。

这一事项是指导致诉讼的事项在资产负债表日已经发生,但尚不具备确认负债的条件而未确认,资产负债表日后至财务报告批准报出日之间获得了新的或进一步的证据(法院判决结果),表明符合负债的确认条件。因此,应在财务报告中确认为一项新负债;或者在资产负债表日虽已确认,但需要根据判决结果调整已确认负债的金额。

【例9-4】甲公司与乙公司签订一项销售合同,合同中明确甲公司应在20×7年8月销售给乙公司一批物资。由于甲公司未能按照合同发货,致使乙公司发生重大经济损失。20×7年12月,乙公司将甲公司告上法庭,要求甲公司赔偿450万元。20×7年12月尚未判决,甲公司按或有事项准则对该诉讼事项确认预计负债300万元。20×8年2月10日,经法院判决甲公司应赔偿乙公司400万元,甲、乙双方均服从判决。判决当日甲公司向乙公司支付赔偿款400万元。甲、乙两公司20×7年所得税汇算清缴均在20×8年3月20日完成(假定该项预计负债产生的损失不允许在预提时税前抵扣,只有在损失实际发生时,才允许税前抵扣)。

本例中,20×8年2月10日的判决证实了甲、乙两公司在资产负债表日(即20×7年12月31日)存在现时赔偿义务和获赔权利。因此,两公司都应将"法院判决"这一事项作为调整事项进行处理。甲公司和乙公司20×7年所得税汇算清缴均在20×8年3月20日完成。因此,根据法院判决结果调整报告年度应纳税所得额和应纳所得税税额。

(1)甲公司的账务处理

①20×8年2月10日,记录支付的赔款,并调整递延所得税资产

借:以前年度损益调整　1 000 000
　贷:其他应付款　1 000 000
借:应交税费——应交所得税　250 000
　贷:以前年度损益调整　250 000
借:应交税费——应交所得税　750 000
　贷:以前年度损益调整　750 000
借:以前年度损益调整　750 000
　贷:递延所得税资产　750 000
借:预计负债　3 000 000
　贷:其他应付款　3 000 000
借:其他应付款　4 000 000
　贷:银行存款　4 000 000

注:20×8年末确认预计负债300万元时已确认相应的递延所得税资产,资产负债表日后事项发生后递延所得税资产不复存在,故应冲销相应记录。

②将"以前年度损益调整"科目余额转入未分配利润

借:利润分配——未分配利润　750 000
　贷:以前年度损益调整　750 000

③因净利润变动,调整盈余公积

借:盈余公积　75 000
　贷:利润分配——未分配利润　75 000

④调整报告年度财务报表(财务报表略)

资产负债表项目的年末数调整:

调减递延所得税资产 75 万元;调增其他应付款 400 万元,调减应交税费 100 万元,调减预计负债 300 万元;调减盈余公积 7.5 万元,调减未分配利润 67.5 万元。

利润表项目的调整:

调增营业外支出 100 万元,调减所得税费用 25 万元,调减净利润 75 万元。

所有者权益变动表项目的调整:

调减净利润 75 万元,提取盈余公积项目中盈余公积一栏调减 7.5 万元,未分配利润一栏调减 67.5 万元。

(2)乙公司的账务处理

①20×8 年 2 月 10 日,记录收到的赔款,并调整应交所得税

借:其他应收款	4 000 000	
贷:以前年度损益调整		4 000 000
借:以前年度损益调整	1 000 000	
贷:应交税费——应交所得税		1 000 000
借:银行存款	4 000 000	
贷:其他应收款		4 000 000

②将"以前年度损益调整"科目余额转入未分配利润

借:以前年度损益调整	3 000 000	
贷:利润分配——未分配利润		3 000 000

③因净利润增加,补提盈余公积

借:利润分配——未分配利润	300 000	
贷:盈余公积		300 000

④调整报告年度财务报表相关项目(财务报表略)

资产负债表项目的年末数调整:

调增其他应收款 400 万元,调增应交税费 100 万元,调增盈余公积 30 万元,调增未分配利润 270 万元。

利润表项目的调整:

调增营业外收入 400 万元,调增所得税费用 100 万元,调增净利润 300 万元。

所有者权益变动表项目的调整:

调增净利润 300 万元,提取盈余公积项目中盈余公积一栏调增 30 万元,未分配利润一栏调增 270 万元。

2.资产负债表日后取得确凿证据,表明某项资产在资产负债表日发生了减值或者需要调整该项资产原先确认的减值金额。

这一事项是指在资产负债表日,根据当时的资料判断某项资产可能发生了损失或减值,但没有最后确定是否会发生,因而按照当时的最佳估计金额反映在财务报表中。但在资产负债表日至财务报告批准报出日之间,所取得的确凿证据能证明该事实成立,即某项资产已经发生了损失或减值,则应对资产负债表日所做的估计予以修正。

3.资产负债表日后进一步确定了资产负债表日前购入资产的成本或售出资产的收入 这类调整事项包括两方面的内容:(1)若资产负债表日前购入的资产已经按暂时估计金额等入账,资产负债表日后获得证据,可以进一步确定该资产的成本,则应对已入账的资产成本进行调整。(2)企业在资产负债表日已根据收入确认条件确认资产销售收入,但资产负债表日后获得关于资产收入的进一步证据,如发生销售退回等,此时也应调整财务报表相关项目的金额。需要说明的是,资产负债表日后发生的销售退回,既包括报告年度或报告中期销售的商品在资产负债表日后发生的销售退回,也包括以前期间销售的商品在资产负债表日后发生的销售退回。

资产负债表所属期间或以前期间所售商品在资产负债表日后退回的,应作为资产负债表日后调整事项处理。发生于资产负债表日后至财务报告批准报出日之间的销售退回事项,可能发生于该企业年度所得税汇算清缴之前,也可能发生于该企业年度所得税汇算清缴之后,其会计处理分别为:

涉及报告年度所属期间的销售退回发生于该企业报告年度所得税汇算清缴之前的,应调整报告年度利润表的收入、成本等,并相应调整报告年度的应纳税所得额以及报告年度应缴纳的所得税等。

【例9-5】甲公司20×7年11月8日销售一批商品给乙公司,取得收入120万元(不含税,增值税税率17%)。甲公司发出商品后,按照正常情况已确认收入,并结转成本100万元。20×7年12月31日,该笔货款尚未收到,甲公司未对应收账款计提坏账准备。20×8年1月15日,由于产品质量问题,本批货物被退回。甲公司于20×8年2月28日完成20×7年所得税汇算清缴。

本例中,销售退回业务发生在资产负债表日后事项涵盖期间内,属于资产负债表日后调整事项。由于销售退回发生在甲公司报告年度所得税汇算清缴之前,因此,在所得税汇算清缴时,应扣除该部分销售退回所实现的应纳税所得额。

甲公司的账务处理如下:

(1)20×8年1月15日,调整销售收入

借:以前年度损益调整	1 200 000
应交税费——应交增值税(销项税额)	204 000
贷:应收账款	1 404 000

(2)调整销售成本

借:库存商品	1 000 000
贷:以前年度损益调整	1 000 000

(3)调整应缴纳的所得税

借:应交税费——应交所得税	50 000
贷:以前年度损益调整	50 000

(4)将"以前年度损益调整"科目的余额转入利润分配

借:利润分配——未分配利润	150 000
贷:以前年度损益调整	150 000

(5)调整盈余公积

借:盈余公积	15 000
贷:利润分配——未分配利润	15 000

（6）调整相关财务报表（略）

资产负债表日后事项中涉及报告年度所属期间的销售退回发生于该企业报告年度所得税汇算清缴之后,应调整报告年度会计报表的收入、成本等,但按照税法规定,在此期间的销售退回所涉及的应交所得税,应作为本年的纳税调整事项。

第三节　非调整事项的会计处理

一、非调整事项的处理原则

资产负债表日后发生的非调整事项,是表明资产负债表日后发生的情况的事项,与资产负债表日存在状况无关,不应当调整资产负债表日的财务报表。但有的非调整事项对财务报告使用者具有重大影响,如不加以说明,将不利于财务报告使用者做出正确估计和决策。因此,应在附注中进行披露。

二、非调整事项的具体会计处理办法

资产负债表日后发生的非调整事项,应当在报表附注中披露每项重要的资产负债表日后非调整事项的性质、内容及其对财务状况和经营成果的影响。无法做出估计的,应当说明原因。

资产负债表日后非调整事项的主要情况有:

1.资产负债表日后发生重大诉讼、仲裁和承诺。资产负债表日后发生的重大诉讼等事项,对企业影响较大,为防止误导投资者及其他财务报告使用者,应当在报表附注中进行披露。

2.资产负债表日后资产价格、税收政策、外汇汇率发生重大变化。资产负债表日后发生的资产价格、税收政策和外汇汇率的重大变化,虽然不会影响资产负债表日财务报表相关项目的数据,但对企业资产负债表日后期间的财务状况和经营成果有重大影响,应当在报表附注中进行披露。

3.资产负债表日后因自然灾害导致资产发生重大损失。

4.资产负债表日后发行股票和债券以及其他巨额举债。企业发行股票、债券以及向银行或非银行金融机构举借巨额债务都是比较重大的事项,虽然这一事项与企业资产负债表日的存在状况无关,但这一事项的披露能使财务报告使用者了解与此有关的情况及可能带来的影响。因此,应当在报表附注中进行披露。

5.资产负债表日后资本公积转增资本。企业以资本公积转增资本将会改变企业的资本(或股本)结构,影响较大,应当在报表附注中进行披露。

6.资产负债表日后发生巨额亏损。企业资产负债表日后发生巨额亏损将会对企业报告期以后的财务状况和经营成果产生重大影响,应当在报表附注中及时披露该事项,以便为投资者或其他财务报告使用者做出正确决策提供信息。

第九章　资产负债表日后事项

7.资产负债表日后发生企业合并或处置子公司。企业合并或者处置子公司的行为可以影响股权结构、经营范围等方面,对企业未来的生产经营活动能产生重大影响,应当在报表附注中进行披露。

8.资产负债表日后,企业利润分配方案中拟分配以及经审议批准宣告发放现金股利或利润。资产负债表日后,企业制定利润分配方案,拟分配或经审议批准宣告发放现金股利或利润的行为,并不会导致企业在资产负债表日形成现时义务,虽然该事项的发生可导致企业负有支付股利或利润的义务,但支付义务在资产负债表日尚不存在,不应该调整资产负债表日的财务报告。因此,该事项为非调整事项。但为便于财务报告使用者更充分地了解相关信息,企业需要在财务报告中适当披露该信息。

思考题💡

1.资产负债表日后事项的涵盖期间是什么?

2.资产负债表日后事项是怎样分类的?

3.资产负债表日后调整事项的处理原则有哪些?

4.资产负债表日后非调整事项的处理原则是什么?

第十章　会计政策、会计估计变更与会计差错更正

学习目标 ◎

通过本章的学习,应理解什么叫会计政策及其变更、会计估计及其变更;掌握重要前期差错对报表项目的调整;掌握追溯调整法和未来适用法。

导入案例 🔍

山东新能泰山发电股份有限公司于 2010 年 4 月 16 日召开了五届十次董事会会议,审议通过了公司《关于会计政策变更及前期会计差错更正的提案》。具体情况如下:

1. 会计政策变更的原因

公司控股子公司山东鲁能泰山西周矿业有限公司(以下简称西周矿业公司)属于煤炭开采企业,公司提取安全生产费和维简费,原会计政策规定在"未分配利润"中计提,记入"盈余公积"科目,使用时冲回。

根据财政部《关于印发企业会计准则解释第 3 号的通知》(财会〔2009〕8 号)的规定,高危行业企业按照国家规定提取的安全生产费用,应当计入相关产品的成本或当期损益,同时记入"专项储备"科目。企业使用提取的安全生产费时,属于费用性支出的,直接冲减专项储备。企业使用提取的安全生产费形成的固定资产,应当通过"在建工程"科目归集所发生的支出,待安全项目完工达到预定可使用状态时确认为固定资产;同时,按照形成固定资产的成本冲减专项储备,并确认相同金额的累计折旧。该固定资产在以后期间不再计提折旧。

2. 前期会计差错更正的原因

(1)公司原有电缆业务重组及停产后的内退职工,公司承诺将支付其工资至退休日,根据《企业会计准则第 9 号——职工薪酬》的规定,公司将该等辞退补偿计入"应付职工薪酬——辞退福利",以现值反映。公司计算辞退福利现值时,采用了 2007 年末一年期贷款利率作为折现率。根据财政部《关于执行会计准则的上市公司和非上市企业做好 2009 年年报工作的通知》(财会〔2009〕16 号)的规定,企业应当选择同期限国债利率作为折现率。公司作为前期会计差错进行追溯调整。

(2)西周矿业公司 2008 年度开始生产经营,当年起在银行存储风险金,该笔风险金不得随意支取,截至 2008 年 12 月 31 日,风险金存款余额为 700 080.5 元。公司在编制 2008 年现金流量表时,未考虑该笔受限制的银行存款,本期公司对此进行追溯调整。

思考:

1. 西周矿业公司将计提的安全生产费和维简费按照上述规定进行会计处理采用什么会计方法进行账务处理?

2. 对于公司的会计差错更正业务应该采用什么样的会计核算方法?

3. 上述两项业务的变动对公司 2009 年的财务报告会产生什么样的影响?

第一节　会计政策及其变更

一、会计政策的概念

会计政策,是指企业在会计确认、计量和报告中所采用的原则、基础和会计处理方法。原则,是指企业按照国家统一的会计准则制度规定的、适合于企业会计核算所采用的特定会计原则。基础,是指为了将会计原则应用于交易或者事项而采取的会计基础。会计处理方法,是指企业在会计核算中从诸多可选择的会计处理方法中所选择的、适合于本企业的具体会计处理方法。

企业会计政策的选择和运用具有如下特点:

(一)企业应在国家统一的会计准则和制度规定的范围内选择适用的会计政策

会计政策是在允许的会计原则、计量基础和会计处理方法中做出指定或具体选择。由于企业经济业务的复杂性和多样化,某些经济业务在符合会计原则和计量基础的要求下,可以有多种会计处理方法,即存在不止一种可供选择的会计政策。例如,确定发出存货的实际成本时可以在先进先出法、加权平均法或者个别计价法中进行选择。

同时,我国的会计准则和会计制度属于行政规章,会计政策所包括的会计原则、计量基础和具体会计处理方法由会计准则或会计制度规定,具有一定的强制性。企业必须在法规所允许的范围内选择适合本企业实际情况的会计政策。即企业在发生某项经济业务时,必须从允许的会计原则、计量基础和会计处理方法中选择出适合本企业特点的会计政策。

(二)会计政策涉及会计原则、会计基础和具体会计处理方法

会计原则包括一般原则和特定原则,会计政策所指的会计原则是指某一类会计业务的核算所应遵循的特定原则,而不是笼统地指所有的会计原则。例如,借款费用是费用化还是资本化,即属于特定会计原则。可靠性、相关性、实质重于形式等属于会计信息质量要求,是为了满足会计信息质量要求而制定的原则,是统一的、不可选择的,不属于特定原则。

会计基础包括会计确认基础和会计计量基础。可供选择的会计确认基础包括权责发生制和收付实现制。会计计量基础主要包括历史成本、重置成本、可变现净值、现值和公允价值等。由于我国企业应当采用权责发生制作为会计确认基础,不具备选择性,所以会计政策所指的会计基础,主要是会计计量基础(即计量属性)。

具体会计处理方法,是指企业根据国家统一的会计准则和制度允许选择的、对某一类会计业务的具体处理方法做出的具体选择。例如《企业会计准则第 1 号——存货》允许企业在先进先出法、加权平均法和个别计价法之间对发出存货实际成本的确定方法做出选择,这些方法就是具体会计处理方法。

会计原则、会计基础和会计处理方法三者之间是一个具有逻辑性的、密不可分的整体,通过这个整体,会计政策才能得以应用和落实。

(三)会计政策应当保持前后各期的一致性

企业通常应在每期采用相同的会计政策。企业选用的会计政策一般情况下不能也不应当随意变更,以保持会计信息的可比性。

企业在会计核算中所采用的会计政策,通常应在报表附注中加以披露,需要披露的会计政策项目主要有以下几项:

1.财务报表的编制基础、计量基础和会计政策的确定依据等。

2.存货的计价,是指企业存货的计价方法。例如,企业发出存货成本的计量是采用先进先出法,还是采用其他计量方法。

3.固定资产的初始计量,是指对取得的固定资产初始成本的计量。例如,企业取得的固定资产初始成本是以购买价款,还是以购买价款的现值为基础进行计量。

4.无形资产的确认,是指对无形项目的支出是否确认为无形资产。例如,企业内部研究开发项目开发阶段的支出是确认为无形资产,还是在发生时计入当期损益。

5.投资性房地产的后续计量,是指企业在资产负债表日对投资性房地产进行后续计量所采用的会计处理。例如,企业对投资性房地产的后续计量是采用成本模式,还是公允价值模式。

6.长期股权投资的核算,是指长期股权投资的具体会计处理方法。例如,企业对被投资单位的长期股权投资是采用成本法,还是采用权益法核算。

7.非货币性资产交换的计量,是指非货币性资产交换事项中对换入资产成本的计量。例如,非货币性资产交换是以换出资产的公允价值作为确定换入资产成本的基础,还是以换出资产的账面价值作为确定换入资产成本的基础。

8.收入的确认,是指收入确认所采用的会计方法。

9.借款费用的处理,是指借款费用的处理方法,即采用资本化还是采用费用化。

10.外币折算,是指外币折算所采用的方法以及汇兑损益的处理。

11.合并政策,是指编制合并财务报表所采用的原则。例如,母公司与子公司的会计年度不一致的处理原则、合并范围的确定原则等。

二、会计政策变更及其条件

(一)会计政策变更的概念

会计政策变更,是指企业对相同的交易或者事项由原来采用的会计政策改用另一会计政策的行为。一般情况下,为保证会计信息的可比性,使财务报告使用者在比较企业一个以上期间的财务报表时能够正确判断企业的财务状况、经营成果和现金流量的趋势,企业在不同的会计期间应采用相同的会计政策,不应也不能随意变更会计政策,否则,势必削弱会计信息的可比性,使财务报告使用者在比较企业的经营成果时发生困难。需要注意的是,企业不能随意变更会计政策并不意味着企业的会计政策在任何情况下均不能变更。

(二)会计政策变更的条件

会计政策变更,并不意味着以前期间的会计政策是错误的,只是由于情况发生了变化,或者掌握了新的信息、积累了更多的经验,使得变更会计政策能够更好地反映企业的财务状况、经营成果和现金流量。如果以前期间会计政策的选择和运用是错误的,则属于前期差错,应按前期差错更正的会计处理方法进行处理。符合下列条件之一,企业可以变更会计政策:

1.法律、行政法规或国家统一的会计制度等要求变更

这种情况是指,按照法律、行政法规以及国家统一的会计准则和制度的规定,要求企业采用新的会计政策。在这种情况下,企业应按规定改变原会计政策,采用新的会计政策。例如,《企业会计准则第 16 号——政府补助》发布实施以后,对政府补助的确认、计量和相关信息的披露应采用新的会计政策;再如,实施《企业会计准则第 6 号——无形资产》的企业,对使用寿命不确定的无形资产应按照新准则规定不予摊销。

2.会计政策的变更能够提供更可靠、更相关的会计信息

这种情况是指,由于经济环境、客观情况的改变,使企业原来采用的会计政策所提供的会计信息,已不能恰当地反映企业的财务状况、经营成果和现金流量等情况。在这种情况下,应改变原有会计政策,按新的会计政策进行核算,以对外提供更可靠、更相关的会计信息。

需要注意的是,除法律、行政法规或者国家统一的会计准则和制度等要求变更会计政策应当按照规定执行和披露外,企业因满足上述第 2 条的条件变更会计政策时,必须有充分、合理的证据表明其变更的合理性,并说明变更会计政策后,能够提供关于企业财务状况、经营成果和现金流量等更可靠、更相关会计信息的理由。对会计政策的变更,应经股东大会或董事会等类似机构批准。如无充分、合理的证据表明会计政策变更的合理性或者未经股东大会等类似机构批准擅自变更会计政策的,或者连续、反复地自行变更会计政策的,视为滥用会计政策,应按照前期差错更正的方法进行处理。

(三)不属于会计政策变更的情形

对会计政策变更的认定,直接影响到会计处理方法的选择。实务中,企业应当分清哪些属于会计政策变更,哪些不属于会计政策变更。下列情况不属于会计政策变更:

1.本期发生的交易或者事项与以前相比具有本质差别而采用新的会计政策

例如,某企业以往租入的设备均为临时需要而租入的,企业按经营租赁进行会计处理,但自本年度起租入的设备均采用融资租赁方式,则该企业自本年度起对新租赁的设备采用融资租赁会计处理方法核算。该企业原租入的设备均为经营租赁,本年度起租赁的设备均改为融资租赁,由于经营租赁和融资租赁存在本质差别,因而改变会计政策不属于会计政策变更。

2.对初次发生的或不重要的交易或者事项采用新的会计政策

例如,某企业第一次签订一项建造合同,为另一企业建造三栋厂房,该企业对该项建造合同采用完工百分比法确认收入。由于该企业初次发生该项交易,采用完工百分比法确认该项交易的收入,不属于会计政策变更。

三、会计政策变更的会计处理

1.企业依据法律、行政法规或者国家统一的会计制度等的要求变更会计政策的,应当按照国家相关规定执行。例如,财政部20×6年2月15日发布并于20×7年1月1日起实施的《企业会计准则第38号——首次执行企业会计准则》,对首次执行企业会计准则涉及职工薪酬的会计调整进行了如下规定:对于首次执行日存在的解除与职工的劳动关系,满足《企业会计准则第9号——职工薪酬》预计负债确认条件的,应当确认因解除与职工的劳动关系给予补偿而产生的负债,并调整留存收益。

2.会计政策变更能够提供更可靠、更相关的会计信息的,应当采用追溯调整法处理,将会计政策变更累积影响数调整列报前期最早期初留存收益,其他相关项目的期初余额和列报前期披露的其他比较数据也应当一并调整,但确定该项会计政策变更累积影响数不切实可行的除外。

追溯调整法,是指对某项交易或事项变更会计政策,视同该项交易或事项初次发生时即采用变更后的会计政策,并以此对财务报表相关项目进行调整的方法。

追溯调整法的运用通常由以下几个步骤构成:

(1)计算会计政策变更的累积影响数

会计政策变更累积影响数,是指按照变更后的会计政策对以前各期追溯计算的列报前期最早期初留存收益应有金额与现有金额之间的差额。会计政策变更的累积影响数,是假设与会计政策变更相关的交易或事项在初次发生时即采用新的会计政策,而得出的列报前期最早期初留存收益应有金额与现有金额之间的差额。这里的留存收益,包括当年和以前年度的未分配利润和按照相关法律规定提取并累积的盈余公积,不需要考虑由于会计政策变更使以前期间净利润的变化而需要分派的股利。例如,由于会计政策变化,增加了以前期间的净利润100万元,该企业通常按净利润的10%分派股利。在计算调整会计政策变更当期期初的留存收益时,应当按照100万元计算,而不是90万元。会计政策变更的累积影响数,是对变更会计政策所导致的对净利润的累积影响,以及由此导致的对利润分配及未分配利润的累积影响金额,不包括分配的利润或股利。

上述变更会计政策当期期初现有的留存收益金额,即上期资产负债表所反映的留存收益期末数,可以从上期资产负债表项目中获得。追溯调整后的留存收益金额,指扣除所得税后的净额,即按新的会计政策计算确定留存收益时,应当考虑由于损益变化所导致的所得税影响的情况。

会计政策变更的累积影响数通常可以通过以下各步计算获得:

第一步,根据新的会计政策重新计算受影响的前期交易或事项;

第二步,计算两种会计政策下的差异;

第三步,计算差异的所得税影响金额;

第四步,确定前期中每一期的税后差异;

第五步,计算会计政策变更的累积影响数。

(2)相关的账务处理

(3)调整财务报表相关项目

（4）财务报表附注说明

采用追溯调整法时，会计政策变更的累积影响数应包括在变更当期期初留存收益中。但是，如果提供可比财务报表，对于比较财务报表期间的会计政策变更，应调整该期间净利润各项目和财务报表其他相关项目，视同该政策在比较财务报表期间一直采用。对于比较财务报表可比期间以前的会计政策变更的累积影响数，应调整比较财务报表最早期间的期初留存收益，财务报表其他相关项目的数据也应一并调整。

【例10—1】甲股份有限公司（以下简称"甲公司"）是一家海洋石油开采公司，于20×2年开始建造一座海上石油开采平台，根据法律法规规定，该开采平台在使用期满后要将其拆除，需要对其造成的环境污染进行整治。20×3年12月15日，该开采平台建造完成并支付使用，建造成本共120 000 000元，预计使用寿命10年，采用年限平均法计提折旧。20×9年1月1日甲公司开始执行《企业会计准则》，《企业会计准则》对于具有弃置义务的固定资产，要求将相关弃置费用计入固定资产成本，而对之前尚未计入资产成本的弃置费用，应当进行追溯调整。已知甲公司保存的会计资料比较齐备，可以通过会计资料追溯计算。甲公司预计该开采平台的弃置费用10 000 000元。假定折现率（即为实际利率）为10%。不考虑企业所得税和其他税法因素影响。该公司按净利润的10%提取法定盈余公积。

根据上述资料，甲公司的会计处理如下：

（1）计算确认弃置义务后的累积影响数（见表10—1）

20×4年1月1日，该开采平台计入资产成本弃置费用的现值＝10 000 000×(P/S，10%，10)＝10 000 000×0.3855＝3 855 000（元）；每年应计提折旧＝3 855 000÷10＝385 500（元）。

表10—1　甲公司确认弃置费用后的影响数　　　　单位：元

年份	计息金额	实际利率	利息费用①	折旧②	税前差异－（①＋②）	税后差异
20×4年	3 855 000	10%	385 500	385 500	－771 000	－771 000
20×5年	4 240 500	10%	424 050	385 500	－809 550	－809 550
20×6年	4 664 550	10%	466 455	385 500	－851 955	－851 955
20×7年	5 131 005	10%	513 100.5	385 500	－898 600.5	－898 600.5
小计	—	—	1 789 105.5	1 542 000	－3 331 105.5	－3 331 105.5
20×8年	5 644 105.5	10%	564 410.55	385 500	－949 910.55	－949 910.55
合计	—	—	2 353 516.05	1 927 500	－4 281 016.05	－4 281 016.05

甲公司确认该开采平台弃置费用后的税后净影响额为－4 281 016.05元，即为该公司确认资产弃置费用后的累积影响数。

（2）会计处理

①调整确认的弃置费用

借：固定资产——开采平台弃置义务   3 855 000

  贷：预计负债——开采平台弃置义务   3 855 000

②调整会计政策变更累积影响数

借：利润分配——未分配利润   4 281 016.05

  贷：累计折旧   1 927 500.00

    预计负债——开采平台弃置义务   2 353 516.05

③调整利润分配

借：盈余公积——法定盈余公积 （4 281 016.05×10%） 428 101.61

  贷：利润分配——未分配利润   428 101.61

（3）报表调整

甲公司在编制 20×9 年度的财务报表时,应调整资产负债表的年初数(见表 10—2),利润表、股东权益变动表的上年数(见表 10—3、表 10—4)也应做相应调整。20×9 年 12 月 31 日资产负债表的期末数栏、股东权益变动表的未分配利润项目上年数栏应以调整后的数据为基础编制。

表 10—2 资产负债表(简表)

会企 01 表

编制单位：甲股份有限公司   20×9 年 12 月 31 日   单位：元

资产	年初余额		负债和股东权益	年初余额	
	调整前	调整后		调整前	调整后
……			……		
			预计负债		6 208 516.05
固定资产——开采平台	60 000 000	61 927 500	……		
			盈余公积	1 700 000	1 271 898.39
			未分配利润	4 000 000	147 085.56
……			……		

在利润表中,根据账簿的记录,甲公司重新确认了 20×8 年度营业成本和财务费用分别调增 385 500 元和 564 410.55 元,其结果为净利润调减 949 910.55 元。

表 10－3 利润表(简表)

会企 02 表

编制单位:甲股份有限公司　　　　　　　20×8 年度　　　　　　　　　　单位:元

项　目	上期金额	
	调整前	调整后
一、营业收入	18 000 000	18 000 000
减:营业成本	13 000 000	13 385 500
……		
财务费用	260 000	824 410.55
……		
二、营业利润	3 900 000	2 950 089.45
……		
四、净利润	4 060 000	3 110 089.45
……		

表 10－4 所有者权益变动表(简表)

会企 04 表

编制单位: 甲股份有限公司　　　　　　　20×8 年度　　　　　　　　　　单位:元

项目	本年金额			
……	……	盈余公积	未分配利润	……
一、上年年末余额		1 700 000	4 000 000	
加:会计政策变更		－428 101.61	－3 852 914.44	
前期差错更正				
二、本年年初余额		1 271 898.39	147 085.56	
……				

(4)附注说明

20×9 年 1 月 1 日,甲股份有限公司按照《企业会计准则》规定,对 20×3 年 12 月 15 日建造完成并支付使用的开采平台的弃置义务进行确认。此项会计政策变更采用追溯调整法,20×8 年的比较报表已重新表述,20×8 年运用新的方法追溯计算的会计政策变更累积影响数为－4 281 016.05 元。会计政策变更对 20×8 年度报表的损益的影响为减少净利润 949 910.55 元,调减 20×8 年的期末留存收益 4 281 016.05 元,其中,调减盈余公积 428 101.61 元,调减未分配利润 3 852 914.44 元。

3.确定会计政策变更对列报前期影响数不切实可行的,应当从可追溯调整的最早期间期初开始应用变更后的会计政策。在当期期初确定会计政策变更对以前各期累积影响数不切实可行的,应当采用未来适用法处理。

（1）不切实可行的判断

不切实可行，是指企业在做出所有合理努力后仍然无法采用某项规定。即企业在采取所有合理的方法后，仍然不能获得采用某项规定所必需的相关信息，而导致无法采用该项规定，则该项规定在此时是不切实可行的。对于以下特定前期，对某项会计政策变更应用追溯调整法或进行追溯重述以更正一项前期差错是不切实可行的：

①应用追溯调整法或追溯重述法的累积影响数不能确定。

②应用追溯调整法或追溯重述法要求对管理层在该期当时的意图做出假定。

③应用追溯调整法或追溯重述法要求对有关金额进行重新估计，并且不可能将提供有关交易发生时存在状况的证据（例如，有关金额确认、计量或披露日期存在事实的证据，以及在受变更影响的当期和未来期间确认会计估计变更的影响的证据）和该期间财务报告批准报出时能够取得的信息这两类信息与其他信息客观地加以区分。

在某些情况下调整一个或者多个前期比较信息以获得与当期会计信息的可比性是不切实行的。例如企业因账簿、凭证超过法定保存期限而销毁，或因不可抗力而毁坏，遗失。如火灾、水灾等，或因人为因素，如盗窃、故意毁坏等，可能使当期期初确定会计政策变更对以前各期累计影响数无法计算，即不切实可行，此时，会计政策变更应当采用未来适用法进行处理。

（2）未来适用法

未来适用法，是指将变更后的会计政策应用于变更日及以后发生的交易或者事项，或者在会计估计变更当期和未来期间确认会计估计变更影响数的方法。

在未来适用法下，不需要计算会计政策变更产生的累积影响数，也无需重编以前年度的财务报表。对于企业会计账簿记录及财务报表上反映的金额，在变更之日仍保留原有的金额，不因会计政策变更而改变以前年度的既定结果，在现有金额的基础上再按新的会计政策进行核算。企业如果因账簿、凭证超过法定保存期限而销毁，或因不可抗力而毁坏、遗失，如火灾、水灾等，或因人为因素，如盗窃、故意毁坏等，也可能使会计政策变更的累积影响数无法计算。在这种情况下，会计政策变更可以采用未来适用法进行处理。

第二节　会计估计及其变更

一、会计估计变更的概念

（一）会计估计的概念

会计估计，是指企业对其结果不确定的交易或事项以最近可利用的信息为基础所做的判断。会计估计具有以下特点：

1.会计估计的存在是由于经济活动中内在的不确定性因素的影响

企业总是力求保持会计核算的准确性，但有些交易或事项本身具有不确定性，因而需要根据经验做出估计；同时，由于采用权责发生制为基础编制财务报表，也使得有必要充分估计未来交易或事项的影响。可以说,在会计核算和信息、披露过程中,会计估计是不可避免的,会计估计的存在是由于经济活动中内在的不确定性因素的影响所造成的。例如,对于固定资产折旧,需要根据固定资产消耗方式、性能、技术发展等情况进行估计。

2.会计估计应当以最近可利用的信息或资料为基础

由于经营活动内在的不确定性,企业在会计核算中,不得不经常进行估计。某些估计主要用于确定资产或负债的账面价值,例如,法律诉讼可能引起的赔偿等;另一些估计主要用于确定将在某一期间记录的收入或费用的金额,例如,某一期间的折旧费用、摊销费用的金额,在某一期间内采用完工百分比法核算建造合同已实现收入的金额等。企业在进行会计估计时,通常应根据当时的情况和经验,以最近可利用的信息或资料为基础进行。但是,随着时间的推移、环境的变化,进行会计估计的基础可能会发生变化,因此进行会计估计所依据的信息或资料不得不进行更新。由于最新的信息是最接近目标的信息,以其为基础所做的估计最接近实际,所以,进行会计估计时应以最近可利用的信息或资料为基础。

3.进行会计估计并不会削弱会计核算的可靠性

进行合理的会计估计是会计核算中必不可少的部分,它不会削弱会计核算的可靠性。企业为了定期、及时地提供有用的会计信息,将持续不断的经营活动人为划分为一定的期间,并在权责发生制的基础上对企业的财务状况和经营成果进行定期确认和计量。例如,在会计分期的情况下,许多企业的交易跨越若干会计年度,以至于需要在一定程度上做出决定:哪些支出可以在利润表中作为当期费用处理,哪些支出符合资产定义应当递延至以后各期等。由于存在会计分期和货币计量的假设,在确认和计量过程中,不得不对许多尚在延续中、其结果不确定的交易或事项予以估计入账。但是,估计是建立在具有确凿证据的前提下,而不是随意的。例如,企业估计固定资产预计使用寿命,应当考虑该项固定资产的技术性能、历史资料、同行业同类固定资产的预计使用年限、本企业经营性质等诸多因素,并掌握确凿证据后确定。企业根据当时所掌握的可靠证据做出的最佳估计,不会削弱会计核算的可靠性。

下列各项属于常见的需要进行估计的项目:

(1)存货可变现净值的确定;

(2)采用公允价值模式下的投资性房地产公允价值的确定;

(3)固定资产的预计使用寿命与净残值,固定资产的折旧方法;

(4)使用寿命有限的无形资产的预计使用寿命与净残值;

(5)可收回金额按照资产组的公允价值减去处置费用后的净额确定的,确定公允价值减去处置费用后的净额的方法;可收回金额按照资产组预计未来现金流量的现值确定的,预计未来现金流量的确定;

(6)建造合同或劳务合同完工进度的确定;

(7)公允价值的确定;

(8)预计负债初始计量的最佳估计数的确定;

(9)承租人对未确认融资费用的分摊;出租人对未实现融资收益的分配。

(二)会计估计变更的概念及其原因

由于企业经营活动中内在不确定因素的影响,某些财务报表项目不能精确地计量而只能加以估计。如果赖以进行估计的基础发生了变化,或者由于取得新的信息、积累更多的经验以及后来的发展变化,可能需要对会计估计进行修正。

会计估计变更,是指由于资产和负债的当前状况及预期经济利益和义务发生了变化,从而对资产或负债的账面价值或者资产的定期消耗金额进行调整。通常情况下,企业可能由于以下原因而发生会计估计变更:

1.赖以进行估计的基础发生了变化。企业进行会计估计,总是要依赖于一定的基础,如果其所依赖的基础发生了变化,则会计估计也应相应做出改变。例如,企业某项无形资产的摊销年限原定为 15 年,以后获得了国家专利保护,该资产的受益年限已变为 10 年,则应相应调减摊销年限。

2.取得了新的信息,积累了更多的经验。企业进行会计估计是就现有资料对未来所做的判断,随着时间的推移,企业有可能取得新的信息、积累更多的经验,在这种情况下,也需要对会计估计进行修订。例如,企业原对固定资产采用年限平均法按 15 年计提折旧,后来根据新得到的信息——使用 5 年后对该固定资产所能生产产品的产量有了比较准确的证据,企业改按工作量法计提固定资产折旧。

二、会计估计变更的会计处理

会计估计变更应采用未来适用法处理,即在会计估计变更当期及以后期间,采用新的会计估计,不改变以前期间的会计估计,也不调整以前期间的报告结果。

1.如果会计估计的变更仅影响变更当期,有关估计变更的影响应于当期确认。

2.如果会计估计的变更既影响变更当期又影响未来期间,有关估计变更的影响在当期及以后各期确认。例如,固定资产的使用寿命或预计净残值的估计发生的变更,常常影响变更当期及资产以后使用年限内各个期间的折旧费用。因此,这类会计估计的变更,应于变更当期及以后各期确认。

会计估计变更的影响数应计入变更当期与前期相同的项目中。

【例 10—2】乙公司于 20×7 年 1 月 1 日起对某管理用设备计提折旧,原价为 84 000 元,预计使用寿命为 8 年,预计净残值为 4 000 元,按年限平均法计提折旧。2×11 年初,由于新技术发展等原因,需要对原估计的使用寿命和净残值做出修正,修改后该设备预计尚可使用年限为 2 年,预计净残值为 2 000 元。乙公司适用的企业所得税税率为 25%。

乙公司对该项会计估计变更的会计处理如下:

(1)不调整以前各期折旧,也不计算累积影响数。

(2)变更日以后改按新的估计计提折旧。

按原估计,每年折旧额为 10 000 元,已提折旧 4 年,共计 40 000 元,该项固定资产账面价值为 44 000 元,则第 5 年相关科目的期初余额如下:

固定资产账面价值=固定资产-累计折旧=84 000-40 000=44 000(元)

改变预计使用年限后,从 2×11 年起每年计提的折旧费用为 21 000 元,即(44 000-

2 000)÷2＝21 000(元)。2×11 年不必对以前年度已提折旧进行调整,只需按重新预计的尚可使用年限和净残值计算确定折旧费用,有关账务处理如下:

借:管理费用　　　　　　　　　　　　　　　　　　　　　　　21 000

　　贷:累计折旧　　　　　　　　　　　　　　　　　　　　　　　21 000

(3)财务报表附注说明

本公司一台管理用设备成本为 84 000 元,原预计使用寿命为 8 年,预计净残值为 4 000元,按年限平均法计提折旧。由于新技术发展,该设备已不能按原预计使用寿命计提折旧,本公司于 2×11 年年初将该设备的预计尚可使用寿命变更为 2 年,预计净残值变更为 2 000 元,以反映该设备在目前状况下的预计尚可使用寿命和净残值。此估计变更将减少本年度净利润 8 250 元,即(21 000－10 000)×(1－25％)＝8 250(元)。

(4)企业难以将某项变更区分为会计政策变更或会计估计变更的,应当将其作为会计估计变更处理。

第三节　前期差错更正

一、前期差错的概念

前期差错,是指由于没有运用或错误运用下列两种信息,而对前期财务报表造成省略或错报。(1)编报前期财务报表时预期能够取得并加以考虑的可靠信息;(2)前期财务报告批准报出时能够取得的可靠信息。

前期差错通常包括以下三个方面:

(一)计算错误

例如,企业本期应计提折旧 50 000 000 元,但由于计算出现差错,得出错误数据为 45 000 000 元。

(二)应用会计政策错误

例如,按照《企业会计准则第 17 号——借款费用》的规定,为购建固定资产而发生的借款费用,在固定资产达到预定可使用状态前发生的,满足一定条件时应予资本化,计入所购建固定资产的成本;在固定资产达到预定可使用状态后发生的,计入当期损益。如果企业固定资产达到预定可使用状态后发生的借款费用,也计入该项固定资产成本予以资本化,则属于采用法律、行政法规或者国家统一的会计准则和制度等所不允许的会计政策。

(三)疏忽或曲解事实以及舞弊产生的影响

例如,企业销售一批商品,商品已经发出,开具了增值税专用发票,商品销售收入确认条件均已满足,但企业在期末未将已实现的销售收入入账。

二、前期差错更正的会计处理

前期差错按照重要程度分为重要的前期差错和不重要的前期差错。重要的前期差错，是指足以影响财务报表使用者对企业财务状况、经营成果和现金流量做出正确判断的前期差错。不重要的前期差错，是指不足以影响财务报表使用者对企业财务状况、经营成果和现金流量做出正确判断的前期差错。

（一）不重要的前期差错的会计处理

对于不重要的前期差错，企业不需调整财务报表相关项目的期初数，但应调整发现当期与前期相同的相关项目。属于影响损益的，应直接计入本期与上期相同的净损益项目。

（二）重要的前期差错的会计处理

对于重要的前期差错，如果能够合理确定前期差错累积影响数，则重要的前期差错的更正应采用追溯重述法。追溯重述法是指在发现前期差错时，视同该项前期差错从未发生过，从而对财务报表相关项目进行调整的方法。前期差错累积影响数是指前期差错发生后对差错期间每期净利润的影响数之和。

如果确定前期差错累积影响数不切实可行，可以从可追溯重述的最早期间开始调整留存收益的期初余额，财务报表其他相关项目的期初余额也应当一并调整，也可以采用未来适用法。

重要的前期差错的调整结束后，还应调整发现年度财务报表的年初数和本年数。在编制比较财务报表时，对于比较财务报表期间的重要的前期差错，应调整各该期间的净损益和其他相关项目；对于比较财务报表期间以前的重要的前期差错，应调整比较财务报表最早期间的期初留存收益，财务报表其他相关项目的数据也应一并调整。

【例 10-3】20×9 年 12 月 31 日，甲公司发现 20×8 年公司漏记一项管理用固定资产的折旧费用 300 000 元，所得税申报表中也未扣除该项费用。假定 20×8 年甲公司适用所得税税率为 25%，无其他纳税调整事项。该公司按净利润的 10% 和 5% 提取法定盈余公积和任意盈余公积。假定税法允许调整应交所得税。

（1）分析前期差错的影响数

20×8 年少计折旧费用 300 000 元；多计所得税费用 75 000 元，即 300 000×25%=75 000（元）；多计净利润 225 000 元；多计应交税费 75 000 元；多提法定盈余公积和任意盈余公积分别为 22 500 元和 11 250 元。

（2）编制有关项目的调整分录

①补提折旧

借：以前年度损益调整——管理费用	300 000	
贷：累计折旧		300 000

②调整应交所得税

借：应交税费——应交所得税	75 000	
贷：以前年度损益调整——所得税费用		75 000

③将"以前年度损益调整"科目余额转入未分配利润

借:利润分配——未分配利润   225 000

 贷:以前年度损益调整——本年利润   225 000

④因净利润减少,调整盈余公积

借:盈余公积——法定盈余公积   22 500

     ——任意盈余公积   11 250

  贷:利润分配——未分配利润   33 750

(3)财务报表调整和重述(财务报表略)

甲公司在列报 20×9 年度财务报表时,应调整 20×8 年度财务报表的相关项目。

①资产负债表项目的调整

调减固定资产 300 000 元;调减应交税费 75 000 元;调减盈余公积 33 750 元,调减未分配利润 191 250 元。

② 利润表项目的调整

调增管理费用 300 000 元,调减所得税费用 75 000 元,调减净利润 225 000 元(需要对每股收益进行披露的企业应当同时调整基本每股收益和稀释每股收益)。

③ 所有者权益变动表项目的调整

调减前期差错更正项目中盈余公积上年金额 33 750 元,未分配利润上年金额 191 250元,所有者权益合计上年金额 225 000 元。

④ 财务报表附注说明

本年度发现 20×8 年漏记固定资产折旧 300 000 元,在编制 20×9 年和 20×8 年比较财务报表时,已对该项差错进行了更正。更正后,调减 20×8 年净利润 225 000 元,调增累计折旧 300 000 元。

思考题

1.什么是会计政策?

2.会计政策变更的含义是什么? 在哪些情况下可以进行会计政策变更?

3.如何区分会计政策变更和会计估计变更?

4.会计政策变更和会计估计变更的处理方法有哪些?

5.前期重大会计差错如何处理?

第十一章 企业合并

学习目标 ⊚

通过本章的学习,应理解企业合并的含义及其分类;掌握企业合并的会计处理方法——购买法和权益结合法;掌握同一控制下的企业合并和非同一控制下的企业合并的具体会计处理。

导入案例 🔍

长江公司是一家生产和销售钢铁的 A 股上市公司,其母公司为北海集团公司,长江公司为实现规模化经营、提升市场竞争力,多次通过资本市场融资成功进行同行业并购,迅速扩大和提高了公司的生产能力和技术创新能力,奠定了公司在钢铁行业的地位,实现了跨越式发展,在一系列并购过程中,长江公司根据目标公司的具体情况,主要采取了现金购买、承债和股份置换三种方式。长江公司的三次并购过程要点如下:

(1)收购甲公司。甲公司是北海集团公司于 20×6 年设立的一家全资子公司,其主营业务是生产和销售钢铁。2×12 年 6 月 30 日,长江公司采用承担甲公司全部债务的方式取得了甲公司的控制权。当日,长江公司的股本为 1 000 000 万元,资本公积(股本溢价)为 1 200 000 万元,留存收益为 500 000 万元;甲公司资产账面价值为 6 000 万元(公允价值为 10 000 万元),负债合计为 10 000 万元(公允价值与账面价值相同)。并购完成后,长江公司 2×12 年整合了甲公司财务、研发、营销等部门和人员,并追加资金 20 000万元对甲公司进行技术改造,提高了甲公司产品技术等级并大幅度提高了生产能力。

(2)收购乙公司。乙公司同为一家钢铁制造企业,乙公司与长江公司并购前不存在关联方关系。2×12 年 12 月 31 日,长江公司支付现金 40 000 万元成功收购了乙公司的全部可辨认净资产(账面价值为 32 000 万元,公允价值为 35 000 万元),取得了控制权。并购完成后,长江公司对乙公司引入了科学运行机制、管理制度和先进经营理念,同时追加资金 30 000 万元对乙公司钢铁的生产技术进行改造,极大地提高了乙公司产品质量和市场竞争力。

(3)收购丙公司。丙公司是一家专门生产铁矿石的 A 股上市公司,丙公司与长江公司并购前不存在关联方关系。2×13 年 6 月 30 日,长江公司经批准通过定向增发 10 000 万股(公允价值为 50 000 万元)换入丙公司的 6 000 万股(占丙公司股份的 60%),控制了丙公司。当日,丙公司可辨认净资产公允价值为 100 000 万元。长江公司控制丙公司后,向其输入了新的管理理念和模式,进一步完善了丙公司的公司治理结构,提高了规范运作水平,使丙公司从 2×13 年下半年以来业绩稳步攀升。(假定不考虑其他因素)

思考:

1.分别指出长江公司并购甲公司、乙公司和丙公司是属于横向并购还是纵向并购,并逐项说明理由。

2.分别指出长江公司并购甲公司、乙公司和丙公司是属于同一控制下的企业合并还是非同一控制下的企业合并,并逐项说明理由。

3.分别确定长江公司并购甲公司、乙公司和丙公司的合并日(或购买日),并分别说明长江公司在合并日(或购买日)所取得的甲公司、乙公司和丙公司的资产和负债应当如何计量。

4.分别判断长江公司并购甲公司、乙公司和丙公司是否会产生商誉;如产生商誉,计算确定商誉的金额;如不产生商誉,说明长江公司支付的企业合并成本与取得的被合并方净资产账面价值(或被购买方可辨认净资产公允价值)份额之间差额的处理方法。

第一节　企业合并概述

一、企业合并的概念

　　企业合并是经济快速发展时期较为常见的交易事项,是企业谋求规模快速扩张的重要方式之一,企业通过合并可以取得成本、价格优势并降低经营风险,获得管理、经营和财务上的协同效应。

　　《国际财务报告准则第 3 号——企业合并》对企业合并的定义是:企业合并是将单独的主体或业务集合为一个报告主体。

　　《美国财务会计准则第 141 号》对企业合并的定义是:企业合并是指购买方获得一个或多个企业控制权的交易或其他事项。

　　我国《企业会计准则第 20 号——企业合并》将企业合并定义为:企业合并是指将两个或者两个以上单独的企业合并形成一个报告主体的交易或事项。

　　从企业合并的定义看,是否形成企业合并,一要看取得的企业是否构成业务;二要看有关交易或事项发生前后,是否引起报告主体的变化。

　　企业合并的结果通常是一个企业取得了对另一个或多个业务的控制权。如果一个企业取得了对另一个或多个企业的控制权,而被购买方(或被合并方)并不构成业务,则该交易或事项不形成企业合并。如果企业取得了不形成业务的一组资产或净资产时,应将这组资产或净资产的购买成本在组内各项可辨认资产、负债之间按照其在购买日的相对公允价值比例进行分配,不作为企业合并处理。如一个企业对另一个企业某条具有独立生产能力的生产线的合并,一般构成业务合并。

　　上述所称"业务"是指企业内部某些生产经营活动或资产负债的组合,该组合具有投入、加工处理和产出能力,能够独立计算其成本费用或所产生的收入。有关资产或资产、负债的组合是否构成一项业务,应结合所取得资产、负债的内在联系及加工处理过程等进行综合判断。

　　有关交易或事项发生前后,是否引起报告主体的变化,是判断是否形成企业合并的关键。而报告主体的变化产生于控制权的变化,具体有以下两种情况:

　　一是交易或事项发生以后,一方能够对另一方的生产经营决策实施控制,双方形成母子公司关系,涉及控制权的转移,被合并方(子公司)应纳入合并方(母公司)的合并财务报告的范围中,从合并财务报告的角度形成报告主体的变化,形成企业合并。

　　二是交易或事项发生以后,一方能够控制另一方的全部净资产,被合并的企业在合并后丧失其法人资格(不再是一个报告主体),也涉及控制权及报告主体的变化,形成企业合并。在实务中,对于交易或事项发生前后是否形成控制权的转移,应当遵循实质重于形式原则,综合可获得的各方面情况进行判断。

二、企业合并的动因

企业合并有着复杂的动因,有经济方面的,在我国还可能有政府方面的,但企业合并作为营利性组织的经济活动,对经济利益的追求应是其主要动因。企业合并的动因具体可概括为以下几方面:

(一)企业合并是企业快速扩张的需要

在充满竞争的市场经济环境中,企业只有不断发展,才能持续生存。而快速扩大企业规模,才能增强企业的竞争实力。企业的扩张有两种常见的方式:一是通过筹资、投资新建来大生产规模;二是通过企业合并获得被合并企业原有生产力来达到扩大生产规模的目的。如果企业通过自行建造厂房、购置生产设备方式来扩大生产规模,不仅需要耗费大量的资金,而且需要花费相当长的建设周期。二者相比较,采用企业合并这种方式具有明显的优越性,它可以使企业的规模得到迅速扩张。

(二)企业合并是开展多元化经营,降低经营风险的需要

企业要分散风险、获取新的更多的发展机会,就必须开展多元化经营。而要实现多元化经营,一个重要的战略就是合并相关行业中的现有企业,而不是依靠企业自身内部积累来发展。因为直接获得正在经营的现有企业,可以取得时间优势,避免新建工厂延误时间,易于收到立竿见影的效果;同时,也可以减少一个竞争者,并直接获得其在某个领域已有的地位。另外,通过企业合并获得已有的产品生产线,接受现有的市场,扩展现有的营销网络,通常要比开发新产品、拓展新市场的风险小。

(三)取得无形资产

企业合并可能是为了取得有形的经济资源,但更可能是为了取得无形资产,如土地资源、专利权、专营权、专有技术、管理技术、专门人才、商标、品牌、营销网络、优越的地理位置,甚至是进出口特许权等。这也是有些企业合并的主要动因。

(四)企业合并可以节约企业扩张成本,缓解现金压力,利于企业筹资

以企业合并的形式扩大生产规模不仅可以迅速获得规模经济效益,而且可以缓解资金压力,降低融资成本。这对于资金暂时短缺的企业来说尤其必要。同时,通过合并现金充裕而负债比率低的企业,可以改善合并企业的财务状况,提高企业的举债能力。

(五)企业合并可以给有关方面带来税收上的好处

通过企业合并,组建企业集团,可以获得税收上的优惠。我国和有些国家的税法,对企业集团的增值税、所得税都给予了税收优惠条件。对合并方而言,我国税法上允许以被合并方以前年度发生的累计亏损抵销合并方当前年度或以后年度的应纳税所得额,从而取得税收上的好处;对被合并方而言,可以避免因出售企业获取现金而应该缴纳的税收。

(六)企业合并可以满足企业快速进入国内外资本市场的需要(买壳上市)

目前,我国对上市公司的审批较严格,因而上市资格也是一种资源。有些企业进行企业合并的目的不是为了获得目标企业本身的生产能力等资源,而是为了获得目标企业的上市资格,通过企业合并可实现在国内或到国外买壳上市,成功进入国内外资本市场进行资本运作。

三、企业合并的分类

企业合并的方式多种多样,企业可根据其合并的目的采用不同的合并方式。企业合并可按照不同的标准进行不同的分类,常见的分类方式主要有以下几种。

(一)按照合并后企业主体法律形式是否变化分类

企业合并按照合并后合并主体法律形式是否变化分类,可以分为吸收合并、创立合并和控股合并三种。

1.吸收合并

吸收合并也称兼并,是指一家企业通过发行股票、支付现金或其他资产、发行债券等方式取得另一家或几家企业的全部净资产,参与合并的企业在合并后,只有前者(合并方)保持原有的法人地位,其他企业(被合并方)丧失其原有法人资格,不再存在。

例如,A 公司通过吸收合并取得了 B 公司,则这种合并方式可用下式表示:

A 公司＋B 公司＝A 公司

2.创立合并

创立合并也称新设合并,是指两家或两家以上的企业联合成立一个新的企业,用新企业的股份交换原来各企业的股份。合并后,新企业作为一个法人机构存在,原来各企业均失去法人资格,新企业在接受已解散的原企业资产的同时,也承担其债务。新企业向原企业的股东发行股票或签发出资证明,从而使原企业的股东成为新企业的股东。

例如,A 公司与 B 公司以新设合并的方式成立 C 公司,则这种合并方式可用下式表示:

A 公司＋B 公司＝C 公司

3.控股合并

控股合并是指一家企业通过支付现金或其他资产、发行股票或债券的方式取得另一家企业全部或部分有表决权的股份,从而达到能够对被投资企业(被合并方)实施控制的企业合并形式。合并后,参与合并的两家企业仍然保持其独立的法人地位,但合并方(投资企业)与被合并方(被投资企业)之间形成了母子公司关系,合并方(母公司)需要编制合并财务报表。

例如,A 公司以现金购买了 B 公司 80％有表决权的股份,并能够决定 B 公司的财务和经营政策,则 A 公司就成为 B 公司的母公司,B 公司作为 A 公司的子公司,仍然保留其法人资格。这种合并方式可用下式表示:

A 公司＋B 公司＝A 公司＋B 公司

上述所称的控制,是指一个企业能够决定另一个企业的财务和经营政策,并能据以从另一个企业的经营活动中获取利益的权力。从理论上讲,合并企业一般应该取得被合并企业 50%以上的有表决权的股份,才能取得对被合并方的控制权,实现企业合并。但合并企业拥有对方 50%以下有表决权股份,如有以下几种情况之一者也可以认为拥有对被合并企业的控制权:(1)通过与被投资企业的其他投资者签订协议,拥有该被投资企业半数以上表决权;(2)根据章程和协议,已有权控制企业的财务和经营政策;(3)有权任免董事会或与之相当的权力机构的多数成员;(4)在董事会或与之相当的权力机构会议上有半数以上的投票权。因此,在判断是否取得控制权时,除了看控股比例,还要看实质控制标准。

(二)按照合并企业所涉及的行业分类

企业合并按照合并企业所涉及的行业分类,可以分为横向合并、纵向合并和混合合并三种。

1.横向合并

横向合并也称水平合并,是指合并双方或多方原来属于同一个行业,或生产工艺、产品、劳务相同或相似的企业之间的合并。例如,中国吉利控股集团与瑞典沃尔沃汽车公司的合并。横向合并的目的或是把一些规模较小的企业联合起来,组成企业集团,扩大经营规模、降低管理成本与费用、增强竞争优势、获取规模效益;或是利用现有的生产设备,增加产量,提高市场占有率;或是优势互补,共渡难关。横向合并会削弱企业间的竞争,甚至造成垄断的局面。因此,横向合并在一些国家会受到限制。

2.纵向合并

纵向合并也称垂直合并,是指生产工艺、产品、劳务虽不相同或相近,但相互之间具有前后联系的企业之间的合并。参与合并的各家企业,其产品相互配套,或有一定内在联系,形成生产一条龙。例如,一家彩电生产企业与一家生产显像管的企业之间的合并。纵向合并的目的在于加强前后产品之间的生产联系和生产协作,将不同企业之间的交易转为同一企业内部或同一企业集团内部的交易,从而减少价格资料收集、签约、收取货款、广告等方面的支出并降低生产协调成本。垂直合并是大企业全面控制原料、生产、销售的各个环节,建立垂直控制体系的基本手段。

3.混合合并

混合合并也称多种经营合并、多元化合并,是指合并双方的生产工艺、产品、劳务没有内在联系的企业之间的合并。这种合并的目的可能在于扩展经营行业,分散经营风险,增强企业的生存和发展能力;或者合并企业(合并方)利用被合并企业(被合并方)的环境条件,进一步拓展市场。经过混合合并,一般会形成跨行业的企业集团。

(三)按照企业合并的性质分类

企业合并按照其性质分类,可以分为购买合并和股权联合两种。

1.购买合并

购买合并是指一家企业(购买方)通过转让资产、承担债务或发行股票等方式,取得对另一家企业(被购买方)净资产和经营权控制的企业合并。这种合并一般以支付现金等资产为购买条件,是一种完全意义上的有偿合并,能够清楚地区分购买方与被购买方。

2.股权联合

股权联合是指各参与合并的企业的股东联合控制其全部或实际上是全部净资产的经营活动,以便共同对合并实体分享利益和分担风险的企业合并。在这种企业合并方式下,参与合并的企业要签订共同控制、共同管理、共同分担风险和分享利益的平等协议。所以,这种合并不存在购买方和被购买方,也不存在控制和被控制关系。

(四)按照企业合并的支付方式分类

企业合并按照其支付方式分类,可以分为现金合并、股票合并、杠杆合并三种。

1.现金合并

现金合并是指购买企业(购买方)向被购买企业(被购买方)的股东支付现金或现金等价物,以取得被购买企业的股权的企业合并。在这种支付方式下,被购买企业的股东在收到与他所拥有的股份相应的现金或现金等价物后,就失去对原企业的任何权益。由于购买企业向被购买企业的股东支付的是现金而不是股票,购买方需要承担支付风险。

2.股票合并

股票合并是指购买方以增加发行本企业的股票换取被购买企业股权的企业合并。与支付现金相比,股票合并的主要特点在于:一是购买方不需要支付大量的现金,不会影响购买企业的现金流动状况;二是收购完成后,被合并企业的股东不会失去他们所拥有的股权,只是从拥有被购买企业的股权转为拥有购买企业的股权。

3.杠杆合并

杠杆合并是指一个企业主要通过银行贷款或金融市场的借债来获得被购买企业的所有权,然后以被购买企业产生的现金流量偿还债务的合并。杠杆合并的主要特点在于:一是筹资结构发生变化;二是只需少量的资本就可以完成企业合并交易。

(五)按是否受同一方最终控制分类

企业合并按照参与合并的各方在合并前后是否受同一方最终控制分类,可以分为同一控制下的企业合并和非同一控制下的企业合并。

1.同一控制下的企业合并

同一控制下的企业合并是指参与合并的企业在合并前后均受同一方或相同的多方最终控制且该控制并非暂时性的。

这里的"同一方",是指对参与合并的企业在合并前后均实施最终控制的投资者。如企业集团母公司。这里的"相同的多方",通常是指根据投资者之间的协议约定,在对被投资单位的生产经营决策行使表决权时发表一致意见的两个或两个以上的投资者。这里的"控制并非暂时性",是指参与合并的各方在合并前后较长的时间内受同一方或相同的多方最终控制。较长的时间通常是指在企业合并之前(即合并日之前),参与合并各方在最终控制方的控制时间一般在 1 年以上(含 1 年),企业合并后所形成的报告主体在最终控制方的控制时间也应在 1 年以上(含 1 年)。

对企业合并是否是同一控制下的企业合并的判断,应当遵循实质重于形式的要求。一般情况下,同一企业集团内部各子公司之间、母公司与子公司之间进行的合并均属于同一控制下的企业合并。但同受国家控制的企业之间发生的合并,不应仅仅因为参与合并各方在合并前后均受国家控制而将其作为同一控制下的企业合并。

例如,A、B 公司均为 M 公司的子公司,B 公司拥有 C 公司 60% 的股权,并控制 C 公司的财务和经营决策,现 A 公司从 B 公司手中购买了 B 公司所持有的 C 公司 60% 的股权,从而使 C 公司成为 A 公司的子公司,此项合并就属于同一控制下的企业合并,如图 11—1 所示。

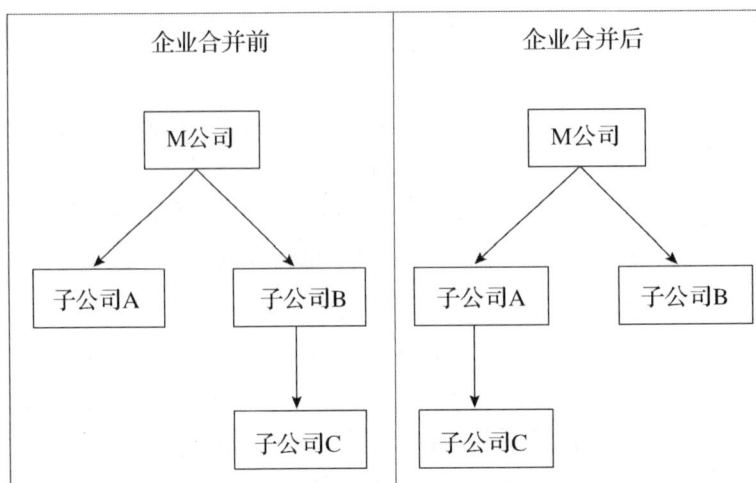

图 11—1　同一控制下的企业合并

2.非同一控制下的企业合并

非同一控制下的企业合并是指参与合并的各方在合并前后不受同一方或相同的多方最终控制的企业合并。

例如,假定 A 公司和 B 公司为没有关联的两个企业,现 A 公司从 B 公司手中收购了 B 公司所持有的 C 公司 60% 的股权,从而使 C 公司成为 A 公司的子公司,此项合并就属于非同一控制下的企业合并,如图 11—2 所示

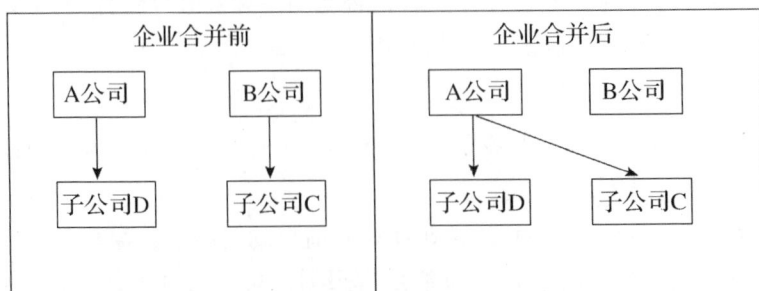

图 11—2　非同一控制下的企业合并

第二节　企业合并的会计处理方法

企业合并的会计处理主要涉及以下两方面的内容：一是合并日（或购买日）合并方（或购买方）如何对企业合并交易或事项进行确认与计量；二是合并日（或购买日）是否需要编制合并财务报表以及如何编制合并财务报表。上述两项内容中，对合并交易或事项的确认与计量无疑是很关键的。

企业合并的结果不外乎两种情况：一是不形成母子公司关系的企业合并（如吸收合并、新设合并）；二是形成母子公司关系的企业合并（如控股合并）。不管是哪种情况下的企业合并，合并方都需要支付合并对价，也都可能发生合并费用。而对于企业合并业务中发生的这些交易或事项应该如何进行确认与计量，是企业合并会计处理要解决的主要问题。合并方（或购买方）在合并日（或购买日）对企业合并进行确认和计量账务处理的基本框架如表 11－1 所示。

表 11－1　企业合并账务处理的基本框架

吸收合并、新设合并	控股合并
借：有关资产账户 　贷：有关负债账户　}（取得的净资产） 　　银行存款 　　无形资产　}（支付的合并对价） 　　应付债券 　　股本等 　　银行存款等　（支付的合并费用）	借：长期股权投资　（取得股权的成本） 　贷：银行存款 　　无形资产　}（取得股权的成本） 　　应付债券 　　股本等 　　银行存款等　（支付的合并费用）

从合并方（或购买方）在合并日（或购买日）对企业合并进行确认和计量的基本账务处理中可以看出，企业合并的会计处理需要解决的主要问题有：

（1）合并方（或购买方）对合并日（或购买日）取得的净资产或股权应如何计量，按账面价值还是按公允价值？

（2）支付的合并对价应如何计量，是账面价值还是公允价值？

（3）两者如果有差异应如何处理，是确认为商誉还是计入损益或权益？

（4）支付的合并费用应如何处理，是计入损益还是计入购买成本？

对以上问题的不同处理形成了两种不同方法：权益结合法和购买法。

一、权益结合法

（一）权益结合法的含义

权益结合法也称权益联合法、股权合并法、权益联营法，是指将企业合并视为参与合并的各企业所有者（或股东）权益的结合，而非企业资产的购买。合并后，股东在新企业中的股权相对不变。

《国际会计准则第 22 号——企业合并》(后被《国际财务报告准则第 3 号——企业合并》取代)将权益结合法定义为:权益结合法是指参与合并的企业的股东联合控制他们全部或实际上全部的资产和经营,以便继续对联合实体分享利益和分担风险的合并。

由此可见,在权益结合法下,把企业合并看作参加合并的所有企业的所有者(或股东)权益的一种结合。在参与合并的各企业中,没有任何一家企业被看成是被其他企业购买,不存在买卖交易和新的计价基础。因而,参与合并的各个企业的资产、负债应以账面价值计入存续企业的账簿中,合并过程中不产生商誉,被合并企业的留存收益和当年的损益全部并入存续企业。权益结合法的合并原理可简要表示为如表 11-2 所示。

表 11-2 权益结合法简析(吸收合并)　　　　　　单位:万元

会计要素	合并前		合并后
	A 公司	B 公司	A 公司(A+B)
资产	600	400	1 000
负债	360	240	600
所有者(股东)权益	240	160	400

(二)权益结合法的特点

权益结合法主要有以下几个特点。

1.合并的实质不属于购买交易

权益结合法的实质是将企业合并视为参与合并的各个企业原有的股东权益在新的合并主体中的联合和继续,而不是作为企业之间发生的一项购买交易。

2.不产生新的计价基础

权益结合法下,参与合并的企业的资产、负债均按其原来的账面价值计价。如果是吸收合并,合并方在合并中取得的净资产(资产和负债)按被合并方净资产(资产和负债)的账面价值作为入账价值;如果是控股合并,合并方在合并中取得被合并方的股权应按享有被合并方净资产账面价值的份额作为入账价值。

3.不单独确定和分配合并成本

在权益结合法下,不存在购买关系,不需要确认和分配购买成本,而企业合并过程中所发生的所有相关的直接费用和间接费用,均计入合并当期损益。此处合并相关的费用不包括企业为进行企业合并而发行股票或债券所发生的证券发行费用等。

4.不确认商誉

权益结合法要求按被合并方净资产的账面价值入账,因此不涉及商誉的确认。

5.股东权益的调整

权益结合法要求合并方在合并中取得的净资产或股权,按被合并方净资产的账面价值或被合并方净资产账面价值的份额作为入账价值,其与合并方支付的合并对价(换出股票的面值加上支付的现金或其他非现金资产等的账面价值)之间的差额,应调整股东权益;同时,应按取得的股权比例将被合并方留存收益并入合并方合并后的留存收益中。

6.参与合并各方当年净损益均作为合并方的损益

不论合并发生在会计期间内的哪个时点,参与合并各方自期初至合并日的损益均应包括在合并后企业的利润表中,即被合并方在合并日前的净损益可作为合并方净损益的一部分并入合并方的报表中,而不构成合并方的成本。

(三)权益结合法的会计处理要点

权益结合法的会计处理要点包括:

1.合并方取得被合并方的资产、负债均按其原账面价值入账(吸收合并),合并前后资产负债总额保持不变。合并方在合并中取得被合并方的股权应按享有被合并企业净资产账面价值的份额作为入账价值。

2.合并后所有者权益总额不变,但其结构会因合并方发行股票的数量不同而变化。合并方发行股票面值总额与被合并方资本数额(股本+资本公积)的差额应分别不同情况处理:

一是当合并方发行股票面值总额小于被合并方账面资本数额(股本+资本公积)时,其差额增加合并方的资本公积,被合并方的留存收益则继续保持。

二是当合并方发行股票面值总额大于被合并方账面资本数额时,其差额应当冲减合并方的资本公积(股本溢价),资本公积(股本溢价)不足以冲减的部分冲减留存收益。

【例11-1】甲公司与乙公司2×12年12月31日合并前的资产负债表(简表)如表11-3所示。

表11-3　2×12年12月31日合并前的资产负债表(简表)　　　　单位:万元

项目	合并前	
	甲公司	乙公司
资产	1 000	500
负债	500	200
股东权益	500	300
股本	300	200
资本公积(股本溢价)	60	40
留存收益	140	60

2×13年1月1日,甲公司以换股的方式吸收合并乙公司,甲公司发行每股面值为1元的普通股给乙公司的股东,假设甲公司发行普通股的股数分别为180万股、200万股、260万股、320万股。甲公司对吸收合并乙公司的有关会计处理如下:

甲公司吸收合并乙公司后,乙公司的资产、负债、股东权益账户均已经注销(将资产项目与负债和所有者权益项目对冲),甲公司的资产总额应该是合并前双方的资产之和1 500万元,即1 000+500=1 500(万元);甲公司的负债总额应该是合并前双方的负债之和700万元,即500+200=700(万元);甲公司的股东权益总数应该是合并前双方的股东权益之和800万元,即500+300=800(万元)。虽然股东权益总额不变,但其结构在发行股票数量不同时会不一样。甲公司吸收合并乙公司的具体会计处理如表11-4所示。

表 11-4　甲公司吸收合并乙公司的具体会计处理　　　　单位：万元

发行股票情况	甲公司吸收合并时的账务处理	甲公司的资产负债表（合并后）	
		项目	金额
甲公司发行普通股 股数为 180 万股	借：资产　　　　　　　500 　贷：负债　　　　　　　200 　　　股本　　　　　　　180 　　　资本公积——股本溢价 60 　　　留存收益　　　　　60	资产	1 500
		负债	700
		股东权益	800
		股本	480
		资本公积（股本溢价）	120
		留存收益	200
甲公司发行普通股 股数为 200 万股	借：资产　　　　　　　500 　贷：负债　　　　　　　200 　　　股本　　　　　　　200 　　　资本公积——股本溢价 40 　　　留存收益　　　　　60	资产	1 500
		负债	700
		股东权益	800
		股本	500
		资本公积（股本溢价）	100
		留存收益	200
甲公司发行普通股 股数为 260 万股	借：资产　　　　　　　500 　　　资本公积——股本溢价 20 　贷：负债　　　　　　　200 　　　股本　　　　　　　260 　　　留存收益　　　　　60	资产	1 500
		负债	700
		股东权益	800
		股本	560
		资本公积（股本溢价）	40
		留存收益	200
甲公司发行普通股 股数为 320 万股	借：资产　　　　　　　500 　　　资本公积——股本溢价 60 　贷：负债　　　　　　　200 　　　股本　　　　　　　320 　　　留存收益　　　　　40	资产	1500
		负债	700
		股东权益	800
		股本	620
		资本公积（股本溢价）	0
		留存收益	180

二、购买法

(一)购买法的含义

购买法也称购受法、收买法,是将企业合并视为一家企业购买另一家或几家企业的行为,它要求购买方对被购买方的可辨认资产和负债项目进行重新评估,并按照购买日的公允价值反映在购买方的账上或合并财务报表中。也就是说,购买法是将企业合并看作是购买方购买其他被购买方净资产的一项交易,这一交易与企业直接从外界购入机器设备、存货等资产一样,因此,购买方取得被购买方净资产(资产减法负债的差额)应按其公允价值入账,购买方支付的购买成本大于被购买方可辨认净资产(可辨认资产减去可辨认负债的差额)公允价值的差额,确认为商誉,反之为负商誉。

《国际会计准则第 22 号——企业合并》中将购买法定义为:购买法是指通过转让资产、承担负债或发行股票等方式,由一个企业(收购企业)获得对另外一个企业(被收购企业)净资产和经营的控制权的企业合并。

(二)购买法的特点

购买法主要有以下几个特点:

1.合并的实质是一项购买交易

购买法将企业合并看作是一个企业(购买方)购买另一个企业(被购买方)净资产和经营的控制权的一项交易,该交易与企业购买固定资产、存货等其他资产相类似。其中,吸收合并是购买方一揽子购买被购买方全部资产并承担其全部负债的交易;控股合并是购买方购买被购买方净资产的控制权的交易。

2.产生新的计价基础

购买法下企业合并的交易性质,决定了企业合并应以公允价值作为计价基础,即购买取得被购买企业净资产应按其公允价值入账;购买成本(支付的合并对价)也要按购买日支付的现金或非现金资产、发行的权益性证券或承担的负债的公允价值加以确定。

3.需要确定和分配合并成本

在购买法下,应按购买成本作为合并成本。购买成本按购买日支付的现金或非现金资产、发行的权益性证券或承担的负债的公允价值加以确定。同时,要将合并成本在取得的可辨认资产和负债中进行分配。

4.要确认商誉或负商誉

当购买方支付的购买成本大于被购买方可辨认净资产的公允价值时,其差额确认为商誉;购买方支付的购买成本小于被购买方可辨认净资产的公允价值时,其差额确认为负商誉。其中,在吸收合并的情况下,商誉反映在购买方的个别资产负债表中;在控股合并情况下,购买方并不需要将支付的购买成本大于其应享有被购买方可辨认净资产公允价值份额的差额作为商誉入账,而是作为长期股权投资成本的一部分,在合并财务报表中作为商誉单独列示。

5.购买方当年的净损益不包括被购买方自期初至购买日的净损益

在购买法下,购买方合并当年的净损益仅包括购买方当年实现的净损益以及被购买方自购买日后当年实现的净损益中购买方应享有的份额,不包括被购买方自期初至购买日的净损益。

6.不保留被购买方留存收益

在购买法下,购买方不应将被合并方的留存收益并入购买方合并后的留存收益中。

(三)购买法的会计处理

1.购买成本的确定

在购买法下,购买方需要单独确定合并成本,并将合并成本在取得的可辨认资产和承担的负债之间进行适当分配。合并成本的重要组成部分是购买方支付的合并对价,如果购买方支付的合并对价是现金,则其合并成本为实际支付的金额;如果购买方支付的对价是非现金资产、发行权益性证券或债务性证券,则合并成本应以所支付的非现金资产、发行权益性证券或债务性证券的公允价值来确定。

在确定合并成本时,对于企业合并中所发生的合并相关费用是计入合并成本还是计入当期损益,是一个应解决的重要问题。从理论上讲,购买法下的企业合并是一项购买交易,同购买其他资产交易一样,所发生的合并相关费用也是购买方为购买被购买方的净资产而支付的代价,应该计入合并成本,这样也能够全面反映合并成本的内容。但是,将合并相关费用计入合并成本会直接增加合并商誉,而合并相关费用实际上与被购买方的商誉并无关系。《国际会计准则第 22 号——企业合并》对此合并相关费用的处理是:购买企业发生的与购买有关的直接费用和一般管理费用(间接费用),不应包括在购买成本中,而应在发生的当期确认为费用。我国目前的做法与之类似。

2.被购买方可辨认净资产公允价值的确定

购买方为企业合并所支付的购买成本确定后,就应对其进行分配。购买成本的分配主要是指将购买成本按被购买方各项可辨认资产、负债在合并日的公允价值计量。购买成本超过所取得的被购买方可辨认净资产公允价值的部分即为商誉。购买方在确定被购买企业可辨认资产与负债的公允价值时,可以采用市价、账面价值、重置成本、现值、估计售价、评估价以及可变现净值等方法加以确定。

在计算可辨认净资产时,应将商誉剔除,因为商誉属于不可辨认资产,或者说将商誉的公允价值视为 0。

3.商誉的确认、计量及其会计处理

(1)商誉的确认和计量

在购买法下,商誉的确认和计量涉及三个概念:合并价差、商誉和资产评估增值。合并价差是指购买方支付的购买成本与所取得的被购买方净资产账面价值的差额。商誉是指购买方支付的购买成本大于所取得的被购买方可辨认净资产公允价值的差额,购买成本小于所取得的被购买方可辨认净资产的公允价值的差额,为负商誉。资产评估增值是指被购买方可辨认净资产的公允价值大于其账面价值的差额。合并价差由两部分组成:资产评估增值和商誉,可用以下公式表示:

合并价差＝购买成本－账面价值

　　　　＝购买成本－公允价值＋公允价值－账面价值

　　　　＝（购买成本－公允价值）＋（公允价值－账面价值）

　　　　＝商誉＋评估增值

合并价差、商誉和资产评估增值三者之间的关系如图11－3和图11－4所示。

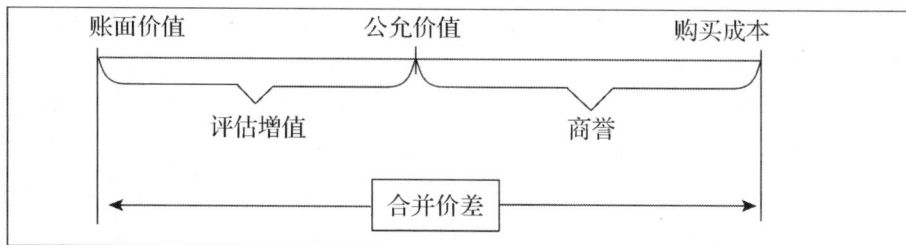

图11－3　商誉为正

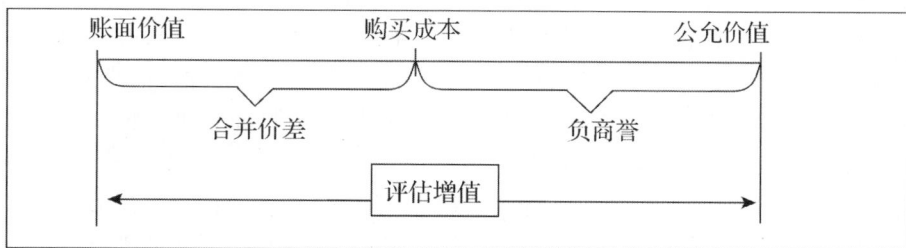

图11－4　商誉为负

【例11－2】2×13年1月1日，甲公司以支付现金的方式吸收合并了乙公司，乙公司在购买日可辨认净资产的账面价值为500万元，下面分别三种情况说明商誉的确认和计量。具体如表11－5所示。

表11－5　商誉的确认和计量　　　　　　　　　　　　　　　单位：万元

项目	情况1	情况2	情况3
甲公司的购买成本	500	550	520
乙公司可辨认净资产公允价值	500	530	530
乙公司可辨认净资产账面价值	500	500	500
乙公司可辨认净资产的评估增值	0	530－500＝30	530－500＝30
合并价差	500－500＝0	550－500＝50	520－500＝20
合并商誉	500－500＝0	550－530＝20	520－530＝－10
结论	无商誉	正商誉	负商誉

（2）商誉的会计处理

　　商誉是一种不可辨认的特殊资产，它不能独立于企业存在，也不能单独取得和单独出售。对于企业合并产生的商誉，其会计处理方法主要有以下几种：

一是分期摊销法。这种方法是将企业合并产生的商誉看作是一项特殊资产,并在预计的使用年限内分期摊销。采用这种方法的理由是:购买方产生的商誉是为了在以后年度取得超额利润而发生的超额代价,这一超额代价预期能为企业带来未来经济利益,符合资产的定义,商誉虽然在形态上不同于其他资产,但与其他资产并没有本质上的区别。因此,同其他资产一样,商誉也应在预计的使用年限内分期摊销。

二是直接冲销法。这种方法是将企业合并产生的商誉作为购买方所有者权益的抵减项目,在合并时直接减少所有者权益并注销。采用这种方法的理由是:①商誉具有无形、不可辨认和价值的不确定性,而且难以为企业(购买方)所控制,其能否带来未来经济利益也具有很大的不确定性;②企业合并中产生的商誉,不能保证其在企业合并之后还能继续存在;③企业合并时,购买方支付的购买成本超过被购买方可辨认净资产的差额并不一定是由商誉造成的所以,按照谨慎性要求,不应该将商誉确认为一项资产,而应该在企业合并时将其直接冲销。

三是永久保留法。这种方法是将商誉作为一项永久性资产,不予摊销,但每年应进行减值测试。采用这种方法的理由是:商誉是不能与企业分离的,企业永久存在,商誉就应永久存在;企业合并中产生的商誉是被购买方在日常经营中所形成的,而日常经营中所发生的各项费用已计入被购买方以前各期间的损益,如果再将商誉进行摊销,就会重复计入费用。另外,由于商誉不同于企业的其他资产,其价值主要通过以后的经营活动加以维持,影响商誉价值的因素很多,其价值的减少不是由于使用中的损耗所致。所以,每年对商誉进行减值测试是较为合理的处理方法。目前,美国财务会计准则、国际财务报告准则、我国企业会计准则均采用这一方法。

(3)负商誉的会计处理

购买方支付的购买成本小于所取得的被购买方可辨认净资产公允价值的差额,即为负商誉。对于负商誉的会计处理方法主要有以下几种:

一是抵减非流动资产的价值。将支付的购买成本小于取得的被购买方可辨认净资产公允价值产生的差额,按取得的各项非流动资产公允价值的比例分配,抵减非流动资产(长期有价证券投资除外)的价值。这种处理方法的原因在于被购买方可辨认净资产公允价值超过购买成本产生的差额,可能是由于非流动资产公允价值高估所致。美国财务会计准则原来采用此方法。

二是直接计入资本公积。将支付的购买成本小于取得的被购买方可辨认净资产公允价值的差额,直接计入资本公积。

三是计入当期损益。当支付的购买成本小于取得的被购买方可辨认净资产公允价值时,首先对所取得的被购买方各项可辨认资产、负债的公允价值进行复核,经复核后仍有差额的,计入当期损益。目前,美国财务会计准则、国际财务报告准则、我国企业会计准则均采用这一方法。

【例11-3】2×13年1月1日,甲公司以银行存款400万元和增发面值为1元、市价为7元的普通股400万股作为合并对价,购买了乙公司100%的净资产,吸收合并了乙公司。乙公司在合并后即宣告解散。2×13年1月1日,甲公司资产、负债的账面价值和乙公司资产、负债的账面价值及公允价值如表11-6所示。

表11-6　2×13年1月1日资产、负债的账面价值及公允价值　　　单位：万元

项目	甲公司	乙公司	
	账面价值	账面价值	公允价值
资产			
银行存款	1 200	300	300
应收账款	2 400	600	600
存货(库存商品)	4 600	860	980
固定资产	6 500	1 250	1 500
无形资产	3 500	650	900
商誉	0	0	0
资产合计	18 200	3 660	4 280
负债和所有者权益			
短期借款	3 100	680	680
应付账款	4 200	760	760
其他应付款	600	40	40
负债合计	7 900	1 480	1 480
实收资本(股本)	6 000	1 000	
资本公积	1 400	420	
盈余公积	1 200	250	
未分配利润	1 700	510	
所有者权益合计	10 300	2 180	2 800
负债和所有者权益合计	18 200	3 660	4 280

　　2×13年1月1日,甲公司应将取得的资产和负债按公允价值入账,并将购买成本 3 200万元,即 $400+7\times400=3\,200$(万元),大于乙公司可辨认净资产公允价值2 800万元,即 $4\,280-1\,480=2\,800$(万元)的差额400万元确认为商誉。

　　甲公司有关账务处理如下:

借:银行存款　　　　　　　　　　　　　　　　　　　　　　　　3 000 000
　　应收账款　　　　　　　　　　　　　　　　　　　　　　　　6 000 000
　　库存商品　　　　　　　　　　　　　　　　　　　　　　　　9 800 000
　　固定资产　　　　　　　　　　　　　　　　　　　　　　　15 000 000
　　无形资产　　　　　　　　　　　　　　　　　　　　　　　　9 000 000
　　商誉　　　　　　　　　　　　　　　　　　　　　　　　　　4 000 000

贷:短期借款		6 800 000
	应付账款	7 600 000
	其他应付款	400 000
	银行存款	4 000 000
	股本	4 000 000
	资本公积——股本溢价	24 000 000

三、权益结合法与购买法的比较

(一)具体会计处理不同

1.合并过程中计价基础不同

权益结合法下,合并方取得的资产、负债直接按被合并企业的账面价值入账,不产生新的计价基础;而购买法下,需要确定被购买方资产和负债的公允价值,并按其作为购买方取得资产、负债的入账价值,因而会产生新的计价基础。

2.购买成本和购买商誉的确认不同

权益结合法下,将企业合并视为是股权联合而不是购买交易,因而既不确定购买成本,也不确认商誉;而购买法下,将企业合并看作合并方购买普通资产的一项交易,因此合并方必须确定购买成本,并将购买成本大于所取得的可辨认净资产公允价值的差额确认为商誉,购买成本小于所取得的可辨认净资产公允价值的差额经复核后计入当期损益。

3.合并前收益及留存收益的处理不同

权益结合法下,被合并方合并前的收益及留存收益要纳入合并后合并主体的报表中;而购买法下,被购买方合并前的收益与留存收益作为购买成本的一部分,不纳入购买方的收益及留存收益中。

(二)对财务报表的影响不同

1.对资产负债表的影响

在权益结合法下,合并方在编制个别财务报表或合并财务报表时,计价基础保持不变,资产和负债均按原账面价值计量,既不反映资产和负债的价值变动,也不确认商誉。而在购买法下,会产生新的计价基础,购买方在编制个别财务报表或合并财务报表时,被购买方的资产、负债要按公允价值计量,被购买方净资产的价值变动以及所确认的商誉会反映在购买方的个别务报表(吸收合并)或合并财务报表(控股合并下)中。因此,在物价上涨或被购买方的资产质量较好的情况下,合并当期购买法下所报告的资产和净资产通常大于权益结合法下的资产和净资产。

2.对利润表的影响

权益结合法下,合并方将被合并方合并当期整个年度的利润纳入合并方利润表;而购买法下,购买方仅将合并日后被购买方实现的利润纳入购买方利润表。因此,合并当年权益结合法下的利润额大于购买法下的利润额（在被合并企业有亏损的情况下,结果正好相反）。另外,由于购买法采用新的计价基础,需要确认资产增值或予以摊销或对确认的商誉计提减值准备,而在权益结合法下,则不存在这些摊销或减值准备。所以,权益结合法下的利润一般也会高于购买法下的利润。

第三节　同一控制下企业合并的会计处理

一、同一控制下企业合并的会计处理原则

对于同一控制下的企业合并,我国《企业会计准则第 20 号——企业合并》中要求采用的会计处理方法类似于权益结合法。合并方在合并日对企业合并应遵循以下原则进行相关的会计处理:

1.合并方在合并中确认取得的被合并方的资产、负债仅限于被合并方账面上原已确认的资产和负债,合并中不产生新的资产和负债。同时,合并方在合并中取得的被合并方各项资产、负债应维持其在被合并方的原账面价值不变。

同一控制下的企业合并,从最终控制方的角度来看,其在企业合并发生前后能够控制的净资产价值量并没有发生变化,合并方在合并中取得的被合并方的各项资产、负债应按照其原账面价值入账,即便是在合并过程中,合并方支付的合并对价与取得的被合并方净资产账面价值之间存在差额,一般不确认新的商誉,但被合并方在合并前账面上原已确认的商誉应作为合并中取得的资产确认。所以,同一控制下的企业合并中不确认新的资产和负债。

2.统一的会计政策。同一控制下的企业合并若被合并方在企业合并前采用的会计政策与合并方不一致的,合并方应当按照本企业会计政策对被合并方资产、负债的入账面价值进行调整,并以调整后的账面价值作为取得资产、负债的入账价值。在同一控制下的企业合并中,被合并方同时进行改制并对资产负债进行评估调账的,应以评估调账后的账面价值并入合并方。

3.合并方在合并中支付合并对价的账面价值与取得的净资产的入账价值之间的差额,应当调整所有者权益相关项目。同一控制下的企业合并,其实质不作为购买交易,而是作为两个或多个会计主体权益的整合。合并方在企业合并中取得的净资产的价值量相对于所支付对价的价值量之间存在差额的,不计入合并当期损益,而应当调整所有者权益。在根据合并差额调整合并方的所有者权益时,应首先调整资本公积(资本溢价或股本溢价),资本公积(资本溢价或股本溢价)的余额不足冲减的,应冲减留存收益(盈余公积和未分配利润)。

4.对于同一控制下的控股合并,应视同合并后形成的报告主体自最终控制方开始实施控制时一直是一体化存续下来的,参与合并各方在合并以前期间实现的留存收益应体

现为合并财务报表中的留存收益。在合并财务报表中,应以合并方的资本公积(经调整后的资本公积中的资本溢价或股本溢价部分)为限,在所有者权益内部进行调整,将被合并方在合并日以前期间实现的留存收益中按照持股比例计算归属于合并方的部分自资本公积转入留存收益。

二、同一控制下企业合并的会计处理

(一)同一控制下控股合并的会计处理

同一控制下的控股合并中,合并方在合并日的会计处理包括两方面的内容:一是因企业合并形成的对被合并方的长期股权投资的确认、计量及具体账务处理;二是合并日合并财务报表的编制。

1.长期股权投资的确认、计量及账务处理

(1)长期股权投资初始投资成本的确定。按照《企业会计准则第2号——长期股权投资》的规定,同一控制下企业合并形成的长期股权投资,合并方应以合并日所享有的被合并方所有者权益账面价值的份额作为其初始投资成本。合并方确认的初始投资成本与其支付的合并对价(现金、非现金资产的账面价值或所发行股份的面值总额等)的差额,应当调整资本公积(资本溢价或股本溢价),资本公积(资本溢价或股本溢价)的余额不足冲减的,相应调整盈余公积和未分配利润。其具体账务处理如下:

借:长期股权投资　　　　　(合并日被合并方所有者权益账面价值×合并方持股比例)

　　贷:银行存款　　　　　　　　　　　　　　　　　　　　(支付的价款)

　　　　固定资产清理等　　　　　　　　　　　　　　(转让非现金资产的账面价值)

　　　　应付债券——面值　　　　　　　　　　　　　　(发行的债券的面值)

　　　　　　——利息调整　　　　　　　　　　　　　　　(债券的溢价)

　　　　股本　　　　　　　　　　　　　　　　　　　　(发行的股票的面值)

　　贷(或借):资本公积——资本溢价(或股本溢价)　　　　　(差额)

(2)合并费用的处理。合并方为进行企业合并发生的各项直接相关费用,包括为进行企业合并支付的审计费用、资产评估费用以及有关的法律咨询费用等(不包括发行权益性证券和发行债券相关的佣金、手续费等),应于发生时计入当期损益(管理费用)。

【例11-4】2×13年6月30日,甲公司向同一集团内的A公司的原股东定向增发1 000万股普通股(每股面值为1元,市价为5元),取得A公司60%的普通股权,并于当日起能够对A公司实施控制。甲公司以银行存款支付股票发行手续费500 000元,两公司在企业合并前采用的会计政策相同。合并日,A公司所有者权益账面价值总额为60 000 000元。

根据以上资料,甲公司取得长期股权投资的账务处理如下:

甲公司取得的长期股权投资的入账价值=60 000 000×60%=36 000 000(元)

借:长期股权投资——A公司   36 000 000
  贷:股本   10 000 000
    资本公积——股本溢价   26 000 000
借:管理费用   500 000
  贷:银行存款   500 000

2.合并日合并财务报表的编制

同一控制下的企业合并形成母子公司关系的(控股合并),合并方一般应在合并日编制合并财务报表。其合并日需要编制的合并财务报表,一般包括合并资产负债表、合并利润表及合并现金流量表。

(1)合并资产负债表。同一控制下的企业合并,在编制合并资产负债表时,合并方和被合并方的有关资产、负债均以其账面价值反映在合并财务报表。合并方与被合并方在合并日及以前期间相互间发生的交易,应作为内部交易,按照合并财务报表编制的有关原则进行抵销。

在合并资产负债表中,对于被合并方在企业合并前实现的留存收益(盈余公积和未分配利润之和)中归属于合并方的部分,应以合并方资本公积(资本溢价或股本溢价)的贷方余额为限,将被合并方在合并前实现的留存收益中归属于合并方的部分自"资本公积"转入"盈余公积"和"未分配利润"项目。具体分别以下两种情况进行调整:

一是确认企业合并形成的长期股权投资后,合并方资本公积(资本溢价或股本溢价)贷方余额大于被合并方合并前实现的留存收益中归属于合并方的部分的,在合并资产负债表中,应将被合并方在合并前实现的留存收益中归属于合并方的部分自"资本公积"转入"盈余公积"和"未分配利润"项目。在合并工作底稿中,编制如下调整分录:

借:资本公积   (被合并方合并前实现的留存收益×合并方持股比例)
  贷:盈余公积   (被合并方合并前的盈余公积×合并方持股比例)
    未分配利润   (被合并方合并前的未分配利润×合并方持股比例)

二是确认企业合并形成的长期股权投资后,合并方资本公积(资本溢价或股本溢价)贷方余额小于被合并方在合并前实现的留存收益中归属于合并方的部分的,在合并资产负债表中,应以合并方资本公积(资本溢价或股本溢价)的贷方余额为限,将被合并方在合并前实现的留存收益中归属于合并方的部分自"资本公积"转入"盈余公积"和"未分配利润"项目。在合并工作底稿中,编制如下调整分录:

借:资本公积   (合并方"资本公积——资本溢价或股本溢价"的账面金额)
  贷:盈余公积
    未分配利润

因合并方的资本公积(资本溢价或股本溢价)余额不足,被合并方在合并前实现的留存收益中归属于合并方的部分在合并资产负债表中未予全额恢复的,合并方应当在会计报表附注中对这一情况进行说明。

【例11-5】A公司和B公司均为甲公司控制下的两家子公司。2×13年6月30日,A公司从其母公司——甲公司处取得其持有的B公司100%的股权,合并后B公司仍维持其独立法人资格继续经营。为进行该项企业合并,A公司增发了面值为每股1元的普通股票 1 000 万股作为合并对价。假定 A 公司与 B 公司采用的会计政策相同。合并日，A 公司和 B 公司的所有者权益构成如表 11—7 所示。

表 11—7　合并日 A 公司和 B 公司的所有者权益构成情况　　　　单位:万元

A 公司		B 公司	
项目	金额	项目	金额
股本	2 500	股本	300
资本公积(股本溢价)	400	资本公积	100
盈余公积	800	盈余公积	400
未分配利润	1 500	未分配利润	400
合计	5 200	合计	1 200

A 公司在合并日应做的账务处理为:

借:长期股权投资——B公司　　　　　　　　　　　　　　12 000 000
　贷:股本　　　　　　　　　　　　　　　　　　　　　　　　10 000 000
　　资本公积——股本溢价　　　　　　　　　　　　　　　　　2 000 000

经过上述处理后,A 公司资本公积(股本溢价)余额为 600 万元,即 200+400=600(万元),小于 B 公司在合并前实现的留存收益中归属于 A 公司的部分 800 万元,即 400+400=800(万元),A 公司编制合并财务报表时,应以资本公积(股本溢价)的账面余额 600 万元为限,将 B 公司在合并前实现的留存收益中归属于 A 公司的部分相应转入盈余公积和未分配利润。在合并工作底稿中,应编制以下调整分录:

借:资本公积　　　　　　　　　　　　　　　　　　　　　6 000 000
　贷:盈余公积　　　　　　　　　　　　　　　　　　　　　　3 000 000
　　未分配利润　　　　　　　　　　　　　　　　　　　　　　3 000 000

因 A 公司的资本公积(股本溢价)余额不足,被合并方 B 公司在合并前实现的留存收益中归属于 A 公司的部分在合并资产负债表中还有 200 万元未予恢复,A 公司应当在合并财务报表附注中对这一情况做出说明。

(2)合并利润表。合并方在编制合并日的合并利润表时,应包含合并方及被合并方自合并当期期初至合并日实现的净利润。双方在当期发生的交易,应当按照合并财务报表的有关原则进行抵销。

为了帮助会计信息使用者了解合并方合并利润表中净利润的构成,在同一控制下企业合并的当期,合并方在合并利润表中的"净利润"项目下应单列。其中:"被合并方在合并前实现的净利润"项目,反映合并当期期初至合并日自被合并方带入的损益。

(3)合并现金流量表。合并方在编制合并日的合并现金流量表时,应包含合并方及被合并方自合并当期期初至合并日产生的现金流量。涉及双方当期发生内部交易产生的现金流量,应按照合并财务报表准则规定的有关原则进行抵销。

同一控制下的企业合并,在编制合并日合并财务报表时,可按以下步骤进行:

第一步,加总——将合并方与被合并方个别报表相关项目的数据进行加总。

第二步,抵销——将合并方与被合并方之间发生的内部交易予以抵销(编制抵销分录)。

第三步,调整——以合并方资本公积(资本溢价或股本溢价)账面贷方余额为限,将被合并方在合并前实现的留存收益中归属于合并方的部分自"资本公积"调整转入"盈余公积"和"未分配利润"项目(编制调整分录)。

第四步,计算合并数(编制合并财务报表)。

【例11-6】甲公司和乙公司均为 M 公司控制下的两家子公司。2×13 年 6 月 30 日,甲公司自 M 公司处取得其持有的乙公司 80% 的股权。为进行该项企业合并,甲公司增发了面值为每股 1 元、市价为每股 5 元的普通股票 500 万股作为合并对价,相关手续已办理完毕。假定甲公司与乙公司采用的会计政策相同,甲公司与乙公司在合并前未发生任何交易。甲公司和乙公司在 2×13 年 6 月 30 日(合并前)有关资产、负债和所有者权益情况如表 11-8 所示。

表 11-8　资产负债表(简表)

2×13 年 6 月 30 日　　　　　　　　　　　　　　单位:万元

项目	甲公司		乙公司	
	账面价值		账面价值	公允价值
资产:				
货币资金	1 800		300	300
应收账款	1 600		200	200
存货	2 400		400	500
长期股权投资	1 800		0	0
固定资产	4 600		1 400	1 700
无形资产	1 200		300	600
商誉				
资产总额	13 400		2 600	3 300
负债和所有者权益:				
短期借款	1 400		600	600
应付账款	1 300		350	350
其他应付款	200		150	150
负债合计	2 900		1 100	1 100
股本	4 000		500	
资本公积(股本溢价)	2 400		200	
盈余公积	1 600		200	
未分配利润	2 500		600	
所有者权益合计	10 500		1 500	2 200
负债和所有者权益合计	13 400		2 600	

甲公司和乙公司 2×13 年 1 月 1 日至 6 月 30 日的利润表如表 11-9 所示。

表 11-9 利润表(简表)

2×13 年 1 月 1 日至 6 月 30 日   单位:万元

项目	甲公司	乙公司
一、营业收入	8 200	2 100
减:营业成本	6 600	1 600
营业税金及附加	60	20
销售费用	140	50
管理费用	180	60
财务费用	80	30
加:投资收益	160	0
二、营业利润	1 300	340
加:营业外收入	160	60
减:营业外支出	100	80
三、利润总额	1 360	320
减:所得税费用	340	80
四、净利润	1 020	240

在该项合并中,由于甲公司与乙公司在合并前及合并后均为 M 公司所最终控制,因此,属于同一控制下的企业合并。自 2×13 年 6 月 30 日开始,甲公司能够对乙公司的净资产实施控制,2×13 年 6 月 30 日为合并日。甲公司的有关会计处理如下:

(1)编制企业合并的有关会计分录:

借:长期股权投资 (15 000 000×80%) 12 000 000

　　贷:股本 5 000 000

　　　　资本公积 7 000 000

(2)编制合并日的合并财务报表时,应做如下抵销分录(因甲公司只取得乙公司 80%的股权,其他所有者拥有 20%的股权在合并资产负债表中作为"少数股东权益"处理:

借:股本 5 000 000

　　资本公积 2 000 000

　　盈余公积 2 000 000

　　未分配利润 6 000 000

　　贷:长期股权投资 12 000 000

　　　　少数股东权益 3 000 000

(3)编制合并日的合并财务报表时,应做如下调整分录(甲公司的"资本公积——股本溢价"贷方余额大于被合并方乙公司合并前实现的留存收益中归属于合并方甲公司的部分,因此,应将被合并方乙公司在合并前实现的留存收益中归属于合并方的部分自"资本公积"转入"盈余公积"和"未分配利润"):

借:资本公积   （8 000 000×80％） 6 400 000
  贷:盈余公积   （2 000 000×80％） 1 600 000
    未分配利润   （6 000 000×80％） 4 800 000

  甲公司2×13年6月30日（合并日）应编制的合并资产负债表和合并利润表如表11—10和表11—11所示。

表11—10 合并资产负债表（简表）

2×13年6月30日   单位:万元

项目	甲公司	乙公司	抵销分录、调整分录		少数股东权益	合并金额
			借方	贷方		
资产:						
货币资金	1 800	300				2 100
应收账款	1 600	200				1 800
存货	2 400	400				2 800
长期股权投资	1 800＋1 200	0		1 200		1 800
固定资产	4 600	1 400				6 000
无形资产	1 200	300				1 500
商誉	0	0				0
资产总额	14 600	2 600		1 200		16 000
负债和所有者权益:						
短期借款	1 400	600				2 000
应付账款	1 300	350				1 650
其他应付款	200	150				350
负债合计	2 900	1 100				4 000
股本	4 000＋500	500	500			4 500
资本公积	2 400＋700	200	200＋640			2 460
盈余公积	1 600	200	200	160		1 760
未分配利润	2 500	600	600	480		2 980
少数股东权益					300	300
所有者权益合计	11 700	1 500	2 140	640	300	12 000
负债和所有者权益合计	14 600	2 600	2 140	640	300	16 000

表 11—11　合并利润表（简表）

2×13 年 1 月 1 日至 6 月 30 日　　　　　　　　　　　单位：万元

项目	甲公司	乙公司	抵销分录		合并金额
			借方	贷方	
一、营业收入	8 200	2 100			10 300
减：营业成本	6 600	1 600			8 200
营业税金及附加	60	20			80
销售费用	140	50			190
管理费用	180	60			240
财务费用	80	30			110
加：投资收益	160	0			160
二、营业利润	1 300	340			1 640
加：营业外收入	160	60			220
减：营业外支出	100	80			180
三、利润总额	1 360	320			1 680
减：所得税费用	340	80			420
四、净利润	1 020	240			1 260
其中：被合并方在合并前实现利润					240

(二)同一控制下吸收合并的会计处理

在同一控制下的吸收合并中,合并方在合并日的会计处理主要涉及以下几方面的问题:一是合并方在合并日取得被合并方资产、负债入账价值的确定;二是合并方在合并中取得有关净资产的入账价值与其支付的合并对价账面价值之间差额的处理;三是合并过程中所发生的直接相关费用的处理。

1.合并中取得资产、负债入账价值的确定

按照我国企业合并准则的规定,合并方在同一控制下吸收合并中取得的资产、负债应当按照相关资产、负债在被合并方的原账面价值入账。

2.合并差额的处理

合并方在确认了合并中取得的被合并方的资产和负债后,以发行权益性证券作为合并对价的,所确认的净资产入账价值与发行股份面值总额的差额,应计入资本公积(资本溢价或股本溢价),资本公积(资本溢价或股本溢价)的余额不足冲减的,相应冲减盈余公积和未分配利润;以支付现金、非现金资产作为合并对价的,所确认的净资产入账价值与支付的现金、非现金资产账面价值的差额,相应调整资本公积(资本溢价或股本溢价),资本公积(资本溢价或股本溢价)的余额不足冲减的,冲减盈余公积和未分配利润。

3.合并过程中所发生的直接相关费用的处理

合并方为进行企业合并发生的直接相关费用包括支付的与企业合并直接相关的审计费用、资产评估费用以及有关的法律咨询费用等增量费用。合并方在合并过程中发生的各项直接相关费用,应于发生时计入当期损益(管理费用)。合并过程中所发生的直接相关费用不包括以下内容:以发行债券方式进行的企业合并,与发行债券相关的佣金、手续费等,这部分费用应计入所发行债券的初始计量金额,即作为应付债券(利息调整)入账价值的组成部分。以发行权益性证券作为合并对价所发生的与发行权益性证券相关的佣金、手续费等,这部分费用应抵减权益性证券的溢价收入,发行权益性证券无溢价或溢价金额不足以冲减的,应当冲减盈余公积和未分配利润。

同一控制下吸收合并的具体账务处理如下:

(1)以支付现金、非现金资产作为合并对价的,应编制如下会计分录:

借:有关资产　　　　　　　　　　(取得被合并方资产的账面价值)
　　管理费用　　　　　　　　　　(发生的企业合并的直接相关费用)
　　贷:有关负债　　　　　　　　　(承担被合并方负债的账面价值)
　　　　银行存款　　　　　　　　　(以现金支付合并对价和直接相关费用)
　　　　固定资产清理等　　　　　　(作为合并对价支付的非现金资产的账面价值)
　　　　资本公积——股本溢价(资本溢价)(取得净资产的入账价值大于支付对价的差额)

(2)以发行债券作为合并对价的,应编制如下会计分录:

借:有关资产　　　　　　　　　　(取得被合并方资产的账面价值)
　　管理费用　　　　　　　　　　(发生的企业合并的直接相关费用)
　　贷:有关负债　　　　　　　　　(承担被合并方负债的账面价值)
　　　　应付债券——面值　　　　　(发行债券的面值)
　　　　　　　　　——利息调整　　(发行债券的溢价减去债券发行费用,如为折价,则记借方)
　　　　银行存款　　　　　　　　　(支付的直接相关费用和债券发行费用)
　　　　资本公积——股本溢价(资本溢价)(取得净资产的入账价值大于支付对价的差额)

(3)以发行权益性证券作为合并对价的,应编制如下会计分录:

借:有关资产　　　　　　　　　　(取得被合并方资产的账面价值)
　　管理费用　　　　　　　　　　(发生的企业合并的直接相关费用)
　　贷:有关负债　　　　　　　　　(承担被合并方负债的账面价值)
　　　　股本　　　　　　　　　　　(发行的股票的面值)
　　　　银行存款　　　　　　　　　(支付的直接相关费用和股票发行费用)
　　　　资本公积——股本溢价(资本溢价)(取得净资产的入账价值大于支付对价的差额)

【例11-7】A公司和B公司均为甲公司控制下的两家子公司。2×13年6月30日,A公司定向增发面值为每股1元的普通股票1 000万股作为合并对价,吸收合并了B公司。假定A公司与B公司采用的会计政策相同。合并日,A公司和B公司的净资产构成如表11-12所示。

表 11-12　A 公司和 B 公司的净资产

2×13 年 6 月 30 日　　　　　　　　　　　　　　　单位:万元

A公司		B公司	
项目	金额	项目	金额
货币资金(银行存款)	1 200	货币资金(银行存款)	400
存货(库存商品)	600	存货(原材料)	300
固定资产	5 400	固定资产	1 300
短期借款	1 400	短期借款	680
应付账款	600	其他应付款	120
股本	2 500	股本	300
资本公积(股本溢价)	400	资本公积	100
盈余公积	800	盈余公积	400
未分配利润	1 500	未分配利润	400
股东权益合计	5 200	股东权益合计	1 200

A 公司吸收合并 B 公司时,应编制如下会计分录①:

借:银行存款　　　　　　　　　　　　　　　　　　　4 000 000

　　原材料　　　　　　　　　　　　　　　　　　　　3 000 000

　　固定资产　　　　　　　　　　　　　　　　　　　13 000 000

　　贷:短期借款　　　　　　　　　　　　　　　　　　　　6 800 000

　　　其他应付款　　　　　　　　　　　　　　　　　　　1 200 000

　　　股本　　　　　　　　　　　　　　　　　　　　　10 000 000

　　　资本公积——股本溢价　　　　　　　　　　　　　　2 000 000

第四节　非同一控制下企业合并的会计处理

一、非同一控制下企业合并的会计处理原则

对于非同一控制下的企业合并,我国《企业会计准则第 20 号——企业合并》规定,应采用购买法进行会计处理。非同一控制下企业合并的会计处理主要包括购买方的确定、购买日的确定、企业合并成本的确定及其在所取得的资产和负债间分配、合并差额的处理以及购买日合并财务报表的编制等。

---

①此处并未完全按照权益结合法的要求进行会计处理,即在合并处理时没有保留被合并方 B 公司的留存收益。

(一)购买方的确定

非同一控制下企业合并会计处理的首要前提是确定购买方。购买方是指在企业合并中取得对另一方或多方控制权的一方。从购买方的定义中可以看出,认定购买方的关键标准是取得控制权。非同一控制下的企业合并中,一般应考虑企业合并合同、协议以及其他相关因素来确定购买方。具体可从以下几方面来认定购买方:

1.企业合并中一方取得了另一方半数以上有表决权股份的,除非有明确的证据表明不能形成控制,一般认为取得另一方半数以上表决权股份的一方为购买方。

2.在某些情况下,即使一方没有取得另一方半数以上有表决权股份,但存在以下情况之一时,一般也可以认为其获得了对另一方的控制权。

(1)通过与其他投资者签订协议,实质上拥有被购买企业半数以上表决权。例如,甲公司拥有 A 公司 40% 的表决权资本,乙公司拥有 A 公司 30% 的表决权资本,丙公司拥有 A 公司 30% 的表决权资本。甲公司与乙公司达成协议,乙公司将其拥有的 A 公司 30% 的表决权委托甲公司管理(即由甲公司代表)。在这种情况下,甲公司实质上拥有 A 公司 70% 的表决权,能够操纵 A 公司股东大会的表决,在 A 公司的章程等没有特别规定的情况下,表明甲公司实质上控制了 A 公司。

(2)按照章程或协议等的规定,具有主导被购买企业财务和经营决策的权力。例如,在上例中,甲公司虽然只拥有 A 公司 40% 的表决权资本,但 A 公司的章程规定,甲公司可以决定 A 公司的财务和生产经营等政策,甲公司实质上能够对 A 公司的财务和经营政策实施控制。

(3)有权任免被购买企业董事会或类似权力机构多数成员。这种情况是指,虽然投资企业只拥有被投资单位 50% 或以下表决权资本,但根据章程、协议等规定有权任免被投资单位董事会或类似权力机构的绝大多数成员,即能够操纵被投资单位的董事会或类似权力机构,因而,实质上控制被投资单位。

(4)在被购买企业董事会或类似权力机构中具有多数投票权。这种情况是指,虽然投资企业只拥有被投资单位 50% 或以下表决权资本,但能够操纵被投资单位董事会等类似权力机构的表决,从而能够控制其财务和经营政策,实质上控制被投资单位。

3.在某些情况下,可能难以确定企业合并中的购买方,如参与合并的两家或多家企业规模相当,这种情况下,往往可以结合一些迹象表明购买方的存在。在具体判断时,可以考虑下列相关因素:

(1)以支付现金、转让非现金资产或承担负债的方式进行的企业合并,一般支付现金、转让非现金资产或是承担负债的一方为购买方。

(2)考虑参与合并各方的股东在合并后主体的相对投票权,其中股东在合并后主体中具有相对较高投票比例的一方一般为购买方。

(3)参与合并各方的管理层对合并后主体生产经营决策的主导能力,如果合并导致参与合并一方的管理层能够主导合并后主体生产经营政策的制定,其管理层能够实施主导作用的一方一般为购买方。

(4)通过以有表决权的股份换取另一方的现金及其他资产的企业合并,则付出现金或其他资产的一方很可能为购买方。

(5)通过权益互换实现的企业合并,发行权益性证券的一方通常为购买方。但如果有证据表明发行权益性证券的一方,其生产经营决策在合并后被参与合并的另一方控制,则其应为被购买方,参与合并的另一方为购买方。该类合并通常称为反向购买。

(二)购买日的确定

购买日是购买方获得对被购买方控制权的日期,即企业合并交易进行过程中,发生控制权转移的日期。在具体确定购买日时,应当结合企业合并合同或协议的约定及其他相关影响因素,按照实质重于形式的原则进行判断。一般认为以同时满足下列条件的日期作为购买日:

1. 企业合并合同或协议已获股东大会等内部权力机构通过。

2. 按照规定,合并事项需要经过国家有关主管部门审批的,已获得相关部门的批准。

3. 参与合并各方已办理了必要的财产权交接手续。

4. 购买方已支付了购买价款的大部分(一般应超过50%),并且有能力、有计划支付剩余款项。

5. 购买方实际上已经控制了被购买方的财务和经营政策,享有相应的收益并承担相应的风险。

企业合并涉及一次以上交易的,即通过多次交易分步实现的企业合并,企业应于每一交易日确认对被投资企业的各单项投资。在分步实现的企业合并中,购买日是指按照有关标准判断购买方最终取得对被购买企业控制权的日期。例如,甲公司于2×12年1月2日购入A公司30%的普通股权,能够对A公司施加重大影响,在与取得股权相关的风险和报酬发生转移的情况下,甲公司应确认对A公司的长期股权投资。2×13年7月1日,甲公司又购入A公司30%的普通股权,其持股比例达到60%,并于当日开始能够对A公司实施控制,则2×13年7月1日(第二次购买股权的交易日)应作为企业合并的购买日。

(三)企业合并成本的确定

1. 一次交易实现的企业合并

企业合并成本包括购买方为进行企业合并支付的现金或非现金资产、发行或承担的债务、发行的权益性证券等在购买日的公允价值。

2. 通过多次交换交易分步实现的企业合并

通过多次交换交易分步实现的企业合并应分别个别财务报表和合并财务报表处理。在购买方个别财务报表中,应当以购买日之前所持被购买方的股权投资的账面价值与购买日新增投资成本之和,作为该项投资的初始投资成本。在合并财务报表中以购买日之前所持被购买方股权在购买日的公允价值与购买日支付对价的公允价值之和,作为合并成本。

3. 合并费用的处理

非同一控制下企业合并中发生的与企业合并直接相关的费用,包括为进行企业合并而发的会计审计费用、法律服务费用、咨询费用等,与同一控制下企业合并进行过程中发生的有关费用处理原则一致,应计入当期损益(管理费用)。上述与企业合并直接相关的费用不包括与为企业合并发行的权益性证券或发行的债务相关的手续费、佣金等。为企业合并发行债务支付的手续费、佣金等,应当计入所发行债务的初始计量金额(计入利息调整)。企业合并中发行权益性证券发生的手续费、佣金等费用,应当抵减权益性证券的溢价收入,溢价收入不足冲减或发行权益性证券无溢价的,应冲减留存收益。

4.或有对价的处理

在某些情况下,企业合并合同或协议中可能规定,视未来或有事项的发生,购买方通过发行额外证券、支付额外现金或其他资产等方式追加合并对价,或者要求返还之前已经支付的对价,购买方应当将合并协议约定的或有对价作为企业合并转移对价的一部分,按其在购买日的公允价值计入企业合并成本。或有对价符合金融负债或权益工具定义的,购买方应当将拟支付的或有对价确认为一项负债或权益;符合资产定义并满足资产确认条件的,购买方应当将符合合并协议约定条件的、对已支付合并对价中可收回部分的权利确认为一项资产。

(四)企业合并成本在取得的可辨认资产和负债之间的分配

非同一控制下的企业合并中,购买方取得了对被购买方净资产的控制权,根据合并方式的不同,应分别在合并财务报表(控股合并)或个别财务报表(吸收合并)中确认合并中取得的各项可辨认资产和负债。

1.购买方在企业合并中取得的被购买方各项可辨认资产和负债,要作为本企业的资产、负债(或合并财务报表中的资产、负债)进行确认(应当满足资产、负债的确认条件),并以各项资产、负债在购买日的公允价值进行计量。

2.企业合并中取得无形资产的确认。非同一控制下的企业合并中,购买方在企业合并中取得的被购买方在其财务报表中未确认的无形资产,在其公允价值能够可靠计量情况下应单独予以确认。如被合并方尚未确认的商标、版权、特许权、专利技术、专有技术等。

3.或有负债的确认。对于购买方在企业合并时可能需要代被购买方承担的或有负债,在其公允价值能够合理确定的情况下,应作为合并中承担的负债予以单独确认。

4.商誉和递延所得税项目的处理。对于被购买方在企业合并之前已经确认的商誉和递延所得税项目,购买方在对企业合并成本进行分配、确认合并中取得可辨认资产和负债时不应予以考虑。但在按照规定确定了合并中应予确认的各项可辨认资产、负债的公允价值后,其计税基础与账面价值不同形成暂时性差异的,应当按照所得税会计准则的规定确认相应的递延所得税资产或递延所得税负债。

(五)合并差额的处理

购买方对于企业合并成本与确认的被购买方可辨认净资产公允价值份额的差额,应视情况分别处理:

1.企业合并成本大于合并中取得的被购买方可辨认净资产公允价值份额的差额,应确认为商誉。其中,在吸收合并情况下,合并成本大于合并中取得的被购买方可辨认净资产公允价值的差额,应在购买方的账簿及其个别财务报表中确认为商誉;在控股合并情况下,合并成本大于合并中取得的被购买方可辨认净资产公允价值份额的差额,应在购买方的合并财务报中列示为商誉。

2.如果企业合并成本小于合并中取得的被购买方可辨认净资产公允价值的份额,应先对取得的被购买方各项可辨认资产、负债的公允价值以及合并成本进行复核,复核后合并成本小于合并中取得的被购买方可辨认净资产公允价值份额,其差额应计入合并当期损益(营业外收入)。其中,在吸收合并的情况下,企业合并成本仍小于合并中取得的被购买方可辨认净资产公允价值的差额,应计入购买方合并当期的个别利润表;在控股合并的情况下,合并成本小于合并中取得的被购买方可辨认净资产公允价值份额的差额,应体现在合并当期的合并利润表中(不影响购买方的个别利润表)。

(六)购买日合并财务报表的编制

非同一控制下企业合并形成母子公司关系的(控股合并),购买方一般应于购买日编制合并资产负债表(非同一控制下控股合并,购买日只编制合并资产负债表,不编制利润表和现金流量表),反映其于购买日开始能够控制的经济资源情况。在合并资产负债表中,合并中取得的被购买方各项可辨认资产、负债应以其在购买日的公允价值计量,长期股权投资的成本大于合并中取得的被购买方可辨认净资产公允价值份额的差额,体现为合并财务报表中的商誉;长期股权投资的成本小于合并中取得的被购买方可辨认净资产公允价值份额的差额,应计入合并当期损益(营业外收入),但因购买日不需要编制合并利润表,该差额体现在合并资产负债表上,应调整合并资产负债表的盈余公积和未分配利润。

非同一控制下的控股合并,购买方在企业合并当期期末以及以后期间编制合并财务报表时,对于合并中取得的被购买方资产、负债等,都应以购买日确定的公允价值为基础持续计算的金额予以反映。因此,作为购买方的母公司在进行有关会计处理后,应单独设置备查簿,记录其在购买日取得的被购买方各项可辨认资产、负债的公允价值以及因企业合并成本大于合并中取得的被购买方可辨认净资产公允价值的份额应确认的商誉金额,或因企业合并成本小于合并中取得的被购买方可辨认净资产公允价值的份额计入当期损益(营业外收入)的金额,作为企业合并当期以及以后期间编制合并财务报表的基础。

二、非同一控制下企业合并的会计处理

(一)非同一控制下控股合并的会计处理

非同一控制下的控股合并,购买方在购买日的会计处理主要包括两方面的内容:一是因企业合并形成的长期股权投资成本的确定,以及在以非现金资产作为合并对价的情况下,非现金资产的公允价值与其账面价值之间差额的处理;二是购买日合并财务报表的编制。

1.长期股权投资初始投资成本的确定

非同一控制下的控股合并中,购买方在购买日应当按照确定的企业合并成本(不包括应自被投资单位收取的现金股利或利润),作为形成的对被购买方长期股权投资的初始投资成本。购买方以支付非现金资产为合并对价的,有关非现金性资产在购买日的公

允价值与其账面价值的差额,应作为资产的处置损益,计入合并当期的利润表。非同一控制下的控股合并的具体账务处理因支付的合并对价不同而有所不同。

(1)以固定资产等非现金资产作为合并对价时,应进行如下账务处理:

借:长期股权投资　　　　　　　　　(确定的合并成本)

　　应收股利　　　　　　　　　　　(已宣告但尚未发放的现金股利或利润)

　　管理费用　　　　　　　　　　　(支付的相关直接费用)

　　贷:固定资产清理等　　　　　　　　(作为对价的固定资产等的账面价值)

　　　营业外收入(或借:营业外支出)　(固定资产账面价值与其公允价值的差额)

　　　银行存款　　　　　　　　　　(支付的相关直接费用)

如果购买方以库存商品作为合并对价的,应按其公允价值确认为主营业务收入,同时,将库存商品的账面价值结转至主营业务成本,应进行如下账务处理:

借:长期股权投资　　　　　　　　　(确定的合并成本)

　　应收股利　　　　　　　　　　　(已宣告但尚未发放的现金股利或利润)

　　管理费用　　　　　　　　　　　(支付的相关直接费用)

　　贷:主营业务收入　　　　　　　　　(作为合并对价的商品的公允价值)

　　　应交税费——应交增值税(销项税额)　(转让商品应交的增值税)

　　　银行存款　　　　　　　　　　(支付的相关直接费用)

借:主营业务成本　　　　　　　　　(作为合并对价的商品的账面价值)

　　存货跌价准备

　　贷:库存商品

(2)发行权益性证券作为合并对价时,应进行如下账务处理:

借:长期股权投资　　　　　　　　　(确定的合并成本,即发行的股票的公允价值)

　　管理费用　　　　　　　　　　　(支付的相关直接费用)

　　贷:股本　　　　　　　　　　　　(发行股票的面值总额)

　　　资本公积——股本溢价　　　　(股票的公允价值-股票面值-股票发行费用)

　　　银行存款　　　　　　　　　　(支付的相关直接费用和股票发行费用)

2.购买日合并财务报表的编制

非同一控制下企业合并形成母子公司关系的,购买方在购买日只需要编制合并资产负债表。其合并财务报表的具体编制可按如下步骤进行:

第一步,加总——将购买方与被购买方个别财务报表各项目的数据登记到合并工作底稿,并进行加总。

第二步,调整(编制调整分录)——在非同一控制下企业合并时,母公司为进行企业合并一般要对子公司的资产、负债进行评估,确定子公司可辨认净资产的公允价值。因为子公司作为持续经营的主体,并不根据评估确定的公允价值调整其账面价值,其对外提供的个别财务报表仍然是以各项资产、负债的原账面价值为基础编制的,其提供的购买日财务报表一般也是各项资产和账面价值为基础编制的。根据现行会计准则规定,非同一控制下企业合并取得子公司,母公司编制购买日的合并资产负债表时,因企业合并取得的子公司的各项可辨认资产、负债及或有负债应当以公允价值在合并财务报表中列示。因此,母公司在编制购买日的合并财务报表时,就必须按照购买子公司资产、负债的公允价值对其财务报表进行调整,将子公司资产负债表中资产、负债的账面价值调整为公允价值。也就是说,在合并工作底稿中,应编制如下调整分录:

借:固定资产　　　　　　　　　(公允价值大于原账面价值的差额)
　　无形资产　　　　　　　　　(公允价值大于原账面价值的差额)
　　投资性房地产　　　　　　　(公允价值大于原账面价值的差额)
　　存货等　　　　　　　　　　(公允价值大于原账面价值的差额)
　　贷:资本公积

第三步,抵销(编制抵销分录)——将购买方与被购买方之间的内部交易与事项予以抵销,即应编制如下抵销分录:

借:股本(实收资本)　　　　　　(被购买方股本账面数)
　　资本公积　　　　　　　　　(被购买方经调整后的资本公积数)
　　盈余公积　　　　　　　　　(被购买方盈余公积账面数)
　　未分配利润　　　　　　　　(被购买方未分配利润账面数)
　　商誉　　　　　　　　　　　(合并成本－被合并方可辨认净资产公允价值×
　　　　　　　　　　　　　　　　购买方持股比例)
　　贷:长期股权投资　　　　　　(确定的合并成本)
　　　　少数股东权益　　　　　　(合并方可辨认净资产公允价值×少数股权比例)

第四步,计算合并数(编制合并财务报表)。

【例11－8】M公司和X公司为不同集团的两家公司。2×13年6月30日,M公司以无形资产——土地使用权作为合并对价购买X公司60%的股权。M公司作为对价的无形资产余额为8 100万元,累计摊销为3 000万元,公允价值为6 000万元。假定当日双方已办妥相关手续,2×13年6月30日为股权购买日,不考虑合并相关的费用及相关税费。M公司与X公司在合并前采用的会计政策相同。当日,M公司和X公司有关资产、负债情况如表11－13所示。

表11－13　资产负债表(简表)

2×13年6月30日　　　　　　　　　　　　单位:万元

项目	M公司	X公司	
	账面价值	账面价值	公允价值
资产:			
货币资金	4 100	500	500
存货	6 200	200	400
应收账款	2 000	2 000	2 000
长期股权资产	4 000	2 100	3 500
固定资产	12 000	3 000	4 500
无形资产	9 500	500	1 500
商誉	0	0	0
资产总计	37 800	8 300	12 400

项目	M公司	X公司	
	账面价值	账面价值	公允价值
负债和所有权益：			
短期借款	2 000	2 200	2 200
应付账款	4 000	600	600
负债合计	6 000	2 800	2 800
股本	18 000	2 500	
资本公积	5 000	1 500	
盈余公积	4 000	500	
未分配利润	4 000	1 000	
所有者权益合计	31 800	5 500	9 600
负债和所有者权益合计	37 800	8 300	12 400

2×13 年 6 月 30 日,M 公司的有关会计处理如下：

(1)确认长期股权投资：

借:长期股权投资 　　　　　　　　　　　　　　　　　60 000 000

　　累计摊销 　　　　　　　　　　　　　　　　　　　30 000 000

　　贷:无形资产 　　　　　　　　　　　　　　　　　　　　81 000 000

　　　营业外收入 　　　　　　　　　　　　　　　　　　　　9 000 000

(2)计算确定商誉：

假定 M 公司除已确认资产外,不存在其他需要确认的资产及负债。

合并商誉＝企业合并成本－合并中取得被购买方可辨认净资产公允价值份额＝ 6 000－9 600×60％＝240(万元)

(3)编制调整分录：

借:存货 　　　　　　(4 000 000－2 000 000)　2 000 000

　　长期股权投资 　　(35 000 000－21000 000)　14 000 000

　　固定资产 　　　　(45 000 000－30 000 000)　15 000 000

　　无形资产 　　　　(15 000 000－5 000 000)　10 000 000

　　贷:资本公积 　　　　　　　　　　　　　　　　　　　41 000 000

(4)编制抵销分录：

借:股本 　　　　　　　　　　　　　　　　　　　　25 000 000

　　资本公积 　　　　(150 000 000＋4 100 000)　56 000 000

　　盈余公积 　　　　　　　　　　　　　　　　　　　5 000 000

　　未分配利润 　　　　　　　　　　　　　　　　　　10 000 000

　　商誉 　　　　　　　　　　　　　　　　　　　　　2 400 000

　　贷:长期股权投资 　　　　　　　　　　　　　　　　　60 000 000

　　　少数股东权益 　　　(96 000 000×40％)　38 400 000

(5)编制购买日的合并资产负债表,如表 11—14 所示。

表 11—14　合并资产负债表(简表)

2×13 年 6 月 30 日　　　　　　　　　　　单位:万元

项目	M公司	X公司	抵销分录/调整分录 借方	抵销分录/调整分录 贷方	合并金额
资产:					
货币资金	4 100	500			4 600
存货	6 200	200	200		6 600
应收账款	2 000	2 000			4 000
长期股权投资	4 000＋6 000	2 100	1 400	6 000	7 500
固定资产	12 000	3 000	1 500		16 500
无形资产	9 500－5 100	500	1 000		5 900
商誉	0	0	240		240
资产总计	37 800＋900	8 300	4 340	6 000	45 340
负债和所有者权益:					
短期借款	2 000	2 200			4 200
应付账款	4 000	600			4 600
负债合计	6 000	2 800			8 800
股本	18 000	2 500	2 500		18 000
资本公积	5 000	1 500	5 600	4 100	5 000
盈余公积	4 000	500	500		4 000
未分配利润	4 800＋900	1 000	1 000		5 700
少数股东权益				3 840	3 840
所有者权益合计	31 800＋900	5 500	9 600	3 840	36 540
负债和所有者权益合计	37 800＋900	8 300	9 600	3 840	45 340

(二)非同一控制下吸收合并的会计处理

在非同一控制下的吸收合并中,购买方在购买日的会计处理主要涉及以下几方面的问题:一是购买方在购买日取得的被购买方可辨认资产、负债入账价值的确定;二是作为合并对价的有关非现金资产在购买日的公允价值与其账面价值的差额的处理;三是购买方在合并中取得的被购买方可辨认净资产的公允价值与合并成本之间的差额的处理。

购买方在购买日将合并中取得的符合确认条件的各项可辨认资产、负债,应按其公允价值确认为本企业的资产和负债;作为合并对价的有关非现金资产在购买日的公允价值与其账面价值的差额,应作为资产的处置损益,计入合并当期的利润表;合并成本与所取得的被购买方可辨认净资产公允价值的差额,应视情况分别确认为商誉或是作为企业合并当期的损益计入利润表。

其具体处理如下：

（1）以支付现金、非现金资产和发行的权益性证券作为合并对价，合并成本大于所取得的被购买方可辨认净资产公允价值的账务处理如下。

借：有关资产　　　　　　　　　　（取得被购买方资产的公允价值）
　　管理费用　　　　　　　　　　（发生的企业合并的直接相关费用）
　　商誉　　　　　　　　　　　　（合并成本大于取得的可辨认净资产公允价
　　　　　　　　　　　　　　　　　值的差额）
　贷：有关负债　　　　　　　　　　（承担被购买方负债的公允价值）
　　　固定资产清理等　　　　　　　（作为合并对价支付的非现金资产的账
　　　　　　　　　　　　　　　　　面价值）
　　　营业外收入（或借：营业外支出）（固定资产等账面价值与其公允价值的
　　　　　　　　　　　　　　　　　差额）
　　　股本　　　　　　　　　　　　（作为对价发行的股票的面值）
　　　资本公积——股本溢价　　　　（发行股票的公允价值－面值总额－股
　　　　　　　　　　　　　　　　　票发行费用）
　　　银行存款　　　　　　　　　　（支付的合并对价、直接相关费用和股票
　　　　　　　　　　　　　　　　　发行费用）

（2）以支付现金、非现金资产和发行的权益性证券作为合并对价，合并成本小于所取得的被购买方可辨认净资产公允价值的账务处理如下。

借：有关资产　　　　　　　　　　（取得被购买方资产的公允价值）
　　管理费用　　　　　　　　　　（发生的企业合并的直接相关费用）
　贷：有关负债　　　　　　　　　　（承担被购买方负债的公允价值）
　　　固定资产清理等　　　　　　　（作为合并对价支付的非现金资产的账
　　　　　　　　　　　　　　　　　面价值）
　　　营业外收入（或借：营业外支出）（固定资产等账面价值与其公允价值的差额）
　　　股本　　　　　　　　　　　　（作为对价发行的股票的面值）
　　　资本公积——股本溢价　　　　（发行股票的公允价值－面值总额－股
　　　　　　　　　　　　　　　　　票发行费用）
　　　银行存款　（支付的合并对价、直接相关费用和股票发行费用）
　　　营业外收入　（合并成本小于取得的可辨认净资产公允价值的差额）

【例11—9】2×13年7月1日，甲公司以持有的长期股权投资——A股票作为合并对价，对B公司进行吸收合并。长期股权投资A股票的公允价值为7 000万元、账面价值为6 200万元。甲公司与B公司的股东已于当日办妥相关手续。甲公司与B公司在合并前不存在关联方关系。2×13年7月1日B公司持有资产、负债的情况如表11—15所示。

表 11－15　B 公司持有的资产和负债　　　　　　　单位:万元

项目	账面价值	公允价值
固定资产	5 000	6 000
无形资产	2 000	3 200
长期借款	3 000	3 000
净资产	4 000	6 200

甲公司吸收合并 B 公司时,应进行如下账务处理:

借:固定资产	60 000 000
长期股权投资	32 000 000
商誉	8 000 000
贷:长期借款	30 000 000
长期股权投资	62 000 000
投资收益	8 000 000

(三)非同一控制下企业合并中所得税的会计处理

根据我国会计准则规定,非同一控制下的企业合并,合并中取得的有关资产、负债应按其在购买日的公允价值计量。对于企业合并的税收处理,通常情况下被合并企业应视为按公允价值转让、处置全部资产,计算资产的转让所得,依法缴纳企业所得税,但税法还规定在某些情况下合并时免税。经税务机关审核确认进行免税处理时,合并企业接受被合并企业全部资产的计税成本,以被合并企业原账面价值为基础确定。因此,在这种情况下,由于会计准则与税收法规对企业处理原则不同,企业合并中取得的有关资产、负债的入账价值与其计税基础会存在差异,应该考虑所得税的影响。

同时,在非同一控制下的企业合并中,企业合并成本大于合并中取得的被购买方可辨认净资产公允价值份额的差额应确认为商誉。在免税合并的情况下,税法规定计税时不认可商誉的价值,即从税法角度,商誉的计税基础为 0,两者之间的差额形成应纳税暂时性差异。对于商誉的账面价值与其计税基础不同产生的应纳税暂时性差异,准则规定不确认与其相关的递延所得税负债。原因在于:

一是确认该部分暂时性差异产生的递延所得税负债,则意味着购买方在企业合并中获得的可辨认净资产的价值量下降,企业应增加商誉的价值,商誉的账面价值增加以后,可能很快就要计提减值准备,同时其账面价值的增加还会进一步产生应纳税暂时性差异,使得递延所得税负债和商誉价值量的变化不断循环。

二是商誉本身即是企业合并成本在取得的被购买方可辨认资产、负债之间进行分配后的剩余价值,确认递延所得税负债进一步增加其账面价值会影响到会计信息的可靠性。

【例 11－10】承【例 11－9】,假定该项合并符合税法规定的免税合并条件,交易各方选择进行免税处理,甲公司适用的所得税税率为 25%。在考虑所得税的影响下,甲公司因吸收合并取得的 B 公司资产、负债的计税基础为其原账面价值,因此在购买日甲公司取得的 B 公司资产、负债的账面价值(即公允价值)、计税基础(即原账面价值)及暂时性差异见表 11－16 所示。

表 11—16　　甲公司取得 B 公司的资产、负债形成的暂时性差异　　　　单位:万元

项目	计税基础	账面价值	应纳税暂时性差异
固定资产	5 000	6 000	1 000
无形资产	2 000	3 200	1 200
长期借款	3 000	3 000	0

上述应纳税暂时性差异会产生递延所得税负债 550 万元,即 2 200×25%＝550(万元),考虑所得税后形成的商誉为 7 000－(9 200－3 000－550)＝1 350(万元)。

因该项合并符合税法规定的免税合并条件,在合并各方选择进行免税处理的情况下,购买方在免税合并中取得的被购买方有关资产、负债应维持其原计税基础不变。该项合并中所确认的商誉金额 1 350 万元,在免税合并时其计税基础为 0,二者之间产生的应纳税暂时性差异,按照准则规定,不再进一步确认相关的所得税影响。

(四)通过多次交易分步实现的非同一控制下企业合并

如果企业合并是通过多次交易分步实现的,则企业在每一单项交易发生时,应确认对被投资单位的投资,投资企业在持有被投资单位的部分股权后,通过增加持股比例等达到对被投资单位形成控制的,购买方应当区分个别和合并财务报表分别进行处理。

1.个别财务报表

在个别财务报表中,购买方应当以购买日之前所持有被购买方的股权投资的账面价值与购买日新增股权投资成本之和,作为该项投资的初始投资成本;购买日之前持有的被购买方的股权涉及其他综合收益的,应当在处置该项投资时将与其相关的其他综合收益转入当期投资收益,并按以下原则进行会计处理:

(1)购买方于购买日之前持有的被购买方的股权投资,保持其账面价值不变,其中,购买日前持有的股权投资作为长期股权投资并采用成本法核算的,为成本法核算下至购买日应有的账面价值;购买日前持有的股权投资作为长期股权投资并采用权益法核算的,为权益法核算下至购买日应有的账面价值;购买日前持有的股权投资作为金融资产并按公允价值计量的,为购买日的账面价值。

(2)追加的投资,按照购买日支付对价的公允价值计量,并确认长期股权投资。购买方应当以购买日之前所持有被购买方的股权投资的账面价值与购买日新增投资成本之和,作为该项投资的初始投资成本。

(3)购买方对于购买日之前持有的被购买方的股权投资涉及其他综合收益的,例如,购买方原持有的股权投资按照权益法核算时,被购买方持有的可供出售金融资产公允价值变动确认的其他综合收益(计入资本公积——其他资本公积),购买方按持股比例计算应享有的份额并确认为其他综合收益(计入资本公积——其他资本公积)的部分,不予处理。待购买方出售被购买方股权时,再按出售股权相对应的其他综合收益部分转入出售当期的损益(计入投资收益)。

(4)如果通过多次交易实现非同一控制下吸收合并的,按照非同一控制下吸收合并相同的原则进行会计处理。

2.合并财务报表

在合并财务报表中,购买方对于购买日之前持有的被购买方的股权,应当按照该股权在购买日的公允价值进行重新计量,并按照以下原则处理:

(1)购买方对于购买日之前持有的被购买方的股权,按照该股权在购买日的公允价值进行重新计量,公允价值与其账面价值的差额计入当期投资收益,即应在合并工作底稿中编制如下调整分录:

借:长期股权投资　　　　　　　　（购买日之前持有的被购买方的股权的公允价值大
　　　　　　　　　　　　　　　　　于其账面价值的差额）

　　贷:投资收益

(2)购买日之前持有的被购买方的股权于购买日的公允价值,与购买日新购入股权所支付对价的公允价值之和,为合并财务报表的合并成本。

合并成本＝购买日之前持有的被购买方的股权于购买日的公允价值＋新购入股权所支付对价的公允价值

(3)在按上述计算的合并成本的基础上,比较购买日被购买方可辨认净资产公允价值的份额,确定购买日应确认的商誉,或者应计入发生当期损益的金额。

商誉＝合并成本－购买方享有购买日被购买方可辨认净资产公允价值的份额(如为负数,则计入发生当期损益。)

(4)购买方对于购买日之前持有的被购买方的股权涉及综合收益的,与其相关的其他综合收益应当转为购买日所属当期投资收益,即在合并工作底稿中编制如下调整分录:

借:资本公积　　　　　　　　　　（购买日之前持有的被购买方的股权涉及的综合收益）

　　贷:投资收益

【例11－11】2×12年1月1日,甲公司以银行存款4 000万元购入A公司20％的股份,当日A公司可辨认净资产的公允价值为18 000万元(与账面价值相同)。因能够对A公司的生产经营决策施加重大影响,甲公司对该项投资采用权益法核算。2×12年A公司实现净利润500万元,因可供出售金融资产公允价值变动增加资本公积100万元。A公司未分配股利。

2×13年1月1日,甲公司另支付10 000万元取得A公司40％的股份,从而能够对A公司实施控制。购买日A公司可辨认净资产公允价值为22 000万元。甲公司之前所取得的20％股权于购买日的公允价值为5 000万元。甲公司按净利润的10％提取法定盈余公积。

(1)甲公司个别财务报表中的处理

①2×12年1月1日,购入A公司20％的股份时

借:长期股权投资——A公司(成本)　　　　　　　　　　　　40 000 000

　　贷:银行存款　　　　　　　　　　　　　　　　　　　　　　　40 000 000

② 2×12年末

借:长期股权投资——A公司(损益调整)　　　　　　　　　　1 000 000

　　贷:投资收益　　　　　　　　　　　　　　　　　　　　　　　1 000 000

借:长期股权投资——A公司(其他权益变动)   200 000

    贷:资本公积——其他资本公积   200 000

③ 2×13 年再次购买 A 公司 40％股权时

初始投资成本＝原持有 20％股权投资的账面价值＋新增投资成本＝(4 000＋100＋20)＋10 000＝14 120(万元)。其账务处理如下(权益法转为成本法)：

借:长期股权投资——A公司   141 200 000

    贷:银行存款   100 000 000

      长期股权投资——A公司(成本)   40 000 000

            ——A公司(损益调整)   1 000 000

            ——A公司(其他权益变动)   200 000

(2)甲公司合并报表中的处理

①计算合并成本

合并成本＝原 20％股权在购买日的公允价值＋支付的对价＝5 000＋10 000＝15 000(万元)

②按购买日的公允价值调整原持有的 20％股权

借:长期股权投资   (50 000 000－41 200 000)   8 800 000

    贷:投资收益   8 800 000

③结转其他综合收益至投资收益

借:资本公积   200 000

    贷:投资收益   200 000

应计入损益的金额＝原持有的 20％股权的公允价值－其账面价值＋其他综合收益＝5 000－4 120＋20＝900(万元)

④计算商誉

合并财务报表中应体现的商誉＝15 000－22 000×60％＝1 800(万元)

编制合并抵销分录：

借:股本等   220 000 000

   商誉   18 000 000

    贷:长期股权投资   (50 000 000＋100 000 000)   150 000 000

      少数股东权益   (22 000×40％)   88 000 000

思考题💡

1.什么是企业合并？

2.企业合并的方式有哪些？它们的主要区别是什么？

3.什么是权益结合法？它有何特点？

4.什么是购买法？它有何特点？

5.采用权益结合法与购买法对财务报表的影响有何不同？

6.什么是同一控制下的企业合并？其会计处理的原则有哪些？

7.什么是非同一控制下的企业合并？其会计处理的原则有哪些？

第十二章 合并财务报表

学习目标◎

通过本章的学习,应理解合并财务报表的含义及其与个别财务报表的联系与区别;掌握合并财务报表合并范围的确定;掌握控制权取得日后合并财务报表的编制程序和合并工作底稿的编制;掌握合并资产负债表、合并利润表、合并现金流量表和合并所有者权益变动表的具体编制方法(调整分录和抵销分录的编制)。

导入案例🔍

1.假定A公司于20×7年1月1日以30 000万元银行存款取得了B公司80%的股权,双方合并为非同一控制下的企业合并,合并日B公司的账面资产价值与公允价值相同。其他资料为:

(1)合并日B公司的所有者权益总额为31 000万元,其中股本为20 000万元,资本公积为8 000万元,未分配利润3 000万元;

(2)20×7年,B公司实现净利润8 000万元,本年对外分配利润4 000万元;

(3)20×7年末B公司所有者权益总额为35 000万元,其中股本为20 000万元,资本公积为8 000万元,盈余公积1 000万元,未分配利润6 000万元。

(4)A公司20×7年初未分配利润为8 000万元,本年提取盈余公积2 000万元,本年利润分配10 000万元,年末未分配利润为12 000万元。

20×7年末A公司和B公司个别资产负债表及利润表数据如表12-1、表12-2所示:

表12-1 A公司与B公司个别资产负债表(简表) 单位:万元

资产	A公司	B公司	负债及所有者权益	A公司	B公司
流动资产:			流动负债:		
货币资金	10 725	7 820	短期借款	10 000	5 000
交易性金融资产	5 000	2 000	应付票据	10 000	3 000
应收票据	8 000	3 000	应付账款	20 000	5 000
应收账款	4 975	3 980	预收账款	7 000	2 000
预付账款	2 000	1 800	其他应付款		

续表

资产	A公司	B公司	负债及所有者权益	A公司	B公司
存货	31 000	20 000	应付职工薪酬	13 000	2 600
			应付利润		
流动资产合计	61 700	38 600	流动负债合计	60 000	17 600
非流动资产：			非流动负债：		
长期股权投资	30 000		长期借款	4 000	3 000
持有至到期投资	17 000		应付债券	20 000	4 000
固定资产	21 000	16 000	长期应付款	2 000	
在建工程	20 000	5 000	非流动负债合计	26 000	7 000
无形资产	6 300		负债合计	86 000	24 600
其他资产			所有者权益：		
非流动资产合计	94 300	21 000	股本	40 000	20 000
			资本公积	8 000	8 000
			盈余公积	10 000	1 000
			未分配利润	12 000	6 000
			所有者权益合计	70 000	35 000
资产总计	156 000	59 600	负债及所有者权益合计	156 000	59 600

表 12-2 A公司与B公司个别利润表(简表)　　　　　　单位：万元

项目	A公司	B公司
一、营业收入	111 600	80 900
减：营业成本	83 000	61 200
营业税金及附加	1 600	1 100
销售费用	5 000	3 000
管理费用	5 985	4 200
财务费用	1 000	600
资产减值损失	15	
加：公允价值变动损益(损失以"—"号填列)		
投资收益	8 000	200

续表

项　目	A 公司	B 公司
二、营业利润	23 000	11 000
加:营业外收入	1 000	2 500
减:营业外支出	2 000	1 500
三、利润总额	22 000	12 000
减:所得税费用	6 000	4 000
四、净利润	16 000	8 000

2.假定 A 公司个别资产负债表中应收账款 5 000 万元(坏账准备为 25 万元),其中 3 000 万元为 B 公司应付账款,假定本期 A 公司对 B 公司应收账款计提坏账准备 15 万元;预收账款 7 000 万元中有 B 公司 1 000 万元预付账款;应收票据 8 000 万元中有 B 公司 3 000 万元应付票据;B 公司 4 000 万元应付债券中有属于 A 公司的持有至到期投资 2 000 万元。

3.假定 B 公司个别资产负债表中存货项目有 20 000 万元为本期从 A 公司购进的存货。A 公司销售该商品的收入为 20 000 万元(不考虑相关税费),销售成本为 14 000 万元。假定 20×7 年 12 月份 B 公司从 A 公司购进一项产品作为固定资产,买价 5 000 万元,本年末未提折旧。A 公司销售该产品结转成本 4 000 万元。

思考:

如何编制 20×7 年末的合并报表?

第一节　合并财务报表概述

一、合并财务报表的概念、意义和特点

(一)合并财务报表的概念

合并财务报表,是指反映母公司和其全部子公司形成的企业集团整体财务状况、经营成果和现金流量的财务报表。合并财务报表是将母公司和子公司组成的企业集团视为一个会计主体,以母公司和子公司单独编制的个别财务报表为基础,通过对个别财务报表的调整和母公司与子公司、各子公司相互之间所发生的内部交易的抵销,由母公司编制的综合反映企业集团整体财务状况、经营成果和现金流量的财务报表。

(二)合并财务报表的意义

合并财务报表可以弥补母公司个别财务报表的不足,为会计信息使用者提供更为全面的决策有用的会计信息。当然,编制合并财务报表主要是为了满足母公司的投资者(包括潜在的投资者)、债权人(包括潜在的债权人)等有关方面对会计信息的需要。

1.为母公司的股东提供决策有用的信息

由于母公司与子公司组成了一个企业集团,母公司的股东必须通过以整个集团为会计主体的合并财务报表才能从总体上了解母公司的财务状况、经营成果和现金流量情况,以便于做出正确投资决策。

2.为母公司债权人提供决策有用的会计信息

由于母子公司组成了一个企业集团,债权人不仅要通过母公司个别会计报表了解母公司自身的偿债能力、盈利能力等,还要通过合并财务报表对整个企业集团的偿债能力做出分析,以做出正确的决策。

3.为母公司管理者提供决策有用的信息

母公司管理者必须通过整个企业集团的合并财务报表,才能对整个企业进行正确评价,并做出相应的决策。

4.为有关政府管理机关提供有用的信息

企业合并有可能导致市场垄断进而影响整个国民经济的发展,因此,有关政府管理机关可以通过企业的合并财务报表,评价企业的市场占有情况和对国民经济影响情况,以防止由于控股合并而出现市场垄断。

(三)合并财务报表的特点

1.与个别财务报表的不同点

以企业集团为会计主体,由母公司编制的合并财务报表,与以母公司和子公司各自

为会计主体编制的个别财务报表主要有以下几点不同：

（1）反映的对象不同。个别财务报表反映的是单个独立法人企业的财务状况、经营成果及现金流量的情况，其反映的对象是单个独立的法人企业，而合并财务报表反映的是由若干法人企业组成的企业集团的财务状况、经营成果及现金流量情况，其反映的对象是由若干法人企业组成的经济意义上的会计主体，而不是一个法律主体。

（2）编制单位不同。个别财务报表由每个独立的法人企业编制，而合并财务报表是由对其他企业拥有控制权的母公司编制，并不是所有企业都需要编制合并财务报表。

（3）编制基础不同。个别财务报表是以账簿为依据，根据企业完整的会计核算方法体系所形成的账簿记录来编制，而合并财务报表则是以组成企业集团的各成员企业（母公司和子公司等）的个别报表为依据，根据母公司和纳入合并范围的子公司的个别财务报表采用特定的方法来编制的。

（4）编制方法不同。个别财务报表的编制有其固有的方法和程序，包括设置账户、复式记账、登记账簿、对账、结账和账项调整等一系列方法。而合并财务报表是通过设置工作底稿，在将母公司和纳入合并范围的子公司的个别财务报表各项目加总的基础上，再对个别财务报表进行相应的调整，并抵销企业集团内所发生的内部交易事项，最后合并计算财务报表各项目的金额而成。

（5）用途不同。个别财务报表主要是为单个企业的会计信息使用者提供决策有用的会计信息，而合并财务报表主要是为企业集团（母公司）的会计信息使用者提供决策有用的会计信息。

2.与汇总财务报表的不同点

汇总财务报表，是指由上级行政管理部门根据所属企业报送的个别财务报表，进行加总编制的财务报表。合并财务报表与汇总财务报表主要有以下几点不同：

（1）编报的目的不同。汇总财务报表编制的目的主要是满足有关行政部门或国家了解整个行业或整个部门所属企业的财务和经营情况的需要，而合并财务报表编制的目的是为了满足企业集团的所有者、债权人及其他有关方面了解企业集团整体财务状况、经营成果和现金流量的需要。

（2）确定编报范围的依据不同。汇总财务报表编报范围的确定依据主要是以企业财务的隶属关系，即以企业财务是否归其管理来确定，凡是财务归其管理的下属企业，就应包括在财务报表的编制范围内，而合并财务报表是以控制权作为确定合并范围的依据，即以母公司对另一个企业的控制关系作为确定编报范围（即合并范围）的依据，凡是被母公司控制的被投资企业（即子公司）均应纳入合并财务报表的合并范围。

（3）编制方法不同。汇总财务报表是采用简单加总的方法编制的。而合并财务报表是在加总的基础上，通过对个别报表的调整和抵销母公司与子公司之间、各子公司相互之间发生的内部交易和事项对个别财务报表的影响后编制的。

二、合并财务报表的合并理论

编制合并财务报表首先要解决采用何种合并理论为依据。所谓合并理论，是指认识合并财务报表的观点或角度，即如何看待由母公司、子公司组成的企业集团及其内部联系。目前国际上编制合并财务报表的合并理论主要有：所有权理论、实体理论和母公司理论三种。

（一）所有权理论

所有权理论，也称业主权理论，是指在编制合并财务报表时既不强调企业集团中存在的法定控制关系，也不强调企业集团的各成员企业所构成的经济实体，而是强调编制合并财务报表的企业对另一企业的经济活动和财务决策具体重大影响的所有权。所有权理论，是权益理论中的业主权观念在合并财务报表中的具体应用。业主权观念认为，会计主体与其终极所有者是一个完整的整体，确认、计量和报告所有者权益是财务会计的核心目标。所有权理论的主要特点体现在：

1.合并财务报表的编制目的

所有权理论认为，母子公司之间的关系是拥有和被拥有的关系，编制合并财务报表的目的，是为了向母公司股东报告其所拥有的资源，合并财务报表只是为了满足母公司股东的信息需求，而不是为了满足子公司少数股东的信息需求。

2.合并财务报表的编制方法

所有权理论采用比例合并法编制合并财务报表，即母公司编制合并财务报表时，对于子公司的资产和负债，只按母公司所持有股权的份额计入合并资产负债表；对于子公司的收入、费用和利润，也只按母公司所持有股权的份额计入合并利润表。

3.所有权理论的缺陷

所有权理论采用比例合并法编制合并财务报表，强调的是对母公司按比例拥有的部分，而不是实际控制的全部进行合并，这显然违背了控制的实质，忽略了控股合并所产生的控制杠杆作用。

（二）实体理论

实体理论，也称主体理论，是一种站在由母公司和子公司组成的经济主体的角度来看待母公司、子公司间控股关系的合并理论，它源自权益理论中的主体观念。主体观念认为，会计主体与其终极所有者是相互独立的个体。实体理论的主要特点体现在：

1.合并财务报表的编制目的

合并财务报表的编制目的实体理论认为，母子公司之间的关系是控制和被控制的关系，而不是拥有和被拥有的关系，其强调的是企业集团中所有成员构成的经济实体。编制合并财务报表的目的，是为了反映合并主体所控制的资源，不仅是为了满足控股股东（母公司）的信息需求，而且也是为了满足所有股东的信息需求。实体理论认为少数股权股东与控股股东一样，都是企业集团这一会计主体的股东，共同享有企业集团的净利润，因此合并财务报表应该反映所有股东的情况，应满足所有股东的信息需求。

2.合并财务报表的编制方法

母公司编制合并财务报表时应采用完全合并法，即不论是否为全资子公司，子公司的各项资产、负债、收入和费用都应全部合并到合并财务报表中。但对于非全资子公司，则要将其净资产（即所有者权益）区分为控股股东权益与少数股东权益，少数股东权益与控股股东权益一样,也属于合并主体所有者权益的一部分,少数股东所享有的子公司净利润的份额也包含在合并净利润中。

3.实体理论的缺陷

实体理论存在的缺陷是商誉的计算具有推定性质,因为依据实体理论,子公司的整体价值等于母公司付出的代价除以母公司所拥有的股权比例,合并商誉则是子公司的整体价值与子公司可辨认净资产的公允价值之间的差额,属于全体股东。这种假定少数股东和控股股东一样会支付同样的价格来获得股权的做法,不符合客观实际。因为子公司的少数股东对子公司没有控制权,一般不会付出与母公司同样的购买价格。此外,由于少数股东仅拥有子公司的少数股权,对子公司没有控制权,他们一般不太关心企业集团的合并报表,因此实体理论认为少数股东和控股股东同样会关心合并报表信息和实际不太相符。

(三)母公司理论

母公司理论是一种站在母公司股东的角度来看待母公司与各子公司之间控股关系的合并理论。它是将合并财务报表视为母公司个别财务报表编制范围的扩大和延伸,是将母公司个别财务报表上总括反映的对子公司的投资情况进行细化。母公司理论的主要特点体现在:

1.合并财务报表的编报目的

母公司理论采纳了所有权理论关于合并报表编制目的的看法,认为合并财务报表主要是为了满足母公司股东的信息需求而非子公司少数股东的信息需求,是为母公司现在和未来(潜在)的股东编制的,强调的是满足母公司股东的信息需求。

2.合并财务报表合并范围的确定

在母公司理论下,确定合并范围的依据是"控制观",采用实质控制的观点来确定合并范围,将所有由母公司控制的企业都纳入合并范围。

3.合并财务报表的编制方法

母公司编制合并财务报表时采用完全合并法,对子公司的资产、负债、收入和费用予以全面合并,但对非全资子公司的少数股东权益和少数股东损益予以单独反映,即在合并资产负债表中,将少数股东权益视为企业集团的负债,在负债和所有者权益之间单独列报;在合并利润表中,将少数股东享有的净利润份额视为企业集团的费用单独列报。

4.母公司理论的缺陷

(1)对子公司的资产和负债会出现双重计价,即对子公司资产、负债中属于母公司的部分,认为被母公司购买,按购买日的价格计价;而对子公司资产、负债中属于少数股东的部分,认为属于子公司少数股东所有,按子公司账面价值计价。因而造成在合并财务报表中,一项资产部分按公允价值(购买日价格)计价、部分按账面价值计价,结果使其在合并财务报表中反映的金额既不是公允价值也不是账面价值,而是一个无法解释的金额。

（2）将少数股东权益视为负债列示于负债和所有者权益之间，将会使合并财务报表使用者产生困惑，也会产生诸如资产负债率、净资产比率、股东权益报酬率等比率计算时少数股东权益如何界定的问题。

在会计实务中，母公司编制合并财务报表时，并不是单纯运用上述的某一种合并理论，而是将不同的合并理论结合起来运用。

三、合并财务报表合并范围的确定

合并财务报表合并范围，是指纳入合并财务报表编报范围的公司，即明确哪些被投资单位应当被包括在合并财务报表编报范围之内，哪些被投资单位应当被排除在合并财务报表编报范围之外。我国《企业会计准则第 33 号——合并财务报表》规定，合并财务报表的合并范围应当以控制为基础加以确定。

（一）控制的含义

控制，是指一个企业能够决定另一个企业的财务和经营政策，并能据以从另一个企业的经营活动中获取利益的权力。控制具有如下基本特征：

1.控制的主体是唯一的，即对被投资单位的财务和经营政策的提议具有决定权，而不必要征得其他方同意。

2.控制的内容是另一个企业的财务和经营政策，且一般是通过表决权来实现。

3.控制的性质是一种法定权力，或者是通过公司章程或协议、投资者之间的协议授予的权力。

4.控制的目的是为了获取经济利益，包括增加经济利益、维持经济利益、保护经济利益或者降低所分担的损失等。

企业取得控制权的途径主要有两种：一种是通过所有权达到控制，即一个企业取得另一个企业 50％以上的有表决权的股份，即取得对被投资方的控制权；另一种是通过所有权和其他方式达到控制（实质控制标准）。

在一个企业对另一个企业存在投资关系并具有控制权的情况下，控制方（投资方）与被控制方（被投资方）之间形成了母子公司关系，处于控制地位的企业成为母公司，而处于被控制地位的企业则成为子公司。母公司能够直接影响和决定子公司的财务政策和经营政策。

（二）合并财务报表的合并范围

在我国，凡是能够为母公司控制的被投资企业都属于其合并范围，即所有的子公司都应纳入合并财务报表的合并范围，具体包括以下两种情况：

1.母公司直接或通过子公司间接拥有其半数以上表决权的被投资单位

母公司直接或通过子公司间接拥有被投资单位半数以上的表决权，表明母公司能够控制被投资单位，应当将该被投资单位认定为子公司，纳入合并财务报表的合并范围。

但是,有证据表明母公司不能控制被投资单位的除外。母公司拥有被投资单位半数以上表决权,包括以下三种情况:

(1)母公司直接拥有被投资企业半数以上表决权资本。如图 12—1 所示,甲公司直接拥有 A 公司发行的普通股总数的 70%,在这种情况下,A 公司就成为甲公司的子公司,甲公司编制合并财务报表时,就应将 A 公司纳入其合并范围。

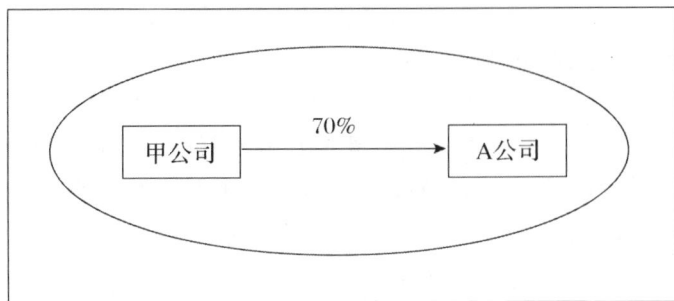

```
┌─────────────────────────────────────────────┐
│        ╭───────────────────────────╮          │
│       ╱                             ╲         │
│      │  ┌──────┐    70%    ┌──────┐  │        │
│      │  │甲公司│ ───────→  │A公司 │  │        │
│      │  └──────┘           └──────┘  │        │
│       ╲                             ╱         │
│        ╰───────────────────────────╯          │
└─────────────────────────────────────────────┘
```

图 12—1　直接控制

(2)母公司间接拥有被投资企业半数以上表决权资本。间接拥有被投资企业半数以上表决权资本,是指母公司通过子公司而对子公司的子公司拥有半数以上表决权资本,从而拥有其半数以上的表决权。如图 12—2 所示,甲公司拥有 A 公司 70%的表决权资本,而 A 公司又拥有 B 公司 60%的表决权资本。在这种情况下,甲公司作为母公司通过其子公司 A 公司,间接拥有 B 公司 60%的表决权资本,从而 B 公司也是甲公司的子公司,甲公司编制合并财务报表时,也应当将 B 公司纳入其合并范围。但应注意的是,甲公司间接拥有 B 公司的表决权资本是以 A 公司为甲公司的子公司为前提的。

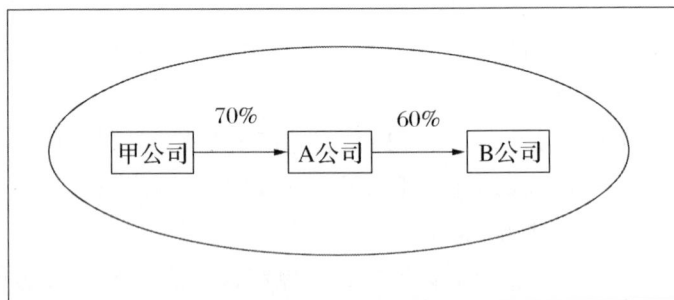

```
┌─────────────────────────────────────────────────┐
│       ╭─────────────────────────────────╮         │
│      ╱                                   ╲        │
│     │ ┌──────┐ 70% ┌──────┐ 60% ┌──────┐ │       │
│     │ │甲公司│──→  │A公司 │──→  │B公司 │ │       │
│     │ └──────┘     └──────┘     └──────┘ │       │
│      ╲                                   ╱        │
│       ╰─────────────────────────────────╯         │
└─────────────────────────────────────────────────┘
```

图 12—2　间接控制

(3)母公司以直接和间接方式合计拥有被投资单位半数以上表决权资本。以直接和间接方式合计拥有被投资企业半数以上表决权资本,是指母公司以直接方式拥有某一被投资单位半数以下的表决权资本,同时又通过其他方式,如通过子公司拥有该被投资单位一部分的表决权资本,两者合计拥有该被投资单位半数以上的表决权资本。如图 12—3所示,甲公司拥有 A 公司 70%的表决权资本,拥有 C 公司 30%的表决权资本,A 公司拥有 C 公司 30%的表决权资本。在这种情况下,A 公司为甲公司的子公司,甲公司通过子公司 A 公司间接拥有 C 公司 30%的表决权资本,与直接拥有 30%的表决权资本合计,甲公司共拥有 C 公司 60%的表决权资本,从而 C 公司也属于甲公司的子公司,甲公司编制合并财务报表时,也应当将 C 公司纳入其合并范围。

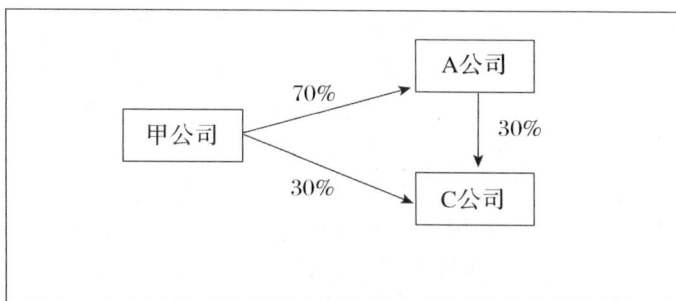

图 12－3 直接和间接合计控制

但应注意的是,甲公司间接拥有 C 公司的表决权资本是以 A 公司为甲公司的子公司为前提的,如果甲公司只拥有 A 公司 45％的表决权资本,不能控制 A 公司,则不能将甲公司直接拥有 C 公司的表决权资本与 A 公司拥有 C 公司的表决权资本相加,C 公司就不能作为甲公司的子公司纳入其合并财务报表的合并范围。

2.母公司拥有其半数以下的表决权资本但能控制的其他被投资企业

在母公司拥有被投资企业半数以下表决权的情况下,如果母公司通过其他方式有权决定被投资企业的财务和经营政策,则这些被投资企业实质上被母公司所控制,应作为子公司纳入其合并范围。一般认为,母公司与其被投资企业之间存在下列四种情况之一时,应当视为母公司能够对该被投资企业实施控制,就应将该被投资企业作为子公司纳入其合并范围。

(1)通过与被投资企业其他投资者之间的协议,拥有被投资企业半数以上表决权。这种情况是指母公司与其他投资者共同投资某企业,母公司与其中的某些投资者达成协议,受托管理和控制这些投资者所持有的该被投资企业的股权,从而在被投资企业的股东大会上拥有该被投资企业半数以上表决权(即能够控制被投资企业股东大会的表决),从而实质上控制了该被投资企业。

(2)根据公司章程或协议,有权决定被投资企业的财务和经营政策。这种情况是指在被投资企业的公司章程等文件中,明确规定该投资公司对其被投资企业的财务和经营政策能够实施控制。投资公司能够控制被投资企业财务和经营政策,也就实质上控制了被投资企业,被投资企业就成了该公司事实上的子公司。

(3)有权任免被投资企业的董事会或类似机构的多数成员。董事会是企业日常经营活动的决策机构,投资公司能够任免被投资企业董事会的多数成员,即能够控制企业的董事会,从而实质上控制了该被投资企业的日常生产经营活动,被投资企业就成了该公司事实上的子公司。

(4)在被投资企业董事会或类似机构占多数表决权。这种情况是指投资公司在被投资企业董事会或类似机构占多数表决权,就能够控制董事会或类似机构的会议,即能够控制董事会的表决,从而控制该被投资企业的日常经营决策,使被投资企业成为投资企业事实上的子公司。

3.在确定能否控制被投资企业时应考虑潜在表决权

企业在确定能否对被投资企业实施控制时,应当考虑企业和其他企业持有的被投资企业的当期可转换的可转换公司债券、当期可执行的认股权证等潜在表决权因素。所谓潜在表决权,是指当期可转换的可转换公司债券、当期可执行的认股权证等,不包括在将来某一时期或将来发生某一事项才能转换的可转换公司债券或才能执行的认股权证等,也不包括诸如行权价格的设定使得在任何情况下都不可能转换为实际表决权的其他债务工具或权益工具。有些情况下,企业持有被投资企业的表决权可能不过半数,不具有控制权,但如果考虑了上述表决权因素之后,可能会增加投资企业对被投资企业的表决权比例,使投资企业有可能拥有对被投资企业的控制权。

企业应当考虑影响潜在表决权的所有事项和情况,包括潜在表决权的执行条款、需要单独考虑或综合考虑的其他合约安排等。不仅要考虑本企业在被投资企业的潜在表决权,还要同时考虑其他企业或个人在被投资企业的潜在表决权。不仅要考虑可能会提高企业在被投资企业持股比例的潜在表决权,还要考虑可能会降低本企业在被投资企业持股比例的潜在表决权。当然,潜在表决权仅作为判断是否存在控制的考虑因素,不影响当期母公司股东和少数股东之间的分配比例。

4.母公司控制的特殊目的主体也应纳入合并财务报表的合并范围

判断母公司能否控制特殊目的主体应考虑以下主要因素:

(1)母公司为了融资、销售商品或提供劳务等特定经营业务的需要直接或间接设立特殊目的主体;

(2)母公司具有控制或获得控制特殊目的主体或其资产的决策权;

(3)母公司通过章程、合同、协议等具有获取特殊目的主体大部分利益的权力;

(4)母公司通过章程、合同、协议等承担了特殊目的主体的大部分风险。

综上所述,母公司应当将其全部子公司纳入合并财务报表的合并范围。也就是说,只要是由母公司控制的子公司,不论其规模大小、向母公司转移资金能力是否受到严格限制,也不论其业务性质与母公司或企业集团内其他子公司是否有显著差别,都应当纳入合并财务报表的合并范围。

对于受所在国外汇管制及其他管制,资金调度受到限制的境外子公司,只要母公司仍然能够决定该子公司的财务和经营政策,母公司也能从该子公司的经营活动中获取经济利益,资金调度受到限制并不妨碍母公司对其实施控制,则母公司仍应将其纳入合并财务报表的合并范围。

5.不纳入合并财务报表合并范围的被投资企业

母公司不能控制的被投资企业,不属于母公司的子公司,不应当纳入母公司合并财务报表的合并范围。其具体包括:

(1)已宣告被清理整顿的原子公司;

(2)已宣告破产的原子公司;

(3)母公司不能控制的其他被投资企业(如合营企业、联营企业)等。

四、合并财务报表的构成

编制合并财务报表是为了向财务报表使用者提供反映企业集团整体财务状况、经营成果和现金流量的会计信息。因此,合并财务报表主要包括以下报表。

1.合并资产负债表。合并资产负债表是反映母公司和子公司所形成的企业集团某一特定日期财务状况的财务报表。

2.合并利润表。合并利润表是反映母公司和子公司所形成的企业集团在一定期间内经营成果的财务报表。

3.合并现金流量表。合并现金流量表是综合反映母公司和子公司所形成的企业集团在一定期间内现金及现金等价物流入流出情况的财务报表。

4.合并所有者权益变动表。合并所有者权益变动表是反映母公司和子公司所形成的企业集团在一定期间内所有者权益各组成部分增减变动情况的财务报表。

5.合并财务报表附注。合并财务报表附注除了包括个别财务报表附注中应说明的事项外,还应当对以下事项进行说明:(1)子公司的清单;(2)母公司拥有被投资单位表决权不足半数但能对被投资单位形成控制的原因;(3)母公司直接或通过其他子公司间接拥有被投资单位半数以上表决权但未能对其形成控制的原因;(4)在子公司与母公司会计政策和会计处理方法不一致时,母公司编制合并财务报表的处理方法及其影响;(5)在子公司与母公司会计期间不同的相关资料及不再成为子公司的原因;(6)子公司向母公司转移资金的能力受到严格限制的情况;(7)作为子公司纳入合并范围的特殊目的主体的业务性质及业务活动等。

五、合并财务报表的编制原则

合并财务报表是在个别财务报表的基础上编制而成的。因此,合并财务报表除了要遵循个别财务报表编制的一般原则外,还应遵循以下特定的编制原则:

(一)以个别财务计报表为基础编制的原则

合并财务报表不是根据母公司和子公司的账簿直接编制的,而是根据母公司和纳入合并范围的子公司所提供的个别财务报表,运用合并财务报表的相关方法进行编制的。

(二)一体性原则

这一原则要求在编制合并财务报表时,应将纳入合并范围的各成员企业作为一个整体来看待,视为一个会计主体,对母公司与子公司之间以及子公司相互之间所发生经济业务,视为同一会计主体内部业务处理,并在合并财务报表中通过编制抵销分录,将内部交易和事项予以抵销。

(三)重要性原则

由于合并财务报表涉及的法人主体较多,涉及的经营活动的范围也较广。因此,要综合反映企业集团整体这一会计主体的财务情况,重要性原则的运用较之个别财务报表更为必要。例如,对某一项目在企业集团的某成员企业具有重要性,但对整个企业集团不一定具有重要性,在这种情况下,就需要运用重要性原则对报表项目进行取舍,对内部交易事项决定是否进行抵销等。

六、编制合并财务报表的前期准备事项

合并财务报表的编制涉及若干个子公司,为了使编制的合并财务报表能够真实、全面地提供企业集团的可靠信息,必须做好编制合并财务报表的前提准备事项。具体包括以下几个方面:

(一)统一母子公司的资产负债表日及会计期间

财务报表是反映一定日期的财务状况和一定期间经营成果及现金流量,母公司和子公司的个别财务报表只有在反映财务状况的日期和反映经营成果、现金流量的会计期间一致的情况下,才能进行合并。因此,为了编制合并财务报表,就必须统一企业集团内所有子公司的资产负债表日和会计期间,并使所有子公司资产负债表日和会计期间与母公司保持一致,这样才能在一致的资产负债表日和会计期间的基础上编制合并财务报表。

一般情况下,子公司如果在境内,其资产负债表日和会计期间本身就与母公司一致,不存在进行统一的问题。但对于境外子公司,由于受当地法律限制不能与母公司财务报表决算日和会计期间一致的,可要求其为编制合并财务报表单独编报与母公司资产负债表日和会计期间一致的个别财务报表,也可由母公司根据自身的资产负债表日和会计期间对子公司的财务报表进行调整。

(二)统一母子公司的会计政策

会计政策是指企业在会计确认、计量和报告中所采用的原则、基础和会计处理方法。统一母公司与子公司的会计政策是保证母子公司财务报表各项目反映的内容一致。也只有在母子公司财务报表各项目反映内容一致的情况下,才能对其进行加总,编制合并财务报表。因此,在编制合并财务报表前,应统一母子公司的会计政策,若子公司的会计政策确实无法与母公司保持一致,则可要求其按照母公司的会计政策重新编制财务报表,也可由母公司根据自身的会计政策对子公司的财务报表进行调整。

(三)对子公司以外币表示的财务报表进行折算

要将母公司和子公司的财务报表进行合并,前提必须是母子公司个别财务报表所采用的货币计量单位一致。如果子公司因外币业务较多或因其在境外而采用某一种外币作为记账本位币,则在将这些子公司的财务报表进行合并时,应先将其折算为母公司所采用的记账本位币表示的财务报表。

(四)子公司应提供的相关资料

为了编制合并财务报表,子公司除了应当向母公司提供财务报表外,还应当向母公司提供下列有关资料:1.采用的与母公司不一致的会计政策及其影响金额;2.与母公司会计期间不一致的说明;3.与母公司、其他子公司之间发生的所有内部交易的相关资料(购销业务、债权债务、投资等资料);4.所有者权益变动和利润分配的有关资料;5.编制合并财务报表所需的其他相关资料。

七、合并财务报表的编制程序与步骤

合并财务报表是以母公司和纳入合并范围的子公司的个别财务报表为基础,根据其他有关资料,按照合并财务报表编制的特定程序编制而成的。一般来说,合并财务报表的编制程序主要包括以下几个步骤:

(一)设置合并工作底稿

合并工作底稿的作用是为合并财务报表的编制提供基础。在合并工作底稿中,应对母公司和子公司的个别财务报表各项目的金额进行汇总和抵销处理,最终计算得出合并财务报表各项目的合并金额。合并工作底稿的基本格式如表12-3所示。

表12-3　合并工作底稿(模板)

项目	母公司	子公司	子公司	……	合计	调整分录		抵销分录		少数股东权益	合并金额
						借方	贷方	借方	贷方		
利润表项目											
……											
所有者权益变动表项目											
……											
资产负债表项目											
……											
现金流量表项目											
……											

(二)将个别财务报表的数据过入工作底稿并加总

将母公司、纳入合并范围的子公司个别资产负债表、利润表、所有者权益变动表和现金流量表各项目的数据过入合并工作底稿,并在合并工作底稿中对母公司和子公司个别财务报表各项目的数据进行加总,计算得出个别资产负债表、利润表、现金流量表和所有者权益变动表各项目合计金额。

(三)编制调整分录和抵销分录

在合并工作底稿中编制调整分录和抵销分录,将母公司与子公司之间、各子公司相互之间发生内部交易对合并财务报表有关项目的影响进行调整和抵销处理。

1.调整分录的编制

在合并工作底稿中应编制的调整分录主要包括以下两方面的内容。

(1)对子公司的个别财务报表进行调整。其具体又包括:①如果存在子公司采用的会计政策、会计期间与母公司不一致的情况,则需要根据重要性原则,按照母公司的会计政策和会计期间,对子公司的个别财务报表进行调整。②对于非同一控制下企业合并取得的子公司,应当根据母公司在购买日设置的备查簿中登记的该子公司有关可辨认资产、负债的公允价值,对子公司的个别财务报表进行调整。

(2)按权益法调整对子公司的长期股权投资。因母公司对子公司的长期股权投资在个别财务报表中是采用成本法进行后续计量,而在合并财务报表中要求采用权益法计量。所以,在合并工作底稿中,应按权益法调整母公司对子公司的长期股权投资。

2.抵销分录的编制

编制抵销分录,将企业集团的内部交易对合并财务报表有关项目的影响进行抵销处理,是合并财务报表编制的关键和主要内容,其目的在于将个别财务报表各项目的加总金额中重复的因素予以抵销。

值得注意的是,在合并工作底稿中编制调整分录和抵销分录时,借记或贷记的均为财务报表项目(即资产负债表项目、利润表项目、现金流量表项目和所有者权益变动表项目),而不是具体的会计科目。例如,涉及调整或抵销固定资产折旧、固定资产减值准备的,均通过资产负债表中的"固定资产"项目,而不是"累计折旧""固定资产减值准备"等会计科目来进行调整和抵销。此外,调整和抵销分录只是为了编制合并报表的需要,不能在母、子公司的账簿中登记。

(四)计算合并财务报表各项目的合并金额

在母公司和子公司个别财务报表各项目加总金额的基础上,根据调整分录和抵销分录的数据,分别计算出合并财务报表中各资产类项目、负债类项目、所有者权益类项目、收入类项目、成本费用类项目和现金流量项目等的合并金额。其计算方法如下:

1.资产类各项目,其合并金额根据该项目加总金额,加上该项目调整分录和抵销分录的借方发生额,减去该项目调整分录和抵销分录的贷方发生额计算确定。

2.负债类各项目和有关所有者权益类项目,其合并金额根据该项目加总金额,减去该项目调整分录和抵销分录的借方发生额,加上该项目调整分录和抵销分录的贷方发生额计算确定。

3.年初未分配利润项目,其合并金额根据该项目加总金额,减去该项目调整分录和抵销分录的借方发生额,加上该项目调整分录和抵销分录的贷方发生额计算确定。

4.年末未分配利润项目,其合并金额根据该项目加总金额,减去合并工作底稿中利润表和所有者权益变动表中利润分配部分该项目调整分录和抵销分录的借方发生额的合计数,加上合并工作底稿中利润表和所有者权益变动表中利润分配部分该项目调整分录和抵销分录的贷方发生额的合计数计算确定。

5.收入类各项目,其合并金额根据该项目加总金额,减去该项目调整分录和抵销分录的借方发生额,加上该项目调整分录和抵销分录的贷方发生额计算确定。

6.成本费用类项目,其合并金额根据该项目加总金额,加上该项目调整分录和抵销分录的借方发生额,减去该项目调整分录和抵销分录的贷方发生额计算确定。

7.利润(营业利润、利润总额和净利润)项目,其合并金额根据该项目加总金额,减去合并工作底稿中利润表自收入项目始至该利润项目止该项目调整分录和抵销分录栏的借方发生额的合计数,加上合并工作底稿中利润表自收入项目始至该利润项目止该项目调整分录和抵销分录栏的贷方发生额的合计数计算确定。

8.现金流量表各项目,其流入项目的合并金额根据该项目加总金额,减去该项目抵销分录的贷方发生额计算确定;其流出项目的合并金额根据该项目加总金额,减去该项目抵销分录的借方发生额计算确定。

(五)填列合并财务报表

根据合并工作底稿中计算出的资产、负债、所有者权益、收入、成本费用类以及现金流量表中各项目的合并金额,填列生成正式的合并财务报表。

第二节　股权取得日后合并财务报表的编制

企业在股权取得日后编制合并财务报表时,首先,应对个别财务报表进行调整,在合并工作底稿中编制调整分录;其次,应将母公司与子公司之间、子公司相互之间发生的交易事项予以抵销,在合并工作底稿中编制抵销分录;最后,在合并工作底稿的基础上,计算合并财务报表各项目的合并数,编制合并财务报表。

一、对子公司的个别财务报表进行调整

(一)同一控制下企业合并取得的子公司

1.在子公司采用的会计政策,会计期间等与母公司一致的情况下,编制合并财务报表时,应以有关子公司的个别财务报表为基础,不需要对子公司的个别财务报表进行调整。

2.在子公司采用的会计政策、会计期间等与母公司不一致的情况下,则需要考虑重要性原则,按照母公司的会计政策和会计期间,对子公司个别财务报表进行调整。

(二)非同一控制下企业合并取得的子公司

非同一控制下企业合并取得的子公司,除应考虑会计政策及会计期间的差别,需要对子公司的个别财务报表进行调整外,还应当根据母公司在购买日设置的备查簿中登记的该子公司有关可辨认资产、负债的公允价值,对子公司的个别财务报表进行调整,使子公司的个别财务报表反映为在购买日公允价值基础上确定的可辨认资产、负债等在本期资产负债表日应有的金额,

因为,在非同一控制下企业合并时,母公司为进行企业合并一般要对子公司的资产、负债进行评估,确定子公司可辨认净资产的公允价值,但子公司作为持续经营的主体,并不根据评估确定的公允价值调整其账面价值,其对外提供的个别财务报表仍然是以各项资产、负债的原账面价值为基础编制的。但根据现行会计准则规定,非同一控制下企业合并取得子公司,母公司编制合并资产负债表时,子公司的各项可辨认资产、负债及损益应当以公允价值为基础在合并财务报表中列示。因此,母公司在编制合并日后的合并财

务报表时,也必须按照购买日子公司有关可辨认资产、负债的公允价值为基础,对子公司的个别财务报表进行调整。

对子公司个别财务报表的调整主要包括两方面的内容:一是对子公司资产负债表有关项目的调整;二是对子公司利润表有关项目的调整。

1.对子公司资产、负债按照合并日公允价值进行调整

根据购买日设置的备查簿中登记的该子公司有关可辨认资产、负债的公允价值与账面价值的资料,将可辨认资产、负债的账面价值调整为购买日的公允价值。在合并工作底稿中,编制如下调整分录:

借:固定资产　　　　　(购买日公允价值大于原账面价值的差额)

　　无形资产　　　　　(购买日公允价值大于原账面价值的差额)

　　投资性房地产　　　(购买日公允价值大于原账面价值的差额)

　　存货等　　　　　　(购买日公允价值大于原账面价值的差额)

　　贷:资本公积

2.对子公司资产负债表和利润表的调整

由于子公司的个别财务报表是按其资产、负债的账面价值为基础编制的,其资产、负债以及当期计算的净损益也是以其资产、负债的账面价值为基础计算的结果(如计提的固定资产折旧、摊销的无形资产、结转的存货成本等),而购买日公允价值与原账面价值存在差额的资产或负债,在日后的经营过程中因使用、销售或偿付等而得以实现,在资产、负债以及净损益的计算中应反映公允价值产生的影响。因此,母公司在编制合并财务报表时,应将子公司以账面价值为基础反映的资产负债表和利润表调整为以购买日公允价值为基础反映的资产负债表和利润表。其具体调整应分别以下两种情况处理:

(1)合并当年期末编制合并财务报表时,在合并工作底稿中,应编制如下调整分录:

借:管理费用

　　贷:固定资产——累计折旧　　(按固定资产公允价值与账面价值的差额当期应补
　　　　　　　　　　　　　　　　提的折旧)

　　　　无形资产——累计摊销　　(按无形资产公允价值与账面价值的差额当期应补
　　　　　　　　　　　　　　　　摊销的金额)

借:营业成本

　　贷:存货　　　　　　　　　　(存货公允价值与账面价值的差额×当期已销售的
　　　　　　　　　　　　　　　　比例)

(2)合并后的第二年及以后各年编制合并财务报表时,在合并工作底稿中,应编制如下调整分录:

借:未分配利润——年初　　　　(以前各年数应补提的折旧、摊销等)

　　贷:固定资产——累计折旧　　(以前各年按固定资产公允价值应补提的折旧)

　　　　无形资产——累计摊销　　(以前各年按无形资产公允价值应补摊销的金额)

　　　　存货　　　　　　　　　　(存货公允价值与其账面价值的差额×以前各年
　　　　　　　　　　　　　　　　已销售的比例)

借:管理费用
　　贷:固定资产——累计折旧　　（按固定资产公允价值与账面价值的差额当期应补提的折旧）

　　　　无形资产——累计摊销　　（按无形资产公允价值与账面价值的差额当期应补摊销的金额）

借:营业成本
　　贷:存货　　　　　　　　　　（存货公允价值与账面价值的差额×当期已销售的比例）

二、按权益法调整对子公司的长期股权投资

按照《企业会计准则第2号——长期股权投资》的规定,母公司对子公司的长期股权投资在其个别财务报表中应采用成本法进行核算。但在编制合并财务报表时,应先将对子公司的长期股权投资按权益法进行调整,然后,在此基础上编制合并财务报表。

在采用成本法核算长期股权投资的情况下,"长期股权投资"账户只反映长期股权投资成本的增减变动,投资方获得现金股利时确认为投资收益。而在采用权益法核算长期股权投资的情况下,"长期股权投资"账户反映的是投资企业在被投资企业所有者权益中享有份额的变动,在被投资企业实现净利润时按其享有的份额确认投资收益;获得现金股利时按其享有的份额抵减长期股权投资的账面价值;被投资企业发生其他权益(资本公积)变动时,按其享有的份额调整长期股权投资的账面价值。

对子公司的长期股权投资按权益法进行调整时,主要涉及两方面的内容:一是子公司净损益(包括分派现金股利)的影响;二是子公司其他权益(资本公积)变动的影响。

1.应享有子公司当期净损益的调整

在合并工作底稿中,应编制如下调整分录:

(1)调整应享有子公司当期实现净利润(经过调整后的净利润)[①]的份额:

借:长期股权投资　　（调整后子公司当期实现的净利润×母公司持股比例）
　　贷:投资收益

若应承担子公司当期发生亏损的份额,则做相反的调整分录。

(2)调整应享有子公司当期分派的现金股利或利润的份额:

借:投资收益
　　贷:长期股权投资　　（子公司当期分派的现金股利×母公司持股比例）

也可将上述净利润份额的调整与分派现金股利的调整合并编制如下调整分录:

借:长期股权投资　　（调整后子公司当期的净利润－当期分派的现金股利）×母公司持股比例
　　贷:投资收益

2.应享有子公司以前年度净损益的调整

在合并工作底稿中,应编制如下调整分录:

①在将长期股权投资从成本法调整为权益法时,首先需要对子公司的净损益进行调整。子公司净损益的调整主要包括两方面:可辨认资产公允价值与账面价值之间的差额的调整;母子公司之间未实现内部交易损益的调整。

借:长期股权投资 （调整后子公司以前年度净利润－以前年度分派现金股利）×母公司持股比例

　　贷:未分配利润——年初

3.应享有子公司除净损益以外所有者权益的其他变动资本公积变动的调整

在合并工作底稿中,应编制如下调整分录:

借:长期股权投资 （子公司各年资本公积的增加额×母公司持股比例）

　　贷:资本公积

在子公司资本公积减少的情况下,应编制相反的调整分录:

【例12-1】甲公司于2×11年1月1日以7 600万元购入F公司股票3 000万股,占F公司实际发行在外普通股数的60%。2×11年1月1日F公司股东权益总额为10 000万元,其中股本为5 000万元,资本公积为5 000万元,无盈余公积和未分配利润。可辨认净资产公允价值为12 000万元,取得投资时F公司一项管理用固定资产的公允价值为4 000万元,账面价值为2 500万元,固定资产预计尚可使用年限为10年,净残值为0,按照年限平均法计提折旧;无形资产公允价值为1 500万元,账面价值为1 000万元,无形资产的预计尚可使用年限为10年,净残值为0,按照直线法摊销。

2×11年度,F公司实现净利润3 000万元,提取盈余公积300万元,分派现金股利1 000万元,资本公积增加500万元。

2×12年度,F公司发生净亏损400万元。

假定不考虑其他因素的影响。甲公司和F公司2×11年12月31日的资产负债表和2×11年度利润表(含利润分配项目)如表12-4和表12-5所示。

表12-4　资产负债表(简表)

2×11年12月31日　　　　　　　　　　　　　　　　　　单位:万元

项目	甲公司	F公司
资产:		
货币资金	6 400	1 600
应收账款	8 600	1 800
存货	9 200	2 700
长期股权投资	16 000	
固定资产	52 000	15 000
无形资产	12 000	900
商誉		
资产总额	104 200	22 000
负债和所有者权益:		
短期借款	10 000	6 500
应付账款	12 200	2 500
其他应付款	2 000	500
负债合计	24 200	9 500
股本	40 000	5 000

续表

项目	甲公司	F公司
资本公积	12 000	5 500
盈余公积	8 000	300
未分配利润	20 000	1 700
所有者权益合计	80 000	12 500
负债和所有者权益合计	104 200	22 000

表 12—5 利润表(含利润分配项目)(简表)

2×11 年度 单位:万元

项目	甲公司	F公司
一、营业收入	82 000	21 000
减:营业成本	68 000	15 000
营业税金及附加	600	200
销售费用	1 400	500
管理费用	1 800	800
财务费用	800	300
加:投资收益	1 600	
二、营业利润	11 000	4 200
加:营业外收入	160	600
减:营业外支出	1 000	800
三、利润总额	11 600	4 000
减:所得税费用	2 900	1 000
四、净利润	8 700	3 000
加:年初未分配利润	14 170	
减:提取盈余公积	870	300
对所有者(股东)分配	2 000	1 000
年末未分配利润	20 000	1 700

(1)甲公司对 F 公司长期股权投资的有关账务处理(单位:万元)

2×11 年 1 月 1 日投资时:

借:长期股权投资 7 600

贷:银行存款 7 600

长期股权投资的初始投资成本 7 600 万元,大于投资时应享有被投资企业 F 公司可辨认净资产公允价值份额 7 200 万元(12 000×60%)的差额 400(即 7 600－12 000×60%＝400)万元,在合并报表中列示为商誉。

甲公司在购买日应设置备查簿,登记该子公司有关可辨认资产、负债的公允价值和账面价值等相关资料,如表 12－6 所示。

表 12－6　甲公司备查簿

项目	账面价值 (万元)	公允价值 (万元)	账面价值与公允价值的差额	备注
固定资产	2 500	4 000	1 500	预计使用年限 10 年,预计净残值为 0,采用年限平均法计提折旧
无形资产	1 000	1 500	500	预计使用年限 10 年,预计残值为 0,采用直线法摊销

确认应享有的现金股利时:

借:应收股利　　　　　　　　　　　　　　　　　　（1 000×60％）　600

　　贷:投资收益　　　　　　　　　　　　　　　　　　　　　　　　　600

(2)编制 2×11 年合并报表时,应编制的调整分录

调整子公司个别财务报表。

按公允价值调整相关资产:

①借:固定资产　　　　　　　　　　　　　　　　　　　　　　　1 500

　　　无形资产　　　　　　　　　　　　　　　　　　　　　　　　500

　　贷:资本公积　　　　　　　　　　　　　　　　　　　　　　　2 000

调整本年度按公允价值应补提的固定资产折旧和无形资产摊销:

②借:管理费用　　　　　　　　　　　　　　　　　　　　　　　　200

　　贷:固定资产——累计折旧　　　　　　　　　　（1 500÷10）　150

　　　　无形资产——累计摊销　　　　　　　　　　　（500÷10）　50

2×11 年,F 公司调整后的净利润＝调整前的净利润－固定资产公允价值增值计算折旧和无形资产公允价值增值计算摊销调增管理费用＝3 000－200＝2 800(万元)。

2×11 年 F 公司按公允价值调整后的股东权益＝股本＋资本公积(年初)＋资本公积(本年)＋盈余公积(年初)＋盈余公积(本年)＋未分配利润(年末)＝5 000＋(5 000＋2 000)＋500＋0＋300＋(2 800－300－1 000)＝14 300(万元)

按权益法调整对子公司的长期股权投资:

调整应享有子公司当期实现净利润的份额:

③借:长期股权投资　　　　　　　　　　　　　　　（2 800×60％）　1 680

　　贷:投资收益　　　　　　　　　　　　　　　　　　　　　　　1 680

调整当期确认子公司分派的现金股利:

④借:投资收益　　　　　　　　　　　　　　　　　　（1 000×60％）　600

　　贷:长期股权投资　　　　　　　　　　　　　　　　　　　　　　600

调整应确认子公司资本公积增加的份额：

⑤借：长期股权投资   300

  贷：资本公积   300

调整后长期股权投资的金额＝7 600＋1680－600＋300＝8 980（万元）

调整分录在工作底稿中的列示见表12—7。

（3）编制2×12年合并报表时，应编制的调整分录

调整子公司个别财务报表。

按公允价值调整相关资产：

借：固定资产   1 500

  无形资产   500

 贷：资本公积   2 000

调整本年度按公允价值应补提的折旧和无形资产摊销：

借：管理费用   200

 贷：固定资产——累计折旧   （1 500÷10）150

   无形资产——累计摊销   （500÷10）50

2×12年，F公司调整后的净亏损＝400＋200（固定资产公允价值增值计算折旧和无形资产公允价值增值计算摊销调增管理费用）＝600（万元）。

调整以前年度按公允价值应补提的折旧和无形资产摊销：

借：未分配利润——年初   200

 贷：固定资产——累计折旧   （1 500÷10）150

   无形资产——累计摊销   （500÷10）50

2×12年F公司按公允价值调整后的股东权益＝股本＋资本公积（年初）＋资本公积（本年）＋盈余公积（年初）＋盈余公积（本年）＋未分配利润（年末）＝5 000＋7 500＋0＋300＋0＋（1 500－6 00）＝13 700（万元）

按权益法调整对子公司的长期股权投资。

调整应承担子公司当期发生的亏损份额：

借：投资收益   （600×60％）360

 贷：长期股权投资   360

调整2×11年应享有子公司净损益的份额：

借：长期股权投资   ［（2 800－1 000）×60％］1 080

 贷：未分配利润——年初   1 080

调整应确认子公司资本公积增加的份额：

借：长期股权投资   300

 贷：资本公积   300

调整后长期股权投资的金额＝8 980－360＝8 620（万元）

三、编制合并资产负债表、合并利润表和合并股东权益变动表时应进行抵销处理的项目

合并资产负债表是以母公司和子公司的个别资产负债表为基础编制的,合并利润表是以母公司和子公司的个别利润表为基础编制的。而个别资产负债表和个别利润表则是以单个企业为会计主体进行会计核算的结果,它是站在母公司本身或从子公司本身的角度对自身的财务状况、经营成果进行反映。对于母公司与子公司之间、各子公司相互之间发生的内部交易,从发生内部交易的企业双方来看,都在其个别资产负债表或利润表中进行了反映。例如,母公司与其子公司之间发生一项预收预付款业务,对于预收一方来说,在增加银行存款的同时会确认一项负债——预收账款,并在其个别资产负债表中反映为预收账款;而预付的一方,在减少银行存款的同时会确认一项资产——预付账款,并在其个别资产负债表中反映为预付账款;而站在企业集团的角度,这项业务并不会使企业集团的资产和负债总额增加。但在编制合并财务报表时,要先将个别财务报表进行加总,这样就会造成重复计算(或虚增)资产、负债。因此,作为反映企业集团整体财务状况、经营成果的合并资产负债表和合并利润表,必须将这些内部交易所产生的重复计算的因素予以扣除,即进行抵销处理。

编制合并资产负债表和合并利润表时需要进行抵销处理的项目主要有以下几项。

(一)内部股权投资项目的抵销

内部股权投资项目的抵销处理,主要包括两方面的内容:一是母公司对子公司的长期股权投资与子公司所有者权益项目的抵销处理;二是内部股权投资收益与子公司利润分配项目的抵销处理。

1.长期股权投资与子公司所有者权益的抵销处理

其抵销原理如图12-4所示,母公司对子公司进行的长期股权投资,一方面反映为长期股权投资以外的其他资产的减少,另一方面反映为长期股权投资的增加,在母公司个别资产负债表中作为资产类项目中的长期股权投资列示。子公司接受这一投资时,一方面增加相关的资产,另一方面作为实收资本(或股本)等的增加,在其个别资产负债表中一方面反映为实收资本(或股本)等,另一方面反映为相对应的相关资产。但从企业集团整体来看,母公司对子公司进行的长期股权投资实际上相当于企业集团内部的资产调拨,并不引起整个企业集团的资产、负债和所有者权益的增减变动。因此,编制合并财务报表时,应当在母公司与子公司财务报表数据简单相加的基础上,将母公司对子公司长期股权投资项目与子公司所有者权益项目予以抵销。

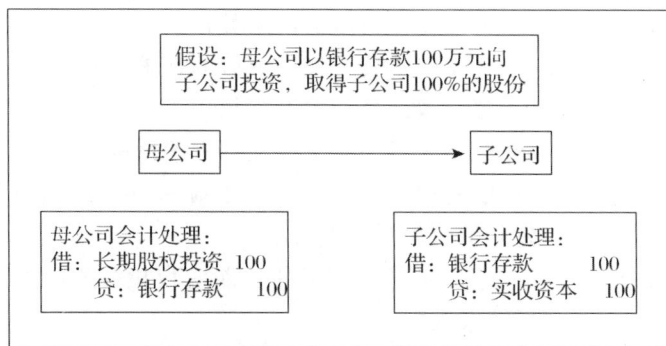

图 12—4　长期股权投资与子公司所有者权益的抵销处理原理

在具体抵销处理时,应根据母公司在子公司所有者权益中拥有份额的多少不同,将子公司分为全资子公司(拥有 100%股权的子公司)和非全资子公司。对于全资子公司,进行抵销处理时应将对子公司的长期股权投资与子公司所有者权益全额抵销;而对于非全资子公司,则应将对子公司的长期股权投资与子公司所有者权益中母公司所拥有的份额进行抵销,子公司所有者权益中不属于母公司的份额,即子公司所有者权益中抵销母公司所享有的份额后的余额,在合并资产负债表中作为"少数股东权益",在"所有者权益"项目下单独列示。具体抵销处理时应区分同一控制下企业合并取得的子公司和非同一控制下企业合并取得的子公司两种情况进行处理。

(1)同一控制下企业合并取得的子公司,应编制如下抵销分录(非全资子公司):

借:股本(实收资本)　　　　(子公司股本的期末数)

　　资本公积　　　　　　　(子公司资本公积的期末数)

　　盈余公积　　　　　　　(子公司盈余公积期末数)

　　未分配利润——年末　　(子公司未分配利润的期末数)

　　贷:长期股权投资　　　　　(母公司对子公司的长期股权投资按权益法调整后的期末数)

　　　　少数股东权益　　　　(子公司所有者权益总额×少数股权比例)

应予说明的是,同一控制下企业合并取得的子公司抵销时不会产生差额,即不会产生商誉。

同时,还应以母公司资本公积(资本溢价或股本溢价)的贷方余额为限,将子公司在资产负债表日的留存收益中归属于母公司的份额自"资本公积"转入"盈余公积"和"未分配利润"项目。在合并工作底稿中,应编制如下调整分录:

借:资本公积　　　　　　　(子公司资产负债表日的留存收益×母公司的持股比例)

　　贷:盈余公积　　　　　　(子公司资产负债表日的盈余公积×母公司的持股比例)

　　　　未分配利润——年初　(子公司资产负债表日的未分配利润×母公司的持股比例)

(2)非同一控制下企业合并取得的子公司。抵销时,母公司对子公司长期股权投资的金额大于应享有子公司可辨认净资产公允价值份额的差额,作为"商誉"处理;母公司对子公司长期股权投资的金额小于子公司所有者权益总额的差额,在企业合并当期作为"营业外收入"处理,在合并以后年度应作为"年初未分配利润"项目处理。具体应编制如下抵销分录(非全资子公司):

借:股本(实收资本)　　　　　(子公司实收资本的期末数)

资本公积　　　　　　　　(子公司资本公积经调整后的期末数)

盈余公积　　　　　　　　(子公司盈余公积的期末数)

未分配利润——年末　　　(经调整后子公司未分配利润的期末数)

商誉　　　　　　　　　　(长期股权投资的金额大于应享有子公司可辨认净资产公允价值份额的差额)

贷:长期股权投资　　　　　(母公司对子公司的长期股权投资按权益法调整后的期末数)

少数股东权益　　　　　(子公司可辨认净资产公允价值总额×少数股权比例)

需要说明的是,对于子公司持有母公司的长期股权投资、子公司相互之间持有的长期股权投资,也应当比照上述母公司对子公司的股权投资的抵销方法采用通常所说的交互分配法进行抵销处理。

2.内部股权投资收益与子公司利润分配项目的抵销处理

内部股权投资收益是指母公司对子公司或子公司对子公司相互之间的长期股权投资的收益,即母公司对子公司的长期股权投资在合并工作底稿中按权益法调整形成的投资收益,实际上就是子公司当期经调整后的净损益乘以母公司持股比例的金额。

在子公司为全资子公司的情况下,母公司对某一子公司在合并工作底稿中按权益法调整的投资收益,实际上就是该子公司当期实现的净利润(经调整后)。在编制合并利润表时,实际上是将子公司的净利润还原为营业收入、营业成本和期间费用等视为母公司本身的营业收入、营业成本和期间费用等来看待,与母公司相应的项目进行合并,因此,编制合并利润表时,必须将对子公司的长期股权投资收益予以抵销,否则,投资收益就重复计算了。

因子公司个别所有者权益变动表中本年利润分配项目中的"未分配利润——年初"项目,作为子公司以前会计期间净利润的一部分,在全资子公司的情况下已全额(在非全资子公司的情况下为母公司享有的份额)包括在母公司以前会计期间按权益法调整的投资收益之中,从而包括在母公司按权益法调整的本期年初未分配利润之中。因此,编制合并财务报表时,也应将其予以抵销。

另外,合并所有者(股东)权益变动表只反映母公司所有者(股东)权益的变动情况,其中的利润分配项目只反映母公司的利润分配数,因此,相应地应将子公司个别所有者(股东)权益变动表中本年利润分配各项目的金额,包括提取盈余公积、对所有者(或股东)的分配和年末未分配利润的金额全部予以抵销。

在子公司为全资子公司的情况下,母公司对子公司长期股权投资本期按权益法调整的投资收益就是子公司本期的净利润。子公司本期净利润加上年初未分配利润就是子公司本期的可供分配利润,是本期子公司利润分配的来源;而子公司本期利润分配(包括提取盈余公积、对所有者或股东的分配等)的金额与年末未分配利润的金额则是本期利润分配的去向(结果)。本期子公司利润分配的来源与本期子公司利润分配的去向(结果)两者金额相等,因此,母公司对子公司的长期股权投资按权益法调整的投资收益和子公司年初未分配利润,正好与子公司的本年利润分配项目相抵销。

在子公司为非全资子公司的情况下,母公司本期对子公司长期股权投资本期按权益法调整的投资收益与本期少数股东损益之和就是子公司本期的净利润。因此,母公司对子公司长期股权投资本期按权益法调整的投资收益与本期少数股东损益之和再加上子公司年初未分配利润,正好与子公司本年利润分配项目相抵销。股权投资收益与子公司利润分配项目关系如图12—5所示。

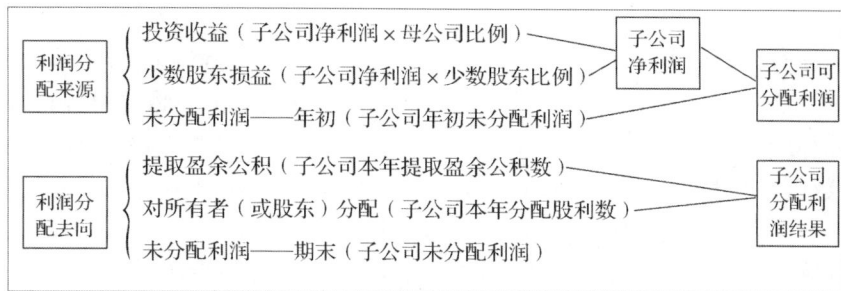

图12—5 股权投资收益与子公司利润分配项目的关系

所以,抵销内部股权投资收益与子公司利润分配项目时,应编制如下抵销分录(非全资子公司):

借:投资收益　　　　　　　　（子公司经调整后的净利润×母公司持股比例）

　　少数股东损益　　　　　　（子公司经调整后的净利润×少数股东持股比例）

　　未分配利润——年初　　　（子公司调整后的年初未分配利润）

　贷:盈余公积　　　　　　　（子公司本期提取的盈余公积）

　　利润分配　　　　　　　　（子公司利润分配额）

　　未分配利润——年末　　　（子公司经调整后的年末未分配利润）

【例12—2】承【例12—1】

(1)甲公司2×11年应编制如下抵销分录(单位:万元):

⑥借:股本　　　　　　　　　　　　　　　　　　　　　5 000

　　资本公积——年初　　　　　　（5 000＋2 000）　7 000

　　　　　　　——本年　　　　　　　　　　　　　　　500

　　盈余公积——年初　　　　　　　　　　　　　　　　　0

　　　　　　　——本年　　　　　　　　　　　　　　　300

　　未分配利润——年末　　（2 800－300－1 000）　1 500

　　商誉　　　　　　　（7 600－12 000×60％）　　400

　贷:长期股权投资　（7 600＋1 680－600＋300）　8 980

　　少数股东权益　　　　　　　（14 300×40％）　5 720

同时:

⑦借:投资收益　　　　　　　　　（2 800×60％）　1 680

　　少数股东损益　　　　　　　　（2 800×40％）　1 120

　贷:盈余公积　　　　　　　　　　　　　　　　　　　300

　　利润分配　　　　　　　　　　　　　　　　　　　1 000

　　未分配利润——年末　　　　　　　　　　　　　　1 500

(2)甲公司 2×12 年应编制如下抵销分录(单位:万元):

借:股本		5 000
资本公积——年初		7 500
盈余公积——年初		300
——本年		0
未分配利润——年末	(1 500−600)	900
商誉	(7 600−12 000×60%)	400
贷:长期股权投资	(8 980−360)	8 620
少数股东权益	(13 700×40%)	5 480

同时:

借:投资收益	(−600×60%)	360
少数股东损益	(−600×40%)	240
未分配利润——年初		1 500
贷:未分配利润——年末		900

甲公司 2×11 年 12 月 31 日编制合并财务报表时,编制的合并工作底稿如表 12−7 所示。

表 12−7 合并工作底稿(简表)

2×11 年 12 月 31 日   单位:万元

项目	母公司	子公司	合计	调整分录		抵销分录		少数股东权益	合并金额
				借方	贷方	借方	贷方		
利润表项目									
一、营业收入	82 000	21 000	103 000						103 000
减:营业成本	68 000	15 000	83 000						83 000
营业税及附加	600	200	800						800
销售费用	1 400	500	1 900						1 900
管理费用	1 800	800	2 600	②200					2 800
财务费用	800	300	1 100						1 100
加:投资收益	1 600	0	1 600	④600	③1 680	⑦1 680			1 000
二、营业利润	11 000	4 200	15 200	800	1 680	1 680			14 400
加:营业外收入	1 600	600	2 200						2 200

项目	母公司	子公司	合计	调整分录		抵销分录		少数股东权益	合并金额
				借方	贷方	借方	贷方		
减:营业外支出	1 000	800	1 800						1 800
三、利润总额	11 600	4 000	15 600	800	1 680	1 680			14 800
减:所得税费用	2 900	1 000	3 900						3 900
四、净利润	8 700	3 000	11 700	800	1 680	1 680			10 900
少数股东损益								⑦1 120	1 120
归属于母公司股东损益									9 780
股东权益变动表项目									
未分配利润——年初	14 170	0	14 170						14 170
利润分配									
提取盈余公积	870	300	1 170				⑦ 300		870
对所有者(股东)分配	2 000	1 000	3 000				⑦1 000		2 000
未分配利润——年末	20 000	1 700	21 700	800	1 680	⑥1 500 3 180	⑦1 500 2 800	1 120	21 080
资产负债表项目									
资产:									
货币资金	6 400	1 600	8 000						8 000
应收账款	8 600	1 800	10 400						10 400

续表

项目	母公司	子公司	合计	调整分录		抵销分录		少数股东权益	合并金额
				借方	贷方	借方	贷方		
存货	9 200	2 700	11 900						11 900
长期股权投资	16 000	0	16 000	③1 680 ⑤300	④600		⑥8 980		8 400
固定资产	52 000	15 000	67 000	①1 500	②150				68 350
无形资产	12 000	900	12 900	①500	②50				13 350
商誉						⑥400			400
资产总额	104 200	22 000	126 200	3 980	800	400	8 980		120 800
负债和所有者权益:									
短期借款	10 000	6 500	16 500						16 500
应付账款	12 200	2 500	14 700						14 700
其他应付账款	2 000	500	2 500						2 500
负债合计	24 200	9 500	33 700						33 700
股本	40 000	5 000	45 000			⑥5 000			40 000
资本公积	12 000	5 500	17 500		①2 000 ⑤300	⑥7 500			12 300
盈余公积	8 000	300	8 300			⑥300			8 000
未分配利润	20 000	1 700	21 700	800	1 680	3 180	2 800	1 120	21 080

项目	母公司	子公司	合计	调整分录 借方	调整分录 贷方	抵销分录 借方	抵销分录 贷方	少数股东权益	合并金额
所有者权益合计	80 000	12 500	92 500	800	3 980	15 980	2 800	1 120	81 380
少数股东权益								⑥5 720	5 720
负债和所有者权益合计	104 200	22 000	126 200						120 800

(二)内部债权与债务的抵销处理

母公司与子公司、子公司相互之间的债权和债务项目,是指母公司与子公司之间、子公司相互之间因销售商品、提供劳务以及发生结算业务等原因产生的应收账款与应付账款、应收票据与应付票据、预付账款与预收账款、其他应收款与其他应付款、持有至到期投资与应付债券、应收股利与应付股利、应收利息与应付利息等项目。母公司与子公司之间、子公司相互之间发生的这种内部债权债务,从债权的一方来看,在其个别资产负债表中反映为债权资产,而从债务的一方来看,则在其个别资产负债表中反映为一项负债。但站在企业集团整体角度来看,它只是企业集团内部的资金运动,既不会增加企业集团的资产,也不会增加其负债。在编制合并财务报表时,要先将母公司和子公司的个别财务报表进行加总,因此,为了消除个别资产负债表直接加总中产生的重复计算因素,在编制合并财务报表时应当将内部债权债务项目予以抵销。

编制合并财务报表时需要进行抵销处理的内部债权债务项目主要有:①内部应收账款与应付账款;②内部应收票据与应付票据;③内部预付账款与预收账款;④内部其他应收款与其他应付款;⑤内部持有至到期投资与应付债券;⑥内部应收股利与应付股利;⑦内部应收利息与应付利息等。

1.内部应收账款与应付账款的抵销处理

(1)初次编制合并财务报表时(即期初无内部应收账款与应付账款),内部应收账款与应付账款的抵销处理:

一是抵销应收账款与应付账款。对于母公司与子公司之间、子公司相互之间存在应收账款与应付账款的情况下,编制合并财务报表时应将其抵销(抵销时只需要将应收账款与应付账款两者对冲),即在合并工作底稿中,应编制如下抵销分录:

借:应付账款

　　贷:应收账款　　　　(内部应收账款的期末数)

二是抵销本期根据内部应收账款计提坏账准备。在内部应收账款计提坏账准备的情况下,因某一会计期间计提坏账准备的金额是以当期应收账款为基础计提的。在编制合并财务报表时,随着内部应收账款的抵销,就必须将根据该内部应收账款所计提的坏账准备也予以抵销。因坏账准备在资产负债表中并不单独列示,而是作为应收账款的抵减,因此,将内部应收账款计提的坏账准备抵销时,应编制如下抵销分录:

借:应收账款——坏账准备

 贷:资产减值损失   (本期根据内部应收账款计提的坏账准备)

三是抵销本期根据内部应收账款计提坏账准备的所得税影响。在内部应收账款计提坏账准备的情况下,其个别资产负债表中会由于计提坏账准备使应收账款的账面价值(应收账款余额减去坏账准备的差额)小于其计税基础(应收账款的账面余额)产生可抵扣暂时性差异而确认递延所得税资产。在编制合并财务报表时,随着内部应收账款的抵销,根据该内部应收账款所计提的坏账准备也必须予以抵销。因此,抵销内部应收账款及其计提的坏账准备后,合并财务报表中该内部应收账款已不再存在,合并财务报表中该内部应收账款账面价值与其计税基之间的暂时性差异也不再存在。所以,在编制合并财务报表时,应将因内部应收账款计提坏账准备产生的可抵扣暂时性差异所确认的递延所得税资产一并予以抵销。在工作底稿中应编制如下抵销分录:

借:所得税费用   (抵销本期计提坏账准备的金额×适用所得税税率)

 贷:递延所得税资产

【例12—3】甲公司为F公司的母公司。2×11年甲公司向F公司销售商品发生应收账款200万元,并于年末反映在其个别资产负债表中,甲公司采用应收账款余额百分比法计提坏账准备,计提比例为10%,本期计提坏账准备的金额为20万元。F公司个别资产负债表中的应付账款中有应付甲公司账款200万元。甲公司和F公司的所得税均采用资产负债表债务法核算,所得税税率均为25%,各年均有足够的应纳税所得额用以抵扣可抵扣暂时性差异。假定不考虑利润分配因素的影响。

在编制合并财务报表时,甲公司应将内部应收账款与应付账款相互抵销;同时还应将根据内部应收账款所计提的坏账准备及其所得税影响予以抵销,应编制如下抵销分录(单位:万元):

①抵销内部应收账款与应付账款:

借:应付账款   200

 贷:应收账款   200

②抵销根据内部应收账款计提的坏账准备:

借:应收账款——坏账准备   20

 贷:资产减值损失   20

③抵销内部应收账款计提坏账准备所确认的递延所得税资产:

借:所得税费用   5

 贷:递延所得税资产   5

其合并工作底稿(局部)如表12—8所示。

项目	母公司	子公司	合计	调整分录 借方	调整分录 贷方	抵销分录 借方	抵销分录 贷方	少数股东权益	合计金额
利润表项目									
……									
资产减值损失	20		20				②20		0
……									
利润总额	－20		－20				20		0
减:所得税费用	－5		－5				③5		0
净利润	－15		－15				5	20	0
股东权益变动表项目									
未分配利润——年初									
……									
未分配利润——年末	－15		－15				5	20	0
资产负债项目									
……									
应收账款	200－20		180				②20	①200	0
……									
递延所得税资产	5		5					③5	0
……									
应付账款		200	200				①200		0
……									

(2)在连续编制合并财务报表时,内部应收账款及其坏账准备主要应做以下抵销处理:

一是抵销内部应收账款与应付账款。从个别财务报表来讲,只有在双方将应收账款和应付账款结清的情况下,个别财务报表中才会没有内部应收账款与应付账款;只要内部应收账款与应付账款还没有结清,不管是以前期间发生的还是本期发生的,都会反映在其个别财务报表中,因此,在连续编制合并财务报表时,首先,应将反映在个别财务报表中的内部应收账款与应付账款予以抵销,即按内部应收账款的金额(期末余额),编制如下抵销分录:

借:应付账款　　　(内部应收账款的期末余额)
　　贷:应收账款

二是抵销以前期间根据内部应收账款所计提的坏账准备。从合并财务报表来讲,内部应收账款计提的坏账准备的抵销是与抵销当期资产减值损失相对应的,上期抵销的坏账准备的金额,即上期资产减值损失抵减的金额会使上期合并利润增加,并导致上期合并未分配利润增加,而上期合并所有者权益变动表中的年末未分配利润一般就是本期合并所有者权益变动表中的年初未分配利润(除存在会计政策变更和前期差错更正的情况外)。由于本期在编制合并财务报表时,是以本期母公司和子公司的个别财务报表为基础编制的,随着上期编制合并财务报表时对内部应收账款计提的坏账准备的抵销,会使本期对个别财务报表加总得出的年初未分配利润与上一会计期间所有者权益变动表中的年末未分配利润金额之间将产生差额。为此,编制合并财务报表时,必须将上期因内部应收账款计提的坏账准备抵销而产生的资产减值损失对本期年初未分配利润的影响予以抵销,调整本期年初未分配利润的金额,即按上期资产减值损失项目中抵销的内部应收账款计提的坏账准备的金额,编制如下抵销分录:

借:应收账款——坏账准备　(以前年度根据内部应收账款计提的坏账准备的金额)
　　贷:未分配利润——年初　(期初内部应收账款的金额×坏账准备计提的比例)

三是抵销本期根据内部应收账款补提或冲销的坏账准备。对于本期个别财务报表中因内部应收账款增加而补提的坏账准备或因内部应收账款减少而冲销的坏账准备的金额也应予以抵销,即按照本期个别资产负债表中根据内部应收账款补提的坏账准备,编制如下抵销分录:

借:应收账款——坏账准备　[(期末内部应收账款-期初内部应收账款)×坏账准备计提比例]
　　贷:资产减值损失

或按照本期个别资产负债表中根据内部应收账款冲销多提的坏账准备,编制如下抵销分录:

借:资产减值损失　　　　(本期根据内部应收账款冲销多提的坏账准备的金额)
　　贷:应收账款——坏账准备

四是抵销内部应收账款计提坏账准备所确认的递延所得税资产。在连续编制合并财务报表时,随着内部应收账款及其计提的坏账准备的抵销,合并财务报表中内部应收账款已不再存在,原内部应收账款账面价值与其计税基础之间的暂时性差异也不再存在。所以,在编制合并财务报表时,也应将因内部应收账款计提坏账准备产生的可抵扣暂时性差异所确认的递延所得税资产一并予以抵销。在工作底稿中,应编制如下抵销分录:

借:未分配利润——年初　　　　（抵销以前期间计提坏账准备的金额×适用所得税税率）

　　所得税费用　　　　　　　　（抵销本期补提坏账准备的金额×适用所得税税率）

　　　贷:递延所得税资产　　　　　　（抵销计提坏账准备的金额×适用所得税税率）

或:

借:未分配利润——年初　　　　（抵销以前期间计提坏账准备的金额×适用所得税税率）

　　　贷:所得税费用　　　　　　　　（抵销本期冲销坏账准备的金额×适用所得税税率）

　　　　递延所得税资产　　　　　　（抵销计提坏账准备的金额×适用所得税税率）

【例12-4】承【例12-3】甲公司为F公司的母公司,甲公司坏账准备计提的方法和比例不变,甲公司和F公司的所得税均采用资产负债表债务法核算,所得税税率均为25%,各年均有足够的应纳税所得额用以抵扣可抵扣暂时性差异。

2×11年甲公司与F公司内部应收账款、坏账准备及其抵销情况和合并工作底稿(局部)见【例12-3】和表12-8。2×12年末甲公司个别资产负债表应收账款有应收F公司账款540万元(该应收款余额为600万元,已计提的坏账准备为60万元);2×13年末甲公司个别资产负债表应收账款有应收F公司账款270万元(该应收账款余额为300万元,已计提的坏账准备为30万元)。假定不考虑利润分配因素的影响。

(1) 2×12年末,甲公司编制合并财务报表时,应编制的抵销分录(单位:万元)

①抵销内部应收账款与应付账款

借:应付账款　　　　　　　　　　　　　　　　　　　　　　600

　　　贷:应收账款　　　　　　　　　　　　　　　　　　　　　　　　600

②抵销以前期间(2×11年)根据内部应收账款所计提的坏账准备

借:应收账款——坏账准备　　　　　　　　　　　　　　　　20

　　　贷:未分配利润——年初　　　　　　　　　　　　　　　　　　　20

③抵销本期根据内部应收账款补提的坏账准备

借:应收账款——坏账准备　　　　　　　　［(600-200)×10%］40

　　　贷:资产减值损失　　　　　　　　　　　　　　　　　　　　　　40

④抵销内部应收账款计提坏账准备所确认的递延所得税资产

借:未分配利润——年初　　　　　　　　　　　（20×25%）5

　　所得税费用　　　　　　　　　　　　　　　（40×25%）10

　　　贷:递延所得税资产　　　　　　　　　　　（60×25%）15

其合并工作底稿(局部)如表12-9所示。

表12-9　合并工作底稿(局部)

2×12年12月31日　　　　　　　　　　　　　　　　　　单位:万元

项目	母公司	子公司	合计	调整分录		抵销分录		少数股东权益	合计金额
				借方	贷方	借方	贷方		
利润表项目									
……									

续表

项目	母公司	子公司	合计	调整分录		抵销分录		少数股东权益	合计金额
				借方	贷方	借方	贷方		
资产减值损失	40		40				③40		0
……									
利润总额	−40		−40				40		0
减:所得税费用	−10		−10				④10		0
净利润	−30		−30				10	40	0
股东权益变动表项目									
未分配利润——年初	−15		−15				④5	②20	0*
……									
未分配利润——年末	−45		−45			15	30		0
资产负债表项目									
……									
应收账款	600−60		540				②20 ③40	①600	0
……									
递延所得税资产	15		15					④15	0
……									
应付账款		600	600				① 600		0
……									

---

* 应与上年合并年末未分配利润一致

（2）2×13 年末,甲公司编制合并财务报表时,即在第三期编制合并财务报表时,仍然要先将期末个别资产负债表中的内部应收账款与应付账款予以抵销;其次,将第二期期末(2×12 年年末)根据内部应收账款所计提的坏账准备予以抵销;再次,将本期期末(2×13 年末)冲销的坏账准备予以抵销;最后,还要将抵销坏账准备对所得税的影响予以抵销。具体应编制如下抵销分录(单位:万元)。

①抵销内部应收账款与应付账款

借:应付账款   300

  贷:应收账款   300

②抵销以前期间(2×12 年末)根据内部应收账款所计提的坏账准备:

借:应收账款——坏账准备   60

  贷:未分配利润——年初   60

③抵销本期根据内部应收账款冲销的坏账准备:

借:资产减值损失   [(300－600)×10%]   30

  贷:应收账款——坏账准备   30

④抵销内部应收账款计提坏账准备所确认的递延所得税资产:

借:未分配利润——年初   (60×25%)   15

  贷:递延所得税资产   (30×25%)   7.5

    所得税费用   (30×25%)   7.5

其合并工作底稿(局部)如表 12－10 所示。

表 12－10　合并工作底稿(局部)

2×13 年 12 月 31 日　　　　　　　　　　　　　　　　　单位:万元

项目	母公司	子公司	合计	调整分录		抵销分录		少数股东权益	合计金额
				借方	贷方	借方	贷方		
利润表项目									
……									
资产减值损失	－30		－30				③30		0
……									
利润总额	30		30				－30		0
减:所得税费用	7.5		7.5				④7.5		0
净利润	22.5		22.5				－22.5		0*

_____

＊　应与上年合并年末未分配利润一致

续表

项目	母公司	子公司	合计	调整分录		抵销分录		少数股东权益	合计金额
				借方	贷方	借方	贷方		
股东权益变动表项目									
未分配利润——年初	—45		—45			④15	②60		0
……									
未分配利润——年末	—22.5		—22.5			45	67.5		0
资产负债表项目									
……									
应收账款	300—30		270				②60	①300 ③30	0
……									
递延所得税资产	7.5		7.5					④7.5	0
……									
应付账款		300	300				①300		0
……									

2.持有至到期投资与应付债券的抵销

在企业集团内部,如果母公司或子公司一方发行债券,形成应付债券;而企业集团的另一方全部或部分购买其发行的债券,形成持有至到期投资。但站在企业集团的角度,该业务属于企业集团内部的资金调拨,并不会增加企业集团的负债(应付债券),也不会增加企业集团的资产(持有至到期投资)。因此,编制合并财务报表时,应将企业集团内部的持有至到期投资与应付债券予以抵销。

(1)抵销持有至到期投资和应付债券。如果债券投资企业持有的企业集团内部成员企业的债券是从发行债券的企业直接购进的,则在合并工作底稿中,应编制如下抵销分录:

借:应付债券　　　　　　　　(发行方应付债券期末余额×内部购买比例)
　　贷:持有至到期投资　　　　　(购买方持有至到期投资期末余额)

在某些情况下,债券投资企业持有的企业集团内部成员企业的债券并不是从发行债券的企业直接购进,而是在证券市场上从第三方手中购进的。在这种情况下,购买债券企业的持有至到期投资与发行债券企业的应付债券抵销时,可能会出现差额,该差额应分别以下两种情况处理:

如果债券投资的余额大于应付债券的余额,其差额应作为投资损失计入合并利润表的投资收益项目,其抵销分录如下:

借:应付债券　　　　　　　　(发行方应付债券的期末余额×内部购买比例)
　　投资收益　　　　　　　　(持有至到期投资大于应付债券的差额)
　　贷:持有至到期投资　　　　　(购买方持有至到期投资的期末余额)

如果债券投资的余额小于应付债券的余额,其差额应作为理财收益(利息收入)计入合并利润表的财务费用项目。其抵销分录如下:

借:应付债券　　　　　　　　(发行方应付债券的期末余额×内部购买比例)
　　贷:持有至到期投资　　　　　(购买方持有至到期投资的期末余额)
　　　财务费用　　　　　　　(持有至到期投资小于应付债券的差额)

(2)抵销内部债券的利息收益和利息支出。在企业集团内部,购买债券的一方期末需要计提利息,确认为投资收益,并反映在其个别财务报表中;发行债券的一方期末也要计提利息,确认为财务费用或资本化计入在建工程等。但站在企业集团的角度,该业务属于企业集团内部的资金调拨,并不会增加企业集团的收益也不会增加企业集团的费用。因此,编制合并财务报表时,应将企业集团内部债券的利息收益和利息费用予以抵销。在合并工作底稿中,应编制如下抵销分录:

借:投资收益
　　贷:财务费用　　　　　　　(费用化的利息)
　　　在建工程等　　　　　　(资本化的利息)

(3)抵销以前期间资本化的利息支出。对以前会计期间抵销的资本化利息会使合并利润减少,从而导致年末未分配利润的减少,因上期期末的未分配利润一般情况下也就是本期的年初未分配利润,因此,编制合并财务报表时,必须将上期抵销的资本化利息对本期年初未分配利润的影响予以抵销,调整本期年初未分配利润的金额。在合并工作底稿中,应编制如下抵销分录:

借:未分配利润——年初

　　贷:在建工程(或固定资产等)　　(以前期间资本化的利息)

(4)抵销应收利息和应付利息。如内部购买的债券为分期付息债券,则还应编制如下消分录:

借:应付利息　　　　　　　　(内部债券计提的应付利息的期末余额)

　　贷:应收利息

【例12—5】甲公司为F公司的母公司,甲公司2×13年1月2日以525万元(不含利息)的价格从证券市场购入F公司2×12年1月1日按面值发行的4年期一次还本的债券,债券每年年初支付一次利息(F公司发行债券所筹资金用于补充流动资金),该债券面值500万元,年利率10%。甲公司购入的债券作为持有至到期投资,按实际利率法摊销债券持有至到期投资初始确认金额与到期日金额之间的差额,假定实际利率为8%。

甲公司2×13年年末编制合并财务报表时,应编制如下抵销分录:

(1)借:应付债券　　　　　　　　　　　　　　　　　　　　　500

　　　投资收益　　　　　　　　　　　　　　　　　　　　　　17

　　　贷:持有至到期投资　　　　　　[525-(50-525×8%)]　517

(2)借:投资收益　　　　　　　　　　(525×8%) 42

　　　贷:财务费用　　　　　　　　　　　　　　　　　　　　　42

(3)借:应付利息　　　　　　　　　　　　　　　　　　　　　50

　　　贷:应收利息　　　　　　　　　　　　　　　　　　　　　50

3.内部应收票据与应付票据的抵销

内部应收票据与应付票据的抵销,与内部应收账款与应付账款的抵销相同,应编制如下抵销分录:

借:应付票据

　　贷:应收票据　　　　　　　　　(内部应收票据的金额)

如应收票据已计提有坏账准备,则与应收账款一样进行抵销处理。

4.内部预收账款与预付账款的抵销

内部预收账款与预付账款的抵销,与内部应收账款与应付账款的抵销相同,应编制如下抵销分录:

借:预收账款

　　贷:预付账款　　　　　　　　　(内部预收账款的金额)

其他内部债权债务的抵销处理,均可比照内部应收账款与应付账款进行抵销处理。

(三)内部商品交易的抵销

1.内部商品交易发生当期的抵销处理

(1)内部营业收入和内部营业成本的抵销处理。内部营业收入是指企业集团内部母公司与子公司、子公司相互之间发生的商品销售等活动所产生的营业收入。内部营业成本是指企业集团内部母公司与子公司、子公司相互之间发生的销售商品等的营业成本。

在企业集团内部母公司与子公司、子公司之间发生内部购销商品交易的情况下,对销售的一方来说,将确认当期内部销售的销售收入并结转相应的销售成本,确认当期内部销售商品损益。对购买的一方来说,其购进的商品可能作为商品用于对外销售,也可能是作为固定资产或在建工程等资产使用(形成固定资产的抵销处理见"内部固定资产交易的抵销处理"部分)。

在购买企业将内部购进的商品用于对外销售时,可能出现以下三种情况:第一,内部购进商品当期全部实现对外销售;第二,内部购进的商品当期全部未实现销售,形成期末存货;第三,内部购进的商品当期部分实现对外销售、部分形成期末存货。具体抵销可分别上述三种情况处理。

第一种情况,购买企业内部购进的商品当期全部实现对外销售时的抵销处理。

在这种情况下,销售企业将销售给企业集团内其他企业的商品在本期确认销售收入、结转销售成本、确认销售商品损益,并反映在其个别利润表中;购买企业同样要确认将商品销售给企业集团外部企业的销售收入,结转销售商品的成本,确认销售损益,并在其个别利润表中反映。内部购进的商品当期全部实现对外销售的会计处理如图 12—6 所示。

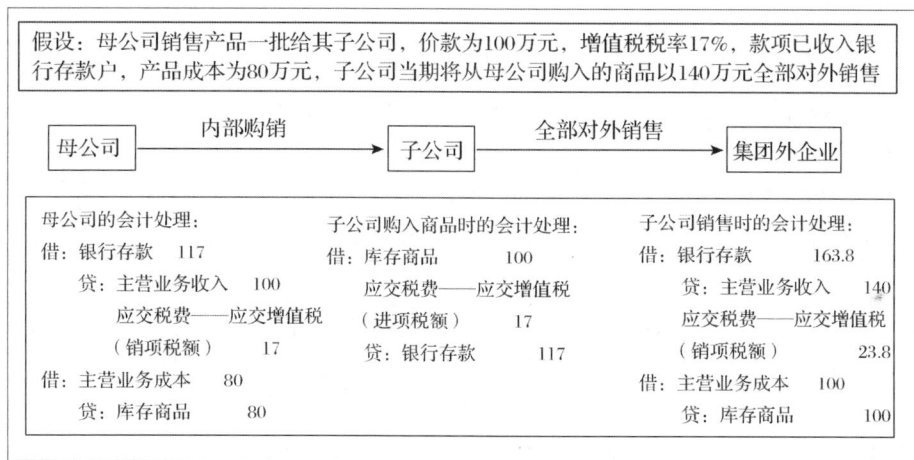

图 12—6　内部购进的商品当期全部实现对外销售的会计处理

从上图可以看出,对于同一商品购销业务,母公司和子公司均确认了销售收入、销售成本和销售利润,并反映在各自的个别利润表中。但从整个企业集团来看,这一商品购销业务只是实现了一次销售(即对外销售),其销售收入为子公司对企业集团外企业销售该产品的收入,其属于内部销售收入(重复计算),相应地,子公司向企业集团外企业销售该商品的销售成本则属于内部销售成本(重复计算)。因此,在编制合并利润表时,就必须将重复反映的内部营业收入与内部营业成本予以抵销,即在合并工作底稿中,根据内部销售的销售收入金额编制如下抵销分录:

借:营业收入　　　　　　　　(内部购销时销售方的销售收入)

贷:营业成本　　　　　　　　(购买方对外销售的销售成本)

【例 12—6】　甲公司为 F 公司的母公司,2×12 年利润表的营业收入中有 2 000 万元,系向 F 公司销售产品取得的销售收入,该产品销售成本为 1 600 万元。F 公司在本期将该产品全部售出,其销售收入为 3 000 万元,销售成本为 2 000 万元,并列示在其利润表中。甲公司和 F 公司的适用所得税税率均为 25%,均采用资产负债表债务法核算所得税。假定不考虑利润分配因素的影响。

甲公司在 2×12 年末编制合并财务报表时,应将内部销售收入和内部销售成本予以抵销,编制如下抵销分录:

①借:营业收入   2 000

    贷:营业成本   2 000

其合并工作底稿如表 12—11 所示。

表 12—11　合并工作底稿(局部)

2×12 年 12 月 31 日　　　　　　　　　　　　　　　　　　　单位:万元

项目	母公司	子公司	合计	调整分录		抵销分录		少数股东权益	合计金额
				借方	贷方	借方	贷方		
利润表项目									
营业收入	2 000	3 000	5 000			①2 000			3 000
减:营业成本	1 600	2 000	3 600				①2 000		1 600
……									
利润总额	400	1 000	1 400			2 000	2 000		1 400
减:所得税费用	100	250	350						350
净利润	300	750	1 050			2 000	2 000		1 050
股东权益变动表项目									
未分配利润——年初	0	0	0						0
……									
未分配利润——年末	300	750	1 050			2 000	2 000		1 050

第二种情况,购买企业内部购进的商品当期全部未实现对外销售时的抵销处理(内部购进存货价值中包含的未实现内部销售损益的抵销处理)。

在内部购进的商品当期全部未实现对外销售的情况下,销售企业同样将销售给企业集团内其他企业的商品在本期确认销售收入、结转销售成本、确认销售商品损益,并反映在其个别利润表中;而购买企业将购入的商品作为存货处理,并以支付购货的价款作为其成本入账,反映在其个别资产负债表的存货项目中。购买企业内部购进的商品当期全部未实现对外销售的会计处理如图12－7所示。

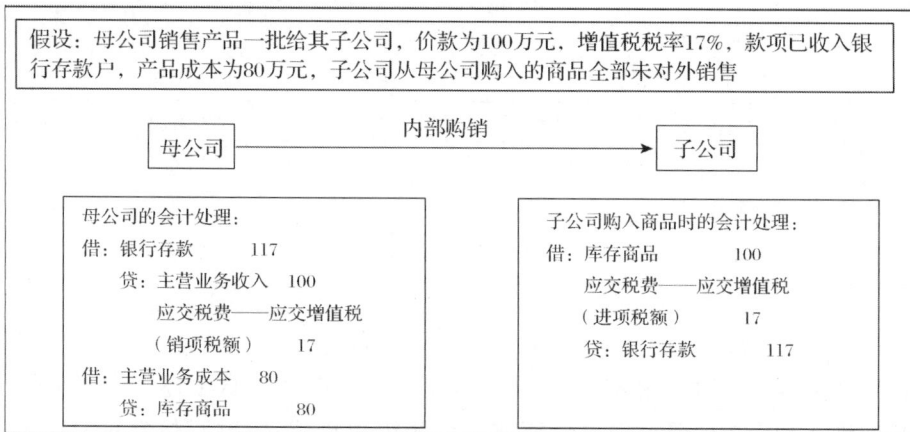

假设:母公司销售产品一批给其子公司,价款为100万元,增值税税率17%,款项已收入银行存款户,产品成本为80万元,子公司从母公司购入的商品全部未对外销售

母公司 ———— 内部购销 ————→ 子公司

母公司的会计处理:
借:银行存款　　　117
　贷:主营业务收入　100
　　　应交税费——应交增值税
　　　（销项税额）　　17
借:主营业务成本　80
　贷:库存商品　　　80

子公司购入商品时的会计处理:
借:库存商品　　　100
　　应交税费——应交增值税
　　（进项税额）　　17
　贷:银行存款　　　117

图12－7　内部购进的商品当期全部未实现对外销售的会计处理

从上图中可以看出,在内部购进的商品当期全部未实现对外销售的情况下,购买企业所确认的存货价值中实际上包括两部分内容:一部分为真正的存货成本(即销售企业销售该商品的成本);另一部分为销售企业的销售毛利(即其销售收入减去销售成本的差额)。而从整个企业集团来看,这一商品购销活动实际上相当于企业内部物资调拨活动,只是商品存放地点发生变动,它既不会实现利润,也不会增加商品的价值。对于期末存货价值中包括的这部分销售毛利,从企业集团整体来看,属于未实现内部销售损益,并不是真正实现的损益。因此,在编制合并资产负债表时,应当将存货价值中包含的未实现内部销售损益予以抵销,即在合并工作底稿中,应编制如下抵销分录:

借:营业收入　　　　　（内部销售企业销售该商品的销售收入）
　贷:营业成本　　　　　（内部销售企业销售该商品的销售成本）
　　　存货　　　　　　　（差额——即期末存货价值中包含的未实现内部销售损益的金额）

在抵销期末存货价值中包含的未实现内部销售损益时,还应同时调整因抵销未实现内部销售损益产生的递延所得税。

购买企业对于内部交易所形成的存货,在不考虑计提存货跌价准备的情况下,其取得成本(不考虑相关费用的情况下就是内部销售企业的销售价格)就是该资产的账面价值,也是该资产的计税基础。也就是说,在购买企业的个别财务报表中,存货的账面价值与其计税基础相等,不存在暂时性差异,也不涉及递延所得税资产或递延所得税负债的确认问题。但在编制合并财务报表过程中,随着内部商品交易所形成的存货价值中包含未实现内部交易损益的抵销,合并财务报表中所反映的存货价值是内部销售企业的原商品成本。同时,由于所得税是以独立的法人实体为对象计征的,个别财务报表中该存货的计税基础也就是合并财务报表中该存货的计税基础。这样,合并资产负债表中存货的账面价值与持有存货企业按照适用税法规定确定的计税基础之间就会产生暂时性差异,而暂时性差异的金额就是编制合并财务报表时所抵销的未实现内部交易损益的金额。具体如图12－8所示。

假设：母公司销售产品一批给其子公司，价款为100万元，增值税税率17%，款项已收入银行存款户，产品成本为80万元，子公司从母公司购入的商品全部对未外销售

单位：万元

存货	个别财务报表	合并财务报表
账面价值	100	80
计税基础	100	100

图 12—8　存货账面价值与其计税基础的确定

由此可见，在编制合并财务报表时，应在合并资产负债表中确认上述暂时性差异的所得税影响，即确认相应的递延所得税资产或递延所得税负债，同时调整合并利润表中的所得税费用。在合并工作底稿中，应编制如下调整分录：

借：递延所得税资产　（抵销期末存货中包含的未实现内部销售毛利的金额×适用
　　　　　　　　　　　　所得税税率）

　　贷：所得税费用

【例 12—7】甲公司是 F 公司的母公司，2×12 年利润表的营业收入中有 2 000 万元，系向 F 公司销售产品取得的销售收入，该产品销售成本为 1 600 万元（销售毛利率为 20%）。F 公司本期从甲公司购入的该产品本期全部未实现对外销售，期末存货中包含有从甲公司购入的商品 2 000 万元（其包含的未实现内部销售毛利为 400 万元），假定 F 公司对该存货未计提存货跌价准备。甲公司和 F 公司的适用所得税税率均为 25%，均采用资产负债表债务法核算所得税，预计各年均有足够的应纳税所得额用以抵扣可抵扣暂时性差异。假定不考虑利润分配因素的影响。

甲公司在 2×12 年年末编制合并财务报表时，应编制如下抵销分录（单位：万元）：

①借：营业收入　　　　　　　　　　　　　　　　　　　　　　　　　2 000

　　贷：营业成本　　　　　　　　　　　　　　　　　　　　　　　　　　　　1 600

　　　　存货　　　　　　　　　　　　　　　　　　　　　　　　　　　　　　　400

同时，调整所得税，编制如下调整分录：

②借：递延所得税资产　　　　　　　　　　　　　　　（400×25%）　100

　　贷：所得税费用　　　　　　　　　　　　　　　　　　　　　　　　　　　　100

其合并工作底稿如表 12—12 所示。

表 12—12　合并工作底稿(局部)

2×12 年 12 月 31 日　　　　　　　　　　　　　　　　　单位:万元

项目	母公司	子公司	合计	调整分录		抵销分录		少数股东权益	合计金额
				借方	贷方	借方	贷方		
利润表项目									
营业收入	2 000		2 000			①2 000			0
减:营业成本	1 600		1 600				①1 600		0
……									
资产减值损失									
……									
利润总额	400		400			2 000	1 600		0
减:所得税费用	100		100				②100		0
净利润	300		300			2 000	1 700		0
股东权益变动表项目									
未分配利润——年初	0	0	0						0
……									
未分配利润——年末	300		300			2 000	1 700		0
资产负债表项目									
……									
存货		2 000	2 000				①400		1 600

续表

项目	母公司	子公司	合计	调整分录		抵销分录		少数股东权益	合计金额
				借方	贷方	借方	贷方		
……									
递延所得税资产						100			100
……									

第三种情况,购买企业内部购进的商品当期部分实现对外销售,部分形成期末存货的抵销处理。

在这种情况下,可以分别按上述内部购进的商品当期全部实现对外销售的抵销方法和内部购进的商品当期未实现对外销售的抵销方法进行抵销处理。

对已销售的部分,编制如下抵销分录:

借:营业收入　　　　（内部购销时销售方的销售收入×购买方已销售的比例）

　　贷:营业成本　　　　（购买方对外销售的销售成本）

对未销售的部分,编制如下抵销分录:

借:营业收入　　　　（内部销售企业销售该商品的销售收入×购买方未销售的比例）

　　贷:营业成本　　　　（内部销售企业销售该商品的销售成本×购买方未销售的比例）

　　　存货　　　　　　（差额——即期末存货价值中包含的未实现内部销售损益的金额）

调整因抵销未实现内部销售损益的所得税影响,编制如下调整分录:

借:递延所得税资产　　（抵销期末存货中包含的未实现内部销售毛利的金额×适用所得税税率）

　　贷:所得税费用

对于内部商品购销交易的抵销,也可按如下方法进行抵销处理(方法二)。

抵销当期内部销售收入(按假设内部购进的商品当期全部实现对外销售进行抵销处理),编制如下抵销分录:

借:营业收入　　　　（内部购销时销售方的销售收入）

　　贷:营业成本　　　　（购买方对外销售的销售成本）

抵销期末存货价值中包含的未实现内部销售损益。如果当期内部购进的商品全部或部分未实现对外销售,就形成期末存货,则意味着购买方的期末存货中包含有未实现内部销售损益,而上一步假设内部购进的商品当期全部实现对外销售进行抵销处理中多抵销了营业成本,其金额即是期末存货中包含的未实现内部销售损益,因此,应再编制如下抵销分录,一方面抵销期末存货中包含的未实现内部销售损益,同时调整上一步多抵销的营业成本:

借:营业成本　　　　（期末存货中包含的未实现内部销售利润）

　　贷:存货　　　　　　（期末内部购进存货的成本×销售企业的毛利率）

注意:如果销售方销售商品的售价低于其销售成本(即销售亏损),则应编制相反的抵销分录。

或者直接编制如下抵销分录(方法三):

借:营业收入　　　　　(内部销售企业销售该商品的销售收入)

　　贷:营业成本　　　(差额)

　　　　存货　　　　(期末存货价值中包含的未实现内部销售损益的金额)

调整因抵销期末存货中包含的未实现内部销售损益的所得税影响,编制如下调整分录:

借:递延所得税资产　　(抵销期末存货中包含的未实现内部销售利润的金额×适用所得税税率)

　　贷:所得税费用

【例12—8】承【例12—7】甲公司在2×12年末编制合并财务报表时,采用方法二应编制如下抵销分录(单位:万元)。

①抵销当期内部销售收入:

借:营业收入　　　　　　　　　　　　　　　　　　　　　　　　　2 000

　　贷:营业成本　　　　　　　　　　　　　　　　　　　　　　　　　　　2 000

②抵销期末存货价值中包含的未实现内部销售利润:

借:营业成本　　　　　　　　　　　　　　(2 000×20%)　400

　　贷:存货　　　　　　　　　　　　　　　　　　　　　　　　　　　　　400

③调整因抵销期末存货中包含的未实现内部销售利润的所得税影响:

借:递延所得税资产　　　　　　　　　　　(400×25%)　100

　　贷:所得税费用　　　　　　　　　　　　　　　　　　　　　　　　　　100

其合并工作底稿如表12—13所示。

表12—13　合并工作底稿(局部)

2×12年12月31日　　　　　　　　　　　　　　　　　　　单位:万元

项目	母公司	子公司	合计	调整分录		抵销分录		少数股东权益	合计金额
				借方	贷方	借方	贷方		
利润表项目									
营业收入	2 000		2 000			①2 000			0
减:营业成本	1 600		1 600			②400	①2 000		0
……									

续表

项目	母公司	子公司	合计	调整分录		抵销分录		少数股东权益	合计金额
				借方	贷方	借方	贷方		
资产减值损失									
……									
利润总额	400		400			2 400	2 000		
减:所得税费用	100		100				③100		
净利润	300		300			2 400	2 100		
股东权益变动表项目									
未分配利润——年初									
……									
未分配利润——年末	300		300			2 400	2 100		
资产负债表项目									
……									
存货	2 000	2 000					②400		1 600
……									
递延所得税资产						③100			100
……									

2.存货跌价准备及其确认的递延所得税的抵销处理

根据《企业会计准则第1号——存货》的规定,企业应采用成本与可变现净值孰低法对存货进行期末计价,并按单个存货项目计提存货跌价准备。

对购买企业来说,期末在采用成本与可变现净值孰低法对存货进行期末计价时,其成本为其购买时支付的价款(即销售方的销售价格),其包含销售企业所确认的销售损益(即包含未实现内部交易损益),如果内部购进商品形成的存货的成本大于其可变现净值,则购买企业在当期期末应对内部购进商品形成的存货计提存货跌价准备,并反映在其个别财务报表中。但对于企业集团而言,该存货的成本应是销售企业从企业集团外部购买该商品的成本或生产这一产品的生产成本,其可变现净值一般与购买企业确定的可变现净值是一致的,编制合并财务报表时,如果该存货的可变现净值低于企业集团角度所取得存货的成本,则其差额作为企业集团的存货跌价准备,并反映在合并财务报表中。

对于内部购进商品所形成的存货计提跌价准备的抵销处理,应分别两种情况处理:

第一种情况,购买企业本期期末内部购进存货的可变现净值低于购买企业的取得成本(销售企业的销售价格),但高于企业集团存货的取得成本(销售企业的销售成本)。

在这种情况下,购买企业按存货的可变现净值低于其成本的金额,计提存货跌价准备,并反映在其个别资产负债表的存货项目中(抵减存货项目的金额);同时确认资产减值损失,并反映在其个别利润表的资产减值损失项目中。但从合并财务报表的角度,随着内部购进存货包含的未实现内部销售损益的抵销,该存货在合并财务报表中列示的成本为抵销未实现内部销售损益后的成本。当该存货的可变现净值低于购买企业的取得成本,但高于该存货在合并报表中的成本时,则不需要计提存货跌价准备。因此,在编制合并财务报表时,应将购买企业个别财务报表中计列的存货跌价准备予以抵销,如图12—9所示,即在合并工作底稿中,应编制如下抵销分录:

借:存货——存货跌价准备 (购买企业本期对内部购入存货计提的存货跌价准备)
　　贷:资产减值损失

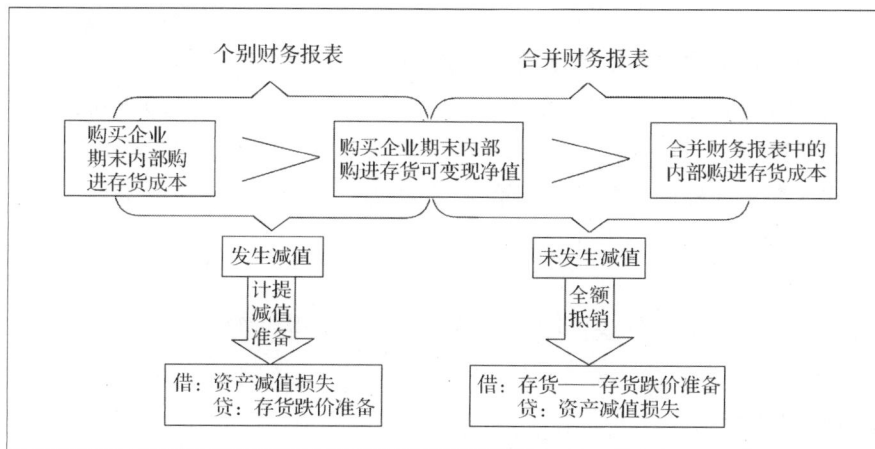

图 12—9　存货跌价准备的计提与抵销

在抵销存货跌价准备的同时,还应抵销购买企业根据计提的存货跌价准备而确认的递延所得税资产。

在内部购入存货计提存货跌价准备的情况下,其个别资产负债表中会由于计提存货跌价准备使存货的账面价值(存货成本减去存货跌价准备的差额)小于其计税基础(存货成本)产生可抵扣暂时性差异而确认递延所得税资产。在编制合并财务报表时,随着内部购入存货计提跌价准备的抵销,合并财务报表中该内部购入存货原计提的存货跌价准备已不再存在,而因该存货跌价准备导致存货账面价值与其计税基础之间的暂时性差异也不再存在。所以,在编制合并财务报表时,应将内部购入存货因存货跌价准备产生的可抵扣暂时性差异所确认的递延所得税资产一并予以抵销。在合并工作底稿中,应编制如下抵销分录:

借:所得税费用(抵销内部购入存货本期计提存货跌价准备的金额×适用所得税税率)

　　贷:递延所得税资产

【例12—9】甲公司为 F 公司的母公司,2×12 年利润表的营业收入中有 2 000 万元系向 F 公司销售产品取得的销售收入,该产品销售成本为 1 600 万元(销售毛利率为 20%)。F 公司本期从甲公司购入的该产品本期全部未实现对外销售,期末存货中包含有从甲公司购入的商品 2 000 万元(其包含的未实现内部销售毛利为 400 万元)。假定年末 F 公司发现该存货已部分陈旧,其可变现净值为 1 920 万元,为此,F 公司对该存货计提存货跌价准备 80 万元。甲公司和 F 公司适用的所得税税率均为 25%,均采用资产负债表法债务核算所得税,预计各年均有足够的应纳税所得额用以抵扣可抵扣暂时性差异。假定不考虑利润分配因素的影响。

甲公司在 2×12 年末编制合并财务报表时,应编制如下抵销分录(单位:万元):

①抵销当期内部销售收入:

借:营业收入　　　　　　　　　　　　　　　　　　　　　　　2 000

　　贷:营业成本　　　　　　　　　　　　　　　　　　　　　　　　　2 000

②抵销期末存货价值中包含的未实现内部销售利润:

借:营业成本　　　　　　　　　　　　　　　　(2 000×20%)　400

　　贷:存货　　　　　　　　　　　　　　　　　　　　　　　　　　　400

③调整因抵销期末存货中包含的未实现内部销售利润的所得税影响:

借:递延所得税资产　　　　　　　　　　　　　(400×25%)　100

　　贷:所得税费用　　　　　　　　　　　　　　　　　　　　　　　　100

④抵销内部购入存货计提的存货跌价准备:

借:存货——存货跌价准备　　　　　　　　　　　　　　　　　80

　　贷:资产减值损失　　　　　　　　　　　　　　　　　　　　　　　80

⑤抵销内部购入存货计提存货跌价准备所确认的递延所得税资产:

借:所得税费用　　　　　　　　　　　　　　　(80×25%)　20

　　贷:递延所得税资产　　　　　　　　　　　　　　　　　　　　　　20

其合并工作底稿如表 12—14 所示。

表 12－14　合并工作底稿(局部)

2×12 年 12 月 31 日　　　　　　　　　　　　　　　　单位:万元

项目	母公司	子公司	合计	调整分录 借方	调整分录 贷方	抵销分录 借方	抵销分录 贷方	少数股东权益	合计金额
利润表项目									
营业收入	2 000		2 000			①2 000			0
减:营业成本	1 600		1 600			②400	①2 000		0
……									
资产减值损失		80	80				④80		0
……									
利润总额	400	－80	320			2 400	2 080		0
减:所得税费用	100	－20	80			⑤20	③100		0
净利润	300	－60	240			2 420	2 180		0
股东权益变动表项目									
未分配利润年初	0	0	0						0
……									
未分配利润年末	300	－60	240			2 420	2 180		0
资产负债表项目									
……									
存货		1 920	1 920			④80	②400		1 600
……									
递延所得税资产		20	20			③100	⑤20		100
……									

241

第十二章　合并财务报表

第二种情况,购买企业本期期末内部购进存货的可变现净值低于购买企业的取得成本(销售企业的销售价格),也低于企业集团存货的取得成本(销售企业该存货的取得成本)。

在这种情况下,购买企业按存货的可变现净值低于其成本的金额,计提存货跌价准备,并反映在其个别资产负债表的存货项目中(抵减存货项目的金额);同时确认资产减值损失,并反映在其个别利润表的资产减值损失项目中。购买企业在其个别财务报表中所确认的存货跌价准备的金额,既包括购买企业该商品取得成本高于销售企业销售成本(即销售企业存货取得成本)的差额(即抵销的期末存货价值中包含的未实现内部销售损益),也包括销售企业销售成本高于该商品可变现净值的差额,但从合并财务报表的角度,随着内部购进存货包含的未实现内部销售损益的抵销,该存货在合并财务报表中列示的成本为抵销未实现内部销售损益后的成本(即销售企业的存货取得成本)。相对于销售企业存货取得成本高于该存货可变现净值的差额部分计提的存货跌价准备的金额,无论是从购买企业的角度还是从企业集团的角度,这部分跌价准备都是必须计提的,应该在合并财务报表中予以反映(即这一部分跌价准备在合并财务报表中无需抵销)。所以,在这种情况下,编制合并财务报表时应抵销内部购进存货计提跌价准备的金额就等于抵销期末存货中包含的未实现内部销售损益的金额。因此,在编制合并财务报表时,应将购买企业本期计提的存货跌价准备中内部购进商品取得成本高于销售企业取得成本的数额(即抵销的未实现内部销售毛利的金额)予以抵销,如图12—10所示,即在合并工作底稿中,应编制如下抵销分录:

借:存货——存货跌价准备(金额为抵销的未实现内部销售毛利的金额)
　　贷:资产减值损失

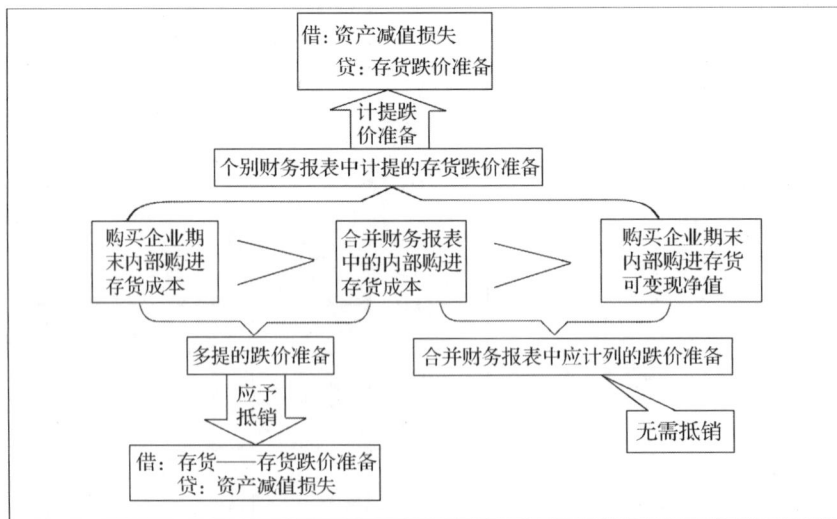

图12—10　存货跌价准备的计提与抵销

在抵销存货跌价准备的同时,还应将已抵销的存货跌价准备部分所确认的递延所得税资产予以抵销。

在内部购入存货计提存货跌价准备的情况下,其个别资产负债表中会由于计提存货跌价准备使存货的账面价值(存货成本减去存货跌价准备的差额)小于其计税基础(存货成本)产生可抵扣暂时性差异而确认递延所得税资产。在编制合并财务报表时,随着内部购入存货多计提的跌价准备的抵销,合并财务报表中该内部购入存货原计提的存货跌价准备已有一部分不再存在,而因该存货跌价准备导致存货账面价值与其计税基础之间的暂时性差异也有一部分不再存在。所以,在编制合并财务报表时,应将内部购入存货因存货跌价准备产生的可抵扣暂时性差异所多确认的递延所得税资产一并予以抵销。在合并工作底稿中,应编制如下抵销分录:

借:所得税费用　　　(抵销本期多计提的存货跌价准备的金额×适用所得税税率)
　　贷:递延所得税资产

【例 12—10】甲公司为 F 公司的母公司,2×12 年利润表的营业收入中有 2 000 万元,系向 F 公司销售产品取得的销售收入,该产品销售成本为 1 600 万元(销售毛利率为 20%)。F 公司本期从甲公司购入的该产品本期全部未实现对外销售,期末存货中包含有从甲公司购入的商品 2 000 万元(其包含的未实现内部销售毛利为 400 万元)。假定年末 F 公司发现该存货的市场价格已大幅度下跌,其预计可变现净值为 1 540 万元,为此,F 公司对该存货计提存货跌价准备 460 万元。甲公司和 F 公司的适用所得税税率均为 25%,均采用资产负债表债务法核算所得税,预计各年均有足够的应纳税所得额用以抵扣可抵扣暂时性差异。假定不考虑利润分配因素的影响。

在本例中,存货预计可变现净值为 1 540 万元,低于合并财务报表中该存货的成本(即抵销未实现内部销售损益后的金额)1 600 万元,即合并财务报表中应计列的存货跌价准备为 60 万元。而 F 公司个别财务报表中计列的存货跌价准备为 460 万元(即 F 公司的期末内部购入存货成本大于该项存货预计可变现净值为 1 540 万元的差额),从整个企业集团的角度,F 公司计提的存货跌价准备中相当于抵销的未实现内部交易损益的 400 万元部分,并不需要计提存货跌价准备(即属于多计提的存货跌价准备),在编制合并财务报表时应予以抵销;另外 60 万元的存货跌价准备,属于企业集团应计提的存货跌价准备,则不需要进行抵销处理。

甲公司在 2×12 年年末编制合并财务报表时,应编制如下抵销分录(单位:万元):
①抵销当期内部销售收入:

借:营业收入　　　　　　　　　　　　　　　　　　　2 000
　　贷:营业成本　　　　　　　　　　　　　　　　　　　　　2 000

②抵销期末存货价值中包含的未实现内部销售利润:

借:营业成本　　　　　　　　　(2 000×20%)　400
　　贷:存货　　　　　　　　　　　　　　　　　　　　　　　400

③调整因抵销期末存货中包含的未实现内部销售利润的所得税影响:

借:递延所得税资产　　　　　　(400×25%)　100
　　贷:所得税费用　　　　　　　　　　　　　　　　　　　　100

④抵销内部购入存货计提的存货跌价准备

借:存货——存货跌价准备　　　　　　　　　　　　　400
　　贷:资产减值损失　　　　　　　　　　　　　　　　　　　400

⑤抵销内部购入存货计提存货跌价准备所确认的递延所得税资产：

借：所得税费用　　　　　　　　　　　　　　（400×25%）　100

　　贷：递延所得税费产　　　　　　　　　　　　　　　　　　　100

其合并工作底稿如表12—15所示。

表12—15　合并工作底稿(局部)

2×12年12月31日　　　　　　　　　　　　　单位:万元

项目	母公司	子公司	合计	调整分录		抵销分录		少数股东权益	合计金额
				借方	贷方	借方	贷方		
利润表项目									
一、营业收入	2 000		2 000			①2 000			0
减:营业成本	1 600		1 600			②400	①2 000		0
……									
资产减值损失									
……									
利润总额	400	−460	−60			2 400	2 400		−60
减:所得税费用	100	−115	−15			⑤100	③100		−15
净利润	300	−345	−45			2 500	2 500		−45
股东权益变动表项目									
未分配利润——年初	0	0	0						0
……									
未分配利润——年末	300	−345	−45			2 500	2 500		−45

续表

项目	母公司	子公司	合计	调整分录		抵销分录		少数股东权益	合计金额
				借方	贷方	借方	贷方		
资产负债表项目									
……									
存货	1 540		1 540			④400	②400		1 540
……									
递延所得税资产		115	115			③100	⑤100		115
……									

2.连续编制合并财务报表时内部购进商品的抵销处理

(1)抵销期初存货价值中包含的未实现内部销售利润(即将上期抵销的存货价值中包含的未实现内部销售损益对本期年初未分配利润的影响进行抵销)。对于上期(包括以前期间)内部购进存货至上期期末已全部实现对外销售的情况下,本期期初(上期期末),存货价值中已不再含有未实现内部交易损益,在本期连续编制合并财务报表时,不涉及内部购进存货价值中包含的未实现内部销售损益等的抵销处理。

但在上期(以前期间)内部购进存货全部或部分未实现对外销售形成期末存货的情况下,上期编制合并财务报表时,抵销存货价值中包含的未实现内部销售损益,会直接导致上期合并财务报表中合并净利润金额的减少,并最终导致合并所有者权益变动表中年末未分配利润的金额的减少。由于发生内部交易当期所做的抵销分录仅仅在合并工作底稿登记,不影响个别财务报表,因而母公司或子公司个别财务报表的年初未分配利润中仍然包含内部购进存货的未实现内部销售损益。本期编制合并财务报表时,将母公司和子公司个别财务报表中年初未分配利润加总的合计金额与上期合并财务报表中的年末未分配利润的金额就不一致,其差额就是上期编制合并财务报表时抵销的内部购进存货中包含的未实现内部销售损益。因此,本期编制合并财务报表时,就必须在对母公司和子公司年初未分配利润加总的基础上,将上期抵销的存货价值中包含的未实现内部销售损益对本期年初未分配利润的影响予以抵销,调整本期年初未分配利润的金额,即按照上期期末内部购进存货价值中包含的未实现内部销售损益的金额,编制如下抵销分录:

借:未分配利润——年初

　　贷:营业成本

此处抵销时是假设上期内部购进、未实现对外销售形成的存货在本期全部销售时的处理。如果上期内部购进的存货在本期没有销售或者部分销售,则通过第3个抵销分录(抵销期末内部购入存货中包含的未实现内部销售损益)予以调整。

(2)抵销本期内部销售收入和销售成本。对于本期发生的内部购销活动,应将内部销售收入、内部销售成本及内部购进存货中未实现内部销售损益予以抵销,即按照销售企业内部销售收入的金额,编制如下抵销分录:

借:营业收入   (本期销售企业内部销售收入的金额)
  贷:营业成本

(3)抵销期末内部购入存货中包含的未实现内部销售损益。对于内部购买商品期末形成的存货(包括上期结转形成的本期存货),应按照购买企业期末内部购入存货价值中包含的未实现内部销售损益的金额,编制如下抵销分录:

借:营业成本   (期末内部购入存货成本×销售企业的毛利率)
  贷:存货

(4)调整因抵销未实现内部销售损益产生的递延所得税资产,编制如下调整分录:

借:递延所得税资产   (抵销的期末存货中包含的未实现内部销售毛利×适用税率)
  贷:未分配利润——年初   (抵销的期初存货中包含的未实现内部销售毛利×适用税率)
  贷(或借):所得税费用   (差额)

(5)抵销上期资产减值损失中抵销的内部购进存货计提的存货跌价准备,即按上期编制合并财务报表时抵销的存货跌价准备的数额,编制如下抵销分录:

借:存货——存货跌价准备   (上期期末抵销内部购进存货计提的存货跌价准备)
  贷:未分配利润——年初

(6)抵销本期根据内部购进存货补提或冲销的存货跌价准备,即按照购买企业本期根据内部购进存货多提(或多冲销)的存货跌价准备的数额,编制如下抵销分录:

借:存货——存货跌价准备   (本期内部购入存货多提的存货跌价准备数)
  贷:资产减值损失

或:

借:资产减值损失   (本期冲销内部购进存货多提的存货跌价准备数)
  贷:存货——存货跌价准备

(7)抵销购买企业因计提存货跌价准备而确认的递延所得税资产。应编制如下抵销分录:

借:未分配利润——年初   (抵销以前期间存货跌价准备数×适用所得税税率)
  所得税费用   (抵销本期存货跌价准备数×适用所得税税率)
  贷:递延所得税资产   (抵销存货跌价准备总数×适用所得税税率)

【例12—11】承【例12—9】甲公司为F公司的母公司,2×12年F公司从甲公司购入的产品2 000万元(其包含的未实现内部销售毛利为400万元)当期全部未实现对外销售,形成期末存货,年末因该存货市场价格下跌,其预计可变现净值为1 920万元,F公司期末对该存货计提存货跌价准备 80 万元。

2×13 年,甲公司又向 F 公司销售商品一批,销售价款为 6 000 万元,销售成本为 4 800 万元。F 公司 2×12 年从甲公司购进的商品本期全部售出,销售价格为 2 500 万元,同时结转已计提的存货跌价准备,2×13 年从甲公司购进的商品已销售 50%,销售价格为 4 000 万元,销售成本为 3 000 万元;另 50% 形成期末存货,其取得成本为 3 000 万元。2×13 年 12 月 31 日该内部购进商品的预计可变现净值为 2 800 万元,F 公司对该项内部购进形成的存货计提存货跌价准备 200 万元。

甲公司和 F 公司适用的所得税税率均为 25%,均采用资产负债表债务法核算所得税,预计各年均有足够的应纳税所得额用以抵扣可抵扣暂时性差异。假定不考虑利润分配因素的影响。

甲公司在 2×13 年年末编制合并财务报表时,应编制如下抵销分录(单位:万元):

①抵销期初内部存货中未实现内部销售利润

借:未分配利润——年初 400
　贷:营业成本 400

此处的抵销分录是假设上期购进的存货在本期尚未销售。如果上期购进的存货在本期全部销售,其抵销。分录为:

借:营业成本
　贷:未分配利润——年初

②抵销本期内部销售收入

借:营业收入 6 000
　贷:营业成本 6 000

③抵销期末存货价值中包含的未实现内部销售利润

借:营业成本 （3 000×20%）600
　贷:存货 600

④调整因抵销存货中包含的未实现内部销售利润的所得税影响

借:递延所得税资产 （600×25%）150
　贷:未分配利润——年初 （400×25%）100
　　所得税费用 50

⑤抵销以前期间根据内部存货提取的存货跌价准备

借:存货——存货跌价准备 80
　贷:未分配利润——年初 80

⑥抵销本期销售内部购进商品结转的存货跌价准备

借:营业成本 80
　贷:存货——存货跌价准备 80

⑦抵销本期期末根据内部购进存货而计提的存货跌价准备

借:存货——存货跌价准备 200
　贷:资产减值损失 200

⑧抵销内部购入存货计提存货跌价准备所确认的递延所得税资产

借:未分配利润——年初 　　　　　　　　　　　　（80×25%）　20

　　所得税费用 　　　　　　　　　　　　　　　　　　　　　　30

　　贷:递延所得税资产 　　　　　　　　　　　　　（200×25%）　50

其合并工作底稿如表12—16所示。

表12—16　合并工作底稿(局部)

2×13年12月31日　　　　　　　　　　　　　　　　　　　　单位:万元

项目	母公司	子公司	合计	调整分录		抵销分录		少数股东权益	合计金额
				借方	贷方	借方	贷方		
利润表项目									
营业收入	6 000	6 500	12 500			②6 000			6 500
减:营业成本	4 800	4 920	9 720			③600 ⑥80	①400 ②6 000		4 000
……									
资产减值损失		200	200				⑦200		0
……									
利润总额	1 200	1 380	2 580			6 680	6 600		2 500
减:所得税费用	300	345	645			⑧30	④50		625
净利润	900	1 035	1 935			6 710	6 650		1 875
股东权益变动表项目									
未分配利润——年初	300	−60	240			①400 ⑧20	④100 ⑤80		0
……									
未分配利润——年末	1 200	975	2 175			7 130	6 830		1 875

项目	母公司	子公司	合计	调整分录		抵销分录		少数股东权益	合计金额
				借方	贷方	借方	贷方		
资产负债表项目									
……									
存货	2 800		2 800			⑤80 ⑦200	③600 ⑥80		2 400
……									
递延所得税资产		50	50			④150	⑧50		150
……									

(四)内部固定资产交易的抵销

内部固定资产交易是指企业集团内部发生交易的一方与固定资产有关的购销业务。内部固定资产交易实质上也属于内部商品交易,但与内部商品交易不同的是,内部固定资产交易的购买方作为固定资产入账,而固定资产不仅使用寿命较长,而且是在使用过程中通过折旧的方式分期将其价值转移到产品成本或各会计期间的期间费用中。因此,在编制合并财务报表时,不仅内部固定资产交易发生当期需要进行抵销处理,而且在该固定资产的各使用期间也需要进行抵销处理。

1.内部固定资产交易发生当期的抵销处理

企业集团发生的内部固定资产交易,可以划分为三种类型:第一种类型是企业集团内部企业将自身的固定资产出售给企业集团内的其他企业作为固定资产使用;第二种类型是企业集团内部企业将自身生产的产品销售给企业集团内的其他企业作为固定资产使用;第三种类型是企业集团内部企业将自身使用的固定资产出售给企业集团内的其他企业作为普通商品销售,但这种类型的内部固定资产交易,在企业集团内部极少发生。因此,下面主要讨论前两种类型的内部固定资产交易的抵销处理。

(1)企业集团内部买卖固定资产交易的抵销

在这种类型的内部固定资产交易中,出售固定资产的企业,一方面,确认固定资产减少,另一方面,将固定资产账面价值与其售价之间的差额确认为营业外收入或营业外支出,并列示在其个别利润表中;购入固定资产的企业按照购买价格确认为固定资产,并列示在其个别资产负债表中。而从整个企业集团来看,这一固定资产购销活动实际上相当于企业内部固定资产的调拨活动,只是固定资产存放地点发生变动,它既不会实现利润,也不会增加固定资产的价值。对于出售一方确认处置固定资产的净损益(包含在购买方固定资产价值中),从企业集团整体来看,属于未实现内部销售损益,在编制合并财务报表时,应当将固定资产价值中包含的未实现内部交易损益予以抵销,即在合并工作底稿中,应编制如下抵销分录:

借:营业外收入　　　(变卖固定资产收入大于固定资产账面价值的金额)
　　贷:固定资产——原价

或编制如下抵销分录:

借:固定资产——原价
　　贷:营业外支出　　　(变卖固定资产收入小于固定资产价值的金额)

由于购买固定资产的企业是按照购买价格(出售方的售价)作为固定资产原价入账的,并按照该固定资产原价计提折旧,而在固定资产原价中包含未实现内部交易损益的情况下,每期计提的折旧费中也必然包含着未实现内部交易损益的金额,即每期计提的折旧额必然大于(或小于)按不包含未实现内部交易损益的固定资产原价所应该计提的折旧额。因此,在编制合并财务报表时,还应将根据包含未实现内部交易损益的固定资产每期多计提(或少计提)的折旧予以抵销,即在合并工作底稿中,应编制如下抵销分录:

借:固定资产——累计折旧　　(内部交易固定资产当期多计提折旧的数额)
　　贷:管理费用等

或编制如下抵销分录:

借:管理费用等
　　贷:固定资产——累计折旧　　(内部交易固定资产当期少计提折旧的数额)

由于购买企业对于内部固定资产交易所形成的固定资产,在不考虑计提固定资产减值准备的情况下,如果其折旧政策与税法规定一致,则其固定资产的账面价值(原价减少已计提的折旧)也就是该固定资产的计税基础,即在购买企业的个别财务报表中,该项固定资产不存在暂时性差异,也不涉及递延所得税资产或递延所得税负债的确认问题。但在编制合并财务报表过程中,由于所得税是以独立的法人实体为对象计征的,个别财务报表中该固定资产的计税基础也就是合并财务报表中该固定资产的计税基础。而随着内部交易所形成的固定资产价值中包含未实现内部交易损益以及多计提(少计提)折旧的抵销处理,合并财务报表中所反映的固定资产账面价值与内部购入固定资产的计税基础之间就会产生暂时性差异。因此,在合并财务报表中应确认其相应的所得税影响,即在合并工作底稿中,应编制如下调整分录:

借:递延所得税资产　　[(抵销原价中的未实现内部交易损益－抵销多提的折旧)×
　　　　　　　　　　　　适用税率]
　　贷:所得税费用

【例12—12】甲公司为 F 公司的母公司,2×12 年 1 月 1 日,甲公司出售一项不需要安装的固定资产给 F 公司,固定资产的账面价值为 500 万元,出售价款为 600 万元,不考虑增值税,款项已收入银行存款户。F 公司购入的固定资产当日交管理部门使用,预计尚可使用年限为 5 年,预计净残值为 0,采用年限平均法计提折旧(为简化计算,假定固定资产交付使用当月即开始计提折旧)。税法规定的折旧政策与会计一致,母公司与子公司的适用所得税税率均为25%,均采用资产负债表债务法核算所得税。预计各年均有足够的应纳税所得额用以抵扣可抵扣暂时性差异。假定不考虑利润分配因素的影响。

甲公司在2×12年末编制合并财务报表时,应编制如下抵销分录(单位:万元)。

(1)抵销固定资产原价中包含的未实现内部交易损益

借:营业外收入　　　　　　　　　　　　　　　　　　(600-500)　100

　　贷:固定资产——原价　　　　　　　　　　　　　　　　　　　　　　100

(2)抵销本期根据包含未实现内部交易损益的固定资产原价多计提的折旧

借:固定资产——累计折旧　　　　　　　　　　　　　　(100÷5)　20

　　贷:管理费用　　　　　　　　　　　　　　　　　　　　　　　　　　20

(3)调整因抵销未实现内部交易损益产生的可抵扣暂时性差异的所得税影响

2×12年末,该项内部交易固定资产在购买固定资产企业个别财务报表和企业集团合并财务报表中的账面价值和计税基础如表12—17所示。

表12—17　固定资产相关资料　　　　　　　　　　　　单元:万元

固定资产	个别财务报表	合并财务报表
固定资产原价	600	500
累计折旧	120(600÷5)	100(500÷5)
账面价值	480	400
计税基础	480	480
暂时性差异	—	80(可抵扣暂时性差异)

调整分录如下:

借:递延所得税资产　　　　　　　　　　　　　　　　(80×25%)　20

　　贷:所得税费用　　　　　　　　　　　　　　　　　　　　　　　　20

(2)企业集团内部企业将产品销售给其他企业作为固定资产的交易的抵销

在这种情况下,销售方将销售给企业集团内其他企业的产品在当期确认为销售收入、结转销售成本、确认销售产品损益,并反映在其个别利润表中;而购买企业将购进的产品确认为固定资产,并以支付的价款作为固定资产的原价,在其个别资产负债表中列示。而从整个企业集团来看,这一内部固定资产交易实际上相当于企业自制固定资产并交付使用,它既不会实现销售收入,也不发生营业成本,其确认的销售损益包含在购买方的固定资产原价中。因此,编制合并财务报表时,首先必须将固定资产原价中包含的未实现内部销售损益予以抵销,即在合并工作底稿中,应编制如下抵销分录:

借:营业收入　(内部销售企业销售产品的售价)

　　贷:营业成本　　　　(内部销售企业销售产品的成本)

　　　固定资产——原价　(固定资产原价中包含的未实现内部销售利润的数额)

　　其次,由于购买企业是按购买成本(包含未实现内部销售损益的固定资产原价)为基数计提折旧,在相同的使用寿命下,其各期计提的折旧要大于按不包含未实现内部销售损益的固定资产原价计提的折旧。因此,还应将当期根据包含未实现内部销售损益的固定资产原价多计提的折旧额从该固定资产当期计提的折旧费中予以抵销,即在合并工作底稿中,应编制如下抵销分录:

　　借:固定资产——累计折旧　　(根据未实现内部销售损益、折旧年限和折旧方法计算的金额)

　　　　贷:管理费用等

　　最后,还应调整因抵销未实现内部销售损益及多提折旧所产生的可抵扣暂时性差异的所得税影响,即在合并工作底稿中,应编制如下调整分录:

　　借:递延所得税资产　　　　　〔(抵销原价中包含的未实现内部销售利润的数额——抵销的折旧)×税率〕

　　　　贷:所得税费用

　　【例12—13】甲公司为 F 公司的母公司,2×12 年 1 月 1 日,甲公司销售一产品给 F 公司,销售收入为 800 万元,销售成本为 600 万元,增值税税率为 17%(假定增值税可以作为进项税额抵扣销项税额),款项已收入银行存款户。F 公司将购入的产品作为固定资产并于当日交管理部门使用,预计使用年限为 5 年,预计净残值为 0,采用年限平均法计提折旧(为简化计算,假定固定资产交付使用当月即开始计提折旧)。税法规定的折旧政策与会计一致,固定资产未计提减值准备。母公司与子公司的适用所得税税率均为 25%,均采用资产负债表债务法核算所得税。预计各年均有足够的应纳税所得额用以抵扣可抵扣暂时性差异。假定不考虑利润分配因素的影响。

　　甲公司在 2×12 年年末编制合并财务报表时,应编制如下抵销分录(单位:万元)。

　　①抵销固定资产原价中包含的未实现内部销售利润:

　　借:营业收入　　　　　　　　　　　　　　　　　　　　　　800

　　　　贷:营业成本　　　　　　　　　　　　　　　　　　　　　　　　　600

　　　　　　固定资产——原价　　　　　　　　　　　　　　　　　　　　　200

　　②抵销本期根据包含未实现内部销售利润的原价多计提的折旧:

　　借:固定资产——累计折旧　　　　　　　　　　(200÷5)　40

　　　　贷:管理费用　　　　　　　　　　　　　　　　　　　　　　　　　40

　　③调整因抵销未实现内部销售利润及多提折旧所产生的可抵扣暂时性差异的所得税影响:

　　借:递延所得税资产　　　　　　　　　　〔(200-40)×25%〕　40

　　　　贷:所得税费用　　　　　　　　　　　　　　　　　　　　　　　40

　　其合并工作底稿如表 12—18 所示。

表 12-18 合并工作底稿(局部)

2×12 年 12 月 31 日 单位:万元

项目	母公司	子公司	合计	调整分录 借方	调整分录 贷方	抵销分录 借方	抵销分录 贷方	少数股东权益	合计金额
利润表项目									
营业收入	800		800			①800			0
减:营业成本	600		600				①600		0
……									
管理费用		160	160				②40		120
……									
利润总额	200	−160	40			800	640		−120
减:所得税费用	50	−40	10				③40		−30
净利润	150	−120	30			800	680		−90
股东权益变动表项目									
未分配利润——年初	0		0						0
……									
未分配利润——年末	150	−120	30			800	680		−90
资产负债表项目									
……									
固定资产		640	640			②40	①200		480
递延所得税资产						③40			40
……									

注意:如果购买企业对内部交易购进的固定资产计提了减值准备,其固定资产减值准备抵销处理可比照存货跌价准备进行抵销处理。

2.内部交易固定资产取得后至处置前各期间的抵销处理

(1)抵销内部交易固定资产原价中包含的未实现内部销售损益。对内部交易固定资产所做的抵销分录只在合并工作底稿中登记,并不影响个别财务报表,销售企业因该内部固定资产交易确认的销售利润(未实现内部销售损益)会作为年末未分配利润的一部分逐期结转至以后会计期间,并作为以后会计期间年初未分配利润的一部分。也就是说,在以后会计期间,销售企业个别财务报表中的年初未分配利润中仍然包含未实现内部销售损益。同时,购买企业内部交易形成的固定资产仍然是以包含未实现内部销售损益的原价在其个别财务报表中列示。因此,在内部交易固定资产取得后至处置前的各个会计期间,编制合并财务报表时,仍然应将内部交易固定资产原价中包含的未实现内部销售损益的金额予以抵销,以调整年初未分配利润的金额,即在合并工作底稿中,按内部交易固定资产原价中包含的未实现内部销售损益的金额,编制如下抵销分录:

借:未分配利润——年初　　(固定资产原价中包含的未实现内部销售损益的金额)

　　贷:固定资产——原价

(2)抵销以前期间根据包含未实现内部销售损益的固定资产原价多计提的折旧。由于购买企业个别财务报表中,对内部交易形成的固定资产在以前会计期间是按包含未实现内部销售损益的原价计提折旧,并形成本期的期初累计折旧,因此,本期编制合并财务报表时,应将以前会计期间按包含未实现内部销售损益的原价为依据而多计提的折旧抵销,调整本期的年初未分配利润,即在工作底稿中按以前会计期间抵销该内部交易形成的固定资产多计提的累计折旧额,编制如下抵销分录:

借:固定资产——累计折旧　　(以前期间内部交易固定资产多计提的累计折旧额)

　　贷:未分配利润——年初

(3)抵销本期根据包含的未实现内部销售损益的固定资产原价又多计提的折旧。本期购买企业仍然按照包含未实现内部交易损益的固定资产原价计提折旧,因而本期又多计提了折旧。因此,本期编制合并财务报表时,应将本期根据包含未实现内部销售损益的固定资产原价多计提的折旧额予以抵销,即在合并工作底稿中,应编制如下抵销分录:

借:固定资产——累计折旧　　(本期内部交易固定资产多计提的折旧额)

　　贷:管理费用

(4)调整因抵销未实现内部销售损益及多提折旧所产生的可抵扣暂时性差异的所得税影响。在合并财务报表中,由于抵销了固定资产原价中包含的未实现内部销售损益以及多计提的折旧,使合并财务报表中该项内部交易固定资产的账面价值与其计税基础(与购买企业该项固定资产的计税基础相同)之间产生可抵扣暂时差异,因此,编制合并财务报表时,在工作底稿中,应编制如下调整分录:

借:递延所得税资产　　[(抵销原价中包含的未实现内部销售毛利－抵销至本期累计多提折旧)×适用税率]

　　所得税费用　　(抵销的本期多计提的折旧×适用税率)

　　贷:未分配利润——年初　　[(抵销原价中包含的未实现内部销售毛利－抵销至上期累计多提的折旧)×适用税率]

【例12—14】承【例12—13】甲公司在2×13年末编制合并财务报表时,应编制如下抵销分录(单位:万元)。

①抵销固定资产原价中包含的未实现内部销售利润

借:未分配利润——年初   200

    贷:固定资产——原价   200

②抵销以前期间(上年)根据包含未实现内部销售利润的固定资产原价多计提的折旧:

借:固定资产——累计折旧   40

    贷:未分配利润——年初   40

③抵销本期根据包含未实现内部销售利润的原价多计提的折旧

借:固定资产——累计折旧   (200÷5) 40

    贷:管理费用   40

④调整因抵销未实现内部销售利润及多提折旧所产生的可抵扣暂时性差异的所得税影响

借:递延所得税资产   [(200-80)×25%] 30

    所得税费用   (40×25%) 10

    贷:未分配利润——年初   [(200-40)×25%] 40

其合并工作底稿如表12—19所示。

表12—19 合并工作底稿(局部)

2×13年12月31日   单位:万元

项目	母公司	子公司	合计	调整分录		抵销分录		少数股东权益	合计金额
				借方	贷方	借方	贷方		
利润表项目									
营业收入									
减:营业成本									
……									
管理费用	160	160					③40		120
……									
利润总额	-160	-160					40		-120

续表

项目	母公司	子公司	合计	调整分录		抵销分录		少数股东权益	合计金额
				借方	贷方	借方	贷方		
减：所得税费用		-40	-40			④10			-30
净利润		-120	-120			<u>10</u>	<u>40</u>		-90
股东权益变动表项目									
未分配利润——年初	150	-120	30			①200	②40 ④40		-90
……									
未分配利润——年末	150	-240	-90			<u>210</u>	<u>120</u>		-180
资产负债表项目									
……									
固定资产		480	480			②40 ③40	①200		360
……									
递延所得税资产						④30			30
……									

【例12—15】承【例12—14】甲公司在2×14年末编制合并财务报表时，应编制如下抵销分录(单位：万元)：

(1)抵销固定资产原价中包含的未实现内部销售利润

借：未分配利润——年初　　　　　　　　　　　　　　　　　　　　　200

　　贷：固定资产——原价　　　　　　　　　　　　　　　　　　　　　　200

(2)抵销以前期间根据包含未实现内部销售利润的固定资产原价多计提的折旧：

借：固定资产——累计折旧　　　　　　　　　　　　　　　　　　　　80

　　贷：未分配利润——年初　　　　　　　　　　　　　　　　　　　　　80

(3)抵销本期根据包含未实现内部销售利润的原价多计提的折旧

借:固定资产——累计折旧 （200÷5） 40

　　贷:管理费用 40

(4)调整因抵销未实现内部销售利润及多提折旧所产生的可抵扣暂时性差异的所得税影响

借:递延所得税资产 ［(200－120)×25％］ 20

　　所得税费用 （40×25％） 10

　　贷:未分配利润——年初 ［(200－80)×25％］ 30

【例12－16】承【例12－15】甲公司在2×15年末编制合并财务报表时,应编制如下抵销分录(单位:万元):

(1)抵销固定资产原价中包含的未实现内部销售利润

借:未分配利润——年初 200

　　贷:固定资产——原价 200

(2)抵销以前期间根据包含未实现内部销售利润的固定资产原价多计提的折旧

借:固定资产——累计折旧 120

　　贷:未分配利润——年初 120

(3)抵销本期根据包含未实现内部销售利润的原价多计提的折旧

借:固定资产——累计折旧 （200÷5） 40

　　贷:管理费用 40

(4)调整因抵销未实现内部销售利润及多提折旧所产生的可抵扣暂时性差异的所得税影响

借:递延所得税资产 ［(200－160)×25％］ 10

　　所得税费用 （40×25％） 10

　　贷:未分配利润——年初 ［(200－120)×25％］ 20

其合并工作底稿略。

3.内部交易固定资产清理期间的抵销处理

在内部固定资产交易中,销售企业因该内部固定资产交易确认的销售利润(未实现内部销售损益)会作为年末未分配利润的一部分逐期结转至以后期间,并作为以后期间年初未分配利润的一部分,直到购买企业处置该内部交易固定资产的会计期间为止。购买企业在该内部交易固定资产清理当期,其个别财务报表中固定资产价值会由此而减少;同时,该固定资产的清理收入减去其账面价值以及相关清理费用后的差额,在其个别利润表中列示为营业外收入(或营业外支出)。固定资产的清理可能有三种情况:第一种是期满清理;第二种是超期清理;第三种是提前清理。三种情况下编制合并财务报表时的抵销处理有所不同。

(1)内部交易的固定资产使用期限届满进行清理时的抵销处理。在这种情况下,期末购买企业内部交易固定资产的实体已不复存在,包含未实现内部销售损益在内的该内部交易固定资产的价值已通过分期计提折旧或处置全部转移到各期产品成本或损益之中,从整个企业集团来看,随着该内部交易固定资产的清理,其内部交易固定资产价值中包含的未实现内部销售损益也转化为实现损益。因此,不存在未实现内部销售损益的抵销问题。但是,由于销售企业集团来看,随着该内部交易固定资产的清理,其内部交易固定资产价值中包含的未实现内部销售损益也转化为实现损益。因此,不存在未实现内部销售损益的抵销问题。但是,由于销售企业因该内部固定资产交易确认的销售利润作为其年末未分配利润的一部分逐期结转至以后期间,并作为以后期间年初未分配利润的一部分,直到购买企业处置该内部交易固定资产的会计期间为止。因此,本期编制合并财务报表时还必须调整年初未分配利润。同时,在固定资产清理当期,仍根据包含未实现内部销售损益的固定资产原价计提了折旧,即本期仍然多计提了折旧,因此也应将多计提的折旧额予以抵销,即在固定资产清理期间编制合并财务报表时,应编制如下抵销分录:

借:未分配利润——年初(内部交易固定资产清理当期多计提的折旧额)

 　　贷:管理费用

【例 12—17】承【例 12—16】假定 F 公司在 2×16 年(第五年)12 月该固定资产使用期满时对其进行报废清理,取得固定资产清理净收益 20 万元。该固定资产清理当期(2×16 年)仍根据包含未实现内部销售损益的固定资产原价计提折旧 160 万元,在本期多计提了折旧 40 万元。

甲公司在 2×16 年末编制合并财务报表时,应编制如下抵销分录(单位:万元):

①借:未分配利润——年初　　　　　　　　　　　　　　　　　　40

 　　贷:管理费用　　　　　　　　　　　　　　　　　　　　　　　40

同时,调整因抵销未实现内部销售损益产生的所得税影响:

②借:所得税费用　　　　　　　　　　　　　　　　　　　　　10

 　　贷:未分配利润——年初　　　　　　　　　(40×25%)　10

其合并工作底稿如表 12—20 所示。

表 12—20　合并工作底稿(局部)

2×16 年 12 月 31 日　　　　　　　　　　　　　　　单位:万元

项目	母公司	子公司	合计	调整分录		抵销分录		少数股东权益	合计金额
				借方	贷方	借方	贷方		
利润表项目									
营业收入									
减:营业成本									
……									

续表

项目	母公司	子公司	合计	调整分录		抵销分录		少数股东权益	合计金额
				借方	贷方	借方	贷方		
管理费用		160	160				①40		120
营业外收入		20	20						20
利润总额		−140	−140				<u>40</u>		−100
减:所得税费用		−35	−35			②10			−25
净利润		−105	−105			<u>10</u>	<u>40</u>		−75
股东权益变动表项目									
未分配利润——年初	150	−480	−330			①40	②10		−360
……									
未分配利润——年末	150	−585	−435			<u>50</u>	<u>50</u>		−435
资产负债表项目									
……									
固定资产									
……									
递延所得税资产									
……									

(2)内部交易的固定资产超期使用后进行清理期间的抵销处理。内部交易固定资产在超期使用期间,该固定资产不再计提折旧,但在购买企业的个别资产负债表中仍然作为固定资产列示;同时,销售企业因该项内部固定资产交易所确认的利润,仍然作为年初

未分配利润的一部分反映在此个别财务报表中,因此,内部交易固定资产在超期使用各期编制合并财务报表时,仍然应将该固定资产原价中包含的未实现内部销售损益予以抵销,调整年初未分配利润,并抵销以前年度该项固定资产按包含未实现内部交易损益的原价多计提的折旧。由于该项固定资产本期不再计提折旧,所以不存在抵销本期多提折旧的问题。因此,在超期使用的各期编制合并财务报表时,应编制如下抵销分录(下述抵销分录借贷方刚好相反,金额相等,对报表的影响为 0,因此可以不编制抵销分录)。

借:未分配利润——年初　　(固定资产原价中包含的未实现内部销售利润)

　　贷:固定资产——原价

借:固定资产——累计折旧　(以前期间内部交易固定资产多计提的累计折旧额)

　　贷:未分配利润——年初

在固定资产超期使用后进行清理时,由于清理当期固定资产的实物已不再存在,不存在固定资产原价中包含未实现内部销售损益的抵销问题;同时,该项固定资产的累计折旧也随着固定资产的清理而转销,也不存在按包含未实现内部销售损益的固定资产原价多计提折旧的抵销问题。实际上,内部交易固定资产原价中包含的未实现内部销售损益,随着固定资产折旧计提完毕,其包含的未实现内部销售损益已全部实现。所以,在内可部交易固定资产超期使用及其清理期间编制合并财务报表时,不需要再进行抵销处理。

(3)内部交易的固定资产使用期限未满提前进行清理期间的抵销处理。在这种情况下,购买企业内部交易固定资产的实体已不复存在,不存在未实现内部销售损益的抵销问题。但由于内部交易固定资产提前清理,该内部交易固定资产包含的未实现内部销售损益通过清理已成为实现的损益。由于销售企业因该内部固定资产交易确认的销售利润作为其年末未分配利润的一部分逐期结转,成为各会计期间年初未分配利润的一部分,直到购买企业处置该内部交易固定资产的会计期间为止。因此,本期编制合并财务报表时,应先调整年初未分配利润。同时,在固定资产清理当期,仍根据包含未实现内部销售损益的固定资产原价计提了折旧,即本期仍然多计提了折旧,也应将本期和以前会计期间多计提的折旧额予以抵销,即在固定资产提前进行清理期间编制合并财务报表时,应编制如下抵销分录。

(1)抵销内部固定资产交易时确认的未实现内部销售利润(调整年初未分配利润)

借:未分配利润——年初　　(固定资产交易时确认的未实现内部销售利润)

　　贷:营业外收入

(2)抵销内部交易固定资产以前年度多计提的折旧

借:营业外收入　　　　　　(以前期间内部交易固定资产多计提的累计折旧额)

　　贷:未分配利润——年初

(3)抵销清理当期内部交易固定资产多计提的折旧

借:营业外收入　　　　　　(清理当期内部交易固定资产多计提的折旧额)

　　贷:管理费用

(4)调整因抵销未实现内部销售损益和折旧产生的所得税影响

借:所得税费用　　[(抵销原价中包含的未实现内部销售毛利－抵销至上期累计多计
　　　　　　　　　提的折旧)×适用税率]

　　贷:未分配利润——年初

注意:如果固定资产清理结果是净损失并计入营业外支出,则上述抵销分录中的"营业外收入"应改为"营业外支出"。

【例12—18】承【例12—15】假定2×15年(第四年)12月,F公司将该内部交易固定资产出售,取得固定资产清理净收益60万元,并在其个别利润表中作为营业外收入列示。

甲公司在2×15年年末编制合并财务报表时,应编制如下抵销分录(单位:万元)。

①抵销内部固定资产交易时确认的未实现内部销售利润

借:未分配利润——年初　　　　　　　　　　　　　　　　200

　　贷:营业外收入　　　　　　　　　　　　　　　　　　　　　　200

②抵销内部交易固定资产以前年度多计提的折旧

借:营业外收入　　　　　　　　　　　　　　　　　　　120

　　贷:未分配利润——年初　　　　　　　　　　　　　　　　　120

③抵销清理当期内部交易固定资产多计提的折旧

借:营业外收入　　　　　　　　　　　　　　　　　　　40

　　贷:管理费用　　　　　　　　　　　　　　　　　　　　　　40

④调整因抵销未实现内部销售损益和折旧产生的所得税影响

借:所得税费用　　　　　　　　　　　[(200－120)×25%]　20

　　贷:未分配利润——年初　　　　　　　　　　　　　　　　　20

其合并工作底稿如表12—21所示。

表12—21　合并工作底稿(局部)

2×15年12月31日　　　　　　　　　　　　　　　　单位:万元

项目	母公司	子公司	合计	调整分录		抵销分录		少数股东权益	合计金额
				借方	贷方	借方	贷方		
利润表项目									
营业收入									
减:营业成本									
……									
管理费用	160	160					③40		120

续表

项目	母公司	子公司	合计	调整分录		抵销分录		少数股东权益	合计金额
				借方	贷方	借方	贷方		
营业外收入		60	60			②120 ③40	①200		100
利润总额		−100	−100			160	240		−20
减:所得税费用		−25	−25			④20			−5
净利润		−75	−75			180	240		−15
股东权益变动表项目									
未分配利润——年初	150	−360	−210			①200	②120 ④20		−270
……									
未分配利润——年末	150	−435	−285			380	380		−285
资产负债表项目									
……									
固定资产									
……									
递延所得税资产									
……									

(五)内部无形资产交易的抵销

内部无形资产交易是指企业集团内部发生交易的一方与无形资产有关的购销业务。如企业集团内的一成员企业将其拥有的专利权、商标权、土地使用权等出售给其他成员企业并作为无形资产继续使用。内部无形资产交易同内部固定资产交易一样,不仅其使用寿命较长,而且是在使用过程中通过摊销的方式分期将其价值转移到产品成本或各会计期间的期间费用中。因此,在编制合并财务报表时,不仅内部无形资产交易发生当期需要进行抵销处理,而且在该无形资产的各使用期间也需要进行抵销处理。

1.内部无形资产交易发生当期的抵销处理

在内部无形资产交易中,出售无形资产的企业,一方面确认无形资产减少,同时,将无形资产账面价值与其售价之间的差额确认为营业外收入或营业外支出,并列示在其个别利润表中;购入无形资产的企业按照购买价格确认为无形资产,并列示在其个别资产负债表中。而从整个企业集团来看,这一无形资产购销活动实际上相当于企业内部无形资产的转移,它既不会使企业集团实现利润,也不会增加企业集团无形资产的价值。对于出售一方确认出售无形资产的净损益,从企业集团整体来看,属于未实现内部交易损益,包含在购买方无形资产价值中。因此,在编制合并财务报表时,应当将无形资产价值中包含的未实现内部交易损益予以抵销,即在合并工作底稿中,应编制如下抵销分录:

借:营业外收入　　(出售无形资产收入大于无形资产账面价值的金额)

　　贷:无形资产

编制如下抵销分录:

借:无形资产

　　贷:营业外支出　　(出售无形资产收入小于无形资产账面价值的金额)

由于购买无形资产的企业是按照购买价格(出售方的售价)作为无形资产成本入账的,并按照该无形资产购买成本进行摊销,而在无形资产成本中包含未实现内部交易损益的情况下,期摊销无形资产的金额中也必然包含着未实现内部交易损益的金额,即每期摊销无形资产金额必然大于(或小于)按不包含未实现内部交易损益的无形资产成本所应该摊销的金额。因此,在编制合并财务报表时,还应将根据包含未实现内部交易损益的无形资产成本每期多摊销(或少摊销)的无形资产予以抵销,即在合并工作底稿中,应编制如下抵销分录:

借:无形资产——累计摊销　　(内部交易无形资产当期多摊销无形资产的数额)

　　贷:管理费用等

或编制如下抵销分录:

借:管理费用等

　　贷:无形资产——累计摊销(内部交易无形资产当期少摊销无形资产的数额)

由于购买企业对于内部无形资产交易所形成的无形资产,在不考虑计提无形资产减值准备的情况下,如果其无形资产摊销政策与税法规定一致,则其无形资产的账面价值(成本减去已计提的无形资产摊销)也就是该无形资产的计税基础,即在购买企业的个别财务报表中,该项无形资产不存在暂时性差异,也不涉及递延所得税资产或递延所得税负债的确认问题。但在编制合并财务报表过程中,由于所得税是以独立的法人实体为对象计征的,个别财务报表中该无形资产的计税基础也就是合并财务报表中该无形资产的计税基础。而随着内部交易所形成的无形资产价值中包含未实现内部交易损益以及多摊销(少摊销)无形资产的抵销处理,合并财务报表中所反映的无形资产账面价值与内部购入无形资产的计税基础之间就会产生暂时性差异。因此,在合并财务报表中应确认其

相应的所得税影响,即在合并工作底稿中,应编制如下调整分录:

借:递延所得税资产　［(抵销成本中未实现内部交易损益——抵销多摊销的无形资产)×适用税率]

　　贷:所得税费用

如果购买无形资产企业为该项无形资产计提了减值准备,其抵销处理比照存货跌价准备进行抵销处理。

【例12-19】甲公司为F公司的母公司,2×12年1月1日,甲公司出售一项无形资产给F公司,无形资产的账面价值为300万元,出售价款为400万元,款项已收入银行存款账户,不考虑除所得税以外的其他税费。F公司购入的无形资产预计尚可使用年限为5年,预计净残值为0,采用直线法摊销。税法规定的无形资产摊销政策与会计一致,母公司与子公司的适用所得税税率均为25%,均采用资产负债表债务法核算所得税。预计各年均有足够的应纳税所得额用以抵扣可抵扣暂时性差异。假定不考虑利润分配因素的影响:

甲公司在2×12年年末编制合并财务报表时,应编制如下抵销分录(单位:万元)。

①抵销无形资产成本中包含的未实现内部交易损益

借:营业外收入　　　　　　　　　　　　　　　　　　　　　(400-300)　100

　　贷:无形资产——成本　　　　　　　　　　　　　　　　　　　　　　　　100

②抵销本期根据包含未实现内部交易损益的无形资产成本多摊销的无形资产

借:无形资产——累计摊销　　　　　　　　　　　　　　　　　(100÷5)　20

　　贷:管理费用　　　　　　　　　　　　　　　　　　　　　　　　　　　　20

③调整因抵销未实现内部交易损益产生的可抵扣暂时性差异的所得税影响:2×12年年末,该项内部交易无形资产在个别财务报表和合并财务报表中的账面价值和计税基础如表12-22所示:

表12-22　内部交易无形资产在个别财务报表和合并财务报表中的账面价值和计税基础

单位:万元

无形资产	个别财务报表	合并财务报表
无形资产原价	400	300
累计折旧	80　(400÷5)	60　(300÷5)
账面价值	320	240
计税基础	320	320
暂时性差异	—	80(可抵扣暂时性差异)

编制如下调整分录:

借:递延所得税资产　　　　　　　　　　　　　　　　　　　(80×25%)　20

　　贷:所得税费用　　　　　　　　　　　　　　　　　　　　　　　　　　20

其合并工作底稿如表12-23所示。

表 12—23　合并工作底稿(局部)

2×12 年 12 月 31 日　　　　　　　　　　　　　　　单位:万元

项目	母公司	子公司	合计	调整分录 借方	调整分录 贷方	抵销分录 借方	抵销分录 贷方	少数股东权益	合计金额
利润表项目									
营业收入									
减:营业成本									
……									
管理费用		80	80				②20		60
加:营业外收入	100						①100		0
利润总额	100	−80	20			100	20		−60
减:所得税费用	25	−20	5				③20		−15
净利润	75	−60	15			100	40		−45
股东权益变动表项目									
未分配利润——年初	0		0						0
……									
未分配利润——年末	75	−60	15			100	40		−45
资产负债表项目									
……									
无形资产		320	320			②20	①100		240
……									
递延所得税资产						③20			20
……									

2.内部交易无形资产持有期间的抵销处理

同内部固定资产交易一样,在内部交易无形资产持有期间应分别做如下抵销处理。

(1)抵销内部交易无形资产成本中包含的未实现内部交易损益。在内部交易无形资产持有的各会计期间,编制合并财务报表时,应将内部交易无形资产成本中包含的未实现内部交易损益的金额予以抵销,以调整年初未分配利润的金额,即在合并工作底稿中,应编制如下抵销分录:

借:未分配利润——年初 (无形资产成本中包含的未实现内部交易损益的金额)
　　贷:无形资产

(2)抵销以前期间根据包含未实现内部交易损益的无形资产成本多摊销的无形资产。本期编制合并财务报表时,应将以前会计期间按包含未实现内部交易损益的无形资产成本为依据而多摊销的无形资产抵销,调整年初未分配利润,即在合并工作底稿中,应编制如下抵销分录:

借:无形资产——累计摊销 (以前期间内部交易无形资产累计多摊销的金额)
　　贷:未分配利润——年初

(3)抵销本期根据包含的未实现内部交易损益的无形资产成本多摊销的无形资产。本期编制合并财务报表时,还应将本期根据包含未实现内部交易损益的无形资产成本多摊销的无形资产予以抵销,即在合并工作底稿中,应编制如下抵销分录:

借:无形资产——累计摊销 (本期内部交易无形资产多摊销的金额)
　　贷:管理费用

(4)调整因抵销未实现内部交易损益及多摊销无形资产所产生的可抵扣暂时性差异的所得税影响。在合并财务报表中,由于抵销了无形资产成本中包含的未实现内部交易损益以及多摊销的无形资产,使合并财务报表中该项内部交易无形资产的账面价值与其计税基础(与购买企业该项无形资产的计税基础相同)之间产生可抵扣暂时差异,因此,编制合并财务报表时,在工作底稿中,应编制如下调整分录:

借:递延所得税资产 [(抵销无形资产成本中包含的未实现内部交易损益－抵销
　　　　　　　　　　　至本期累计多摊销额)×适用税率]
　　所得税费用 (抵销的本期多摊销无形资产的金额×适用税率)
　　贷:未分配利润——年初 [(抵销无形资产中的未实现内部交易损益－抵销至
　　　　　　　　　　　　上期累计多摊销额)×适用税率]

【例12—20】承【例12—19】甲公司在2×13年末编制合并财务报表时,应编制如下抵销分录(单位:万元)。

①抵销无形资产成本中包含的未实现内部交易收益

借:未分配利润——年初　　　　　　　　　　　　　　　　　　100
　　贷:无形资产　　　　　　　　　　　　　　　　　　　　　　　　100

②抵销以前期间根据包含未实现内部交易收益的无形资产成本多摊销的无形资产

借:无形资产——累计摊销　　　　　　　　　　　　　　　　　20
　　贷:未分配利润——年初　　　　　　　　　　　　　　　　　　　20

③抵销本期根据包含未实现内部交易收益的无形资产成本多摊销的无形资产

借:无形资产——累计摊销　　　　　　　　　　　　　　　　　　　　　20

　　　贷:管理费用　　　　　　　　　　　　　　　　　　　　　　　　　　　　20

④调整因抵销未实现内部交易收益及多摊销无形资产所产生的可抵扣暂时性差异的所得税影响

借:递延所得税资产　　　　　　　　　　　　　[(100－40)×25％]　15

　　所得税费用　　　　　　　　　　　　　　　　(20×25％)　5

　　　贷:未分配利润——年初　　　　　　　　[(100－20)×25％]　20

其合并工作底稿如表12－24所示。

表12－24　合并工作底稿(局部)

2×13年12月31日　　　　　　　　　　　　　　　　　　　　单位:万元

项目	母公司	子公司	合计	调整分录		抵销分录		少数股东权益	合计金额
				借方	贷方	借方	贷方		
利润表项目									
营业收入									
减:营业成本									
……									
管理费用	80	80					③20		60
加:营业外收入									
利润总额	－80	－80					20		－60
减:所得税费用	－20	－20				④5			－15
净利润	－60	－60				5	20		－45
股东权益变动表项目									
未分配利润——年初	75	－60	15			①100	②20 ④20		－45

续表

项目	母公司	子公司	合计	调整分录		抵销分录		少数股东权益	合计金额
				借方	贷方	借方	贷方		
……									
未分配利润——年末	75	−120	−45			<u>105</u>	<u>60</u>		−90
资产负债表项目									
……									
无形资产		240	240			②20 ③20	①100		180
……									
递延所得税资产						④15			15
……									

【例12—21】承【例12—20】甲公司在2×14年末编制合并财务报表时,应编制如下抵销分录(单位:万元)。

(1)抵销无形资产成本中包含的未实现内部交易收益

借:未分配利润——年初　　　　　　　　　　　　　　　　　　　　　　100

　　贷:无形资产　　　　　　　　　　　　　　　　　　　　　　　　　　　　　　100

(2)抵销以前期间根据包含未实现内部交易收益的无形资产成本多摊销的无形资产

借:无形资产——累计摊销　　　　　　　　　　　　　　　　　　　　　　40

　　贷:未分配利润——年初　　　　　　　　　　　　　　　　　　　　　　　　　40

(3)抵销本期根据包含未实现内部交易收益的无形资产成本多摊销的无形资产

借:无形资产——累计摊销　　　　　　　　　　　　　　　　　　　　　　20

　　贷:管理费用　　　　　　　　　　　　　　　　　　　　　　　　　　　　　　20

(4)调整因抵销未实现内部交易收益及多摊销无形资产所产生的可抵扣暂时性差异的所得税影响

借:递延所得税资产　　　　　　　　　　　　[(100−60)×25%]　10

　　所得税费用　　　　　　　　　　　　　　　(20×25%)　5

　　贷:未分配利润——年初　　　　　　　　　　[(100−40)×25%]　15

其合并工作底稿略。

【例12—22】承【例12—21】甲公司在2×15年年末编制合并财务报表时,应编制如下抵销分录(单位:万元)。

(1)抵销无形资产成本中包含的未实现内部交易收益

借:未分配利润——年初　　　　　　　　　　　　　　　　　100

　　贷:无形资产　　　　　　　　　　　　　　　　　　　　　　　　100

(2)抵销以前期间根据包含未实现内部交易收益的无形资产成本多摊销的无形资产

借:无形资产——累计摊销　　　　　　　　　　　　　　　　60

　　贷:未分配利润——年初　　　　　　　　　　　　　　　　　　60

(3)抵销本期根据包含未实现内部交易收益的无形资产成本多摊销的无形资产

借:无形资产——累计摊销　　　　　　　　　　　　　　　　20

　　贷:管理费用　　　　　　　　　　　　　　　　　　　　　　　20

(4)调整因抵销未实现内部交易收益及多摊销无形资产所产生的可抵扣暂时性差异的所得税影响

借:递延所得税资产　　　　　　　　　[(100－80)×25%]　5

　　所得税费用　　　　　　　　　　　　　(20×25%)　　5

　　贷:未分配利润——年初　　　　　　　[(100－60)×25%]　10

其合并工作底稿略。

3.内部交易的无形资产摊销完毕期间的抵销处理

在这种情况下,购买企业内部交易无形资产使用期满时,其账面价值已全部摊销完毕,包含在该无形资产价值中未实现内部交易损益也已通过分期摊销而全部实现。因此,不存在未实现内部交易损益的抵销问题。但是,由于出售企业因该内部无形资产交易确认的转让收益作为其年末未分配利润的一部分逐期结转至本期,并作为本期年初未分配利润的一部分。因此,本期编制合并财务报表时还必须调整年初未分配利润。同时,在无形资产到期的期间,仍根据包含未实现内部交易损益的无形资产成本进行了摊销,即本期仍然多摊销了无形资产,因此也应将多摊销的无形资产金额予以抵销。在合并工作底稿中,应编制如下抵销分录。

借:未分配利润——年初(内部交易无形资产到期期间多摊销无形资产的金额)

　　贷:管理费用

【例12-23】承【例12-22】假定 F 公司在 2×16 年(第五年)12 月该无形资产使用期满,2×16 年仍根据包含未实现内部交易损益的无形资产成本摊销 80 万元,即本期仍然多摊销无形资产 20 万元。

甲公司在 2×16 年末编制合并财务报表时,应编制如下抵销分录(单位:万元)。

借:未分配利润——年初　　　　　　　　　　　　　　　　20

　　贷:管理费用　　　　　　　　　　　　　　　　　　　　　　20

同时,调整因抵销未实现内部销售损益产生的所得税影响

借:所得税费用　　　　　　　　　　　　　　　　　　　　5

　　贷:未分配利润——年初　　　　　　　　　(20×25%)　5

其合并工作底稿略。

四、编制合并现金流量表应进行抵销处理的项目

母公司和子公司的个别现金流量表,是分别反映母公司本身和子公司本身在一定会计期间的现金流入和现金流出的报表。合并现金流量表是综合反映母公司及其子公司组成的企业集团在一定会计期间现金流入、现金流出数量及其增减变动情况的财务报表。合并现金流量表的编制可以由母公司根据母公司和子公司的个别现金流量表编制,这种编制方法是以母公司和子公司的个别现金流量表为基础,先加总计算出现金流入和现金流出各项目的合计金额,然后抵销母公司与子公司、子公司相互之间发生的内部交易对现金流量的影响(即抵销在个别现金流量表加总过程中的重复计算因素)。合并现金流量表也可以根据合并资产负债表和合并利润表,采用与编制个别现金流量表相同的方法进行编制。下面主要介绍以母公司和子公司的个别现金流量表为基础编制合并现金流量表时,需要进行抵销处理的项目。

(一)母公司与子公司、子公司相互之间当期以现金投资或收购股权增加的投资所产生的现金流量的抵销处理

1.母公司直接以现金对子公司进行长期股权投资的情况下,其所产生的现金流量表现为:母公司作为现金流出,在其个别现金流量表中列示为"投资活动产生的现金流量"中的"投资支付的现金";接受投资的子公司作为现金流入,在其个别现金流量表中列示为"筹资活动产生的现金流量"中的"吸收投资收到的现金"。而从企业集团整体来看,母公司以现金对子公司进行的长期股权投资实际上相当于企业集团内部的资金调拨,并不引起整个企业集团现金流量的增减变动。因此,编制合并现金流量表时,应当将母公司当期以现金对子公司长期股权资所产生的现金流量予以抵销,编制如下抵销分录。

借:投资支付的现金　　(母公司以现金向子公司投资的金额)

　　贷:吸收投资收到的现金

注意:在编制合并现金流量表进行抵销处理时,抵销分录中的"借记"表示现金流出的减少,"贷记"表示现金流入的减少。

2.母公司与子公司,或子公司相互之间买卖其持有的其他企业的股票的情况下,其所产生的现金流量表现为:购买企业作为现金流出,在其个别现金流量表中列示为"投资活动产生的现金流量"中的"投资支付的现金";出售企业作为现金流入,在其个别现金流量表中列示为"投资活动产生的现金流量"中的"收回投资收到的现金";而从企业集团整体来看,这一交易事项实际上相当于企业集团内部的资金调拨,并不引起整个企业集团现金流量的增减变动。因此,编制合并现金流量表时,应当将产生的现金流量予以抵销,编制如下抵销分录:

借:投资支付的现金　　(内部购买投资实际支付的购买价款)

　　贷:收回投资收到的现金

（二）母公司与子公司、子公司相互之间当期取得投资收益收到的现金与分配股利、利润或偿付利息支付的现金的抵销处理

母公司对子公司进行股权投资和债权投资，当期收到子公司分派的现金股利（利润）或债券利息，母公司作为现金流入，在其个别现金流量表中列示为"投资活动产生的现金流量"中的"取得投资收益收到的现金"；子公司当期支付的现金股利（利润）或债券利息，作为现金流出，在其个别现金流量表中列示为"筹资活动产生的现金流量"中的"分配股利、利润或偿付利息支付的现金"。从整个企业集团来看，这种投资收益的现金收支，并未真正引起整个企业集团现金流量的增减变动。因此，编制合并现金流量表时，应将当期取得投资收益收到的现金与分配股利、利润或偿付利息支付的现金予以抵销，编制如下抵销分录。

借：分配股利、利润或偿付利息支付的现金

贷：取得投资收益收到的现金　（内部投资实际收到的现金股利或利息）

（三）母公司与子公司、子公司相互之间以现金结算债权与债务所产生的现金流量的抵销处理

1.母公司与子公司、子公司相互之间当期以现金结算应收账款或应付账款、预付账款与预收账款、应收票据与应付票据等债权债务的情况下，债权方作为现金流入，在其个别现金流量表中列示为"经营活动产生的现金流量"中的"销售商品、提供劳务收到的现金"；债务方作为现金流出，在其个别现金流量表中列示为"经营活动产生的现金流量"中的"购买商品、接受劳务支付的现金"。从整个企业集团来看，这种现金结算债权与债务的方式，并不真正引起整个企业集团现金流量的增减变动。因此，编制合并现金流量表时，应将由此产生的现金流量予以抵销，编制如下抵销分录。

借：购买商品、接受劳务支付的现金　（当期以现金偿付应付账款、应付票据等金额）

贷：销售商品、提供劳务收到的现金

2.母公司与子公司、子公司相互之间当期以现金结算其他应收款与其他应付款（如经营租赁的租金）等债权与债务的情况下，债权方作为现金流入，在其个别现金流量表中列示为"经营活动产生的现金流量"中的"收到的其他与经营活动有关的现金"；债务方作为现金流出，在其个别现金流量表中列示为"经营活动产生的现金流量"中的"支付的其他与经营活动有关的现金"。从整个企业集团来看，这种现金结算债权与债务的方式，并不真正引起整个企业集团现金流量的增减变动。因此，编制合并现金流量表时，应将由此产生的现金流量予以抵销，编制如下抵销分录。

借：支付的其他与经营活动有关的现金　（当期以现金偿付其他应付款等金额）

贷：收到的其他与经营活动有关的现金

3.母公司与子公司、子公司相互之间发行和购买债券的情况下，购买债券的一方作为现金流出，在其个别现金流量表中列示为"投资活动产生的现金流量"中的"投资支付的现金"；发行债券的一方作为现金流入，在其个别现金流量表中列示"筹资活动产生的

现金流量"中的"吸收投资收到的现金"。从整个企业集团来看,企业集团内部发行和购买债券实际上相当于企业集团内部的资金调拨,并不引起整个企业集团现金流量的增减变动。因此,编制合并现金流量表时,应将其产生的现金流量予以抵销,编制如下抵销分录。

借:投资支付的现金　（内部购买债券实际支付的购买价款）
　　贷:吸收投资收到的现金

4.母公司与子公司、子公司相互之间兑付到期债券的情况下,兑付债券的一方作为现金流出,在其个别现金流量表中列示为"筹资活动产生的现金流量"中的"偿还债务支付的现金";收回债券款的一方作为现金流入,在其个别现金流量表中列示"投资活动产生的现金流量"中的"收回投资收到的现金"。从整个企业集团来看,并不引起整个企业集团现金流量的增减变动。因此,编制合并现金流量表时,应将其产生的现金流量予以抵销,编制如下抵销分录。

借:偿还债务支付的现金　（实际兑付债券的本金,不包括支付的利息）
　　贷:收回投资收到的现金

(四)母公司与子公司、子公司相互之间当期销售商品所产生的现金流量的抵销处理

1.母公司与子公司,子公司相互之间当期购买商品没有形成固定资产、在建工程、无形资产等情况下,销售商品的一方作为现金流入,在其个别现金流量表中列示为"经营活动产生的现金流量"中的"销售商品、提供劳务收到的现金";购买商品的一方作为现金流出,在其个别现金流量表中列示为"经营活动产生的现金流量"中的"购买商品、接受劳务支付的现金"。从整个企业集团来看,这种内部商品购销现金收支,并不会引起整个企业集团现金流量的增减变动。因此,编制合并现金流量表时,应将由此产生的现金流量予以抵销,编制如下抵销分录。

借:购买商品、接受劳务支付的现金　（当期内部购买商品实际支付的价款和增值税）
　　贷:销售商品、提供劳务收到的现金

2.母公司与子公司、子公司相互之间当期购买商品形成固定资产、在建工程、无形资产等情况下,销售商品的一方作为现金流入,在其个别现金流量表中列示为"经营活动产生的现金流量"中的"销售商品、提供劳务收到的现金";购买商品的一方作为现金流出,在其个别现金流量表中列示为"投资活动产生的现金流量"中的"购建固定资产、无形资产和其他长期资产所支付的现金"。从整个企业集团来看,这种内部商品购销现金收支,并不会引起整个企业集团现金流量的增减变动。因此,编制合并现金流量表时,应将由此产生的现金流量予以抵销,编制如下抵销分录。

借:购建固定资产、无形资产和其他长期资产所支付的现金
　　贷:销售商品、提供劳务收到的现金　（当期内部销售商品实际收到的价款和增值税）

(五)母公司与子公司、子公司相互之间处置固定资产等收回的现金净额与购建固定资产等支付的现金的抵销处理

母公司与子公司、子公司相互之间买卖固定资产等非流动资产时,出售的一方作为现金流入,在其个别现金流量表中列示为"投资活动产生的现金流量"中的"处置固定资产、无形资产和其他长期资产收回的现金净额"。购买的一方作为现金流出,在其个别现金流量表列示为"投资活动产生的现金流量"中的"购建固定资产、无形资产和其他长期资产支付的现金"。从整个企业集团来看,这种固定资产处置与购置的现金收支,并不会引起整个企业集团现金流量的增减变动。因此,在编制合并现金流量表时,应将母公司与子公司、子公司相互之间处置固定资产、无形资产和其他长期资产收回的现金净额与购建固定资产、无形资产和其他长期资产支付的现金相互抵销,编制如下抵销分录。

借:购建固定资产、无形资产和其他长期资产支付的现金 （内部购买固定资产等支付的价款）

贷:处置固定资产、无形资产和其他长期资产收到的现金净额

另外,对于母公司与子公司、子公司相互之间当期发生的其他内部交易所产生的现金流量也应予以抵销处理。

五、报告期内增减子公司

(一)母公司在报告期增减子公司在合并资产负债表的反映

1.增加子公司

母公司因追加投资等原因控制了另一个企业即实现了企业合并。母公司在企业合并发生当期期末编制合并资产负债表时,应分别以下两种情况进行处理:

(1)因同一控制下企业合并增加的子公司,视同该子公司从设立起就被母公司控制,编制资产负债表时,应当调整合并资产负债表所有相关项目的期初数,相应地,合并资产负债表的留存收益项目应当反映母子公司如果一直作为一个整体运行至合并日应实现的盈余公积和未分配利润的情况。

(2)因非同一控制下企业合并增加的子公司,应当从购买日开始编制合并财务报表,不调整合并资产负债表的期初数。

2.减少子公司

在报告期内,母公司因出售子公司部分股份或全部股份,失去对该子公司控制权的,该子公司从处置日开始不再是母公司的子公司,不应再将其纳入合并财务报表的合并范围,母公司期末编制合并资产负债表时,不调整合并资产负债表的期初数。

(二)母公司在报告期增减子公司在合并利润表的反映

1.增加子公司

母公司因本期投资或追加投资取得的子公司,在企业合并发生当期期末编制合并利润表时,应分别以下两种情况处理:

(1)同一控制下企业合并增加的子公司,应视同该子公司一直在合并范围内,在编制合并利润表时,应当将该公司合并当期期初至报告期末的收入、费用、利润纳入合并利润表,而不是从合并日开始纳入合并利润表。但子公司在合并日前实现的净利润应当在合并利润表中单列"其中:被合并方在合并前实现的净利润"项目进行反映。

(2)非同一控制下企业合并增加的子公司,在编制合并利润表时,应当将该子公司购买日至报告期末的收入、费用、利润纳入合并利润表。

2.处置子公司

母公司在报告期内处置子公司,应当将该子公司期初至处置日的收入、费用、利润纳入合并利润表。

(三)母公司在报告期增减子公司在合并现金流量表的反映

1.增加子公司

母公司因本期投资或追加投资取得的子公司,在企业合并发生当期期末编制合并现金流量表时,应分别以下两种情况处理:

(1)因同一控制下企业合并增加的子公司,在编制合并现金流量表时,应当将该子公司合并当期期初至报告期末的现金流量纳入合并现金流量表。

(2)因非同一控制下企业合并增加的子公司,在编制合并现金流量表时,应当将该子公司购买日至报告期末的现金流量纳入合并现金流量表。

2.处置子公司

母公司在报告期内处置子公司,应将该子公司期初至处置日的现金流量纳入合并现金流量表。

六、合并财务报表的格式

(一)合并资产负债表

合并资产负债表的格式与个别资产负债表的格式基本相同,主要增加了四个项目:

1.在"无形资产"项目下增加了"商誉"项目,用于反映非同一控制下企业合并中取得的商誉,即在控股合并下母公司对子公司的长期股权投资(合并成本)大于其在购买日应享有子公司可辨认净资产公允价值份额的差额。

2.在所有者权益项目下增加了"归属于母公司所有者权益合计"项目,用于反映企业集团的所有者权益中归属于母公司所有者权益的部分。

3.在所有者权益项目下,增加了"少数股东权益"项目,用于反映非全资子公司的所有者权益中不属于母公司的份额。

4.在"未分配利润"项目之后,"少数股东权益"项目之前,增加了"外币报表折算差额"项目,用于反映境外经营的资产负债表折算为人民币表示的资产负债表时所发生的折算差额中归属于母公司所有者权益的部分。

合并资产负债表(不含金融企业)的一般格式如表12—25所示。

表 12-25　合并资产负债表(模板)　　　　　　　　　　　　　会合 01 表

编制单位：　　　　　　　　　　　　　　　　年　月　日　　　　　　　　　　　单位：

资产	期末余额	年初余额	负债和所有者权益 （或股东权益）	期末余额	年初余额
流动资产：			流动负债：		
货币资金			短期借款		
交易性金融资产			交易性金融负债		
应收票据			应付票据		
应收账款			应付账款		
预付款项			预收账款		
应收利息			应付职工薪酬		
其他应收款			应交税费		
存货			应付利息		
一年内到期非流动资产			其他应付款		
其他流动资产			一年内到期的非流动负债		
流动资产合计			其他流动负债		
			流动负债合计		
非流动资产：			非流动负债：		
可供出售金融资产			长期借款		
持有至到期投资			应付借款		
长期应收款			长期应付款		
长期股权投资			预计负债		
投资性房地产			递延所得税负债		
固定资产			其他非流动负债		
在建工程			非流动负债合计		
工程物资			负债合计		
固定资产清理					
无形资产			所有者权益（或股东权益）：		
开发支出			实收资本(或股本)		
长期待摊费用			资本公积		
递延所得税资产			减：库存股		

续表

资产	期末余额	年初余额	负债和所有者权益 （或股东权益）	期末余额	年初余额
其他非流动资产			盈余公积		
非流动资产合计			未分配利润		
			外币报表折算差额		
			归属于母公司股东权益合计		
			少数股东权益		
			所有者权益合计		
资产总计			负债和所有者权益总计		

（二）合并利润表的格式

合并利润表与个别利润表相比较，主要有以下不同：

1.在"净利润"项目下增加"归属于母公司股东的净利润"和"少数股东损益"两个项目，分别反映净利润中由母公司股东所享有的份额和非全资子公司当期实现的净利润中属于少数股东的份额。归属于母公司所有者的净利润与少数股东损益之和等于合并净利润。

2.在属于同一控制下企业合并增加子公司当期的合并利润表中还应在"净利润"项目下增加"其中：被合并方在合并前实现的净利润"项目，用于反映同一控制下企业合并中取得的被合并方在合并日之前实现的净利润。但是，"被合并方在合并前实现的净利润"应当在母公司所有者和少数股东之间进行分配，如果不全部属于母公司所有者，则应同时列示在"少数股东损益"项目之中，仍然保持"合并净利润＝归属于母公司所有者的净利润＋少数股东损益"的平衡关系。

3.在"综合收益总额"项目下增加了"归属于母公司股东的综合收益总额"和"归属于少数股东的综合收益总额"两个项目，分别反映综合收益总额中由母公司股东所享有的份额和非全资子公司当期综合收益总额中属于少数股东的份额。仍然保持"综合收益总额＝归属于母公司股东的综合收益总额＋归属于少数股东的综合收益总额"的平衡关系。

合并利润表（不含金融企业）的一般格式如表12—26所示。

表 12-26　合并利润表(模板)　　　　　　　　　会合 02 表

编制单位：　　　　　　　　　　　　　　年　月　日　　　　　　　　　　单位：

项目	本年金额	上年金额
一、营业收入		
减：营业成本		
营业税金及附加		
销售费用		
管理费用		
财务费用		
资产减值损失		
加：公允价值变动收益(损失以"一"号填列)		
投资收益(损失以"一"号填列)		
其中：对联营企业和合营企业的投资收益		
二、营业利润(亏损以"一"填列)		
加：营业外收入		
减：营业外支出		
其中：非流动资产处置损失		
三、利润总额(亏损总额以"一"填列)		
减：所得税费用		
四、净利润(净亏损以"一"填列)		
归属于母公司股东的净利润		
少数股东损益		
五、每股收益：		
(一)基本每股收益		
(二)稀释每股收益		
六、其他综合收益		
七、综合收益总额		
归属于母公司股东的综合收益总额		
归属于少数股东的综合收益总额		

(三)合并现金流量表的格式

合并现金流量表的格式与个别现金流量表的格式基本相同。但在子公司为非全资子公司的情况下，涉及子公司与其少数股东之间的现金流入和现金流出的处理问题。

对于子公司与少数股东之间发生的现金流入和现金流出，从整个企业集团来看，也影响其整体的现金流入和流出数量的增减变动，必须在合并现金流量表中予以反映。子公司与少数股东之间发生的影响现金流入和现金流出的经济业务包括：少数股东对子公司增加权益性投资、少数股东依法从子公司中抽回权益性投资、子公司向其少数股东支付现金股利或利润等。为了便于企业集团合并财务报表使用者了解掌握企业集团现金流量的情况,有必要将与子公司与少数股东之间的现金流入和现金流出的情况单独予以反映。

对于子公司的少数股东增加在子公司中的权益性投资,在合并现金流量表中应当在"筹资活动产生的现金流量"之下的"吸收投资收到的现金"项目下"其中:子公司吸收少数股东投资收到的现金"项目反映。

对于子公司向少数股东支付现金股利或利润,在合并现金流量表中应当在"筹资活动产生的现金流量"之下的"分配股利、利润或偿付利息支付的现金"项目下"其中:子公司支付给少数股东的股利、利润"项目中反映。

对于子公司的少数股东依法抽回在子公司中的权益性投资,在合并现金流量表应当在"筹资活动产生的现金流量"之下的"支付其他与筹资活动有关的现金"项目反映。

合并现金流量表(不含金融企业)的一般格式如表 12—27 所示。

表 12—27　合并现金流量表　　　　　　会合 03 表

编制单位:　　　　　　　　　　年　月　日　　　　　　　　　　单位:

项目	本年金额	上年金额
一、经营活动产生的现金流量		
销售商品、提供劳务收到的现金		
收到的税费返还		
收到的其他与经营活动有关的现金		
经营活动现金流入小计		
购买商品、接受劳务支付的现金		
支付给职工以及为职工支付的现金		
支付的各项税费		
支付给职工以及为职工支付的现金		
经营活动现金流出小计		
经营活动产生的现金流量净额		
二、投资活动产生的现金流量		
收回投资收到的现金		
取得投资收益收到的现金		
处置固定资产、无形资产和其他长期资产收回的现金净额		
处置子公司及其他营业单位收到的现金净额		
收到其他与投资活动有关的现金		
投资活动现金流入小计		
购建固定资产、无形资产和其他长期资产支付的现金		

续表

项目	本年金额	上年金额
投资支付的现金		
取得子公司及其他营业单位支付的现金净额		
支付其他与投资活动有关的现金		
投资活动现金流出小计		
投资活动产生的现金流量净额		
三、筹资活动产生的现金流量		
吸收投资收到的现金		
其中:子公司吸收少数股东投资收到的现金		
取得借款收到的现金		
发行债券收到的现金		
收到其他与筹资活动有关的现金		
筹资活动现金流入小计		
偿还债务支付的现金		
分配股利、利润或偿付利息支付的现金		
其中:子公司支付给少数股东的股利、利润		
支付其他与筹资活动有关的现金		
筹资活动现金流出小计		
筹资活动产生的现金流量净额		
四、汇率变动对现金的影响		
五、现金及现金等价物净增加额		
加:年初现金及现金等价物净增加额		
六、年末现金及现金等价物余额		

(四)合并所有者(股东)权益变动表的格式

合并所有者权益变动表的格式与个别所有者权益变动表的格式基本相同。所不同的是合并所有者权益变动表增加了"少数股东权益"栏目,用于反映少数股东权益变动的情况。合并所有者权益变动表的一般格式如表 12—28 所示。

表 12－28　合并所有者权益变动表　　　　　　　会合 04 表

编制单位：　　　　　　　　　　　　年度　　　　　　　　　　　　单位：

项目	本年金额								上年金额							
	归属于母公司所有者权益						少数股东权益	所有者权益合计	归属于母公司所有者权益						少数股东权益	所有者权益合计
	实收资本（或股本）	资本公积	减：库存股	盈余公积	未分配利润	其他			实收资本（或股本）	资本公积	减：库存股	盈余公积	未分配利润	其他		
一、上年年末金额																
加：会计政策变更																
前期差错更正																
二、本年年初余额																
三、本年增减变动余额（减少以"—"填列）																
（一）净利润																
（二）其他综合收益																
上述（一）和（二）小计																
（三）所有者投入和减少资本																
1.所有者投入资本																
2.股份支付计入所有者权益金额																
3.其他																
（四）利润分配																
1.提取盈余公积																
2.对所有者（或股东）的分配																
3.其他																
（五）所有者权益内部结转																

续表

项目	本年金额								上年金额							
	归属于母公司所有者权益						少数股东权益	所有者权益合计	归属于母公司所有者权益						少数股东权益	所有者权益合计
	实收资本(或股本)	资本公积	减:库存股	盈余公积	未分配利润	其他			实收资本(或股本)	资本公积	减:库存股	盈余公积	未分配利润	其他		
1.资本公积转增资本(或股本)																
2.盈余公积转增资本(或股本)																
3.盈余公积弥补亏损																
4.其他																
四、本年年末余额																

第三节　合并财务报表附注

一、合并财务报表附注概述

附注是合并财务报表不可或缺的组成部分,是对在合并资产负债表、合并利润表、合并现金流量表和合并所有者权益变动表等报表中列示项目的文字描述或明细资料,以及对未能在这些报表中列示项目的说明等。

财务报表中的数据是经过分类与汇总后的结果,是对企业发生的经济业务的高度简化和浓缩的数据,如果没有形成这些数据所使用的会计政策,没有理解这些数据所必需的披露,财务报表就不可能充分发挥效用。因此,附注与资产负债表、利润表、现金流量表、所有者权益变动表等报表具有同等的重要性,是财务报表的重要组成部分。

附注披露应满足以下基本要求:

(1)附注披露的信息应是定量、定性信息的结合,从而能从量和质两个角度对企业经济事项完整地进行反映,满足信息使用者的决策需求。

(2)附注应当按照一定的结构进行系统合理的排列和分类,有顺序地披露信息。

(3)附注相关信息应当与合并资产负债表、合并利润表、合并现金流量表和合并所有者权益变动表等报表中列示的项目相互参照,以便从整体上更好地理解财务报表。

二、附注披露的内容

企业(母公司)应当按照规定披露合并财务报表附注信息,主要包括下列内容。

(一)企业集团的基本情况

应披露的企业集团的基本情况包括:

1.企业注册地、组织形式和总部地址。

2.企业的业务性质和主要经营活动,如企业所处的行业、所提供的主要产品或服务、客户的性质、销售策略、监管环境的性质等。

3.母公司以及集团最终母公司的名称。

4.财务报告的批准报出者和财务报告批准报出日。

(二)财务报表的编制基础

财务报表应以持续经营为基础编制。企业处于非持续经营状态时,应当采用其他基础编制财务报表,比如破产企业的资产采用可变现净值计量、负债按照其预计的结算金额计量等。并在附注中声明财务报表未以持续经营为基础列报,同时应披露未以持续经营为基础的原因以及财务报表的编制基础。

(三)遵循企业会计准则的声明

企业应当声明编制的财务报表符合企业会计准则的要求,真实、完整地反映了企业的财务状况、经营成果和现金流量等有关信息,以此明确企业编制财务报表所依据的制度基础。如果企业编制的财务报表只是部分地遵循了企业会计准则,则在附注中不得有这种表述。

(四)重要会计政策和会计估计

根据财务报表列报准则的规定,企业应当披露采用的重要会计政策和会计估计,不重要的会计政策和会计估计可以不披露。

1.重要会计政策的说明

需要特别指出的是,说明会计政策时还需要披露下列两项内容:

(1)财务报表项目的计量基础。会计计量属性包括历史成本、重置成本、可变现净值、现值和公允价值,这直接影响报表使用者的分析,这项披露要求便于使用者了解企业合并财务报表中的项目是按何种计量基础予以计量的,如存货是按历史成本还是可变现净值计量等。

(2)会计政策的确定依据,主要是指企业在运用会计政策的过程中所做的对报表中确认的项目金额最具影响的判断。例如,企业如何判断持有的金融资产是持有至到期投资而不是交易性投资等,这些判断对在报表中确认的项目金额具有重要影响。

2.重要会计估计的说明

财务报表列报准则强调了对会计估计不确定因素的披露要求,企业应当披露会计估计中所采用的关键假设和不确定因素的确定依据,这些关键假设和不确定因素在下一会计期间内很可能导致对资产、负债账面价值进行重大调整。

(五)会计政策和会计估计变更以及差错更正的说明

企业应当按照会计政策、会计估计变更和差错更正准则及其应用指南的规定,披露会计政策和会计估计变更以及差错更正的有关情况。

(六)报表重要项目的说明

企业应当以文字和数据描述相结合,尽可能以列表形式披露报表重要项目的构成或当期增减变动情况,并且报表重要项目的明细金额合计,应当与报表项目金额相衔接。在披露顺序上,一般应当按照合并资产负债表、合并利润表、合并现金流量表、合并所有者权益变动表的顺序及其项目列示的顺序,分别交易性金融资产、应收款项、存货、可供出售金融资产、持有至到期投资、长期股权投资、投资性房地产、固定资产、无形资产、交易性金融负债、应付职工薪酬、应交税费、短期借款和长期借款、应付债券、长期应付款、营业收入、公允价值变动收益、投资收益、资产减值损失、营业外收入、营业外支出、所得税、政府补助、非货币性资产交换、股份支付、债务重组、借款费用、外币折算、企业合并等项目按照相关会计准则的规定进行披露。

(七)或有事项

企业应当披露或有事项的下列信息。

1.预计负债

(1)预计负债的种类、形成原因以及经济利益流出不确定性的说明。

(2)各类预计负债的期初、期末余额和本期变动情况。

(3)与预计负债有关的预期补偿金额和本期已确认的预期补偿金额。

2.或有负债(不包括极小可能导致经济利益流出企业的或有负债)

(1)或有负债的种类及其形成原因,提供担保等形成的或有负债。

(2)经济利益流出不确定性的说明。

(3)或有负债预计产生的财务影响,无法预计的,应当说明原因。

3.其他

企业通常不应当披露或有资产,但或有资产很可能会给企业带来经济利益的,应当披露其形成的原因、预计产生的财务影响等。

在涉及未决诉讼、未决仲裁的情况下,按相关规定披露全部或部分信息预期对企业造成重大不利影响的,企业无须披露这些信息,但应当披露该未决诉讼、未决仲裁的性质,以及没有披露这些信息的事实和原因。

(八)资产负债表日后事项

资产负债表日后事项企业应当披露下列信息。

1.每项重要的资产负债表日后非调整事项的性质、内容,及其对财务状况和经营成果的影响,无法做出估计的,应当说明原因。

2.资产负债表日后,企业利润分配方案中拟分配的以及经审议批准宣告发放的股利或利润。

(九)关联方关系及其交易

企业财务报表中应披露所有关联方关系及其交易的相关信息,具体包括以下内容。

1.企业无论是否发生关联方交易,均应当在附注中披露与该企业之间存在控制关系的母公司和子公司有关的信息。

企业应当披露母公司和所有子公司的名称,母公司和子公司的业务性质、注册地、注册资本(或实收资本、股本)及其变化,以及母公司对于该企业对子公司的持股比例和表决权比例。在披露母公司名称时,母公司不是该企业最终控制方的,还应当披露企业集团内对该企业享有最终控制权的企业(或主体)的名称。母公司和最终控制方均不对外提供财务报表的,还应当披露母公司之外与其最相近的对外提供财务报表的母公司名称。

2.企业与关联方发生关联方交易的,应当在附注中披露该关联方关系的性质、交易类型及交易要素。

关联方交易的披露应遵循重要性原则。对企业财务状况和经营成果有影响的关联方交易,应当分别关联方以及交易类型披露;不具有重要性的,类型相似的非重大交易可合并披露。

3.对外提供合并财务报表的,对于已经包括在合并范围内各企业之间的交易不予披露。

在合并财务报表中,企业集团作为一个整体看待,企业集团内的交易在编制合并财务报表时已经予以抵销。因此,对外提供合并财务报表的,对于已经包括在合并范围内并已抵销的各企业之间的交易不予披露。

(十)母公司和子公司信息

披露的母公司和子公司信息应当包括以下内容。

1.子公司的有关信息:包括子公司名称、注册地、业务性质、注册资本、本企业合计持股比例、本企业合计享有的表决权比例等。

2.母公司拥有被投资单位表决权不足半数但能对被投资单位形成控制的原因。

3.母公司直接或通过其他子公司间接拥有被投资单位半数以上的表决权但未能对其形成控制的原因。

4.子公司所采用的会计政策与母公司不一致的,母公司编制合并财务报表时的处理方法。

5.子公司与母公司会计期间不一致的,母公司编制合并财务报表时的处理方法。

6.本期不再纳入合并范围的原子公司,说明原子公司的名称、注册地、业务性质、母公司的持股比例和表决权比例,本期不再成为子公司的原因。

原子公司在处置日和上一会计期间资产负债表日资产、负债和所有者权益的金额以及本期期初至处置日的收入、费用和利润的金额。

7.子公司向母公司转移资金的能力受到严格限制的情况。

8.作为子公司纳入合并范围的特殊目的主体的业务性质、业务活动等。

第四节　合并财务报表编制综合举例

【例12-24】M 股份有限公司(以下简称 M 公司)为上市公司。2×12 年 1 月 1 日,M 公司以银行存款 2 400 万元购入 Z 公司 60%的股份,取得对 Z 公司的控制权(假定 M 公司与 Z 公司合并前不存在关联方关系)。M 公司在 2×12 年 1 月 1 日建立的备查簿(见表 12-29)中记录了购买日(2×12 年 1 月 1 日)Z 公司可辨认资产、负债及或有负债的公允价值信息。

2×12 年 1 月 1 日,Z 公司股东权益账面价值总额为 3 000 万元,其中:股本为 2 000 万元,资本公积为 1 000 万元,盈余公积为 0,未分配利润为 0。

假定 Z 公司的会计政策和会计期间与 M 公司一致;M 公司和 Z 公司适用的所得税税率均为 25%;在个别财务报表和合并财务报表层面出现的暂时性差异均符合递延所得税资产或递延所得税负债的确认条件。

资料1:M 公司和 Z 公司 2×12 年 12 月 31 日的资产负债表分别如表 12-30 和表 12-31 所示,2×12 年利润表、现金流量表和所有者权益变动表分别如表 12-32、表 12-33 和表 12-34 所示。

表 12-29　M 公司备查簿

2×12 年 1 月 1 日　　　　　　　　　　　　　　　　单位:万元

项目	账面价值	公允价值	公允价值与账面价值的差额	备注
流动资产	1 800	1 800	0	
非流动资产	3 400	3 900	500	
其中:固定资产(办公楼)	1 500	2 000	500	
资产总计	5 200	5 700	500	
流动负债	1 200	1 200	0	
非流动负债	1 000	1 000	0	
负债总计	2 200	2 200	0	
股本	2 000	2 000	0	
资本公积	1 000	1 500	500	
盈余公积	0	0	0	
未分配利润	0	0	0	
股东权益总计	3 000	3 500	500	
负债和股东权益总计	5 200	5 700	500	

表 12－30　资产负债表(简表)　　　　　　会企 01 表

编制单位：M 公司　　　　　　　　　2×12 年 12 月 31 日　　　　　　　　　单位：万元

资产	期末余额	年初余额	负债和所有者权益(或股东权益)	期末余额	年初余额
流动资产：			流动负债：		
货币资金	1 500	3 200	应付票据	1 500	1 200
应收票据	1 200	800	应付账款	2 800	2 200
应收账款	1 800	1 300	预收账款	500	400
其中：应收 Z 公司账款(已计提坏账准备 60 万元)	540		其中：预收 Z 公司账款	200	
预付款项	600		应付职工薪酬	1 200	1 600
存货	2 200	3 200	应交税费	1 000	800
其中：向 Z 公司购入存货(已计提存货跌价准备 40 万元)	760		流动负债合计	7 000	6 200
流动资产合计	7 300	8 500	非流动负债：		
非流动资产：			长期借款	2 500	2 500
持有至到期投资	400		应付债券	1 000	1 000
其中：持有 Z 公司债券	400		非流动负债合计	3 500	3 500
长期股权投资	3600	1 200	负债合计	10 500	9 700
其中：对 Z 公司投资	2 400		所有者权益(或股东权益)：		
固定资产	6 450	5 500	实收资本(或股本)	5 000	5 000
其中：向 Z 公司购入固定资产	374.4		资本公积	500	500
无形资产	600	1 000	盈余公积	640	400
递延所得税资产	50		未分配利润	1 760	600
非流动资产合计	11 100	7 700			
			所有者权益合计	7 900	6 500
资产总计	18 400	16 200	负债和所有者权益总计	18 400	16 200

表 12—31　资产负债表(简表)　　　　　会企 01 表

编制单位:Z 公司　　　　　　　　　　2×12 年 12 月 31 日　　　　　　　　　单位:万元

资产	期末余额	年初余额	负债和所有者权益 (或股东权益)	期末余额	年初余额
流动资产:			流动负债:		
货币资金	500	400	应付票据	400	300
应收票据	400	200	应付账款	900	400
预付款项	720	550	其中:应付 M 公司账款	600	
应收账款	500		预收账款	200	50
其中:预付 M 公司账款	200		应付职工薪酬	220	250
存货	1 100	650	应交税费	160	200
			流动负债合计	1 880	1 200
			非流动负债:		
流动资产合计	3 200	1 800	长期借款	800	800
非流动资产:			应付债券	600	200
可供出售金融资产	500	300	其中:应付 债券——M 公司	400	
持有至到期投资			递延所得税负债	50	
长期股权投资			非流动负债合计	1 450	1 000
固定资产	2 860	2 800	负债合计	3 330	2 200
其中:向 M 公司 购入固定资产	160		股东权益:		
无形资产	500	300	股本	2 000	2 000
非流动资产合计	3 860	3 400	资本公积	1 150	1 000
			其中:可供出售金融 资产公允价值变动	150	
			盈余公积	120	
			未分配利润	480	
			股东权益合计	3 750	3 000
资产总计	7 080	5 200	负债和股东权益合计	7 080	5 200

表 12-32　M 公司和 Z 公司利润表(简表)
会企 02 表
2×12 年度
单位:万元

项目	M 公司	Z 公司
一、营业收入	12 000	6 800
减:营业成本	8 400	5 100
营业税金及附加	90	80
销售费用	210	50
管理费用	300	120
财务费用	240	100
资产减值损失	100	0
加:公允价值变动收益(损失以"—"填列)		
投资收益(损失以"—"填列)	480	
二、营业利润(亏损以"—"填列)	3 140	1 350
加:营业外收入	420	400
减:营业外支出	360	150
三、利润总额(亏损以"—"填列)	3 200	1 600
减:所得税费用	800	400
四、净利润(净亏以"—"填列)	2 400	1 200
五、其他综合收益		150
六、综合收益总额	2 400	1 350

表 12-33　M 公司和 Z 公司现金流量表
会企 03 表
2×12 年度
单位:万元

项目	M 公司	Z 公司
一、经营活动产生的现金流量		
销售商品、提供劳务收到的现金	13 240	7 600
收到的税费返还		
收到其他与经营活动有关的现金		
经营活动现金流入小计	13 240	7 600
购买商品、接受劳务支付的现金	7 700	5 950
支付给职工以及为职工支付现金	1 280	440
支付的各项税费	1 540	580
支付其他与经营活动有关的现金	540	60
经营活动现金流出小计	1 1060	7 030
经营活动产生的现金流量净额	2 180	570

续表

项目	M公司	Z公司
二、投资活动产生的现金流量：		
收回投资收到的现金		
取得投资收益收到的现金	430	
处置固定资产、无形资产和其他长期资产收回的现金净额	200	
处置子公司和其他营业单位收到的现金净额		
收到其他与投资活动有关的现金		
投资活动现金流入小计	630	
购建固定资产、无形资产和其他长期资产支付的现金	500	200
投资支付的现金	400	
取得子公司及其他营业单位支付的现金净额	2 400	
支付其他与投资活动有关的现金		
投资活动现金流出小计	3 300	200
投资活动产生的现金流量净额	−2 670	−200
三、筹资活动产生的现金流量		
吸收投资收到的现金		400
取得借款收到的现金		
收到其他与筹资活动有关的现金		
筹资活动现金流入小计		400
偿还债务支付的现金		
分配股利、利润或偿付利息支付的现金	1 210	670
支付其他与筹资活动有关的现金		
筹资活动现金流出小计	1 210	670
筹资活动产生的现金流量净额	−1 210	−270
四、汇率变动对现金的影响额		
五、现金及现金等价物净增加额	−1 700	100
加：年初现金及现金等价物余额	3 200	400
六、年末现金及现金等价物余额	1 500	500

表 12—34　M 公司和 Z 公司所有者权益变动表(简表)　　　企业 04 表

2×12 年　　　　　　　　　单位:万元

项目	M 公司					Z 公司				
	实收资本(或股本)	资本公积	盈余公积	未分配利润	所有者权益合计	实收资本(或股本)	资本公积	盈余公积	未分配利润	所有者权益合计
一、上年年末余额	5 000	500	400	600	6 500	2 000	1 000	0	0	3 000
加:会计政策变更										
前期差错更正										
二、本年年初余额	5 000	500	400	600	6 500	2 000	1 000	0	0	3 000
三、本年增减变动数(减少以"—"填列)										
(一)净利润				2 400	2 400				1 200	1 200
(二)其他综合收益							150			150
(三)利润分配			240	—1 240	—1 000			120	—720	—600
1.提取盈余公积			240	—240	0			120	—120	0
2.对所有者(或股东)的分配				—1 000	—1 000				—600	—600
四、本年年末余额	5 000	500	640	1 760	7 900	2 000	1 150	120	480	3 750

资料 2:M 公司 2×12 年与 Z 公司之间发生的有关交易或事项如下:

(1)M 公司 2×12 年利润表的营业收入中 600 万元系向 Z 公司销售产品实现的销售收入,该产品销售成本为 500 万元,M 公司收到增值税 102 万元,其余款项尚未收到。Z 公司在 2×12 年已将从 M 公司购入的该产品全部售出集团以外,其销售收入为 720 万元,销售成本为 600 万元,并反映在 Z 公司 2×12 年的利润表中。

(2)2×12 年,Z 公司向 M 公司销售 A 商品实现的销售收入 800 万元,增值税 136 万元,款项以银行存款收付。销售成本为 600 万元。M 公司购进的该商品 2×12 年未对外销售,全部形成期末存货。年末因该存货市价下跌,M 公司预计其可变现净值为 760 万元,对该存货计提存货跌价准备 40 万元。

(3)2×12 年 1 月 1 日,Z 公司以 400 万元的价格将其生产的 B 产品销售给 M 公司,增值税 68 万元,款项以银行存款收付,销售成本为 300 万元。M 公司购买的该产品当日交管理部门作为固定资产使用,并按 468 万元入账。假设 M 公司对该固定资产按 5 年的使用寿命采用年限平均法计提折旧。预计净残值为 0。为简化抵销计算,假定 M 公司该内部交易形成的固定资产 2×12 年按 12 个月计提折旧。

(4)2×12 年 6 月 30 日,M 公司将其账面价值为 240 万元的某项固定资产以 200 万元的价格出售给 Z 公司作为管理用固定资产使用。M 公司因该内部固定资产交易发生处置损失 40 万元。款项以银行存款收付。假设 Z 公司以 200 万元作为该项固定资产的成本入账,Z 公司对该固定资产按 5 年的使用寿命采用年限平均法计提折旧,预计净残值为 0。

(5)Z 公司 2×12 年 1 月 5 日,按面值发行债券 400 万元,期限 3 年,年利率为 6%,每年末付息一次。Z 公司发行的债券全部由 M 公司认购,款项以银行存款收付。2×12 年末 Z 公司确认并应向 M 公司支付的债券利息费用为 24 万元(假设该债券的票面利率与实际利率相差较小,发生的债券利息费用不符合资本化条件)。

(6)2×12 年 12 月 31 日,M 公司个别资产负债表中对 Z 公司的长期股权投资的金额为 2 400 万元,拥有 Z 公司 60% 的股份(假定未发生减值)。M 公司在个别资产负债表中采用成本法核算该项长期股权投资。

(7)公司 2×12 年实现净利润 1 200 万元,计提法定盈余公积 120 万元,分派现金股利 600 万元(假定均已以银行存款支付现金股利),其中:向 M 公司分派现金股利 360 万元。向其他股东分派现金股利 240 万元,未分配利润为 480 万元。Z 公司因持有的可供出售的金融资产的公允价值变动计入当期资本公积的金额为 150 万元。

2×12 年 12 月 31 日,Z 公司股东权益总额为 3 750 万元,其中股本为 2 000 万元,资本公积 1 150 万元,盈余公积为 120 万元,未分配利润为 480 万元。

根据上述资料,M 公司在编制由 M 公司和 Z 公司组成的企业集团 2×12 年合并财务报表的具体步骤如下。

1.对 Z 公司个别财务报表进行调整(调整分录的计量单位:万元)

M 公司在编制 2×12 年合并财务报表时,首先应当根据 M 公司备查簿中记录的 Z 公司可辨认资产、负债在购买日(2×12 年 1 月 1 日)的公允价值资料(见表 12-29),对 Z 公司的个别财务报表进行调整。按照 M 公司备查簿中的记录,在购买日,Z 公司可辨认资产、负债及或有负债的公允价值与账面价值存在差异的仅有一项,即办公楼,公允价值高于账面价值的差额为 2 000-1 500=500(万元),按年限平均法每年应补提的折旧额为 500÷10=50(万元)。在合并工作底稿中,应编制如下调整分录:

①借:固定资产   500
    贷:资本公积   500
②借:管理费用   50
    贷:固定资产——累计折旧   50

应注意的是:按现行税收制度规定,企业股权收购时,收购方取得的股权(即对子公司长期股权投资)的计税基础应以公允价值为基础确定。这意味着对子公司的长期股权投资在初始确认时与其计税基础不存在差异,在合并财务报表层面,母公司对子公司的长期股权投资实际上代表了子公司的各项资产、负债,即意味着子公司的各项资产、负债在合并财务报表层面在税收上实际是按公允价值确定计税基础的,与会计上相同,不存在暂时性差异。因此,母公司在合并财务报表层面不需要对子公司该项固定资产及其折旧确认递延所得税影响或所得税影响。

以 Z 公司 2×12 年 1 月 1 日各项可辨认资产、负债等的公允价值为基础,Z 公司 2×12 年经调整后的净利润(不考虑内部交易抵销对净利润的影响)=1 200-50=1 150(万元)。

经调整后 Z 公司 2×12 年 12 月 31 日股东权益总额＝股东权益账面余额＋办公楼购买日公允价值高于账面价值的差额－调整前未分配利润＋（调整后净利润－分配的现金股利－计提的盈余公积）＝3 750＋500－480＋（1 150－600－120）＝4 200（万元）

或：

Z 公司 2×12 年 12 月 31 日股东权益总额＝股东权益账面余额＋办公楼购买日公允价值高于账面价值的差额－按公允价值调整后增加的折旧＝3 750＋500－50＝4 200（万元）

2.将对 Z 公司的长期股权投资由成本法调整为权益法

有关调整分录如下：

（1）确认 M 公司在 2×12 年 Z 公司实现净利润 1 150 万元（经调整后的净利润）中所享有的份额 690 万元，即 1150×60％＝690（万元）：

③借：长期股权投资   690

  贷：投资收益   690

（2）调整（冲销）原按成本法下已确认的投资收益 360 万元

④借：投资收益   360

  贷：长期股权投资   360

（3）确认 M 公司在 2×12 年 Z 公司除净损益以外所有者权益的其他变动中所享有的份额 90 万元，即 150×60％＝90（万元）

⑤借：长期股权投资   90

  贷：资本公积   90

经过上述调整后，M 公司对 Z 公司长期股权投资 2×12 年 12 月 31 日的余额为 2 820 万元，即投资成本＋按权益法调整后增加的长期股权投资＝2 400＋420＝2 820（万元）。

3.编制合并抵销分录（抵销分录的计量单位：万元）

（1）内部股权投资的抵销

一是抵销 M 公司对 Z 公司的长期股权投资与 Z 公司股东权益。在合并工作底稿中编制如下抵销分录：

⑥借：股本   2 000

  资本公积——年初   1 500

     ——本年   150

  盈余公积——年初   0

     ——本年   120

  未分配利润——年末   430

  商誉   300

  贷：长期股权投资   2 820

    少数股东权益   1 680

说明：

少数股东权益＝调整后的 Z 公司股东权益余额×40％＝4 200×40％＝1 680（万元）

商誉＝M 公司购买日（2×12 年 1 月 1 日）支付的合并成本－（购买日 Z 公司的所有者权益账面价值总额＋Z 公司固定资产公允价值增加额）×60％＝2 400－（3 000＋500）×60％＝300（万元）

另外,按现行税法规定,企业股权收购时,收购方取得的股权(即对子公司的长期股权投资)的计税基础应以公允价值为基础确定,即意味着对子公司的长期股权投资在初始确认时与其计税基础不存在差异,而商誉作为长期股权投资成本的组成部分,也不存在暂时性差异。因此,在商誉不发生减值的期间,企业不需要对其确认递延所得税影响。

二是抵销内部股权投资收益。

M公司拥有Z公司60%的股份,在合并工作底稿中M公司按权益法调整的Z公司本期投资收益为1 150×60%=690(万元),Z公司本期少数股东损益为1 150×40 %=460(万元)。Z公司年初未分配利润为0,Z公司本期计提的盈余公积120万元、分派现金股利600万元、未分配利润430万元,即调整后的净利润-分派的现金股利-按调整前净利润计提的盈余公积=1 150-600-120(万元)。在合并工作底稿中应编制如下抵销分录:

⑦借:投资收益 690

  少数股东损益 460

  未分配利润——年初 0

 贷:提取盈余公积 120

   对所有者(或股东)的分配 600

   未分配利润——年末 430

三是当期取得投资收益收到的现金与分配股利、利润或偿付利息支付的现金的抵销。

Z公司2×12年分派现金股利600万元(假定均已以银行存款支付现金股利),其中:向M公司分派现金股利360万元,向其他股东分派现金股利240万元。编制合并现金流量表时,应将M公司当期取得投资收益收到的现金360万元与分配股利、利润或偿付利息支付的现金360万元予以抵销,编制如下抵销分录:

⑧借:分配股利、利润或偿付利息支付的现金 360

 贷:取得投资收益收到的现金 360

(2)内部商品交易的抵销

商品交易1的抵销:M公司2×12年利润表的营业收入中600万元系向Z公司销售产品实现的销售收入,该产品销售成本为500万元,M公司收到增值税102万元,其余款项尚未收到。Z公司在2×12年已将从M公司购入的该产品全部售出集团以外。因此,编制合并财务报表时,只需要将内部销售收入和内部销售成本予以抵销。应在合并工作底稿中编制如下抵销分录。

抵销内部商品销售收入:

⑨借:营业收入 600

 贷:营业成本 600

抵销因内部商品交易产生的现金流量:

⑩借:购买商品、接受劳务支付的现金 102

 贷:销售商品、提供劳务收到的现金 102

商品交易2的抵销:2×12年,Z公司向M公司销售A商品实现的销售收入800万元,增值税136万元,款项以银行存款收付。销售成本为600万元。M公司购进的该商品2×12年未对外销售,全部形成期末存货。年末M公司预计其可变现净值为760万元(大于销售企业的成本),对该存货计提存货跌价准备 40 万元。在合并工作底稿中应编制如下抵销分录。

抵销内部商品销售收入:

⑪借:营业收入   800
  贷:营业成本   800

抵销期末内部购入存货中包含的未实现内部销售利润:

⑫借:营业成本   200
  贷:存货   200

调整确认该存货产生的可抵扣暂时性差异的所得税影响 50 万元:

⑬借:递延所得税资产   50
  贷:所得税费用   50

抵销期末根据内部购入存货计提的存货跌价准备:

⑭借:存货——存货跌价准备   40
  贷:资产减值损失   40

抵销期末根据内部购入存货计提的存货跌价准备所确认的递延所得税资产 10 万元:

⑮借:所得税费用   10
  贷:递延所得税资产   10

抵销因内部商品交易产生的现金流量:

⑯借:购买商品、接受劳务支付的现金 936
  贷:销售商品、提供劳务收到的现金   936

(3)内部固定资产交易的抵销

内部固定资产交易 1 的抵销:2×12 年 1 月 1 日,Z 公司以 400 万元的价格将其生产的 B 产品销售给 M 公司,销售成本为 300 万元。M 公司购买的该产品当日交管理部门作为固定资产使用。假设 M 公司对该固定资产按 5 年的使用寿命采用年限平均法计提折旧(为简化抵销计算,假定 M 公司该内部交易形成的固定资产 2×12 年按 12 个月计提折旧)。在合并工作底稿中有关抵销处理如下。

抵销固定资产原价中包含的未实现内部销售利润:

⑰借:营业收入   400
  贷:营业成本   300
    固定资产——原价   100

抵销该固定资产当期多计提的折旧额 20 万元:

⑱借:固定资产——累计折旧   20
  贷:管理费用   20

调整确认该内部固定资产交易产生的可抵扣暂时性差异的所得税影响 20 万元,即 (100−20)×25%=20(万元):

⑲借:递延所得税资产   20
  贷:所得税费用   20

抵销因内部固定资产交易产生的现金流量:

⑳借:购建固定资产、无形资产和其他长期资产支付的现金 468
  贷:销售商品、提供劳务收到的现金   468

内部固定资产交易2的抵销：2×12年6月30日，M公司将其账面价值为240万元的某项固定资产以200万元的价格出售给Z公司作为管理用固定资产使用。M公司因该内部固定资产交易发生处置损失40万元。假设Z公司以200万元作为该项固定资产的成本入账，Z公司对该固定资产按5年的使用寿命采用年限平均法计提折旧。在合并工作底稿中应编制如下抵销分录：

固定资产原价中包含的未实现内部销售损益的抵销：

㉑借：固定资产——原价   40

    贷：营业外支出   40

抵销该固定资产当期少计提的折旧额4万元，即40÷5÷2＝4(万元)：

㉒借：管理费用   4

    贷：固定资产——累计折旧   4

调整确认该固定资产的应纳税暂时性差异的所得税影响(40－4)×25％＝9(万元)：

㉓借：所得税费用   9

    贷：递延所得税负债   9

抵销因内部固定资产交易产生的现金流量：

㉔借：购建固定资产、无形资产和其他长期资产支付的现金   200

    贷：处置固定资产、无形资产和其他长期资产收到的现金净额   200

（4）内部应付债券与持有至到期投资的抵销

Z公司2×12年1月5日，按面值发行债券400万元，期限3年，年利率为6％，每年年末付息一次。Z公司发行的债券全部由M公司认购，款项以银行存款收付。2×12年年末Z公司确认并向M公司支付债券利息费用为24万元。在合并工作底稿中应编制如下抵销分录：

抵销将持有至到期投资中的债券投资与应付债券：

㉕借：应付债券   400

    贷：持有至到期投资   400

抵销内部债券投资收益与应付债券利息费用：

㉖借：投资收益   24

    贷：财务费用   24

抵销内部发行和购买债券产生的现金流量：

㉗借：投资支付的现金   400

    贷：吸收投资收到的现金   400

抵销内部收付利息产生的现金流量：

㉘借：分配股利、利润或偿付利息支付的现金   24

    贷：取得投资收益收到的现金   24

（5）内部应收账款与应付账款的抵销

2×12年年末M公司个别资产负债表中有应收Z公司的应收账款540万元(已扣除M公司对该笔应收账款计提的坏账准备为60万元)。该应收账款为2×12年向Z公司销售商品发生的。Z公司2×12年个别资产负债表中有应付M公司的应付账款600万元，系2×12年向M公司购进商品发生的应付购货款。

在编制合并财务报表时，应将内部应收账款与应付账款相互抵销；同时，还应将内部

应收账款计提的坏账准备及确认递延所得税资产予以抵销,在合并工作底稿中应编制如下抵销分录:

㉙借:应付账款 600
　　　贷:应收账款 600
㉚借:应收账款——坏账准备 60
　　　贷:资产减值损失 60
㉛借:所得税费用 15
　　　贷:递延所得税资产 15

(6)内部预收账款与预付账款的抵销

M公司2×12年末个别资产负债表中预收款项200万元,为本期Z公司预付的购货款。编制合并资产负债表时,在合并工作底稿中应编制如下抵销分录:

抵销预收账款与预付账款:

㉜借:预收款项 200
　　　贷:预付款项 200

抵销预收账款与预付账款产生的现金流量:

㉝借:购买商品、接受劳务支付的现金 200
　　　贷:销售商品、提供劳务收到的现金 200

(7)调整其他综合收益。M公司采用权益法核算Z公司其他所有者权益变动的影响中Z公司可供出售金融资产公允价值变动净额归属于M公司的份额,在编制合并所有者权益变动表时,应在合并工作底稿中编制如下抵销分录:

㉞借:权益法下被投资单位其他所有者权益变动的影响 90
　　　贷:可供出售金融资产公允价值变动净额 90

(8)抵销企业合并时Z公司实际持有的现金

M公司在购买日(2×12年1月1日)支付银行存款2 400万元,购得Z公司60%的股份,从而取得对Z公司的控制权,使Z公司成为其子公司。在该日,Z公司实际持有货币资金400万元。在编制合并现金流量表时,应在合并工作底稿中编制如下抵销分录:

㉟借:取得子公司及其他营业单位支付的现金净额 400
　　　贷:年初现金及现金等价物余额 400

4.编制2×12年合并财务报表工作底稿

其合并财务报表工作底稿如表12—35所示。

表12—35　合并工作底稿

2×12年　　　　　　　　　　　　　　　　　　　　　单位:万元

项目	M公司	Z公司	合计金额	调整分录		抵销分录		少数股东权益	合并金额
				借方	贷方	借方	贷方		
利润表项目									
营业收入	12 000	6 800	18 800			⑨600 ⑪800 ⑰400			17 000

续表

项目	M公司	Z公司	合计金额	调整分录借方	调整分录贷方	抵销分录借方	抵销分录贷方	少数股东权益	合并金额
营业成本	8 400	5 100	13 500			⑫200	⑨600 ⑪800 ⑰300		12 000
营业税金及附加	90	80	170						170
销售费用	210	50	260						260
管理费用	300	120	420	②50		㉒4	⑱20		454
财务费用	240	100	340				㉖24		316
资产减值损失	100	0	100				⑭40 ㉚60		0
投资收益	480	0	480	④360	③690	⑦690 ㉖24			96
营业利润	3 140	1 350	4 490	410	690	2 718	1 884		3 896
营业外收入	420	400	820						820
营业外支出	360	150	510				㉑40		470
利润总额	3 200	1 600	4 800	410	690	2 718	1 844		4 246
所得税费用	800	400	1 200			⑮10 ㉓9 ㉛15	⑬50 ⑲20		1 164
净利润	2 400	1 200	3 600	410	690	2 752	1 954		3 082
少数股东损益								⑦460	460
归属于母公司所有者的净利润									2 622
其他综合收益		150	150						150
综合收益总额	2 400	1 350	3 750	410	690	2 752	1 954		3 232

续表

项目	M公司	Z公司	合计金额	调整分录		抵销分录		少数股东权益	合并金额
				借方	贷方	借方	贷方		
归属于母公司所有者的综合收益总额									2 712
归属于少数股东的综合收益总额									520
所有者权益变动表项目									
未分配利润——年初	600	0	600						600
归属于母公司所有者的净利润									2 622
利润分配	1 240	720	1 960				⑦120 ⑦600		1 240
未分配利润——年末	1 760	480	2 240	410	690	⑥430 3 182	⑦430 3 104	460	1 982
归属于少数股东的未分配利润——年初								0	
少数股东损益								460	
对少数股东的利润分配								240	
归属于少数股东的未分配利润——年末								220	

项目	M公司	Z公司	合计金额	调整分录 借方	调整分录 贷方	抵销分录 借方	抵销分录 贷方	少数股东权益	合并金额
资本公积——年初	500	1 000	1 500		①500	⑥1 500			500
可供出售金融资产公允价值变动净额		150	150			⑥150	㉞90		90
权益法下被投资单位其他所有者权益变动的影响				⑤90		㉞90			0
资本公积——年末	500	1 150	1 650		590	1 740	90		590
盈余公积——年初	400	0	400			0			400
提取盈余公积	240	120	360				⑦120		240
盈余公积——年末	640	120	760				120		640
资产负债表项目									
流动资产:									
货币资金	1 500	500	2 000						2 000
应收票据	1 200	400	1 600						1 600
应收账款	1 800	720	2 520			㉚60	㉙600		1 980
其中:应收Z公司账款	540					㉚60	㉙600		0
预付款项	600	500	1 100				㉜200		900
其中:预付M公司账款		200					㉜200		0

续表

项目	M公司	Z公司	合计金额	调整分录 借方	调整分录 贷方	抵销分录 借方	抵销分录 贷方	少数股东权益	合并金额
存货	2 200	1 100	3 300			⑭40	⑫200		3 140
其中:向Z公司购入存货	760					⑭40	⑫200		600
流动资产合计	7 300	3 220	10 520			<u>100</u>	<u>1 000</u>		9 620
非流动资产:									
可供出售金融资产		500	500						500
持有至到期投资	400		400				㉕400		0
其中:持有Z公司债券	400		400				㉕400		0
长期股权投资	3 600		3 600	③690 ⑤90	④360		⑥2 820		1 200
其中:对Z公司投资	2 400		2 400	③690 ⑤90	④360		⑥2 820		0
固定资产	6 450	2 860	9 310	①500	②50	⑱20 ㉑40	⑰100 ㉒4		9 716
其中:调整Z公司——办公楼		1 350		①500	②50				1 800
向Z公司购入固定资产	374.4					⑱20	⑰100		294.4
向M公司购入固定资产		160				㉑40	㉒4		196
无形资产	600	500	1 100						1 100
商誉						⑥300			300
递延所得税资产	50		50			⑬50 ⑲20	⑮10 ㉛15		95
非流动资产合计	11 100	3 860	14 960	<u>1 280</u>	<u>410</u>	<u>430</u>	<u>3 349</u>		<u>12 911</u>

项目	M公司	Z公司	合计金额	调整分录 借方	调整分录 贷方	抵销分录 借方	抵销分录 贷方	少数股东权益	合并金额
资产总计	18 400	7 080	25 480	<u>1 280</u>	<u>410</u>	<u>530</u>	<u>43 49</u>		<u>22 531</u>
流动负债:									
应付票据	1 500	400	1 900						1 900
应付账款	2 800	900	3 700			㉙600			3 100
其中:应付M公司账款		600				㉙600			0
预收款项	500	200	700			㉜200			500
其中:预收Z公司账款	200					㉜200			0
应付职工薪酬	1 200	220	1 420						1 420
应交税费	1 000	160	1 160						1 160
流动负债合计	7 000	1 880	8 880			<u>800</u>			8 080
非流动负债:									
长期借款	2 500	800	3 300						3 300
应付债券	1 000	600	1 600			㉕400			1200
其中:应付债券——M公司		400				㉕400			0
递延所得税负债		50	50				㉓9		59

续表

项目	M公司	Z公司	合计金额	调整分录		抵销分录		少数股东权益	合并金额
				借方	贷方	借方	贷方		
非流动负债合计	3 500	1 450	4 950			400	9		4 559
负债合计	10 500	3 330	13 830			1 200	9		12 639
所有者权益（或股东权益）									
实收资本（或股本）	5 000	2 000	7 000			⑥2 000			5 000
资本公积	500	1 150	1 650		①500 ⑤90	⑥1 650			590
其中:可供出售金融资产公允价值变动		150	150			⑥150			0
盈余公积	640	120	760			⑥120			640
未分配利润	1 760	480	2 240	410	690	3 182	3 104	460	1 982
少数股东权益								⑥1 680	1 680
所有者权益合计	7 900	3 750	11 650	410	1 280	6 952	3 104	1 220	9 892
负债和所有者权益总计	18 400	7 080	25 480	410	1 280	8 152	3 113	1 220	22 531
现金流量表项目									
经营活动产生的现金流量:									

续表

项目	M公司	Z公司	合计金额	调整分录 借方	调整分录 贷方	抵销分录 借方	抵销分录 贷方	少数股东权益	合并金额
销售商品、提供劳务收到的现金	13 240	7 600	20 840				⑩102 ⑯936 ⑳468 ㉝200		19 134
收到其他与经营活动有关的现金									
经营活动现金流小计	13 240	7 600	20 840				1 706		19 134
销售商品、提供劳务支付的现金	7 700	5 950	13 650			⑩102 ⑯936 ㉝200			12 412
支付给职工以及为职工支付现金	1 280	440	1 720						1 720
支付的税费	1 540	580	2 120						2 120
支付其他与经营流动有关的现金	540	60	600						600
经营活动现金流出小计	11 060	7 030	18 090			1 238			16 852
经营活动产生的现金流量净额	2 180	570	2 750			1 238	1 706		2 282
投资活动产生的现金流量：									
收回投资收到的现金									
取得投资收到的现金	430		430				⑧360 ㉘24		46

续表

项目	M公司	Z公司	合计金额	调整分录		抵销分录		少数股东权益	合并金额
				借方	贷方	借方	贷方		
处置固定资产、无形资产和其他长期资产收回的现金净额	200		200				㉔200		
处置子公司及其他营业单位收到的现金净额									
收到其他与投资活动有关的现金									
投资活动现金流入小计	630		630				584		46
购建固定资产、无形资产和其他长期资产支付的现金	500	200	700			㉒468 ㉔200			32
投资支付的现金	400		400			㉗400			0
取得子公司及其他营业单位支付的现金净额	2 400		2 400			㉟400			2 000
支付其他与投资活动有关的现金									
投资活动现金流出小计	3 300	200	3 500			1 468			2 032
投资活动产生的现金流量净额	−2 670	−200	−2 870			1 468	584		−1 986

项目	M公司	Z公司	合计金额	调整分录		抵销分录		少数股东权益	合并金额
				借方	贷方	借方	贷方		
筹资活动产生的现金流量：									
吸收投资收到的现金		400	400				㉗400		0
取得借款收到的现金									
收到其他与筹资活动有关的现金									
筹资活动现金流入小计		400	400				400		0
偿还债务支付的现金									
分配股利、利润或偿付利息支付的现金	1 210	670	1 880			⑧360 ㉘24			1 496
其中：子公司支付给少数股东的股利、利润		240	240						240
支付其他与筹资活动有关的现金									
筹资活动现金流出小计	1 210	670	1 880			384			1 496
筹资活动产生的现金流量净额	−1 210	−270	−1 480			−384	400		−1 496

续表

项目	M公司	Z公司	合计金额	调整分录		抵销分录		少数股东权益	合并金额
				借方	贷方	借方	贷方		
现金及现金等价物净增加额	−1 700	100	−1 600			3 090	2 690		−1 200
年初现金及现金等价物余额	3 200	400	3 600				㉟400		3 200
年末现金及现金等价物余额	1 500	500	2 000			3 090	3 090		2 000

5.根据合并工作底稿编制 2×12 年合并财务报表

2×12 年合并财务报表如表 12—36、表 12—37、表 12—38 和表 12—39 所示。

表 12—36　合并资产负债表　　　　　　　　会合 01 表

编制单位:M 公司　　　　　　　　2×12 年 12 月 31 日　　　　　　　　单位:万元

资产	期末余额	年初余额	负债和所有者权益（或股东权益）	期末余额	年初余额
流动资产:			流动负债:		
货币资金	2 000		短期借款		
应收票据	1 600		交易性金融负债		
应收账款	1 980		应付票据	1 900	
预付账款	900		应付账款	3 100	
应收利息			应付职工薪酬	1 420	
其他应收款			预收账款	500	
存货	3 140		应交税费	1 160	
流动资产合计	9 620		其他流动负债		
非流动资产:			流动负债合计	8 080	
可供出售金融资产	500				
持有至到期投资	0				
长期应收款			非流动负债:		
长期股权投资	1 200		长期应付款	3 300	
投资性房地产			应付债券	1 200	
固定资产	9 716		长期应付款		
在建工程			专项应付款		
工程物资			预计负债		
固定资产清理			递延所得税负债	59	

续表

资产	期末余额	年初余额	负债和所有者权益 (或股东权益)	期末余额	年初余额
无形资产	1 100		其他非流动负债		
开发支出			非流动负债合计	4 559	
商誉	300		负债合计	12 639	
长期待摊费用			所有者权益(或股东权益):		
递延所得税资产	95		实收资本(或股本)	5 000	
其他非流动资产			资本公积	590	
非流动资产合计	12 911		减:库存股		
			盈余公积	640	
			未分配利润	1 982	
			外币报表折算差额		
			归属于母公司所有者 权益合计	8 212	
			少数股东权益	1 680	
			所有权益总计	9 892	
资产总计	22 531		负债和所有者权益总计	22 531	

表 12—37　合并利润表　　　　　　　　　　会合 02 表

编制单位:M 公司　　　　　　　　　　　2×12 年度　　　　　　　　　　　单位:万元

项目	本年金额	上年金额
一、营业收入	17 000	
减:营业成本	12 000	
营业税金及附加	170	
销售费用	260	
管理费用	454	
财务费用	316	
资产减值损失	0	
加:公允价值变动收益(损失以"—"填列)		
投资收益(损失以"—"填列)	96	
其中:对联营企业和合营企业的投资收益		
汇兑收益(损失以"—"填列)		
二、营业利润(亏损以"—"填列)	3 896	

续表

项目	本年金额	上年金额
加:营业外收入	820	
减:营业外支出	470	
其中:非流动资产处置损失		
三、利润总额(亏损以"—"填列)	4 246	
减:所得税费用	1 164	
四、净利润(净亏以"—"填列)	3 082	
归属于母公司所有者的净利润	2 622	
少数股东损益	460	
五、每股收益:		
(一)基本每股收益		
(二)稀释每股收益		
六、其他综合收益总额	150	
七、综合收益总额	3 232	
归属于母公司所有者的综合收益总额	2 712	
归属于少数股东的综合收益总额	520	

表 12—38　合并现金流量表　　　　　　　会合 03 表

编制单位:M 公司　　　　　　　　2×12 年度　　　　　　　　单位:万元

项目	本年金额	上年金额
一、经营活动产生的现金流量:		
销售商品、提供劳务收到的现金	19 134	
收到的税费返还		
收到的其他与经营活动有关的现金		
经营活动现金流入小计	19 134	
购买商品、接受劳务支付的现金	12 412	
支付给职工以及为职工支付的现金	1 720	
支付的各项税费	2 120	
支付其他与经营活动有关的现金	600	
经营活动现金流出小计	16 852	
经营活动产生的现金流量净额	2 282	
二、投资活动产生的现金流量		
收回投资收到的现金		

续表

项目	本年金额	上年金额
取得投资收益收到的现金	46	
处置固定资产、无形资产和其他长期资产收回的现金净额	0	
处置子公司及其他营业单位收到的现金净额		
收到其他与投资活动有关的现金		
投资活动现金流入小计	46	
购建固定资产、无形资产和其他长期资产支付的现金	32	
投资支付的现金		
取得子公司及其他营业单位支付的现金净额	2 000	
支付其他与投资活动有关的现金		
投资活动现金流出小计	2 032	
投资活动产生的现金流量净额	−1 986	
三、筹资活动产生的现金流量		
吸收投资收到的现金	0	
其中:子公司吸收少数股东投资收到的现金		
取得借款收到的现金		
发行债券收到的现金	0	
收到其他与筹资活动有关的现金		
筹资活动现金流入小计	0	
偿还债务支付的现金		
分配股利、利润或偿付利息支付的现金	1 496	
其中:子公司支付给少数股东的股利、利润	240	
支付其他与筹资活动有关的现金		
筹资活动现金流出小计	1 496	
筹资活动产生的现金流量净额	−1 496	
四、汇率变动对现金的影响		
五、现金及现金等价物净增加额	−1 200	
加:年初现金及现金等价物余额	3 200	
六、年末现金及现金等价物余额	2 000	

表 12—39　合并所有者权益变动表　　　　会合 04 表

编制单位：M 公司　　　　　　　　　2×12 年度　　　　　　　　　单位：万元

项目	本年金额								上年金额							
	归属于母公司所有者权益						少数股东权益	所有者权益合计	归属于母公司所有者权益						少数股东权益	所有者权益合计
	实收资本（或股本）	资本公积	减：库存股	盈余公积	未分配利润	其他			实收资本（或股本）	资本公积	减：库存股	盈余公积	未分配利润	其他		
一、上年年末金额	5 000	500		400	600			6 500								
加：会计政策变更							1 400	1 400								
前期差错更正																
二、本年年初余额	5 000	500		400	600		1 400	7 900								
三、本年增减变动余额（减少以"—"填列）																
（一）净利润					2 622		460	3 082								
（二）其他综合收益		90					60	150								
上述（一）和（二）小计		90			2 622		520	3 232								
（三）所有者投入和减少资本																
1.所有者投入资本																
2.股份支付计入所有者权益金额																
3.其他																
（四）利润分配				240	—1 240		—240	—1 240								
1.提取盈余公积				240	—240			0								
2.对所有者（或股东）的分配					—1 000		—240	—1 240								

续表

项目	本年金额								上年金额							
	归属于母公司所有者权益						少数股东权益	所有者权益合计	归属于母公司所有者权益						少数股东权益	所有者权益合计
	实收资本(或股本)	资本公积	减:库存股	盈余公积	未分配利润	其他			实收资本(或股本)	资本公积	减:库存股	盈余公积	未分配利润	其他		
3.其他																
(五)所有者权益内部结转																
1.资本公积转增资本(或股本)																
2.盈余公积转增资本(或股本)																
3.盈余公积弥补亏损																
4.其他																
四、本年年末余额	5 000	590		640	1 982		1 680	9 892								

思考题

1.什么是合并财务报表？合并财务报表有哪些特点？

2.合并财务报表的合并理论有哪几种？各有什么特点？

3.我国确定合并财务报表合并范围的依据是什么？合并财务报表的合并范围具体如何确定？

4.编制合并财务报表的前期准备事项有哪些？

5.合并财务报表的编制程序与步骤有哪几方面？

6.编制合并资产负债表和合并利润表时应抵销处理的项目有哪些？

7.编制合并现金流量表时应抵销处理的项目有哪些？

8.内部存货交易应如何进行抵销处理？

9.内部固定资产交易应如何进行抵销处理？

10.内部应收款项应如何进行抵销处理？

11.合并资产负债表、合并利润表和合并现金流量表的格式与个别报表相比主要有哪些不同？